희망을 눈뜨게 하라

한국신협운동 선구자 평전

| 신협중앙회 |

희망을 눈뜨게 하라

한국신협운동 선구자 평전

동아일보사

신협운동 60주년,
과거와 미래의 갈림길에서

올해는 이 땅에 신협운동의 씨앗이 뿌려진 지 반세기 하고도 10년
의 세월을 넘겨 60년이 되는 뜻깊은 해입니다.

신협은 우리나라 최초의 민간 주도 협동조합운동으로 시작하
여, 빈곤과 절망에 빠져 있던 서민들의 사회·경제적 지위 향상을
선사하고, 지역경제 발전에 적지 않은 기여를 이어왔습니다.

60년 전, 한국전쟁 이후 전란의 황무지였던 대한민국은 모든 희
망이 절멸한 채 눈물과 탄식만이 남아 있었습니다. 하지만 1960년
대 피난민들이 모여 살던 부산에서 메리 가브리엘라 수녀의 주도
로 27명의 조합원이 성가신협을 세우고, 뒤를 이어 장대익 신부에
의해 서울에서 가톨릭중앙신협이 설립되면서 다시 희망을 찾고자
하는 민중운동, 신협운동이 태동했습니다.

이후 신협은 자조, 자립, 협동의 3대 공동체 운동을 중심으로 꺼
지지 않는 들불처럼 전국적으로 확산됐고, 세대와 세대를 잇는 협

동조합운동으로 자리매김하였습니다.

　이 땅에 신협운동이 온전히 뿌리내릴 수 있었던 건 초창기 신협 선구자들의 헌신과 봉사 그리고 이웃과 인간에 대한 신뢰와 사랑 덕분입니다.

　선구자들은 "흩어진 만인萬人의 힘을 모아 일인一人의 자립을 돕고, 일인一人의 힘을 모아 만인滿人의 꿈을 키우자"라는 신협운동의 깃발 아래 숱한 좌절과 패배에도 불구하고, 이웃과 시대의 아픔을 외면하지 않았으며, 그 곁에서 서러운 눈물을 닦아주었습니다.

　신협운동 힘의 원천은 바로 그 눈물을 닦아주는 따뜻한 손길, 인간에 대한 '사랑'이었습니다.

　1926년, 미국에서 수녀의 삶을 살던 메리 가브리엘라 수녀는 27세에 한국행을 택했습니다. 선교활동을 하며 "한국 국민이 경제적으로 어려움을 극복할 수 있는 길은 값싼 구호품을 지원하는 것이 아니라 그들 스스로 일어설 수 있는 힘을 길러주는 것"이라는 사실을 깨닫고 1960년 5월 부산 성가신협 설립을 시작으로 평생을 신협운동에 헌신했습니다.

　장대익 신부는 한국인으로서는 최초로 신협운동을 시작해 1960년 6월 두 번째 신협인, 가톨릭중앙신협을 설립해 서울과 인천·경기 지역 신협운동의 불씨를 확산시켰습니다. "신협의 생명은 사람"이라며, "조합원들에 대한 사랑과 조합원의 결속을 주장하는 조합원 중심의 신협 운영"을 강조했습니다.

　강정렬 박사는 성가신협 초대 이사장, 한국신협연합회(現 신협중앙회) 초대 회장, 아시아신협연합회ACCU 초대 사무총장, 세계신협협의회woccu 아시아 담당관 등을 역임하며 세계신협 간 이해와 협력증진에 평생을 바쳤습니다. 그는 늘 "신협운동은 사람을 자유롭게 하는 운동"임을 강조하고, "자유롭게 판단하고, 행동하고, 책임질 것"을 당부했습니다.

초창기 선구자들의 이러한 희생과 헌신을 발판 삼아 한국신협은 오늘날 전국 883개 조합, 자산 100조 원, 이용자 1,300만 명 규모로 눈부신 성장을 이뤄냈고, 미국, 캐나다, 호주에 이어 세계 4위, 아시아 1위의 모범적인 글로벌 금융협동조합으로 세계 속에 그 위상이 한껏 높아졌습니다.

또한 세계신협협의회 이사국과 아시아신협연합회 회장국으로서 개발도상국 신협 지원 및 해외신협 간 교류 확대와 상호 이해를 위한 다양한 활동을 전개하며 세계신협 발전에 기여하고 있습니다.

이러한 외형적 성과뿐만 아니라 한국신협은 '개발도상국에서 정부 주도형의 협동조합운동이 불가피하다는 고정관념을 깨고 〈상향식 민간주도형 협동조합운동이 성공〉할 수 있다'는 대표적 실증사례로 높은 평가를 받고 있습니다.

아울러 지난 60년간 지속된 조합원 교육과 1인 1표제 선거를 통해 우리나라 풀뿌리 민주주의의 가능성을 증명했다는 점에서 그 역사적 의의가 더욱 크다고 할 것입니다.

신협 선구자들의 헌신적인 노력과 봉사정신은 한국신협의 역사적 전통으로 자리 잡았으며, '수치數値'보다 '가치價値'를 중시하는 경영철학은 다시 한 번 현시대에 반드시 필요한 정신으로 재조명

되며 현대적 신협운동으로 계승·발전되어왔습니다.

"신협은 이익의 극대화와 효율 만능 지향의 금융기관이 아닌
사람과 공동체의 가치를 중시하는 금융협동조합이다!"

우리 신협의 정체성이고 존재의 이유이자 사명입니다.

이러한 이유로 최근 역점을 두고 추진 중인 대표사업이 〈7대 포용금융 프로젝트〉입니다.

7대 포용금융은 더불어 함께 잘 살고자 하는 신협의 기본 정신을 지키며, 서민과 소외계층 같은 세상의 사회적 약자를 돕고, 금융 혜택의 사각지대를 해소하는 데 앞장서고 있습니다.

고리 대출로 고통받는 서민을 돕는 '815해방대출', 경제적인 이유로 출산을 고민하는 가정을 위한 '다자녀 주거안정지원 대출', 사고에 취약한 아이와 고령자의 안전을 위한 '어부바 위치 알리미 보급사업', 사회적으로 고립되기 쉬운 어르신을 위한 '어부바 효孝예탁금', 거제와 군산 등 위기 지역의 지역경제 회생을 위한 '위기지역 특별지원사업', 전주 한지와 같은 우리 전통문화를 지역별 특색에 맞게 되살리는 '지역특화사업', 골목상권과 영세자영업자를 돕는 '신협소상공인지원센터사업'이 현재 전국적인 반향을 일으키며 활발히 진행되고 있습니다.

이러한 포용금융 프로젝트는 시중은행과의 차별성을 부각하고, 금융협동조합이 새롭게 나아갈 방향과 대안을 제시한다는 측면에서 신협의 사회적 선명성과 신인도 제고에도 큰 역할을 하고 있습

니다.

유명한 역사학자 E. H. 카Edward Hallett Carr의 "역사는 과거와 현재의 끊임없는 대화이다"라는 말처럼 60주년을 맞은 지금의 신협은 태동 당시 신협운동의 연장선 위에 있으며, 지나온 인고의 시간을 돌아보며 깊이 있는 성찰을 통해 새로운 길로 나아갈 수 있다고 봅니다.

이에, 신협운동 60주년을 계기로 신협운동의 이정표와 같은 세 분 선구자(메리 가브리엘라 수녀, 장대익 신부, 강정렬 박사)의 아름다운 삶을 기리고 고귀한 뜻을 이어가고자 선구자 평전 발간을 기획하게 되었습니다.

그리고 지난 2년여 동안 선구자들의 발자취를 따라 방대한 자료들을 수집하고, 동시대 신협인들의 고증과 인터뷰를 진행하는 등 세 분 삶의 기록과 메시지를 충실히 담아내고자 노력했습니다.

그럼에도 이 책은 여전히 부족합니다. 작은 에피소드 하나, 진솔한 메시지 한 줄 놓치지 않으려 노력했지만, 여전히 선구자들의 치열했던 삶과 생애를 오롯이 담아내기엔 여러모로 아쉬운 점이 많은 것도 사실입니다.

다만 이 평전을 통해 선구자들의 소중한 발자취와 그토록 지키고자 했던 신용협동조합의 가치와 철학을 조금이나마 되새기며, 앞으로 더 깊고, 더 넓으며, 더 단단한 신협운동을 다짐하는 계기가 되기를 소망합니다.

덧붙여 신협을 비롯한 한국협동조합 역사의 올바른 이해와 폭넓은 정보를 얻고자 하는 분들에게도 작은 도움이 되기를 바랍니다.

이번 선구자 평전 발간을 계기로 그동안 우리 기억 속에 희미해진 또 다른 선구자들을 찾아 한 분이라도 더 기억하고 기리기 위한 기념사업을 지속적으로 이어갈 예정입니다.

다시 한 번 지면을 빌려 이 책의 발간을 위해 도움을 주신 모든 분께 머리 숙여 감사를 드립니다.

감사합니다.

2020년 4월
신협중앙회장
김 윤 식

사랑의 유산

"첫째가 꼴찌 되고, 꼴찌가 첫째 되는 이들이 많을 것이다."

한국신용협동조합이 만든 기적은 꼴찌가 첫째가 된 것이다.

한국신용협동조합의 역사는 신협운동이 처음 일어난 유럽과 '그 유럽의 포도나무'가 심어진 캐나다와 미국에는 비교할 수 없다. 아시아에서도 필리핀이나 인도보다 더욱 늦게 씨앗이 뿌려졌다. 그런데도 현재 세계 4위의 신협 국가로 발돋움했을 뿐 아니라, 1971년에는 아시아신협연합회ACCU 창립을 주도해 아시아 각 나라에 연수의 기회를 주고 있다. 세계신협협의회WOCCU 이사국으로 세계신협 발전에 주도적 역할을 수행하고 있기도 하다. 게다가 한국의 신협은 캐나다와 미국과 다른 한국적 모습까지 갖추고 있다.

이렇게 꼴찌가 첫째가 된 데는 보이지 않는 손길이 있다. 포도

나무에 다디단 포도가 열리기 위해서는 햇살, 토양, 바람뿐 아니라 부지런한 농부의 손길이 있어야 한다. 이 땅에 포도나무를 옮겨 심고 그것을 잘 가꾼 선구자인 메리 가브리엘라 수녀, 장대익 루도비코 신부, 그리고 강정렬. 그들은 포도나무가 잘 자라게 스스로 부지런한 농부가 되었다. 미래의 지도자들을 양성해냈을 뿐 아니라 좋은 땅에서 잘 자라도록 철학적, 도덕적 토양을 만들었다.

신용협동조합이란 포도나무가 심어진 지 60년. 신용협동조합 조직은 더욱 커지고 치밀해졌다. 세상은 변했지만, 신협의 본질은 변하지 않았다.

혼자 일어날 수 없으므로 이웃과 함께 일어나자는 사랑, 티끌 모아 태산을 이룬다는 근면, 자립, 협동의 정신은 20세기에서 21세기로 시대를 건너 이어지고 있다.

생존 자체가 위태로운 시절에 태어난 신협은 사회에 그늘이 짙을수록 더욱 뿌리를 굳건히 하며 무너지기 쉬운 사람들을 일으켜 세운다. 잠들어 있는 스스로의 의지와 이웃 사랑을 깨우기 때문이다.

지금이 위기라고 생각한다면 신협의 정신을 되새김으로써 스스로 강해지며, 사회에 대한 도덕적 요구에 눈을 감지 말아야 한다. 바로 그럴 때 선구자들을 보며, 신용협동조합의 진정한 의미를 되새겨야 한다.

"한국에서 신협을 시작하게 된 동기는 오직 한 가지였습니다. 그것은 사랑이었습니다. 2,600만 한국 국민에 대한 사랑이었습니다."

(메리 가브리엘라 수녀)

가브리엘라 수녀는 자선慈善에 의존하며 살아가던 한국 민족에게 자립의 의지를 세워주었다.

"신협의 생명은 초창기나 지금이나 사람입니다. 조합원들에 대한 애정과 그들이 서로 결속할 수 있게 하는 힘은 바로 사람 중심, 조합원 중심의 조합 운영이라고 생각합니다."

(장대익 루도비코 신부)

장대익 신부는 자신이 몸담고 있는 어느 자리에서든 믿음, 사랑, 나눔의 정신을 실천하면서, 고난에 빠진 이웃을 살림으로써 더불어 나도 살릴 수 있다는 사실을 일깨워주었다.

"민주적 절차에 의해 상호 협력하는 아름다운 표현 뒤에는 따라야 하는 피나는 자기 수련, 희생, 인내 및 지혜가 요구됨을 신협인들은 실제 경험으로 너무나 잘 알고 있다."

(강정렬 박사)

우리나라 최초의 신협인 성가신협 이사장이자 ACCU 초대 사무총장 강정렬은 신협을 통해 정직과 자기희생, 나눔을 실천함으로써 세계시민으로 공동의 선을 이룰 수 있음을 보여주었다.

이들 선구자의 발자취를 좇아 가본다. 자립과 나눔이 그려진 아름다운 지도가 보인다. 이 모든 일은 사랑 안에서 역사가 되었고, 그리하여 지금도 사랑으로 열매 맺는 중이다.

차례

—— • 제1부 • ——

메리 가브리엘라 수녀
믿음이 만든 기적 • 21

제1부

메리 가브리엘라 수녀

1900~1993

믿음이 만든 기적

"신용협동조합이라는 것은 돈 많은 사람이나 부자들의 것이
아니라, 서민들이 모여 서로 돕고자 하는 단체인 것입니다."

(1962년 제1차 신협 지도자강습회 환영사 중에서)

한국신협운동의 선구자인 메리 가브리엘라 수녀의 아름다운
이야기는 1930년대부터 시작한다. 한국에서 37년 동안 봉사하면
서 이름을 발음하기 어려워하는 사람들을 위해 스스로 발음이 편
한 '가별 수녀'로 부른 그녀의 진짜 이름은 메리 가브리엘라 뮬헤
린Mary Gabriella Mulherin(1900~1993)이다. 가브리엘라 수녀는 회계 전
문가로, 활달하고 이목구비가 또렷했으며, 키도 크고 목소리도 컸
다. 무엇보다 의지가 강해 일반적인 수녀의 이미지와는 조금 달랐
다. 그 사실을 제일 먼저 감지한 이는 선교지의 말썽꾸러기 남자
아이들이었다. 그중에는 이 땅에 신협의 씨앗을 함께 뿌린 장대익

(1923~2008) 신부도 있었다.

1930년대, 가브리엘라 수녀는 메리놀수녀회Maryknoll Sisters의 일원으로 평양과 신의주新義州 지역에서 수탈당하는 한국인들에게 복음을 전하는 사명을 맡아 한국으로 파송된다. 그러나 신사참배 거부 등으로 일본과 대립하던 메리놀회Maryknoll Missioners가 추방 명령을 받자 가브리엘라 수녀도 한국을 떠나게 된다.

6·25는 가브리엘라 수녀에게 새로운 사명을 깨닫게 해주었다. 다시 한국으로 온 가브리엘라 수녀는 부산 메리놀병원에서 전쟁미망인들을 위한 복지 활동에 전념하다 전후복구 사업에 뛰어든다. 물론 한국의 사정은 조금도 나아지지 않았지만 언제까지나 강대국의 선의에 기대어 살 수만은 없는 노릇이었다.

'한국 사람들 스스로 일어나서 자신의 문제를 해결할 수 있는 힘을 기르게 해야 한다.'

사회 문제에 눈을 돌린 가브리엘라 수녀는 부정과 부패가 만연하고, 1년에 원금의 두 배가 넘는 이자를 요구하는 고리대금업자들이 판치는 세상에서 살아가는 사람들에게 필요한 것이 무엇인지 찾는다. 가브리엘라 수녀는 가난한 한국 사람들에게 스스로 일어서는 법을 가르치기 위해 57살의 나이로 캐나다 성 프란치스코 하비에르St. Francis Xavier 대학에서 안티고니시 운동Antigonish Movement을 배운 뒤 협동조합운동을 시작한다.

가브리엘라 수녀는 부산 메리놀병원 나사렛의 집에서 메리놀병원, 성분도병원, 가톨릭구제회National Catholic Welfare Conference, NCWC 임직원들을 대상으로 한국 최초의 신용협동조합인 성가신용협동조합聖家信用協同組合, Holy Family Credit Union*을 창립한다. 그리고 신협운동의 조직적인 보급을 위해 협동조합교도봉사회Voluntary Cooperative Center(협동교육연구원**의 전신)***를 창립해 신협 교육에 힘쓴다.

1963년, 협동조합교도봉사회를 서울로 옮기면서 서울과 부산에서 동시에 진행 중이던 신협운동을 통합해 신협의 전국적 확산을 주도했으며, 무엇보다 신협의 정신을 널리 퍼뜨릴 인적 자원인 지도자들을 양성해냈다. 강정렬, 이상호(1930~)****, 박희섭*****
등은 가브리엘라 수녀가 키워낸 1세대 지도자들이다. 이들은 1970

---

* 애초 명칭은 신용조합Credit Union이었으나 1960년대 중반 일본 제일 한국인에 의해서 운영되고 있는 주식회사 형태의 〈信用組合〉과 혼동을 피하고자 신용협동조합으로 명칭을 변경. 이 책에서는 신용협동조합(신협)으로 명칭을 통일한다.

** 협동조합교도봉사회는 1963년 7월 1일 부산에서 서울로 이전했다. 이는 신협뿐 아니라 소비자협동조합, 주택협동조합 등의 전국적 확산을 위해 사무실을 서울에 두는 것이 유리하다고 판단했기 때문이다. 아울러 이때 명칭을 협동교육연구원Cooperative Education Institute으로 바꾸었다. 그동안 연구원은 신협운동 지원과 여타 협동조합 교육과정 및 사회개발교육에 많은 공헌을 했다. 그러나 연구원 운영이 메리놀수녀회에서 천주교 서울대교구로 이전되면서 점차 운영이 소홀하기 시작해 활동이 갈수록 위축됐으며 급기야 1996년 6월 30일 폐쇄조치되었다.

*** 신협운동의 본격적인 발전과 보급을 전담할 목적으로 1962년 2월 1일 협동조합교도봉사회를 발족했다. 봉사회는 부산 대청동 메리놀수녀회에 있는 '나사렛의 집'에 사무실을 두었으며 회장은 메리 가브리엘라 수녀가 맡았다. 신협운동 초창기부터 교육활동은 '마땅히 행해야 하는 활동'으로 받아들여졌으며, 봉사회 발족으로 신협운동의 오랜 전통인 교육제일주의의 기초가 더욱 다져졌다.

**** 전남 고흥. 조선대 법정대 경제학부(1956). 캐나다 코디국제연구소 수료(1966) 및 미국 위스콘신주립대학교 국제협동조합연구원 수료(1967). 농업은행(現 농협중앙회) 조사부 근무(1957). 협동교육연구원 교도부장(1962~1964), 공인회계사(1975~). 신협연합회 6~11대(1967~1973)·16~17대(1979~1983) 회장, 신협중앙회 명예회장(1984~), ACCU 회장(1982~1986), WOCCU 이사(1982, 1987). 국민훈장 동탄산업훈장 수상(2010).

***** 전 농림부장관 비서. 캐나다 코디국제연구소 협동조합 연구, 협동교육연구원 교수, 부원장, 원장(1962~1976), 신협연합회장(1973~1975), 신협운동 초창기 조직 활동과 임직원 교육에 공헌.

년대부터 세계로 뻗어가며, 신협의 양적·질적 성장을 이끈다.

가브리엘라 수녀의 업적을 말할 때 빼놓을 수 없는 부분은 개척기에 있던 한국신협운동을 완전히 독립시키며, 신협법을 만들기 위해 첫 발자국을 내디디고, 국제적인 유대를 맺어나가는 데 앞장섰다는 점이다.

가브리엘라 수녀는 1967년 10월의 마지막 날, 한국에 온 지 37년 만에 다시 미국 메리놀수녀회 본원으로 돌아갔다. 가브리엘라 수녀가 미국으로 떠나며 남긴 것은 신협정신을 교육하는 협동조합교도봉사회 등 신협을 이끌 지도자들과 60여 개의 지역 신협 조직, 스스로 희망을 만들어가는 초기 신협 조합원들이었다.

가브리엘라 수녀가 남긴 유산은 사랑을 바탕으로 한 자조와 자립의 정신으로, 이는 대한민국의 근대화와 시민정신 속에 오롯이 녹아 있다.

메리 가브리엘라 수녀는 삶과 죽음이 뒤섞인 아수라장에서
자신이 해야 할 일을 발견했다.
사진은 한국에 오기 전의 메리 가브리엘라 수녀.

1장

희망의 씨앗을 뿌리다

작은 등불이 되고자 한국으로

1920년대부터 평양을 중심으로 붉은 벽돌에 초록색 기와를 얹은 아름다운 성당 건물이 들어서기 시작했다. 메리 가브리엘라 뮬혜린. 펜실베이니아Pennsylvania주 스크랜턴Scranton 출신의 가브리엘라 수녀는 1930년에 평양 교구에 첫발을 내디뎠다. 20세기의 시작인 1900년 아일랜드계 아버지와 미국계 어머니 사이에서 태어난 가브리엘라 수녀는 고향에서 탄광회사 비서로 근무하다 23살에 메리놀수녀회에 입회한다. 가브리엘라 수녀는 1926년에도 평안도 영유永柔에 잠깐 머물며 우리말과 사회복지 업무를 익히다 미국으로 돌아간 적이 있었다.

가브리엘라 수녀가 처음 밟은 한국 땅 영유는 압록강변에 있는 작은 마을이었다. 배따라기 민요가 유명해 김동인의 소설 《배따라기》의 무대가 되기도 했던 곳이다. 백두산 천지에서 두 개의 강이 발원하는데, 서해로 흘러드는 압록강이 기러기 머리처럼 푸르다고 하여 붙여진 이름이다. 푸른 강물과 곱고 흰 모래, 붉은 해당화가 피어 있는 아름다운 곳에는 활달한 성품의 사람들이 살고 있었다. 평안북도 북쪽 의주義州가 가까운 곳은 고려시대부터 국경 무역을 하는 사람들이 빈번하게 지나다니는 곳이다 보니 외국인에 대한 낯가림이 적었다.

　메리놀회는 1930년대 들어 평양을 중심으로 한 평신도 쇄신 운동 등 다양한 선교정책을 펼치며 조선 사람들 삶 속으로 깊숙이 들어가 있었다. 메리 가브리엘라 수녀도 이즈음 한국에 다시 들어왔다. 가브리엘라 수녀는 동북아시아 작은 나라의 사람들을 위해 살겠노라고 서원했다. 1930년대는 모리스 몬시뇰John Edward Morris(1889~1987)* 평양지목구장이 교구를 맡은 시기로 신사참배 반대를 주장하는 등 여느 때보다 한국인들과 운명을 같이하던 시기였다. 가브리엘라 수녀는 의주와 신의주, 평양 인근 명주 등을 옮겨 다니면서 활동을 펼쳤는데, 한국 사람들과 어울리는 선교나 의료, 구제 쪽이 아닌 교회 재정을 다루는 재정 전문가로 일했다. 당시 메리놀회는 다양한 선교정책으로 21개 본당을 세우고 신학교를 운영했을 뿐 아니라 신자 수도 2만 6,000명에 달할 정도로 한국인의 삶에 깊이 스며들어 있었다.

---

* 메리놀 외방전교회 선교사. 제2대 평양교구장. 초대 교구장 번Patrick Byrne 신부가 1929년 8월에 메리놀회 부총장으로 전출되어 귀국하자, 로마 교황청은 1930년 4월 평양교구 제2대 지목知牧으로 모리스 신부를 임명했다.

　　　　　제1부 ─── 메리 가브리엘라 수녀

갓난아이를 돌보는 메리 가브리엘라 수녀.　영유산업학교에서 수업 중인 메리 가브리엘라 수녀의
　　　　　　　　　　　　　　　　　모습.

　신의주 근교에서의 삶은 하루도 단조로운 날이 없었다. 가브리
엘라 수녀는 자신도 모르는 새 한국 근대사의 격랑을 온몸으로 건
너는 중이었다. 독립군을 지원했다는 이유로 습격당한 마을 사람
들의 이야기가 무성하게 들려왔다. 신사참배 거부로 핍박받은 이
야기, 압록강을 넘어 중국으로, 두만강을 넘어 러시아로 가는 농민
들의 이야기는 일상적인 대화의 한 부분이었다. 아름답고 평화로
운 자연의 모습과 달리 인간의 삶은 좋은 일보다 궂은일에 더 가까
이 있었다. 기아가 만연했고 일본인 지주와 자주 싸움이 일어나는
등 흉흉한 소식이 하루가 멀다 하고 들이닥쳤다. 사람들은 얼어서
썩어버린 감자를 먹다 중독되기도 하고, 도토리 가루만 먹다 장이
막혀 죽기도 했다. 가난과 질병과의 싸움은 끝이 없었다.
　가브리엘라 수녀는 10여 년 동안 평양과 신의주 외곽을 옮겨 다니며 입에 익숙지 않은 쌀을 주식으로 먹고 예전 같으면 알지도 못했을 채소들을 먹었다. 한 번씩 구호품으로 들어오는 커피와 허쉬 초콜릿과 사탕은 그야말로 천국의 음식이었다.

가브리엘라 수녀는 미사가 끝난 뒤 찾아오는 아이들에게 초콜릿과 사탕을 나누어주곤 했다. 가브리엘라 수녀는 이때 훗날 신부가 된, 초콜릿을 좋아하던 어린 장대익을 만난다. 더 달라고 애원하는 아이들에게 초콜릿을 더 주지 않았는지, 어린 장대익의 눈에 가브리엘라 수녀는 욕심 많고 심술궂어 보였다. 아마도 재정 담당 가브리엘라 수녀는 다음 주의 몫을 오늘 미리 먹을 수 없다고 말했을 것이다.

당시 한국의 사정은 아시아의 어떤 나라보다 참혹했다. 한국이 아시아 쌀 수출량 2위라는 사실은 얼마나 많은 사람이 양식을 뺏겼는지를 반증했다. 보릿고개를 넘기지 못한 사람들이 여기저기서 죽어나갔다. 구호품을 아끼고 아껴도 언제나 부족했다.

그러는 사이 평양에서 신사참배를 거부했다는 이유로 박해받던 숭실학교는 스스로 문을 닫아버렸다. 이미 개신교 쪽에서는 신사참배 반대로 순교자가 나왔다. 평양교구도 서울대교구*와 달리 신사참배 반대를 끝까지 고집하고 있었다. 모리스 몬시뇰 신부는 기꺼이 순교를 각오했으며 그것을 영광으로 삼았다. 당연히 메리놀회에도 불똥이 튀었다. 1941년 12월 7일 일본의 진주만 습격이 시

---

* 서울대교구는 1962년 승인되었으므로 1962년 이전은 '서울교구', 1962년 이후에는 '서울대교구'로 표기해야 하나 이 책에서는 서울대교구로 통일해 표기하는 것을 원칙으로 함.

제1부 —— 메리 가브리엘라 수녀

작되자 한국에 있던 메리놀회 선교사들에게 전원 추방 명령이 떨어졌다. 아니 모두 일본의 포로가 되었다.

태평양이 전쟁터가 되자 미국인이란 신분도 더 이상 안전할 수 없었다. 1942년 일본인 대사관 관계자, 사업가 등과 동남아 일대에 흩어져 있던 미국인 선교사, 신부, 수녀 등을 서로 교환하는 비전쟁요원 포로 교환 협정이 맺어짐에 따라 가브리엘라 수녀도 한국을 떠나게 되었다.

적십자 깃발을 달고 고베神戸항에서 출발한 배는 요코하마橫浜, 대만, 홍콩, 방콕Bangkok, 싱가포르, 콜롬보Colombo 등 동남아 일대를 거칠 때마다 승선 인원이 늘어났다. 아침이 되면 붉은 해가 바로 눈앞의 수평선에 걸려 있는 듯한 동남아시아의 바다는 생지옥이었다. 해상에 떠 있는 배는 모두 미군의 폭격으로 불타고 있었으며,

뉴욕 메리놀수녀회.

구명보트를 타고 탈출하는 사람들도 많았다. 모두 다 살려달라고 외치는 듯했다. 배에 탄 성직자들의 쉼 없는 기도에도 불구하고 바로 눈앞에서 많은 사람이 죽어나갔다.

포로 교환선의 목적지는 제3국인 아프리카 모잠비크. 가브리엘라 수녀는 태평양을 건너 인도양에 접한 모잠비크 인근의 린디Lindi와 미킨다니Mikindani에서 줄을 지어 미국 국적 기선에 올랐다. 이것으로 비전쟁요원 포로 교환이 종결된 것이다. 일찍이 삶과 죽음을 초월한 성직자들이었건만 생사의 갈림길에서 삶으로 가는 티켓을 받자 뜨거운 기쁨의 눈물을 주체할 수 없었다. 배는 며칠을 정박해 포로들에게 휴식을 준 뒤 다시 출발했다. 이번에는 남대서양을 거쳐 미국으로 향했다. 아프리카 희망봉과 카리브해를 돌아 뉴욕New York에 도착하는 한 달 남짓한 기간에 가브리엘라 수녀는 수많은 미군기가 하늘을 날아다니는 풍경을 목도했다. 식량이 없어 굶다시피 했지만 살아 있다는 사실에 감사하며 하선했다.

1920년경의 메리 가브리엘라 수녀.

가브리엘라 수녀는 푸른 초원이 펼쳐진 메리놀 본부에서 7년을 보낸 뒤 지상낙원이라는 하와이로 갔다. 그리고 그곳에서 한국에 전쟁이 났다는 소식을 들었다. 그동안 한국어와 영어를 가르쳤던 어린 학생

제1부 —— 메리 가브리엘라 수녀

들의 모습이 떠올랐다. 자신을 '가별 수녀'라고 부르던 그 아이들 중에는 수녀가 되고 싶다는 아이, 신부가 되고 싶다는 아이도 있었다. 그 아이들에게 자신은 천국에서 온 사도였다. 다른 세상, 다른 미래를 보여주는 사람이었던 것이다. 가브리엘라 수녀는 즉각 한국으로 가는 방법을 모색했지만 여의치 않았다.

전쟁 중인 1952년, 가브리엘라 수녀는 한국을 떠날 때처럼 책 몇 권이 든 가방을 들고 캘리포니아California항에서 한국으로 가는 선박에 몸을 실었다. 캘리포니아에서 한국까지 한 달 남짓한 바닷길이 기다리고 있었다. 이제 남은 일은 믿음의 선지자들이 걸어간 길을 따라가는 일이었다. 죽음 따위는 두렵지 않았다. 한국식으로 했을 때, '하늘의 뜻을 안다'는 지천명知天命의 나이에 다시 한 번 한국을 위해 할 일을 찾으러 가는 길이었다.

홀로 된 어머니들을 위한 집

|

전쟁 중이라도 부산항은 국제항이었다. 익숙한 한국말 사이에서 영어와 낯선 언어가 들렸다. 가브리엘라 수녀는 다른 일행과 함께 메리놀병원이 있는 대청동으로 향했다. 당시 부산은 한국에 있는 모든 사람이 모여 있다고 해도 과언이 아닐 정도로 북적였다. 특히 약간 비탈진 곳에 있는 메리놀병원은 마치 부산의 중심처럼 보였다. 병원 주변으로는 미군 용품을 사고파는 국제시장이 있어서 유행가 소리가 넘쳐났다. 과연 이곳이 전쟁터일까 싶을 정도로 죽음

의 공포는 없었다.

그러나 가브리엘라 수녀는 곧 이곳에 삶의 공포가 지배하고 있음을 깨달았다. 메리놀병원 앞에는 새벽부터 긴 줄이 생겨났다. 아니 줄을 선 채 노숙한 사람들이 저마다 자신의 차례를 기다리고 있다고 하는 게 더 정확했다. 간호를 담당하는 수녀들은 환자들 사이를 이리저리 뛰어다녔다. 잘 다림질한 수녀복은 채 몇 시간이 되지 않아 피와 고름, 땀투성이가 되었다. 몇몇 수녀들은 치료할 수 있는 환자를 가려내고 증상이 비교적 중하지 않은 환자들은 다음 날 오라고 돌려보내는 역할을 수행하고 있었다.

부산에서 본 가난은 10여 년 전에 북한에서 경험한 것과 비교할 수 없었다. 특히 나이 어린 아이들이 충분한 식량과 비타민만 있으면 나을 수 있는 병조차 이기지 못하고 실명이 되거나 죽어갔다. 거리에서 만나는 굶주린 아이들이 모두 환자였다. 그중에서 가장 참혹한 건, 뼈결핵을 앓아 혹처럼 솟아나오는 가슴이나 등을 가지고 있는 아이들의 모습이었다. 뼈를 펴기 위해 가슴과 등에 부목을 대어놓은 아이들이 있는 병동에서는 밤에도 고통에 찬 울음소리가 새어나왔다. 그러나 이런 아이들은 그나마 다행이었다. 길에서 방치된 채 죽어가는 아이들이 더 많았다. 메리놀의 십자가는 하늘나라에서의 구원뿐 아니라 지상에서의 구원을 상징했다. 아침마다 몇십 미터씩 늘어서 있는 환자들 틈에서 가브리엘라 수녀는 평양이나 신의주에서 월남한 피난민들을 만나기도 했다. 어떤 이들은 먼발치에서 수녀를 보고 울음부터 터뜨렸다. 10년이란 세월이 지나 아이 엄마가 되어 있는 사람도 있었다.

가브리엘라 수녀는 삶과 죽음이 뒤섞인 아수라장에서 자신이 해야 할 일을 발견했다. 바로 삶 쪽으로 사람들을 인도하는 역할이었다. 맑고 파란 눈을 가진 고집 세고 강인한 이 수녀는 성경에서 말씀하신 가장 약한 자의 편에 섰다. 희미한 숨을 쉬고 있는 이들에게 우선적으로 손을 내밀었다. 그건 바로 어머니들이었다. 성경에서도 과부는 가장 먼저 보살펴야 하는 사람으로 표현된다. 남편을 전선에 보내놓고 피난 온 아내들이나 남편을 잃은 채 아이를 데리고 살 궁리를 하는 어머니들은 먹고살기 위한 싸움이 벌어지는 전쟁 통에서 한순간도 방심할 수 없었다. 가브리엘라 수녀는 두 생명 혹은 서너 명의 생명을 살리기 위해서라도 이런 어머니들을 구해야겠다는 계획을 세웠다.

가브리엘라 수녀는 그들에게 독립해서 살아가는 법을 가르치기 위해서 기획서를 내고, 얼마 안 되는 지원금과 장소를 제공받았다. 이윽고 메리놀병원의 구석에 지어진 가건물에 '나사렛의 집'이란 현판이 달렸다. 가브리엘라 수녀는 결혼을 앞둔 여자들이 수를 놓아 아름다운 장식보를 만들고, 이불과 베개에 색실로 자수刺繡를 놓는 것을 기억해냈다. 이 아이디어에서 탄생한 나사렛 사업은 자수제품을 만들어 팔아 여기서 나온 수익금으로 자립의 기반을 마련하는 제도였다. 사람들이 자수제품을 가브리엘라 수녀에게 주면 가브리엘라 수녀는 우선 이들의 인건비를 먼저 계산해주고, 제품을 전시해서 판 다음에 연말에는 남는 돈을 배당금 형식으로 공평하게 나눴다. 한편으로는 피엑스px에서 이들 제품을 팔도록 홍보했다. 병원 관계자나 수녀원 관계자 등 지인들에게 한국을 알리는

메리 가브리엘라 수녀는 전쟁에 남편을 잃은 과부들에게 독립해서 살아가는 법을 가르쳤다.

선물로도 자수제품을 추천했다.

　스스로 사는 길은 일자리에 달려 있었다. 자신도 미국에 있을 때 비서 교육을 받은 뒤 비서가 되어 생활을 꾸려간 경험이 있는 가브리엘라 수녀는 삶을 경영하는 법을 알았다. 그래서 한 끼의 식사를 얻기 위해 구걸하는 것보다, 미래의 끼니를 얻기 위해서 당장 굶을지라도 교육을 받고 노력하는 삶이 유용하고 가치 있다는 사실을 일깨워주었다. 아무리 절박하더라도 미래를 보아야 희망이 있는 법이었다.

　삶이 그대를 속일지라도
　슬퍼하거나 노하지 말라

슬픈 날엔 참고 견디라
즐거운 날이 오고야 말리니

　슬픔의 날을 참고 견디면 기쁨의 날이 온다는 것, 그것이 바로 희망이었다. 시인 푸시킨Aleksandr Pushkin의 말대로 1년을 더 견디자 휴전이 되었다. 적어도 죽음의 날들에서는 벗어나게 되었다. 어제보다는 오늘이 분명 나았다. 이제는 잘 살기 위해서 견뎌야 하는 일이 남아 있었다.

2장   **함께 잘 사는 방법을 배우다**

뉴욕에서 시작된 나비의 날갯짓

|

전후 한국의 경제는 외국의 원조에 의해 이루어지고 있었다. 주한
외국봉사단체협의회Korean Association of Voluntary Agency, KAVA 위원회의 회
의가 1957년 11월 미국 뉴욕에서 열렸다. 이 단체의 사무국장 샬
럿 오언Charlotte Owens은 임원들이 휴가를 맞아 뉴욕에 와 있는 틈에
회의를 소집했다. 가브리엘라 수녀는 KAVA 전임 부회장이던 위도
슨Colonel Widdowson과 함께 한국 대표로 참석했다. 다른 임원들도 한
국 기관의 임원들로, 한국 사정을 잘 알았다. 그들은 한국에 지원
을 쏟아붓는 데 회의적이었다. 한국의 경제는 그야말로 소파경제
였다. 이승만 대통령이 집무실 소파에서 전화로 KAVA 등을 설득
해서 예산을 따내고, 그 예산을 집무실 소파에서 집행한다고 해서
나온 우스갯소리였다.

이승만 대통령의 호소와 그에 따른 인도주의적 원조에 힘입어 비료공장이 지어졌으나 비료 생산이 언제 시작될지는 아무도 몰랐다. 경제개발계획의 일환으로 지어진 판유리공장과 시멘트공장 사정도 마찬가지였다. 어쩔 수 없는 무질서와 부패의 결과물이었다.

봉사단체의 후원은 분명 무수한 한국인을 살렸다. 그러나 쏟아지는 재정적, 인적 지원에도 불구하고 한국은 필리핀 같은 나라에 비해 여전히 제자리였다. 한국 정부에서는 이런 결과를 당연히 유감스럽게 생각하지만, 매번 원조가 절대적으로 필요하다고 역설했다.

그러나 KAVA 입장에서 보면 한국인의 삶 그 자체는 한 발자국도 나아지지 않았기 때문에 원조에 회의적이었다. 이 회의 결과를 한 줄로 요약하면, '한국인의 처지 개선이 의문시된다' 정도일 것이다.

가브리엘라 수녀 자신도 무조건적인 원조에는 회의적이었다. 아무리 구제해도 한국 사람들은 여전히 가난했다. 해를 거듭할수록 가난은 더 질겨졌다. 내미는 손이 아닌 내밀어주는 손으로 거듭나기 위해서는 무언가 새로운 시도가 필요했다. 가브리엘라 수녀는 한국인들이 스스로 일어설 수 있는 방법을 찾아야 한다고 발표했다.

"……한국 전쟁 이후의 경제적 악순환과 어려운 상황에 대한 의견은 앞서 말씀하신 분들과 같습니다. 그러나 스스로 자립할 수 있는 도움이 이들에게 필요할 것으로 보입니다······."

그런데 이런 비판적 시각을 의미 깊게 지켜본 사람이 있었다. 그간 가브리엘라 수녀의 모든 보고서를 꼼꼼히 읽은 오언은 회의가 끝날 무렵 가브리엘라 수녀에게 물었다.

"혹시 협동조합운동에 대해서 아시나요? 그걸 시도해볼 생각은 없습니까?"

"협동조합운동이 어떤 건가요?"

"시민들 스스로 자립적으로 일어설 수 있게 돕는 안티고니시 운동입니다. 만약에 이걸 배워서 한국에 적용하고 싶다면 제가 캐나다에 있는 성 프란치스코 하비에르 대학의 코디Michael M. Coady(1882~1959)* 박사에게 연락해서 배울 기회를 마련해드리겠습니다."

오언은 한국 봉사단체를 통해서 알아보았지만, 협동조합운동에 대해서 전문적으로 훈련받은 직원이 없었다. 협동조합운동을 한국에 적용할 적임자로 그녀는 가브리엘라 수녀를 추천했다. 가브리엘라 수녀가 속한 메리놀수녀회에도 연락해서 이미 캐나다행에 대해 허락을 구해놓았다.

성 프란치스코 하비에르 대학의 총장인 소머스Sommers 박사와 안티고니시 운동의 창시자 중 한 사람인 코디 박사를 개인적으로 알고 있던 오언은 가브리엘라 수녀를 위해 단기특별집체 과정을

---

* 안티고니시 운동의 지도자로서 코디국제연구소 창설. 세계의 유수한 협동조합운동가들을 양성.

성 프란치스코 하비에르 대학.

준비해주었다. 가브리엘라 수녀에게 주어진 시간은 고작 2주, 120 시간이었다. 여기에는 성 프란치스코 하비에르 대학 교도부의 직원과 교수들의 지원이 컸다.

1957년 12월 3일, 가브리엘라 수녀는 뉴욕에서 출발했다. 가브리엘라 수녀에게 57살은 무엇인가를 새로 배우기에 늦은 나이가 아니었다. 가브리엘라 수녀는 이번 미션이 일생을 통해 가장 의미 있는 일이며, 스스로 꼭 목표를 이룰 수 있으리라는 데 한 치의 의심도 없었다.

고기 잡는 법을 가르치기 위해
|
가브리엘라 수녀는 성 프란치스코 하비에르 대학교 기숙사에 머무

는 최고령 학생이었다. 가브리엘라 수녀는 운이 좋게도 안티고니시 운동을 직접 이끈 코디 박사와 동료인 톰킨스James Tompkins 박사, 그리고 탑시 신부에게서 직접 가르침을 받을 수 있었다. "우선 다가가서 그들의 말을 들어라" "집 문지방이 닳을 때까지 찾아가라" "스스로 자신의 문제가 무엇인지 찾아내게 하고, 직접 문제를 해결하는 방안을 찾아내게 하라" 같은 말을 육성으로 들으니 감동이 더욱 컸다.

수업은 철저히 보고 느끼고 생각하는 현장 수업 위주였다. 이론 강의, 독서모임, 그리고 소비자협동조합 및 생산자협동조합, 농협, 수협, 수공업협동조합, 주택협동조합 등 다양한 종류의 협동조합 관련 인터뷰를 통해 교육이 이루어졌으며, 밤낮을 가리지 않았다. 이 모든 과정을 가브리엘라 수녀는 노트 18권에 꼼꼼히 기록해놓았다.

가장 호기심이 가는 건 직접 눈으로 보고 느낄 수 있는 현장 견학, 다양한 조합원들에게 직접 질문하고 대답하는 수업이었다. 가브리엘라 수녀는 다양한 견학을 통해 수십 가지 협동조합을 접했다. 30년 전에 코디 박사와 그의 동료들에 의해 뿌려진 협동조합의 정신은 그야말로 다채롭게 발전하고 있었다.

가브리엘라 수녀는 코디 박사의 맞은편에 서 있던 사람들의 이야기도 직접 들었다. 오래전에 협동조합을 시도한 어민과 농민이야말로 협동조합운동의 진정한 선구자였다. 이들은 현재 자신의 프로그램을 갖춘 전문가였다. 가브리엘라 수녀가 받고 있는 수업은 '선구자가 되는 법'을 가르쳐주는 살아 있는 수업이었다.

노바스코샤Nova Scotia *는 한국과 여러 가지로 대비되는 곳이었다. 땅은 넓었지만 인구는 많지 않았으며, 한적하고 아름다웠다. 눈을 들면 언제나 평화로운 풍경이 펼쳐지는 이곳에 사는 사람들은 한결같이 명랑하고 푸근한 표정이었다. 가브리엘라 수녀는 이들 조합원을 만나러 가는 현장 수업이 가장 기다려졌다. 전날 자료를 읽다가 새벽에야 잠이 들었더라도 아침이면 정신이 맑아졌다.

인구 몇 만이 되지 않는 작은 어촌에서 만난 생산자협동조합과 소비자협동조합 등 다양한 종류의 협동조합 조합원들은 가브리엘라 수녀에게 깊은 인상을 남겼다. 한 사람 한 사람의 일생이 책으로 기록할 만한 가치가 있었다. 입에 풀칠하기 어려울 정도로 힘든 광부였다가 협동조합운동을 하면서 지도자로 성장한 사람도 있었고, 몇 명은 여전히 광부로 일하면서 자신의 협동조합이나 마을 도서관 등을 관리했다. 남편이 조합원으로 가입한 곳에서 아내가 관리를 맡는 경우도 있었다. 이들은 협동조합을 함으로써 필요한 만큼 먹고살 수 있게 되었다. 비참함은 이들의 삶에 없는 단어였다. 협동조합을 통해 일자리를 만들 수 있었고, 도서관을 지었으며, 서로의 경험을 나누며 이웃으로 지냈다. 협동조합을 통한 삶은 이상적인 삶의 방식이었다. 개인적인 슬픔과 탄식은 있겠지만 이들은 모두 일하고 쉬고 나누며 살았다. 그런 삶이 가능한 토대가 이미 만들어져 있었기 때문이다. 이제 노바스코샤에서 태어나는 아이들은 예전 세대의 어려움은 모른 채 일과 쉼, 나눔이 균형을 이룬 삶

---

* 프랑스어로 뉴 스코틀랜드라는 뜻으로, 캐나다의 동부 대서양 연안에 자리하고 있는 반도.

을 살아갈 터였다.

용기를 내서 시도한 협동조합으로 이들의 삶은 변했다. 경제적인 이익도 없지 않았지만, 그보다 중요한 것은 삶의 방식이 변함으로써 비전을 가지게 되었다는 사실이다. 이들은 자신의 삶에 자부심을 가지게 되었으며 이웃을 위해 헌신하려는 마음을 품게 되었다.

집을 가지고 싶은 사람은 누구든 주택협동조합 조합원이 되어 자신의 집을 짓거나 짓기 위해서 노력하고 있었다. 농부는 농업협동조합을 통해, 어부는 어업협동조합을 통해 생계를 이어갔으며, 남편이 벌어다주는 돈으로만 살림을 할 수 없다고 생각한 주부들은 소규모 수공업협동조합을 조직했다.

협동조합을 꾸린 사람들 중에는 사회적으로 성공한 삶을 산다고 인정받는 사람, 은퇴한 교육자, 사회사업가, 의사, 종교 지도자들도 있었다. 노바스코샤 전 지역의 사람들이 모두 한두 군데의 협동조합에 가입해 있다고 해도 틀린 말이 아닐 정도로, 협동조합은 각자의 삶을 공동체적 삶으로 끌어들이고 있었다.

'왜 유럽이나 미국, 캐나다 같은 선진국은 풍요롭고, 아시아나 아프리카의 사람들은 가난하고 힘들까?' '왜 인간은 태어날 때부터 원치 않은 불평등을 가지고 살아야 할까?'

한국에 처음 왔을 때부터 가브리엘라 수녀가 지녔던 의문에 대한 답이 떠올랐다. 이들에게는 경제구조의 개혁이나 정치개혁이 아니라 삶의 기저를 뒤흔드는 개혁이 필요했다. 답은 가난한 사람들의 내면에 있었다.

가난한 사회 탓을 할 게 아니라, 근본적으로 자신을 바꿔나가야 했다. 행복한 시절에도 꿈을 가질 수 있지만 결핍한 시절에 갖는 꿈이 더욱 절실한 법이다. 가브리엘라 수녀의 머릿속에는 노바스코샤에서 만난 이들의 이야기가 살아 있는 문장처럼 떠올랐다. 그리고 한국에 있는 사람들의 내면에 자신이 그동안 보고 느낀 것들을 옮겨 심을 계획을 세웠다.

두 사람의 발걸음을 따라가는 길

|

'부자의 식탁에 오르는 새우를 잡는 우리는 왜 항상 가난해야 할까?'

새우잡이들은 새우를 먹지 못하고, 과일 장수들은 과일을 먹지 못했다. 좋은 수확물은 다 팔아야 했고, 그 돈으로 가장 싼 밀가루를 사서 빵을 만들어 먹어야 했다. 화가 났을 것이다. 이런 날이 미래에도 계속 이어질 것이라고 생각하면 절망적이었을 것이다.

그러나 노바스코샤 변두리에 살던 어부들은 용감하고 지혜로웠다. 자신들이 모르는 그 답을 찾기 위해 대학에 있던 코디 박사를 찾아갔다. 코디 박사는 물론 이들을 도와주기로 했다. 코디 박사와 톰킨스 박사가 서로 팀을 짜서 다른 연구진과 함께 계획을 추진했다.

코디 박사와 연구진은 우선 빈둥빈둥 노는 어부들이 잘 가는 술집을 찾았다. 그곳에서 그들의 불평과 문제를 들었다. 술집을

성 프란치스코 하비에르 대학 벽면에 그려진 코디 박사.

나올 때 그들에게 "무엇인가를 할 수 있도록 해보자"는 말로 격려했다. 다음에 만나 함께 잘 살 수 있는 방법에 관해 이야기해보기로 했다.

어부들은 부자들의 식탁에 오르는 큰 새우를 잡으러 바다에 나가서 그물질을 했다. 새우는 도시 시장에서 비싼 값에 팔리지만, 그들에게는 늘 터무니없는 푼돈밖에 주어지지 않았다. 위험을 감수하고 바람을 맞으며 그물을 끌어 올리지만 새우는 딱딱한 빵보다 싸게 팔려나갔다. 그런데 도시의 가정에서 새우는 아무나 먹을 수 없는 고급 음식이었다. 어부들은 흔하게 먹는 음식을 사기 위해 고급 음식을 헐값에 파는 바보들이었던 셈이다. 어떻게 이런 모순에 사로잡힌 일이 수십 년, 수백 년 동안 계속될 수 있었을까?

셰익스피어의 소설에 나오는 샤일록 같은 인간들 때문이었다. 돈을 빌려주고 가슴의 살, 즉 이자를 목숨으로 받으려고 했던 고리

제1부 ──── 메리 가브리엘라 수녀

대금업자가 이 작은 어촌에도 있었다. 이들은 새우가 시장에 도착해 비싸게 팔리기 전에 어부들에게 새우를 사서 시장상인에게 넘기는 거간꾼이었다. 거간꾼들은 어부들 몫의 이익을 모두 가져가 버렸다. 그 바람에 어부들은 늘 고리채高利債에 시달렸고, 거간꾼 노릇을 하는 중간상인들의 굴레에서 벗어날 수 없었다. 어부들의 소원은 중간상인들을 모두 내쫓고 직접 새우를 시장에 내다 파는 것이었다. 그렇지만 그들 중 누구도 이 일을 실행에 옮기지 못하고 있었다. 어떻게 고양이 목에 방울을 달 수 있을까?

코디 박사와 문 앞 계단에서 대화를 나누던 사람들은 부엌으로 들어가서 식탁에서 이야기를 나누었다. 점차 어부들뿐 아니라 부인이나 자녀까지도 대화에 끼어들었다. 그들은 자신들이 처한 문제를 명확히 인식했고, 그것을 개선하기 위해 어떤 신념을 가져야 하는지 토론을 통해 인지해나갔다. 마침내 그들은 코디 박사의 제안을 받아들였다. 그건 머릿속 생각을 행동에 옮길 수 있도록 조직을 만드는 일이었다.

코디 박사와 동료들의 끈질긴 설득 끝에 어부들은 새로운 시도를 해나갔다. 먼저 보스턴Boston의 시장 구매자와 전화로 직접 거래했다. 전화 통화를 하기 위해 한 사람의 대표자를 선정했다. 전화 통화가 잘된다면 계속 거래가 성사될 것이었고, 잡는 족족 보스턴으로 새우를 팔아버린다면, 어부들은 더 이상 중간상인들에게 새우를 넘기지 않아도 될 것이었다.

하지만 대표자 혼자서 새우의 가격이나 배달 방법, 거래량을 결정할 수는 없었다. 전화로 통화하는 목소리에는 모든 마을 어부의 목소리가 담겨야 했다. 그러기 위해서는 마을 사람들이 서로 힘을 모아야 했다. 대표자는 직접 구매자들에게 새우를 보내는 계약을 체결했다. 다른 어부는 새우잡이를 나가지 않는 대신 잡아 온 새우를 선적해 보스턴으로 갔다. 어부들의 고민이 하나 해결되는 첫걸음이었다.

이날은 새우잡이 어부들의 운명을 바꿔놓았다. 행동을 취할 용기와 기술을 얻게 되면, 대중은 자신의 문제를 해결할 수 있는 힘을 가지게 된다. 이날이 바로 캐나다 메리타임Maritime 지방에서 안티고니시 운동의 시작을 알린 날이었다. 또한 대학이 민중 속으로 들어가 민중의 문제가 있는 곳에서 만나 함께 해결책을 찾은 날이기도 했다. 새우잡이 어부들은 이제 대학을 이용할 수 있게 되었고, 그들의 아이들은 자라서 대학에 갔다. 이 시작은 자신에 대한 존엄성과 동료에 대한 신뢰를 갖게 했고 마을을 하나로 뭉치게 만들었다. 다음 세대에 물려줄 훌륭한 유산이자 메리타임 지방을 만드는 것은, 이제 새우가 아니라 협동조합이었다.

어부들에게 자극을 받은 농민, 광부, 소상인들도 자신들의 문제를 해결하기 위해서 스스로 협동조합을 만들었다. 대학은 이들을 교육하기 위해서 캠퍼스가 비어 있는 방학 기간에 협동조합 교육과정을 개설했다. 하는 일이 다르고 사는 지역이 다른 모든 성인들, 그리고 심지어 다른 나라 국민에게도 열려 있는 과정이었다. 그 덕분에 가브리엘라 수녀 자신도 이곳 캠퍼스에 올 수 있었다. 가브리엘라 수녀는 이곳에 오게 해준 하느님께 감사하고, 기회를 잡아준 오언에게 감사하고, 스승이 되어준 코디 박사에게 감사하고, 무엇보다 이곳에서 살아가고 있는 어부와 농부들에게 감사했다.

노바스코샤에서 만난 사람

|

가브리엘라 수녀는 조합원 개개인의 각성이 어떻게 진행되고, 어떻게 스스로 조직을 강화해가는지 대화를 통해서 스스로 배워나간다는 사실이 놀라웠다.

'고기 잡는 법을 가르쳐라.'

〈루카 복음서〉에 있는 바로 이 말씀이 협동조합운동의 핵심이었다. 물고기를 잡아서 주는 게 아니라 성경에서처럼 물고기를 잡는 방법을 가르쳐주는 게 바로 협동조합의 역할이었다. 말썽꾸러기 소녀 가브리엘라가 하느님의 말씀을 통해 감화를 받자 스스로 변해 순교하고 성녀가 된 것처럼, 사람과 사람 사이로 전해지는 감화가 세상을 구하고 스스로도 구할 것이라는 믿음. 가브리엘라 수녀는 이러한 배움을 위해 오는 사람이 자신만이 아니라는 데 더욱 감사했다. 이런 사람들이 전 세계로 퍼져나간다면, 그리하여 그들과 유대를 맺는다면, 세상은 더욱더 하늘나라를 닮은 모습으로 변할 터였다. 거대한 진보를 위한 연대가 바로 협동조합운동이었다.

더욱 놀라운 사실은 이러한 배움을 얻으러 온 사람들 중에 장대익 신부가 있다는 사실이었다. 두 사람은 우연히 대학 구내에서 마주쳤다. 수녀 옷을 입은 자신도 눈에 확 띄었지만, 사제복을 입은 장대익 신부도 눈에 띄었다. 장대익 신부는 가톨릭 서울대교구의 지원을 받아서 협동조합운동을 배우러 와 있었다. 혼자서 황무지에 씨를 뿌리는 것보다 여러 사람이 황무지에 씨를 뿌리면 토양을 훨씬 빨리 기름지게 만들 수 있다는 생각이었다.

가브리엘라 수녀는 한국에 돌아가서 고기 잡는 법을 가르치면, 이를 통해 사회 전체에 가르침이 퍼져나갈 것이란 확신을 가졌다. 더불어 코디 박사와 그의 동료들처럼 끊임없이 사람들을 만나면서 교육해야 한다는 사실을 되새겼다. 마음을 움직이는 가르침이야말로 진정한 교육이 아니겠는가! 교육을 받은 조합원들은 돈 이상의 것, 즉 협동조합 정신을 가질 수 있었다.

가브리엘라 수녀는 신용협동조합운동에서 가장 중요한 것은 교육과 교육받은 사람들에게서 나오는 자발성이라는 걸 여러 차례의 현장 수업을 통해 깨달았다. '이러한 운동이야말로 이웃을 위한 이타적 운동이며, 결국에는 자기 자신도 그 열매를 가질 수 있다는 것'을 교육과 경험을 통해 깨닫게 해야 한다는 교육 원칙도 함께 세웠다.

'만약 세상 사람들을 향해 부자가 되는 법을 가르친다고 하면 세상의 떡에만 관심이 많은 사람이 올 것이다. 그러나 그런 사람들과는 결코 함께할 수 없다! 자신의 이기심을 버리고 함께한다는 생각을 가질 때 비로소 같은 조합이란 울타리에 묶일 수 있다. 협동조합운동은 단순히 이익을 나누는 게 아니라 삶을 나누는 운동이다. 얼마나 이익을 취할까가 아니라 얼마나 이익을 나눌까가 협동조합과 기존의 금융이 다른 점이다. 처음부터 함께 살 수 있는 지혜를 모으는 이 교육 방법은 세상의 권력이나 돈이 아니라 서로 돕는 법을 가르침으로써 모두가 부자가 되는 방법이다.'

가브리엘라 수녀는 이렇게 협동조합을 공부하면서 얻은 자신의 깨달음을 정리해나갔다.

가브리엘라 수녀는 이재理財에 밝은 사람을 키워내는 게 아니라 약속을 잘 지키는 사람, 이웃을 먼저 위하는 사람을 길러내는 이 운동이야말로 자본주의가 썩지 않게 지키는 유일한 파수꾼이라고 생각했다.

"첫째도 둘째도 셋째도 교육이며, 교육은 신협의 피입니다."

가브리엘라 수녀가 가장 많이 한 말을 꼽으라면 바로 이 말이다. 이것이 바로 수업을 통해서 가장 먼저 얻은 깨달음이기도 하다. 훗날 가브리엘라 수녀는 강력한 카피 같은 몇 개의 말들을 끊임없이 되풀이함으로써 자기 자신뿐 아니라 다른 사람들에게 깨달음을 주었다.

성 프란치스코 하비에르 대학의 유일한 수녀 학생은 그래서 가장 늦게 불을 끄고 가장 일찍 일어났다. 낮과 밤에 배운 내용을 정리하느라 잠을 잘 시간이 부족했기 때문이다. 하루하루 새로운 깨달음의 눈을 뜨는 동안 약속한 2주가 다 끝나갔다.

'진정으로 배불리 먹는 것은 서로 나누는 일임을 어떻게 전달할 것인가?'

새로운 미션은 그리스도의 사랑을 실천하는 일과 같았다. 처음 그리스도의 사도로 살고자 했을 때처럼 놀라운 열정이 다시 불타올랐다.

노바스코샤에서 떠나기 전, 가브리엘라 수녀는 뿌리를 내린 지 25년이 된 협동조합을 만날 기회가 생겼다. 그때 이런 생각이 들었다.

'성장이란 나무가 자라는 것처럼 정신인 뿌리는 깊어지고 가지는 넓어지는 것이다. 뿌리가 넓어지는 가지를 감당할 수 없으면 나무는 쓰러진다. 조직 또한 그렇지 않을까?'

만약 자신이 80년 혹은 90년까지 지상에서 살 수 있다면 자신이 뿌린 협동조합의 열매를 볼 수 있을지도 몰랐다. 그러나 분명 자신은 열매는 보지 못한 채 하늘나라에 가 있을 것이었다. 나무를 심는 사람은 미래를 보면서 심지 절대 현재만 생각해서 심지 않는 법이다.

'그것은 살아 있는 삶의 나이테고, 후손들과 이웃들이 당신이라는 거인의 어깨 위에 올라서서 보게 될 지혜의 나무, 나무들이 모인 숲이 아닐까?'

노바스코샤에서 가브리엘라 수녀는 숲을 보았다. 작은 어촌을 돌아보며 협동조합을 이루는 단계별 모습을 관찰했다. 경제적 문제를 해결하기 위해 교육을 준비하는 단계에 있는 조합, 그야말로 걸음마 단계에 있는 조합, 성공적으로 25주년을 기념하는 조합 등 가브리엘라 수녀는 각각의 단계에 있는 협동조합의 구성원들을 만나 대화했다. 다양한 협동조합의 모습을 통해 협동조합이 가진 의미에 대해 깨달을 수 있었다.

가브리엘라 수녀는 이 경험을 통해 강의에서 배운 가장 중요한 기준을 다시 한 번 확인할 수 있었다. 자발성! 그것은 모든 일의 첫걸음이자 각 과정에서 계속해서 조합을 운영하게 하는 힘이었다. 자발성을 이루려면 충분히 신협에 대해서 알리되, 스스로 참석하는 사람만 받으며, 엄격한 교육을 통과하게 함으로써 스스로 필요에 의해 참가하게 되었다는 사실을 깨닫게 해야 했다. 자발성이란 말 안에는 조합원 간의 다양한 교류를 통해 인간적인 유대감을 강

캐나다 노바스코샤 마을.

화하며, 조합원 개개인의 삶에 새로운 목표를 세우게 하는 것 등이 포함되어 있었다. 자발성을 일깨우고, 때에 따라서 보충할 동기를 제공하는 것 모두 정기적인 재교육을 통해서 이루어진다는 것을 알게 된 가브리엘라 수녀의 눈은 푸른 바다를 헤엄치는 투명하고도 생기 있는 빛으로 출렁였다. 가브리엘라 수녀의 별명인 '물고기'는 크고 투명한 눈 때문에 붙었는데, 이 눈은 놀라움과 감탄, 깨달음의 순간에 더욱 강렬하게 반짝이곤 했다.

'교육적 준비가 반드시 있어야 하며, 그것을 통해 스스로 생각하는 법을 익히게 된다. 자발성의 근원은 바로 생각하는 방법을 스스로 익히는 것이다.'

가브리엘라 수녀는 교육과 자발성의 관계를 풀어냄으로써, 앞으로 어떻게 교육을 해나갈지 계획을 세웠다. 협동조합 교육에 있어 입구와 출구 등 방향성에 대해서 밤마다 묵상하며, 머릿속으로 청사진을 그려나갔다. 가브리엘라 수녀는 협동조합에 대해 공부할수록 이것이 매우 현실적 대안일 뿐 아니라 성경적 이상주의를 건설하는 좋은 방법이라는 데 생각이 미쳤다. 인지하든 인지하지 않든 조합원들은 뿌리가 살아 있는 한 사랑을 바탕으로 한 믿음 공동체로 함께 성장할 것이기 때문이다.

가브리엘라 수녀는 등불을 따라 망망대해를 건너왔듯이 또 한번 망망대해를 건너가기로 다짐했다. 다른 점이라면 이번에는 그 등불이 한국 민족을 목적지로 인도할 거라는 사실이었다. 가브리엘라 수녀는 삶에 등불이 되어줄 신용협동조합 교육을 받은 최초의 사람이었고, 묵직한 노트 18권에 정리한 내용이 바로 한국에서 가르칠 내용이었다. 57살이면 한국 나이로 58세, 이쯤 되면 당시 한국에서는 할머니였다. 코에 얹힌 안경의 도수가 높아진 가브리엘라 수녀는 신용협동조합운동이라는 새로운 운동을 전도하기 위해서 씩씩하게 서울행 비행기에 올랐다. 사람들이 자신을 부도덕, 불평등, 가난과 싸우는 용감한 할머니라고 불러도 좋다고 생각했다.

캐나다에서 다시 한국으로 돌아왔을 때 가브리엘라 수녀의 머릿속에는 오직 한 가지 생각밖에 없었다. 물고기 잡는 법을 배웠으니 그것을 가르쳐주리라. 자신은 코디 교수의 제자였고, 코디 교수에게서 배운 것을 실천한 어민들의 제자라는 자부심이 있었다. 협동조합은 보리빵 다섯 개와 물고기 두 마리를 가지고 세상 사람들을 먹일 20세기적 방법이었다.

그렇다면 가브리엘라 수녀가 한국 땅에서 세우려는 협동조합 조직의 정체는 무엇이었을까? 가브리엘라 수녀는 소비자협동조합, 생산자협동조합 등 여러 가지 종류의 협

다시 한국으로 돌아왔을 때 메리 가브리엘라 수녀의 머릿속에는 오직 한 가지 생각밖에 없었다. 물고기 잡는 법을 배웠으니 그것을 가르쳐주리라.

동조합 가운데 신용협동조합운동을 먼저 시작하는 것이 가장 한국에 잘 맞겠다고 생각했다. 한국 사회 전체를 심각하게 짓누르는 것이 고리채였고, 그에 따른 엄청난 인플레이션으로 서민의 삶은 비참하기가 전쟁 때와 다를 바 없었다. 고리채에 시달리는 사람들을 해방하려면 상호부조로 스스로 자립하게 하는 방법밖에 없었다.

가브리엘라 수녀는 안티고니시로 향하기 전이나, 안티고니시에 있을 때나 '자신이 왜 안티고니시로 가야 했는지' 묵상했다. 바로 이 순간 자신이 한국 땅에 서 있는 것은 적어도 세 번 이상의 운명이 겹친 결과로, 신의 뜻이라고밖에 생각이 되지 않았다.

1930년, 압록강변에 내렸을 때 한국은 아시아에서 가장 가난한 나라이자 가장 불행한 나라로 비쳤다. 가브리엘라 수녀는 아시아의 다른 나라가 아닌 한국에 자원했다. 해방과 함께 굶어 죽을 만큼 힘든 날들이 지나자 이번에는 민간인 희생이 큰 긴 내전이 일어났다. 일본이 세계를 상대로 벌인 전쟁 때문에 한국 땅을 떠날 수밖에 없었지만, 지상낙원 하와이를 버리고 내전을 겪는 나라로 다시 돌아왔다. 동료 수녀들 중에는 결혼해서 메리놀수녀회를 떠나는 사람도 있었지만, 자신은 신의 심부름꾼으로 여전히 남았다. 신이 자신을 도구로 삼아 이 척박한 땅에서 분명 무엇인가를 이루실 것이라고 믿었다. 그렇지 않고서야 위험하고 어려운 곳만 찾아다닌 자신의 선택을 설명할 수 없었다.

'여러 나라의 수많은 사람에게 생활의 방법을 개조하는 수단
이었던 협동적 삶의 방식을 한국민에게 전해 그들의 사회 ·

경제적 문제를 해결하는 데 발판으로 삼도록 그들을 이해시키는 일, 지금 바로 그 일을 해야 한다.'

가브리엘라 수녀가 '협동조합' 도입을 시도한 건 단순히 사회운동 차원의 노력이 아니었다. 이것이 바로 자신에게 주어진 소명이며, 그렇기 때문에 한국에서 반드시 이루어야 하는 미션이라고 믿었다. 한국에 왔을 때 가브리엘라 수녀에게는 신의 뜻에 따르고자 하는 소명 말고는 아무것도 없었다. 돈도 조직도 후원자도 없었지만 전혀 두렵지 않았다. 잠을 아껴가며 신의 재단에 바쳐진 한 자루 촛불처럼 정결하게 타올랐다. 18권의 강의 노트와, 미국신협연합회Credit Union National Association, CUNA에서 보내온 신용협동조합 관련 책자, 그리고 무엇보다 교육을 받은 자신. 이 세 가지 자산을 최대한 활용해야 했다.

한편으로는 신협운동에 자신의 모든 열정을 쏟아붓기 위해 전쟁 직후부터 실시한 나사렛 사업을 최대한 빨리 마무리하기로 했다. 이제는 그물을 걷어야 할 때였다. 그러나 한번 물고기를 잡는 법을 배운 사람들은 다른 환경에 놓이더라도 물고기를 잡을 것이다. 그간 그들은 기술을 습득했고, 그것을 바탕으로 살아가기 위한 자립정신이 길러졌고, 그리고 그 기술을 활용해 살아갈 수 있는 방법을 알고 있었다.

'곧 조금 더 큰 새로운 그물을 드리울 것이다.'

가브리엘라 수녀는 이번에는 좀 더 많은 사람을 대상으로 좀 더 넓은 세상에 그물을 드리울 계획을 세웠다.

제1부 —— 메리 가브리엘라 수녀

3장

밀알은 썩어야만 열매를 맺는다

함께하는 사람들

|

"밀알 하나가 땅에 떨어져 죽지 않으면 한 알 그대로 남고,
죽으면 많은 열매를 맺는다."

(요한 12, 24)

가브리엘라 수녀는 부쩍 성경 말씀을 묵상했다. 미국을 떠나올
때, 아니 수녀원에 들어갈 때부터 마음에 새긴 말씀이었다. 말씀대
로 이 땅에 밀알로 온 지 20년이 지났지만 땅은 더욱 척박해졌다.
노력하지 않은 채 돈을 벌려는 사람, 잉여로운 삶을 살려는 유령들
만 거리에 넘쳐났다.

"밀알은 썩어야만 열매를 맺는다는 게 무슨 말까?"

비서인 최순환에게 말을 걸었다. 최순환으로서는 처음 들어보는

말이었다. 하지만 아마도 신용협동조합과 관련이 있을 듯싶었다.

며칠 전 서울에서 부산으로 오는 기차 안에서 가브리엘라 수녀는 한국어로 낯선 사람들과 대화를 나누고 있었다. 최순환이 3년째 비서로 일해오면서도 한 번도 보지 못한 낯선 사람들이었다. 대화 내내 가브리엘라 수녀는 신용협동조합이란 단어를 되풀이해서 말했다. 유능한 비서는 가브리엘라 수녀가 곧 새로운 사업을 시작할 것이란 걸 직감했다. 무엇을 하든 밀알처럼 온전히 썩으리라는 예감이 들었다.

최순환은 가톨릭 신자였다. 그녀는 1956년 11월 5일 대청동에 있는 메리놀수녀원으로 찾아가 가브리엘라 수녀를 처음 만났다. 가브리엘라 수녀가 전쟁미망인들의 생계를 돕기 위해 수예품을 만들어서 판매하는 사업을 하고 있을 때였다. 가브리엘라 수녀는 자신을 도와줄 헌신적인 비서를 찾고 있었다. 가브리엘라 수녀는 한국말이 다른 수녀보다 서툰 편이었기에 누군가의 도움을 받아서 보다 매끄러운 의사소통을 하고 싶어 했다. 관여하는 일이 많아짐에 따라 복잡한 업무를 자신의 일처럼 도와줄 일손도 필요했다. 하지만 나사렛 사업에서 나오는 돈에서 월급을 떼어서 줘야 하는 형편이다 보니 월급이라고 하기에는 액수가 너무 적었다. 가브리엘라 수녀의 부탁을 받은 메리놀수녀회는 적당한 비서를 찾기 위해 수소문했다. 모든 조건을 만족시키는 사람을 찾기란 쉽지 않았다. 하지만 하느님은 가브리엘라 수녀를 위해 조용하고 헌신적이며 사려 깊은 비서를 예비해놓았다.

최순환은 가브리엘라 수녀를 보자, 가슴 깊은 곳에서부터 저 수

1962년 당시 협동조합교도봉사회 강사로 활약한 이상호 신협중앙회 명예회장과
최순환 비서, 박희섭 전 신협연합회장(왼쪽부터).

녀를 위해 일하고 싶다는 생각이 들었다. 그것은 최순환에게 놀라
운 경험이었다.

　가브리엘라 수녀의 사무실은 인상적이었다. 책상 위에 한글과
영어 타자기가 두 대 있었고, 봉투를 자른 이면지, 타이핑한 이면
지, 타이핑을 하고 잘라낸 종이 등이 열을 맞춰서 흐트러짐 없이
정리되어 있었다. 그것만 보아도 가브리엘라 수녀의 성품을 짐작
할 수 있었다.

　주변에서 가브리엘라 수녀는 함께 일하기 어려운 사람으로 첫
손에 꼽혔다. 가브리엘라 수녀의 강인한 성격도 사람들에게 그런
인상을 심어주는 데 한몫했다. 스스로도 자신의 강한 성격을 알고

"만약 결혼을 했다면 9번은 이혼했을 것이다"라고 농담할 정도였다. 가브리엘라 수녀는 엄격했고 무엇보다 정확했다. 그런데도 그날 최순환은 덜컥 가브리엘라 수녀의 비서가 되기로 약속했다.

'같은 민족을 위해서 일을 하는 분께 무엇인가 도움이 되어야겠다.'

최순환은 가브리엘라 수녀를 보는 순간 헌신적으로 일하는 모습에서 감동을 느꼈다. 파랗게 보이기도 하고 회색으로 보이기도 하는 투명한 눈의 외국인이 전쟁미망인을 위해 일한다는 것 자체가 숭고해 보였다. 적지 않은 나이에 쉴 새 없이 많은 일을 처리해내는 걸 보니 누군가 발 벗고 나서서 도와주어야 할 것만 같았다.

무엇보다 가브리엘라 수녀는 신실하며, 하느님의 사명을 따랐다. 그래서인지 최순환은 가브리엘라 수녀를 돕는 일에 자부심이 생겼다. 이처럼 다른 이의 헌신을 끌어내는 능력은 가브리엘라 수녀가 갖고 있는 인간적인 모습 중 하나였다.

그즈음 가브리엘라 수녀는 자신을 도와줄 또 다른 사람을 간절히 원하고 있었다. 신용협동조합운동은 혼자서는 결코 못 하는 일이었다. 지속적인 인적, 물적 지원이 있어야 했다. 당장 자료를 번역하고, 그것을 배포하기 위해 자신을 도와줄 영어와 한국어에 능한 사람들과 널찍한 공간이 필요했다.

그러나 여기저기에 도와달라는 손부터 내밀고 싶지는 않았다. 가브리엘라 수녀는 1959년 2월 KAVA 대표들을 초청해 협동조합에 대한 워크숍을 실시했다. 그것은 자신에게 있어 '이제 미션의 시작이다'라는 협동조합운동의 출발을 알리는 신호였다. 자신이 왜 이 미션을 성공으로 이끌어야 하는지 앞으로 자신을 도와줄 사람들을 대상으로 설득할 참이었다. 유엔 한국재건기구 고문 3명도 참가하도록 초청장을 보냈다. 워크숍은 5일간 나사렛의 집에서 진행되었다. 그동안 협동조합이란 무엇이고, 왜 한국에서 이 운동이 필요하며, 어떻게 운영되어야 하는지와 어떤 지원들이 따라야 하는지 집중적으로 연구하고 토의했다.

"시간을 지체할 필요가 없습니다. 빨리 실시하십시오."

모든 사람들의 결론은 동일했다. 가브리엘라 수녀는 응원군을 얻음으로써 협동조합운동의 첫 단추를 끼웠다. 적어도 그곳에 모인 이들은 마음으로라도 가브리엘라 수녀를 도와주고 응원해주는 사람들이었다. 그들은 당장 그들 주변의 사람들 중에서 가브리엘라 수녀를 도울 수 있는 믿을 만한 사람을 찾아보기 시작했다.

반가운 소식은 CUNA에서부터 날아왔다. CUNA는 가브리엘라 수녀와 몇 번 편지를 주고받은 까닭에 가브리엘라 수녀에게 무엇이 필요한지 잘 알고 있었다.

"만약 가브리엘라 수녀가 원한다면 CUNA 국제교도부 차장인 카를로스 마토스Carlos Matos 씨를 한국에 들르게 할 수 있습니다. 마토스 씨는 필리핀을 비롯한 아시아 지역을 순방하고 있습니다. 일정을 조율해 한국에 들러 한국 실정에 맞는 여러 가지 조언을 해드릴 수 있을 것입니다."

이 편지에 당연히 가브리엘라 수녀는 '예스'라고 응답했다.

가톨릭협동조합 설립을 위한 논의. 1960년 3월 20일자 〈가톨릭시보〉 기사.
사진 제공: 〈가톨릭신문〉.

마토스는 1960년 2월 말 내한했다. 한국은 대통령 선거를 앞두고 있어서 혼란스럽기 그지없었다. 마토스는 자원봉사단체와 농협, 금융기관, 정부기관의 여러 지도자들과 만났다. 복지사업에 관심을 가지고 있는 한국인과 외국인들의 모임이 서울과 부산에서 몇 차례 열렸다. 마토스의 방한은 가브리엘라 수녀에게 힘을 실어주었다. 한국에서 가난을 극복하는 법이 반드시 뿌리를 내려야 하며, 자신이 하고자 하는 일을 반드시 성공시켜야 한다는 의지와 사명감에 기름을 부어주었다. 게다가 마토스는 미국으로 돌아가서 천 달러가 넘는 돈을 보내주며, 가브리엘라 수녀의 행동에 지지를 표했다.

가브리엘라 수녀가 가진 것이라곤 그때까지만 해도 별것 없었다. 자신의 의지와 사무실로 쓸 수 있는 공간 하나, 나사렛 사업을 할 때부터 도와주고 있는 가냘픈 몸매의 키 작은 여자 비서 한 명이 전부였다. 그러나 그것 말고도 보이지 않는 많은 것들이 준비되어 있고, 준비되는 중이었다. 가난한 한국민을 돕기 위해서 신용협동조합이 만들어져야 한다는 인식의 씨앗이 황무지에 뿌려지고 있었다.

스스로 싹을 틔우고 퍼져나가는 풀뿌리처럼

|

자본주의는 잉여라는 가짜 풍요로움을 가져다주었다. 전쟁이 끝난 거리에는 대중가요가 넘쳐났다. 미니스커트와 파마머리가 거리를

점령했고, 극장 간판과 술집 간판이 하루가 다르게 늘어났다. 국제 시장에서는 모피를 입은 아주머니가 지게꾼의 품삯을 깎았다. 가브리엘라 수녀는 다시 한 번 한국이 무너진다고 여겼다. 돈이 최고인 세상에서 돈이 없는 사람들은 더욱더 불행해졌다. 돈이 최고인 세상이 되자 불신과 미움과 시기가 팽배했다. 가브리엘라 수녀는 이들과 싸울 작정이었다.

고통을 겪은 사람들에게는 공통점이 있었다. 평양에 처음 왔을 때 본 생기 있는 표정이 얼굴에서 사라졌다. 그 대신 비굴함과 절망감, 피로에 찌든 어두운 표정이 마치 프린트를 해놓은 듯 모든 사람의 얼굴을 덮고 있었다. 사람들의 마음은 홍수에 휩쓸린 폐허 같았다. 이웃이 없는 사회, 믿음이 없는 사회야말로 한국 사회가 안고 있는 가장 큰 문제로 보였다.

가브리엘라 수녀는 한국의 문화와 전통에 조예가 깊었다. 근대화되기 이전의 한국 문화를 습득한 까닭도 있을 것이다. 처음 한국에 왔을 때의 조선은 가난하지만 파괴되기 전이었다. 여자들은 아름다웠고, 끼니가 없기는 마찬가지지만 이웃이 오면 무엇이든 요기療飢할 것을 내어놓았다. 평양 근교에서의 삶은 가난했지만 풍요로웠다. 눈이 온 뒷날에 아이들이 산에 가서 꿩을 잡아 오면 어머니들은 그날 저녁 별식으로 꿩만두나 꿩고기로 육수를 낸 국수를 만들었다. 가브리엘라 수녀가 좋아한 빈대떡과 고구마, 곶감은 대부분 가난한 한국인에게 대접받은 음식이었다.

선비들은 향약을 만들어 마을에 널리 전파했는데, 그 기본인 유교儒敎의 정신은 네 이웃을 도우라는 예수님의 생각과 많은 부분이 닮아 있었다. 집안에 가난한 사람이 있으면 돕고, 스스로 남을 도울 수 있으면 기꺼이 돕도록 했다.

어와 저 조카 밥 없어 어쩌는가
어와 저 아저씨 옷 없어 어쩌는가
궂은일 있으면 일러라, 돌보고자 하노라

네 집 장례 치를 때는 얼마만큼 차리는가
네 딸 신랑감은 언제쯤 맞이하려는가
내게도 재산 없지만 큰일 당하면 도와주려 하노라

(정철, 〈훈민가〉 중에서)

근대화와 함께 들어온 자본주의에 자존심 강한 사람들이 속절없이 무너져 내리는 것을 본 가브리엘라 수녀는 진정한 풍요로움은 물질적 여유가 아니라고 생각했다. 다들 형편이 어렵지만 성당에 올 때 밭에서 뽑은 무며 배추라도 갖고 오는 사람들이 있었다. 가브리엘라 수녀는 누군가에게 선물을 하는 그 순간이 축복임을 알려주고, 사라진 기억들을 돌려주고 싶었다. 무엇보다 그들의 무너진 정신을 다시 세움으로써 풍요로움을 느끼게 해주고 싶었다.

신협 탄생은 풀뿌리 민주주의의 탄생과 비슷했다. 위기상황에 내몰린 가난한 사람들이 자신들의 생존권을 구축하기 위해서 모인 경제적 공동체 운동이 바로 신협운동이었다. 산업혁명이 발달한 나라나 부자들이 많은 나라에는 극도로 가난한 사람도 많았다.

1884년 영국의 작은 방적 도시 로치데일Rochdale*에서는 노동자들이 모여 밀가루, 버터, 설탕 등의 생필품을 바가지 쓰지 않고 사기 위해서 자신들이 직접 판매하는 협동조합을 세웠다. 1인당 1파운드씩을 낸 28명의 조합원은 모두의 필요를 충족시키기 위해서 로치데일공정개척자조합Rochdale Society of Equitable Pioneers**을 만들었다. 의류나 식료품 등 꼭 필요한 생필품을 자본주의 시스템에서 운영하는 시장경제에 맡기지 않고 그와 반대 방향에서 시작한 것이다. 이로써 생필품을 원가에 팔고 혹시나 남는 잉여이익에 대해서는 조합원이 분배하는 배당 원칙이 만들어졌다.

로치데일협동조합의 성공에 힘입어 프랑스나 독일, 미국 등지에서 각각의 실정에 맞는 다른 형태의 조합이 등장했다. 프랑스에 생산협동조합이 생기고, 독일에는 신용협동조합이 생겼다. 이 중 독일은 유럽에서도 산업혁명이 가장 늦게 시작된 나라였지만 고리채 때문에 소작농과 영세 상인들의 피해가 극심했다. 아무리 열심히 일해도 가난할 수밖에 없는 구조를 해결하려면 고리채를 뿌리 뽑아야 했다. 바이어부시Weyerbusch의 시장으로 부임해온 라이파이젠F. W. Raiffeisen(1818~1888)***은 자신의 인맥을 동원해 기금을 조성하고 빈농구제조합을 만들었다. 60명의 조합원이 무한연대책임으로 돈을 빌려서 가축을 사는 등 농사를 지어서 5년에 걸쳐 빚을 나

---

* 영국 잉글랜드 그레이터맨체스터Greater Manchester주의 북동부에 있는 도시.

** 영국에서 설립된 세계 최초의 협동조합.

*** 신협운동의 창시자. 근검·자조·저축을 바탕으로 고리채를 추방하는 신협을 창안. 1864년에 최초의 신협인 헤데스도르프조합 창립. 이후 조합 간 연합조직체 구성. 생전에 425개의 신협을 조직함.

누어 갚는 제도를 시행했다. 또한 농민 스스로 자본을 모아 자금을 대출하는 제도도 구상했다.

이에 비해 가브리엘라 수녀와 장대익 신부 등이 공부를 하러 간 안티고니시는 북미 신협운동의 대명사다. 1920년대 불어닥친 경제공황은 캐나다의 작은 어촌인 안티고니시에도 영향을 끼쳐 이농현상이 심각했다. 지역 주민의 어려움을 지켜보던 톰킨스와 코디 박사는 지역경제 시스템의 부실화를 극복하는 대안으로 협동조합의 중요성을 가르쳤다. 이들은 라이파이젠처럼 신용을 바탕으로 한 금융거래와 생산물 공동판매 등 다양한 활동으로 그 지역에 맞는 협동조합을 출범시켰다. 이 활동은 곧 북미 전역뿐 아니라, 아시아 등 전 세계로까지 퍼져나갔다.

보이지 않는 선한 손길

어떤 일을 시작할 때 빈손이어도 가능할까? 1960년 3월 8일, 제대로 된 준비가 부족한 와중에 마토스가 와서 신용협동조합 설립에 마중물을 부어주었다. 가브리엘라 수녀는 이에 고무되어 신용협동조합 창립 강습회를 1960년 3월 19일로 예정했다.

가브리엘라 수녀가 퍼뜨리려고 하는 건 자조와 자립의 씨앗, 즉 스스로 돕고 스스로 일어나는 것이었다. 이는 바로 신용협동조합의 정신이기도 했다. 당시 가브리엘라 수녀 또한 이 정신을 체험하는 중이었다. 가브리엘라 수녀에겐 종이 한 장 살 수 있는 돈, 우표

한 장 살 수 있는 돈이 없었다. 계획을 추진할 때 가장 심각한 일 중의 하나는 아마도 경비가 없다는 사실일 것이다. 그나마 다행이라면 자신이 몸담은 메리놀수녀회가 언덕이 되어준다는 사실이었다. 사무실을 무료로 이용하게 하고 전기와 수도 등의 관리비 일체와 기타 잡비, 의자 같은 가구와 휴지통 같은 비품, 비서의 월급까지 부담했다. 그러나 이것 말고도 비품, 종이 같은 사무용품, 인쇄비, 출장에 따른 여비, 우편료, 전화비 등 많은 돈이 필요했다. 참고 및 홍보용 자료를 사는 비용도 만만치 않았다.

가브리엘라 수녀의 신협 창립 준비 강습회를 본 사람들이 자료 번역을 해주고, 앞으로도 봉사를 하겠다고 나섰다. 가브리엘라 수녀는 이들에게 재정적 지원을 기대할 수 없었다. 직접 도시락을 싸 들고 와서 일을 해주고 가는 것만 해도 고마웠다. 돈 문제는 넘어야 할 산이었다. 미국의 해외원조기구인 국제개발기구Agency for International Development, AID*로부터 도움을 받을 수 있으리라 기대했지만, 전혀 아니었다. CUNA는 AID의 신협 지원 요청서에 한국을 포함시켰지만 어떤 이유에선지 나중에 한국이 제외되었다. 종교단체를 돕지 않는다는 이유일 거라는 추측만 무성했다. 만약 미국 정부의 원조자금을 배분해주는 사람들이 한국에 대해서 조금만 알았다면 상황이 달라졌을 것이라고 가브리엘라 수녀는 생각했다.

비록 미국 정부의 원조에서는 제외되었지만, 다행스럽게도 몇 군데서는 수녀의 간절한 편지에 응답해주었다. 메리놀회 신부들,

---

* 개발도상국의 경제적·정치적 안정을 기하고 경제개발과 산업시설 현대화를 촉진하기 위해 설립

성 프란치스코 하비에르 대학 총장, 코디국제연구소 소장과 협동 출판부 등이었다. 가브리엘라 수녀에 의해 출발하는 자조운동은 그야말로 스스로의 힘으로 시작되고 있었다.

이것이 한국 최초!

|

"한 인간에겐 작은 발걸음이었지만 인류에겐 큰 도약이었습니다."

대조법으로 간결하게 표현된 이 말처럼, 가브리엘라 수녀가 첫 조합을 만들기까지는 인류 최초의 달 착륙에 비견될 만한 새로운 일이 기다리고 있었다. 1960년 3월 8일 마토스 국제교도부 차장이 내한한 뒤 신협운동의 가능성을 눈으로 확인한 가브리엘라 수녀는 곧바로 조합 창립을 위한 강습회를 열었다. 강습회는 그해 3월 19일부터 5월 1일까지 7주간 계속되었다.

하지만 조합원을 모집한다는 공고문 하나를 붙이는 것도 조심스러웠다. 자발성을 강조하기 위해 철저히 조합원 공개 모집 원칙을 고집했다. 우선 메리놀병원과 성분도병원, 그리고 가톨릭구제회 직원들을 대상으로 나사렛의 집에서 강습 참여자를 모으기 위한 교육이 시작되었다.

가브리엘라 수녀는 신용협동조합에 대한 관심을 이끌어내기 위해 캐나다의 신협운동 영화를 보여주고는 참여한 사람을 대상으로

된 미국의 정부기관.

1960년 3월 19일 진행된 최초의 신협 설립을 위한 소개 교육.

이름과 주소, 그리고 신협에 대한 관심을 찬성과 반대로 표시하도록 작성한 메모지를 돌렸다. 이 중에서 찬성을 쓴 사람은 계속 토론하면서 신용협동조합을 조직하기 위한 강습회에 참석할 수 있도록 했다.

이렇게 모인 사람이 30명 남짓 되었고, 이들은 3월 19일 첫 강습에 모두 참석했다. 그러나 강습회는 바로 위기에 직면했다. 3·15부정선거가 일어나는 바람에 전국에서 시위가 격화하자 이승만 정부는 강습회처럼 사람을 모아서 진행하는 일은 반드시 경찰서에 알려 사전 승인을 받도록 했다. 가브리엘라 수녀는 관계자를 설득해 일주일에 이틀 오후 7시에서 9시까지 14번의 강습회를 연다는 승인을 가까스로 받아냈다.

제1부 —— 메리 가브리엘라 수녀

강습의 첫 단계는 신협이란 존재가 왜 필요한지 인지시키는 것이었다. 현실적인 문제를 해결하려 할 때 과연 누가 도움의 손길을 내밀어줄 수 있을까? 내가 어떤 상황인지, 나에게 필요한 것이 진정으로 무엇인지, 내가 믿고 있는 것이 혹시 잘못된 건 아닌지, 나 혼자만의 생각으론 부족할 수 있으니 다른 사람들과 함께 생각을 나누면서 판단하라는 취지였다.

그때까지 한국 사람들에게 토론은 생소한 문화였다. 판단은 보다 높은 사람이 내려주고, 아랫사람들이 그에 따라 실천하는 가부장적 구조에서 살아왔기 때문이다. 스스로 생각할 기회가 없었고, 간혹 다른 생각이 있더라도 그것을 적극적으로 드러내는 법이 없었다.

강습회 첫날 토론의 주제는 신협의 필요성 찾기였다. 계契의 방법과 관습은 무엇인가, 계는 과연 저축 모임인가 대출 모임인가? 만약 당신이 들어 있는 계가 당신이 위급하거나 변이 생겼을 때 자금을 대여해줄 수 있다고 생각하는가?

참가자들은 토론을 통해서 계와 신용협동조합의 실체에 접근해 갔다. 계는 믿을 수 없으며, 누군가의 이기적인 마음에 의해 깨어지기 쉽고, 오직 더 많은 돈만 모으는 것이 목적이며, 아무리 위급한 순간에도 도움의 손길을 내밀어줄 수 없다는 이야기가 오갔다. 가브리엘라 수녀는 자신이 직접 계와 신협을 비교해주지 않았다. 개별 참여자가 토론을 통해 결과를 도출하는 과정에서 스스로 느끼고 생각할 수 있도록 멀리서 지켜보았다.

다음 날에는 가브리엘라 수녀가 신협운동과 국제적 확산 역사,

우리나라 최초의 신협, 성가신협 깃발과 건물.

제1부 —— 메리 가브리엘라 수녀

신용협동조합의 규정에 대해 간단히 소개했다. 신협의 정신을 각인시키려는 의도에서였다. 그다음 날에는 신협 정관에 관해 공부했다. 조합원으로서의 책임과 의무를 배우는 시간이었다. 가브리엘라 수녀는 준비한 정관을 배부하고 그전에 정한 가입금과 출자금, 대출이자율에 대해 설명했다. 창립총회를 위한 준비 모임이 열렸고 새로운 조합원을 맞아들이기 위한 강습 계획이 세워졌다. 이렇게 하나하나 차분히 준비하면서 내부적으로 이사회를 선출하고, 감사위원회 및 교도위원회, 그리고 법사위원회 구성 내용을 만들어나갔다. 그리고 이들 위원은 모두 무료로 봉사하는 것으로 정했다.

4월 29일 열린 마지막 강습에서는 앞으로 탄생할 신협과 다른 신협에 가입할 조합원의 자질은 무엇인지, 단위조합과 신협운동에 있어서 경제적 이익 외에 정신적 이상을 증진하는 방법은 무엇인지 함께 토론했다. 이어서 새로이 탄생한 한국 최초의 신협, 방금 자신들이 만든 신협의 이름을 정했다. 성가신협聖家信協은 성가신용협동조합聖家信用協同組合을 줄인 말이다. 성가聖家란 성가족聖家族, 즉 하느님을 믿는 사람들이란 뜻이다. 신협 창립에 찬성한 사람들이 모두 가톨릭 신자는 아니지만, 이 이름에 모두 찬성했다.

그리고 1960년 5월 1일 역사적인 성가신협 창립총회가 열렸다. 가입한 조합원은 27명, 이날 모인 출자금은 모두 3,400환으로 1인 1계좌 원칙이었다. 이날 이사장으로 강정렬이 선출되었다. 가브리엘라 수녀는 임직원에서 빠졌다. 한국 최초의 신협 이사장이 외국인이 되는 걸 원치 않아서였다. 그러나 가브리엘라 수녀는 조합원

부산 성가신용조합이 큐나에 정식 가입. 1961년 5월 7일자 〈가톨릭시보〉 기사.
사진 제공: 〈가톨릭신문〉.

제1부 —— 메리 가브리엘라 수녀

들에 의해 1번 조합원으로 추대되었다. 가브리엘라 수녀의 배려에 조합원들이 존경으로 화답한 셈이다.

최초라는 말에는 그것이 무엇이든 자부심과 책임감이 따른다. 성가신협에는 순수한 민간 주도 최초의 협동조합이란 수식어가 뒤따랐다. 극심한 가난과 불신 풍조가 만연했지만 맏이로서 성가신협이 얼마나 뿌리를 잘 내릴지 지켜보는 사람들이 많았다. 성가신협의 성공이 '민간 주도 협동조합운동'의 성공을 의미했기 때문이다. 이후 만들어질 신협은 성가신협의 창립 절차 및 운영 방식과 궤를 같이할 터였다. 창립 절차는 가브리엘라 수녀가 배워온 안티고니시 운동의 전개 방식을, 정관은 CUNA의 모범 정관을, 창립총회 진행은 CUNA 방식을 따랐다. 성가신협이라는 '최초의' 신협은 그 존재만으로도 혁명적이었다. 아직 이 땅에 한 번도 뿌려본 적 없는 종류의 씨앗이었기 때문이다. 가브리엘라 수녀는 그 점을 잘 알고 있었다. 그렇기 때문에 어떤 과정도 생략하지 않고 자신이 배운 대로 한 걸음 한 걸음 뚜벅뚜벅 걸어왔던 것이다.

| 4장 | 민들레 홀씨 되어 |

다이너마이트처럼 터지는 민들레 홀씨

|

"사랑이 없는 곳에 사랑을 주어보라. 그러면 당신은 사랑을
찾아볼 수 있을 것이다."

이것은 프란치스코 성인의 금언이자, 가브리엘라 수녀의 가슴
밑바닥에 있는 말이기도 하다. 6·25전쟁 직후 세계에서 가장 가난
한 나라 한국에 필요한 것은 '화수분'이 아니라 눈에 보이지 않는
사랑이라고 가브리엘라 수녀는 믿었다.

이승만 정부가 4·19혁명으로 물러날 때까지 한국 정부가 추진
한 정책의 핵심은 어떻게 하면 미국의 원조를 더 많이 받아내느냐
는 것이었다는 게 역사학자 브루스 커밍스Bruce Cumings의 설명이다.
정부조차 이럴진대 대부분의 한국 사람들은 어떻겠는가. 먹고살기

위해 기꺼이 염치를 버리고 자존심을 내던졌다. 배고픔이 모든 사람을 거지와 도둑이 되게 내몰았다. 그만큼 한국인의 가난의 역사는 뿌리가 깊었다. 1910년 일본에 강제병합되기 전인 1800년대 후반부터 이미 먹고살기 힘든 수많은 조선인이 만주와 연해주로 이주했다.

6·25전쟁이 끝난 지 10년이 다 되어가지만 상황은 나아지지 않았다. 아이들은 장거리에서 파는 떡을 슬쩍 집어 들고 도망을 갔고, 어른들은 떡을 꿀떡 삼키고 나서 돈이 없다고 잡아뗐다. 한순간의 배고픔만 모면하면 되는 세계에서는 미래가 존재할 틈이 없었다. 절대빈곤을 겪고 있는 한국인들이 가장 갖고 싶어 하는 것은 물질적 풍요의 근원, 바로 화수분이었다. 화수분이란 재물이 끝없이 나온다는 옛이야기 속의 보물단지다.

그러나 의지력 굳은 가브리엘라 수녀가 생각한 것은 떡 한 개가 두 개가 되고, 두 개가 네 개가 되게 해주는 화수분이 아니었다. 그건 바로 사랑이었다. 가브리엘라 수녀는 사랑이야말로 다이너마이트처럼 강력하다고 역설했다. 오병이어五餠二魚의 기적처럼 수천의 사람을 배불리 먹이고도 남는 것. 허리에다 대롱대롱 아이를 둘러업은 여인들은 자신을 위해서가 아니라 아이를 굶기지 않기 위해서 구걸했다. 아이 입에 먼저 먹을 것을 넣는 어머니들이 보여주는 사랑은 존엄했다. 가브리엘라 수녀는 참혹한 전쟁 통에서 그 사랑의 싹을 보았다.

가브리엘라 수녀 자신이 마음속에서 사랑을 끌어내는 일은 어렵지 않았다. 그러나 굳게 닫힌 사람들의 문을 어떻게 열고 들어가서 이웃을 사랑하라고 설득할 수 있을까? 가브리엘라 수녀는 천천히 그리고 단단히 두드리기로 했다. 성가신협이 만들어진 이후에 많은 사람이 협동조합에 대해서 관심을 보였다. 그러나 부산의 두 번째 신협인 성우신협이 만들어진 것은 1960년이 다 끝나갈 무렵이었다. 더욱 많은 사람이 신협을 세워달라고 요청해왔지만 어려운 시기라 한 발자국을 내디디기가 조심스러웠다. 무엇보다 지도자가 없었다. 가브리엘라 수녀는 새로운 신용협동조합을 만들 수 없다고 판단했다. 그 대신 이미 만들어진 성가신협과 성우신협에 새로 들어오는 신규 조합원 교육을 하면서 다이너마이트처럼 터지는 사랑을 가진 지도자를 기다리고 있었다.

1960년 3·15부정선거로 전국에서 시위가 일어나고, 4월 26일

1960년 12월 성우신협 창립총회 모습.

제1부 —— 메리 가브리엘라 수녀

이승만 대통령의 전격 하야가 발표되었다. 이런 정치적 격랑기에 첫 신협이 만들어지는 바람에 어려움도 컸다. 1960년과 1961년에 가브리엘라 수녀는 신협을 위한 기초 작업을 했다. 신협에 관련된 책자들을 모두 한국어로 만들며 어려움을 이겨내는 수밖에 없었다.

큰 산을 이룬다는 것

만약 아름드리나무가 자라는 산에서 산불이 난다면 어떻게 될까? 가장 먼저 풀씨들이 날아와서 풀밭을 이루고 흙 사이사이에 공기가 드나들게 만들면 다시 곤충들이 나타나고 새들이 날아온다. 그즈음 구불구불 자라는 관목의 씨들이 날아와 자라 오르기 시작한다. 작은 동물들이 집을 짓기 시작하면 상수리나무처럼 잎이 큰 활엽수가 숲을 이루고 이들이 경쟁하다 지친 곳에 침엽수도 군데군데 자란다. 자연은 거스를 수 없다. 이렇게 만들어진 숲은 홍수에도 물을 품고 있고 산사태도 막아준다. 버섯이나 산딸기, 도토리나 밤 같은 열매도 제공한다.

그러나 인공적으로 만든 숲은 나무들이 뿌리를 제대로 내리지 않아 산사태가 나기도 한다. 풀뿌리들의 힘이 없기 때문이다. 이미 일제강점기에도 협동조합 설립 시도가 몇 번 있었다. 농협도 그와 비슷한 취지에서 만들어졌지만, 실제 농민의 생활과는 유리되어 있었다. 이마저도 조선총독부에 의해 1937년 전국의 협동조합이 강제 폐쇄되었다. 따라서 시간이 걸리더라도 자연적인 성장 과정을 거쳐야 한다는 것을 가브리엘라 수녀는 깨닫고 있었다.

신협운동의 씨를 뿌리는 일에서 가장 힘든 점은 "나는 아무도 믿지 않아요"라는 태도였다. 사실 그건 전 세계 가난한 나라에서 볼 수 있는 공통적 현상이었지만, 한국은 더욱 사정이 심각했다. 식민지, 전쟁, 분단이라는 암울한 정치적 상황이 이어지면서 정치가들은 자신 말고는 아무도 믿지 말라고 말했다. 사회에 불신이 팽배했을 뿐 아니라 급격한 도시화로 자신 외의 문제에 대해서는 생각해보려고 하지 않았다. 중요한 건 돈이었고, 그 돈이 언제나 모자라서 문제가 생겼다. 자신보다 못한 사람들의 돈을 뺏는 데도 전혀 거리낄 게 없었다. 계는 믿음으로 만드는 문화인데, 그 계가 번번이 깨어졌다. 남겨진 사람들은 돈도 잃고 사람도 잃었다. 그런데도 가브리엘라 수녀는 자신이 뿌리려고 하는 풀씨의 힘을 믿었다.

풀씨의 철학적 바탕은 1차 신용협동조합 지도자강습회에서 발표한 길고 긴 연설문에서 나타난다. 첫 번째는 신용이 융자가 아니라는 것이다.

"신용협동조합이 무엇인지에 대해 처음 듣는 사람들은 돈을 빌려 쓰자는 생각부터 하게 됩니다. 신용이란 말은 불행하게도 어느 정도 이자를 받고 돈을 빌려준다는 내용, 즉 융자라는 말과 바뀌고 말았습니다. 이 '융자'라는 말은 신용협동조합 제도 안에서 가장 가볍게 다뤄지는 문제라는 걸 말하고 싶습니다. 돈을 한 푼도 모으지 않고 돈을 빌려 쓸 수 있겠습니까? 그러므로 신용협동조합 안에서는 저축과 융자가 똑같이 발맞추지 않으면 안 될 것입니다."

두 번째는 신용협동조합에서 중요한 사실은 신용이 있는 사람이 모였다는 것이다.

"신용협동조합이란 말은 영어로 '크레디트 유니언Credit Union'이라고 부릅니다. 크레디트Credit 는 라틴어 '크레도Credo'에서 온 말입니다. 크레도란 나는 믿는다는 뜻입니다. 그러므로 신용협동조합이란 서로 믿는 사람끼리 뭉쳐진 하나의 조직을 말합니다. 이런 점에서 무엇보다 정신적 의의가 얼마나 깊은지 알 수 있습니다."

세 번째는 의심하는 마음, 미워하는 마음을 버리고 사랑하는 마음을 가지자는 것이다.

"오늘날 우리가 살고 있는 이 세계가 당면하고 있는 가장 커다란 싸움은 배고픔과 배부름의 싸움, 사랑과 미움의 싸움, 믿음과 불신의 싸움이며, 평화와 전쟁의 싸움입니다. 그러므로 우리는 먼저 우리 자신부터 시작하여 나아가서는 우리와 접촉하는 모든 사람들의 마음속으로 파고들어 상호신뢰의 원리를 확립하기 위해 모든 힘을 바칩시다."

네 번째는 한 나라의 힘은 그 나라 구성원들의 힘이라는 것이다.

"배가 고픈 사람들, 친구가 없는 사람들, 질병으로 고생하는 사람들, 이 모든 사람들은 별을 쳐다볼 수 없습니다. 그들은 부끄러움과 고민으로 언제나 고개를 숙이고 다닙니다. 우리가 이런 사람들을 헛된 동정심에서가 아니라 협동정신으로, 우리가 마땅히 해야 할 일이라는 생각으로, 우리의 친형제와 같은 마음으로 바라본다면 조금씩이라도 돕게 됩니다. 이 이상이야말로 위대합니다."

가브리엘라 수녀는 완전히 다른 세상을 꿈꾸는 인물이었다. 단순히 부자 나라를 이루는 데 그치지 않고, 정신의 눈을 뜨고 진실로 부서지고 파괴된 모든 것을 다시 일으켜 세우기를 소망했다.

절약하고 저축하기

|

저축은 꿈도 못 꾼다고 하던 시절, 없으면 없는 대로 절약할 수 있다고 가르친 이가 가브리엘라 수녀였다. 많은 사람이 가브리엘라 수녀의 근검절약하는 모습에 충격을 받았다.
'수녀님은 굳이 저렇게 하지 않아도 되는데…….'
외견상 가브리엘라 수녀는 부자 나라인 미국에서 왔고, 의식주를 수녀회에서 해결해주었으며, 자가용과 운전사도 있었다. 사람들은 아끼지 않아도 되는 사람이 바로 가브리엘라 수녀라고 생각했다. 사업을 하는 집에서 태어나 부유하게 자랐고, 의식주에 어려움이 전혀 없으며, 사업에 필요한 돈은 구제기구를 통해 조달받을 수 있다고 생각했다. 그러나 가브리엘라 수녀의 습관을 꼼꼼히 관찰한 사람들은 돈을 쓰는 데도 방법이 있다는 것을 알게 되었다. 가브리엘라 수녀의 근검한 모습은 많은 사람에게 깨달음을 주었다.

"쓰기 전에 미리 계획해서 떼어놓아야 해. 계획하지 않으면 저축할 수 없어서 가난해진다."

가브리엘라 수녀는 비서에게 입버릇처럼 말했다. 어쩌면 실제로는 한국 사람들에게 들려주고 싶은 말이었을 것이다.

가브리엘라 수녀의 사무실은 메리놀수녀회에서 곁방살이로 빌려 썼기 때문인지 제대로 불도 켜지 않았다. 아무리 짧은 몽당연필이라도 버리지 않았으며, 종이도 앞뒤 모두 빽빽이 쓴 다음에 또 다른 쓰임새를 찾았다. 손가락으로 세 번 정도 감을 수 있는 실토막은 모아두었으며, 받은 편지 봉투는 뜯어서 이면지로 재사용했다. 구두 굽은 언제나 가지런히 닳아 있었고, 새 옷을 걸친 적도 없었다. 가브리엘라 수녀는 고향에 있는 가족들의 도움으로 직원들 월급을 주고 사무실 운영에 필요한 돈을 대느라 선택적 가난을 실천할 수밖에 없었다. 이런 헌신 때문에 가까이서 가브리엘라 수녀를 지켜보는 비서와 밀알들은 늘 긴장할 수밖에 없었다.

'신발은 차례대로 신발장에 넣으세요.'

신협의 첫 지도자강습회가 열리던 날, 최순환이 신발장에 이런

1960년 당시 성가신협 임원들.

주의문을 붙인 적이 있었다. 그날 최순환은 10분가량 눈물이 핑
돌 정도로 야단을 맞았다. 앞뒤를 다 쓴 종이를 이용하지 않았다는
이유에서였다. 첫 강습회 날이어서 손님들에게 좋은 인상을 주고
싶어서 그랬을 뿐이었다. 손님들 앞에서까지 다 쓴 종이 위에 큰
글씨로 주의문을 적고 싶지는 않았던 것이다.

　그러나 가브리엘라 수녀에게 외부의 시선은 중요하지 않았다.
가브리엘라 수녀는 체면치레를 거부했다. 자연히 밀알들인 강정
렬, 박성호(1937~)* 등도 가브리엘라 수녀를 닮아갈 수밖에 없었
다. 처음에는 다들 가브리엘라 수녀에게 야단을 맞고 싶지 않아서

---

*　성심고등공민학교 교감(1961~1962), 협동교육연구원 부원장(1962~1979), 캐나다 코디국제연구

따라 했지만, 나중에는 자발적으로 아끼게 되었다. 편지를 다 읽고 난 다음에는 가브리엘라 수녀처럼 봉투를 곱게 잘라 펼쳐서 초고지草稿紙로 이용했다. 가브리엘라 수녀의 말대로 아무리 아껴도 아낄 것은 있었다.

저축은 어떻게 할까? 먹고 죽으려고 해도 먹을 게 없다는 건 참으로 자조적인 말이다. 한 끼 밥만 준다면 하루 종일 일할 사람들이 당시 한국인들이었다. 일자리를 찾는 사람들은 줄을 섰지만 아무도 찾아주지 않았다. 거지도 많고, 전쟁의 상흔을 고스란히 몸에 새긴 상이군인도 많았다. 땅이 있어도 밥을 먹을 수 없었다. 농가부채는 평균 농업생산량의 6분의 1이었다. 실업률이 34퍼센트 후반으로 집계되었지만, 실제는 이보다 더 심각했다.

한국 사회의 비극은 일할 곳조차 없다는 게 아니었다. 앞으로 잘 살 수 있으리란 희망이 없는 게 문제였다. 사람들의 마음은 비굴해지고 믿음 또한 사라졌다. 1960년 한국의 1인당 GNI는 불과 100달러도 되지 않았고, 대부분 극심한 경제적 고통을 겪으면서 가까스로 살아가고 있었다. 이런 사람들에게 저축으로 마중물을 만들어야 한다고 말하면 코웃음을 칠 게 뻔했다. 돈이 가장 필요한 사람은 끼니를 제대로 이어가지 못하는 가난한 사람들이었고, 그들은 빚을 내더라도 갚을 능력이 없었다. 아무리 갚겠다는 약속을 해도 갚지 못했다. 집안에 누군가가 아프거나 하면 그야말로 집안

소 협동조합과정 이수(1965~), 이스라엘 협동조합 및 노동조합 연구과정 수료(1968), 신협연수원 건축추진본부 간사, 신협중앙회 초대 원장(1981~1983), ACCU 교육담당관(1983~), 초기 신협운동 확산에 기여.

전체가 무너졌다.

가난한 사람들일수록 더욱 쉽게 나락으로 떨어졌다. 돈이 있는 사람들은 절박한 심정을 이용한 고리채와 계로 사람들을 유혹했다. 계는 늘 깨졌고, 제대로 이루어진 예는 별로 없었다. 친척들이나 친구들에게 사기를 당한 사람에게 신뢰가 남아 있을 리 만무했다.

이런 상황에서 저축을 하자고 했으니 미친 소리 하지 말라는 말이 나오는 것도 당연했다. 문전박대는 부지기수였고, 찬물 세례를 받는 경우도 있었다. 1년 이자 70퍼센트인 고리채를 쓰는 사람들에게 3퍼센트의 이자로 빌려주겠다고 했으니 누가 그 말을 믿겠는가.

"사기 아니에요? 사기? 우선 빌려주면 믿을게요."

믿음이 없는 사람과 믿음을 쌓는 일이 가장 어려웠다.

하지만 그 와중에 돈을 모으는 사람이 하나둘 생겨났다. 밥을 지을 때 한 줌씩 쌀을 아꼈다가 그것으로 저축하는 사람, 한 끼를 굶어가며 저축하는 사람도 있었다.

"한 번도 저축할 수 있다는 생각을 못 해봤습니다. 형편이 안 되어 저축을 못 한다고만 생각했지 저축을 해야겠다고 생각해본 적이 없습니다. 가만히 생각해보니 저는 돈을 가지지는 못했지만 한 번도 밥을 굶어본 적은 없었습니다. 한 끼를 아껴서 저축하려고 계획하고, 그렇게 움직였습니다."

저축은 습관일 뿐, 없는 가운데서도 할 수 있는 것이라고 누군가 증언해주기도 했다. 1원이나 2원을 통장에 넣으러 오는 사람들의 돈이 쌓여 수십만 원이 되는 게 바로 저축이었다. 돈이란 자고로 볕이 비치는 곳에 있는 눈처럼 녹는다고 했지만, 한 푼 두 푼 쌓인 저축은 소금 더미라도 되는 듯 웬만한 볕에도 좀처럼 녹지 않았다.

5장

신협이 가장 필요한 사람들

세 명의 밀알들

자신을 도와줄 사람을 어떻게 찾을까? 가브리엘라 수녀는 안티고니시에서 진정한 배움은 실천을 통해서 이루어진다는 것을 목격했다. 신념이 있어야 했고, 열정도 있어야 했고, 무엇보다 이웃을 위하겠다는 헌신의 자세가 있어야 했다.

가브리엘라 수녀는 자신의 말을 잘 따르고 맞춰주는 비서가 아니라 자신만큼이나 뚝심이 있는 사람을 원했다. 성가신협이 만들어진 이후 신협을 만들고 싶다는 문의는 여러 군데서 들어왔지만 전문 강사가 없어 곤란을 겪고 있던 터였다. 가브리엘라 수녀는 하루바삐 인재를 영입하고 싶었다. 그러나 수녀는 겉으로는 초조한 내색을 비추지 않으며, 눈에 띄는 사람이 없는지만 유심히 살폈다.

가브리엘라 수녀 곁에는 평남 출신인 데다 영어를 잘하는 강정

1963년 협동조합교도봉사회(협동교육연구원 전신) 총무부장 박희섭과 교도부장 이상호.

럴이 있었다. 그는 처음부터 가브리엘라 수녀와 함께 일했고, 최초
의 신협인 성가신협 이사장도 맡았다. 가브리엘라 수녀가 본격적
으로 영입하려던 인물은 박희섭이었다. 그는 농림부장관 비서로
유능한 젊은이였다. 국제노동기구International Labor Organization, ILO* 장
학금을 받고 농림부장관 주선으로 캐나다의 안티고니시에 있는 코
디국제연구소에서 1959년 9월부터 1960년 9월까지 1년 동안 사회
지도자 과정을 수료했다. 가브리엘라 수녀는 1959년 신협 연구모
임에서 그를 만났다. 가브리엘라 수녀는 그가 캐나다 코디국제연

---

* 각국의 근로조건을 개선하고 근로자 지위를 향상시켜 사회적 불안을 제거해 세계평화에 공헌하자
는 목적으로 설립된 국제기관.

구소에 가 있는 동안 편지를 주고받으며, 넌지시 신협운동에 참여할 의향을 물었다. 그는 가능하다면 함께하고 싶다고 대답했다. 한국에 온 박희섭은 약속을 지켜 2월 17일부터 가브리엘라 수녀의 오른팔이 됐다.

농업은행에 근무하던 이상호도 박희섭과 비슷한 시기에 합류했다. 그는 1957년부터 농업은행 조사부에서 근무했는데, 농촌 조사 활동을 해 농어촌 고리채 정리 방안을 논문으로 발표할 정도로 농민의 생활을 변화시키고 싶어 했다.

또한 가브리엘라 수녀는 초량성당에 조직된 성우신협 조합원이던 박성호를 알게 되었다. 부산대를 나온 박성호는 고등학교 교사였다. 초량성당에서 강습회를 할 때 한 친구가 오르간 옆에서 강의를 유심히 듣고 있는 모습이 눈에 띄었다. 가브리엘라 수녀는 강습회 내내 그를 관찰했는데, 그가 어느 날 불쑥 자원봉사를 하겠다고 스스로 문을 열고 들어왔다. 1년 뒤에는 농림부에 근무하던 곽창렬(1930~2012)*이 합류했다. 그는 오하이오 주립 농과대학을 졸업하고 코디국제연구소에서 연수를 하기도 했다.

이들의 활약은 눈부셨다. 강정렬은 성가신협 초대 이사장, 신협연합회(現 신협중앙회) 초대 회장, 아시아신협연합회Asian Confederation of Credit Union, ACCU 초대사무총장을 역임했으며, 막사이사이상The Ramon Magsaysay Award**을 받았다. 박희섭, 이상호도 신협연합회장(現

---

* 캐나다 코디국제연구소 신협과정 연수(1963), 신협연합회 2대 사무총장(1965~1979). 신협연합회 이사(1983~1984), 소비자활동조합 중앙회 사무총장(1983~1993).
** 필리핀의 대통령 R. 막사이사이(1907~1957)의 업적을 추모·기념하기 위해 제정된 국제적인 상.

신협중앙회장)을 역임했다. 가브리엘라 수녀는 이들을 어떻게 알아보았을까?

"조직하기 전에 꼭 교육을 실시하고, 자신이 배우고 느낀 점을 다른 사람에게 전달해주면서 함께 일하게 되는 것이 안티고니시의 방법인데, 이게 한국에서의 성공 비결이었다."

가브리엘라 수녀는 교육을 통해서 배우고 느낀 점을 꼭 물어보았는데, 그때 얼마나 많은 생각을 내면화하고 있었는지 엿보았던 것이다.

물론 인재는 노력 없이 얻어지지 않았다. 가브리엘라 수녀는 뒤에서 밀고 앞에서 끌어주면서 인재들을 길러냈다. 이상호를 영입할 때의 일화가 특히 유명하다.

1960년, 10월 초순, 농협 고문관을 지낸 가버에게서 연락이 왔다. 그리고 그 곁에 가버만큼 탄탄한 체구에, 한눈에 봐도 눈빛이 호락호락해 보이지 않는 젊은이가 있었다. 바로 이상호였다. 한국 사람들이 즐겨 쓰는 말로 '황소 같은 남자'였다. 가브리엘라 수녀는 그 고집스러움에 끌렸다. 그러나 이쪽으로 끌려올지는 의문이었다. 신협이 무엇을 해야 할지 설명하자, 그 정신에는 동의를 했지만 그 외 모든 것들에는 선뜻 동의를 해오지 않았다.

"저는 신자가 아닙니다."

"우리의 정신에 부합되는 사람을 찾을 뿐입니다. 우리의 정신에 부합되면 후에 신자가 될 것입니다."

"저는 수녀님이나 신부님과 일해본 경험이 없습니다. 저는 조직에서 일하고 있을 뿐입니다."

"수도자라고 해서 특별하지 않습니다. 조직을 처음부터 만드는 일을 하게 될 것입니다."

"저는 서울에 살고 있습니다. 부산에는 연고가 없습니다."

"부산은 바다가 있는 아름답고 활기찬 곳입니다."

"저는 은행에 다니고 있습니다. 급여도 많이 받는 편입니다."

"우리는 당신의 신념과 능력은 존중하지만 급여는 당신이 받고 있는 것과 비교할 수 없을 정도로 작을 것입니다. 하지만 돈으로 얻을 수 없는 그 이상의 것을 받을 수 있을 겁니다."

"저도 그럴 거라고 확신합니다. 수녀님이 하시는 일이 무엇보다 우리 국민을 위해서 꼭 필요한 일이라는 걸 저도 믿습니다."

"왜 그렇게 생각하는가요?"

"현재 대한민국은 미국의 원조 없이는 살 수 없습니다. 그러나 원조가 국가 발전에는 좋지 않은 영향을 끼친다는 것을 알고 있습니다."

거절도 승낙도 아니었다. 보통은 이럴 경우 완곡하게 거절을 할 텐데, 이상호라는 청년은 그러지 않았다. 그는 무엇보다 솔직했다. 첫 만남에서 서로 할 말은 다 했다. 연륜에서 오는 당당함이 가브리엘라 수녀에게 있었다면 연륜에 밀리지 않는 힘이 청년에게 있었다. 1956년부터 농업은행(현 농협중앙회) 조사부에 근무하는 청년은 4년 남짓 조직 생활을 했을 뿐인데도 자신이 몸담은 조직에 대해서, 무엇보다 나라의 미래에 대해서 깊은 고민을 하고 있었다.

"우리는 또 만나게 될 겁니다."

"저도 그럴 것이라고 생각합니다."

헤어질 때 가브리엘라 수녀는 확신이 들었다. 이렇게 배짱 있는 젊은이를 그동안 본 적이 없었다. 그가 입은 옷은 구김 하나 없이 손질되어 있었고, 셔츠 깃은 새하얗고, 구두에도 먼지 한 톨 보이지 않았다. 게다가 뒤축은 가지런히 닳아 있었다. 성직자로 보일 만큼 단정한 젊은이였다. 가브리엘라 수녀는 가타부타 말은 없었지만 마음속에서는 그를 적임자로 점찍었다.

몇 주 뒤, 가브리엘라 수녀는 이상호에게 연락해서 안부를 물었다. 청년은 경계하는 내색 없이 전화를 받았다. 두 사람은 다시 몇 주 뒤에 연락을 해서 경제와 한국의 미래에 관해 이야기를 나눴다. 가브리엘라 수녀는 한국 사람들의 '정'을 알고 있었다. 한국 사람들은 서양식의 합리적인 판단과 다른 판단 기준을 갖고 있었다. 어떻게 보면 그것이 더 사람을 판단하는 데 통찰력을 발휘했다. 가브리엘라 수녀는 이상호와 연락하면서 나는 당신을 간절히 필요로 한다, 당신과 나는 생각이 잘 통한다, 당신이 진정으로 원하는 일에 자신의 시간을 써야 한다, 의미 있는 일을 위해 당신의 삶 전체를 헌신할 수 있는 기회가 왔다는 걸 계속해서 암시했다.

이상호와 만난 지 석 달 뒤인 1962년 1월 중순쯤, 가브리엘라 수녀가 다시 그에게 연락했다.

"명동에서 KAVA 대표자 회의가 열릴 것입니다. 그 자리에 초대하겠습니다."

이상호의 입장에서는 연세 지긋하신 수녀님이 자신을 기억하며 의미 깊은 자리에 불러주는 데 나가지 않는 건 예의가 아니라는 생각이 들었다. 이상호가 얼떨결에 간다고 약속하고 그 자리에 나갔을 때, 가브리엘라 수녀는 활짝 웃으며 그를 반겼다.

"경제학을 전공하고 무엇보다 어떻게 해야 대한민국이 발전할지 고민하는 젊은 청년입니다. 현재 농업은행에서 근무하고 있는 이상호 씨입니다. 부산으로 내려와서 신협을 꾸려갈 지도자입니다. 2월 20일에 열릴 신협 지도자 양성 세미나에 이상호 씨 같은 인재들을 많이 보내주십시오."

박수와 환호가 터져 나왔다. 그러나 정작 이상호는 30년 뒤 그날을 회고하는 자리에서 이렇게 말했다.

"박수 소리와 함께 악수 세례를 받고 정신이 멍멍해졌다. 그날 나는 2월 초에 내려가겠다고 약속하고 말았다. 가브리엘라 수녀는 여자지만 남자 못지않게 활동적이고 대담했다. 그날도 애송이 경제학도를 갑자기 세미나 강사로 내세워 주저하고 있던 외국인들을 상대로 대대적인 PR을 했고 마음을 정하지 못하고 있던 나에게는 대중마취제를 써서 강사로 끌어들이는 데 성공했다."

많은 사람이 가브리엘라 수녀를 두고 인재를 끌어들이는 데 천부적인 재능이 있었다고 평했다. 그런 평가에는 이런 일화가 밑바탕이 되었음은 물론이다.

가브리엘라 수녀는 그날 30명의 대중과 스페셜리스트 한 사람

제1부 —— 메리 가브리엘라 수녀

을 설득했다. 후원은 하고 있지만 마음과 달리 적극적으로 달려들기에는 열정이 조금 모자란 KAVA 대표자들에게 가능성과 열정에 가득 찬 젊은 일꾼을 소개함으로써 그들이 지원하는 일의 미래에 대해 눈으로 확인하게 해주었을 뿐 아니라, 이상과 현실 사이에서 갈등하던 한 젊은이가 이상에 깊이 발을 담그도록 끌어당긴 것이다.

가브리엘라 수녀는 이미 알고 있었다. 자신의 열정이 그들을 움직일 것이며, 실행력을 이끌어내기 위해서는 끊임없이 그들의 마음속에서 잠자는 불꽃을 깨워야 한다는 것을. 나이 든 인자한 수녀의 미소 뒤에는 늘 치밀한 계획과 함께 장내를 휘어잡는 거대한 힘이 숨어 있었다. 당황하지 않으려고 애쓰는 표정을 지켜보는 승자의 여유, 혹은 짓궂음도 함께.

교도원으로 불리던 박희섭, 이상호, 박성호 세 사람에겐 사회를 변화시켜야 한다는 공감대가 있었다. 이 세 사람의 힘은 가브리엘라 수녀가 사업을 확장해나가는 데 결정적으로 기여했다. 우선 계속되는 강습 신청을 받아들일 수 있었다. 그 결과 부산과 경남 지역에 신협 수가 증가하기 시작했다. 교도원들은 2주나 6주 연속 강습을 위해 가족과 떨어져 지내야 하고, 편치 않은 잠자리와 음식을 참아내야 했다. 한 번 강습을 갔다 오면 허리가 주먹 하나만큼 줄어 있었다.

사명감에 찬 협동조합교도봉사회 강사들이 해야 할 역할은 분명했다. 그들은 아무리 먼 길이라도, 아무리 높은 산과 깊은 물이라도 아랑곳하지 않고 사람들에게 신협을 전파하는 역할을 했다.

막장이라고 불리는 광산촌에도 갔으며, 어촌과 도시를 가리지 않고 신협 교육을 해달라고 요청하면 무조건 달려갔다.

가브리엘라 수녀는 변화를 만들어내는 데 절대 서두르지 않았다. 지붕부터 벗겨내고 확성기로 아침 방송을 하는 대신 사람들을 직접 만나 설득하는 전략을 세웠다. 그리고 강사들에게 이렇게 요구했다.

"찬물을 뒤집어써야 해요."

제대로 이해하지 못한 사람들로부터 받을 수 있는 굴욕을 즐겁게 감당하라는 요구였다.

매년 보릿고개가 되풀이되는 시절, 100환을 빌리면 다음 해에 200환이 되는 고리채에 시달리는 서민들에게 근검, 절약, 저축을 외치면, 그야말로 '미친놈' 소리를 들을 수 있었다. 가브리엘라 수녀는 이것을 두고 찬물 세례를 받을 수 있다며 익살스럽게 표현한 것이다.

초기에는 합리적인 설명과 설득이 가능한 사람들이 먼저 그들 주위로 몰려들었다. 그러나 신협이 가장 필요한 사람들은 못 배우고 가난한 사람들이었다. 그런데도 정작 그들은 문을 열고 들어올 엄두를 내지 못했고, 신협이란 조직에 대한 이해가 낮았다. 가난한 이들은 변화에서 늘 소외되어왔기 때문에 변화에 대해 보수적이었다. 좋은 열매는 부자들과 약삭빠른 자들의 몫이었으므로, 그들은 열매가 자기들에게까지 올 리 없다며 단호하게 문을 닫아걸었다.

1962년 2월 23일 제1차 지도자강습회에 참석한 수강생들.

　밀알들은 이런 사람들을 찾아다니며 끊임없이 문을 두드렸다. 코디 박사가 그러했듯, 어디건 달려가서 사람들을 만났다. 그들은 마음이 모이면 물방울이 철판을 뚫는다는 북한 속담처럼 불가능할 것 같은 일들을 용감하게 해냈다. 그들은 신협에 미친 개혁가 혹은 혁명가였다.

　단순히 은행처럼 금융 운용을 위해서 모이는 조직이라면, 얼마나 돈을 잘 저축하느냐, 배당금을 얼마나 잘 관리하느냐에 따라 조합의 성공 여부가 결정될 테지만, 신협은 존재 이유가 달랐다. 혼자서는 자립하기 어려운 조합원들이 서로를 믿음으로써 궁극적으로 자신을 믿게 만들고 함께 일어서게 하는 조직이었다. 풀씨 하나가 황무지에 떨어지면 싹이 나더라도 비바람을 감당하지 못해 쓰러지지만, 여럿이 함께 싹이 나서 자라면 서로 뿌리끼리 얽혀 비바람에도 쓰러지지 않는 풀밭이 되는 것처럼! 혼자서 일어서지 못하는 사람들에게는 연대가 필요했다.

가브리엘라 수녀는 그들의 헌신이 어떠한 의미인지 잘 알고 있었다. 그래서 늘 비유적으로 말하곤 했다. 한 알의 밀알은 썩어야만 많은 열매를 맺는 법이라고. 그들의 헌신 덕분에 조합원 수는 수직적으로 늘어났다. 가브리엘라 수녀는 박희섭에게 총무부장을, 이상호에게는 교도부장을 맡겼다. 박성호는 1년 뒤 협동조합교도봉사회 사무실이 서울로 올라가면서 합류했다. 이들에게 직함은 중요하지 않았다. 가브리엘라 수녀는 이들이 세례를 받았으면 하는 마음에서 미리 박희섭에게는 프란치스코Francisco, 이상호에게는 미카엘Michael이라는 세례명을 지어놓았다. 그러고는 세례를 받지 않았어도 세례명으로 불렀다.

이들의 활약 덕분에 신협은 전국적으로 뻗어 나갔다. 그러자 지도자가 모자란 상황이 되었다. 가브리엘라 수녀는 제1차 지도자강습회를 열었다. 이번에는 고위 관리, 대학교수, 학장, 국회의장, 개신교 목사, 가톨릭 신부 등 다양한 분야의 지도자들이 몰려왔다. 정직하지 않은 세상에 정직을, 평등하지 않은 세상에 경제적 평등을, 이기적인 세상에 사랑과 봉사를 전하는 도구로 새로운 나라를 건설하려는 의지에서였다.

그곳에서 기다릴 것이란 믿음

|

성가신협 창립총회를 한 지 몇 달 되지 않아 여름이 찾아왔다. 4·19혁명은 성공했지만, 시국은 여전히 어수선했고 가난한 사람들의 삶은 혁명 전이나 후나 별반 차이가 없었다. 오죽하면 3월에 있었던 선거의 슬로건이 '못살겠다, 갈아보자'였을까. 하루 벌어 하루 먹고사는 사람이 대부분이었지만 10년 전 전쟁 때와 비교하면 세상은 분명 상전벽해 수준이었다.

5월을 지나면서 환갑을 맞은 가브리엘라 수녀는 여전히 활력이 넘쳤다. 비서를 집에 보낸 가브리엘라 수녀는 작은 테이블에 앉아 7시가 되기를 기다리고 있었다. 가브리엘라 수녀는 바로 몇 달 전 자신의 발밑에 밀알 같은 희망 하나를 심은 뒤부터 조금 더 열정적으로 변모해 있었다.

창밖에서 내리는 빗소리는 폭포소리 같았다. 빗소리는 창밖에서 들리던 인적을 모두 끊어버렸다. 하늘은 벌써부터 캄캄했다. 물이 길에 범람해 곳곳에 여울이 생기고, 어떤 곳은 축대가 무너지고, 공중변소에서는 분뇨가 넘쳤다. 비만 오면 늘 되풀이되는 대청동의 일상이었다. 메리놀병원 뒤쪽으로는 피난민들이 게딱지처럼 지은 집이 다닥다닥 붙어 있었다. 사람들은 용케도 가파른 언덕에 길을 내고, 길이 없으면 계단을 만들어서 그 위에다 집을 얹어놓았다. 하늘과 가까운 곳에서는 예나 지금이나 가난한 사람들이 터를 잡고 살아갔다.

'7월에 이런 비라니⋯⋯.'

7시에 있을 성가신협 임원회의에 참석하기 위해 이 빗속을 뚫고 올 사람이 있을까? 마음속으로 질문을 하면서 가브리엘라 수녀는 잠시 뒤 미소를 지었다. 어떤 일이 있어도 첫 제자이자 아들들은 제시간에 도착할 것이다. 하느님이 맞은편 의자에 앉아 계신다면 웃으며 맞장구를 쳐주었을 것이다. 어쩌면 하느님이 천둥 번개와 비를 내려 믿음에 대해 작은 테스트를 했을지도 모르는 일이다.

가브리엘라 수녀는 이사장을 맡은 강정렬을 떠올리며, 일을 하다 말고 뛰어오지 말고 집에 들러서 요기나 하고 왔으면 좋겠다고 생각했다. 감사위원장 최인수를 떠올리며 오는 길에 장화 높이보다 더 깊은 물길이 없기를 바랐다. 전형서를 생각하며 바람이 많이 불더라도 장화를 신고 우산을 써서 비에 덜 맞기를, 무엇보다 빨리 걸음을 재촉해 완전히 젖어서 몸을 떨지 않기만을 바랐다. 멀리서 오는 김익균을 생각하며 안전하게만 오기를 기원했다.

가브리엘라 수녀는 마음속으로 한 사람 한 사람 제자들을 생각하며 전등 스위치를 올렸다. 혼자 있을 때는 그마저도 아꼈지만, 곧 비를 뚫고 도착할 사람들을 위해 불을 밝힌 것이다. 희미한 사무실 불빛은 이정표가 되어줄 것이다. "내가 여기에서 기다리고 있습니다"라는 말을 전하며 젖은 발걸음을 이끌지도 몰랐다.

잠시 뒤 문이 열리자 온몸이 비에 젖어 물이 뚝뚝 흐르는 최인수의 검게 탄 얼굴이 불쑥 나타났다. 수건을 건네주고 인사를 나누는 사이, 전형서가 들어섰다. 뒤이어 나타난 강정렬은 자신이 1등을 못 한 것이 못내 아쉽다는 듯이 멋쩍게 웃었다. 약속이나 한 듯 모두 7시 회의에 참석했다.

가브리엘라 수녀는 회의 중간중간에 웃으면서 혼잣말처럼 말했다.

"I really respect your leaders(진정으로 여러분 지도자들을 존경합니다)."

그들에겐 메리놀수녀원 한쪽에 있는 성가신협 사무실에 불이 켜져 있을 것이란 믿음이 있었다. 그들이야말로 깐깐하고 고집스러운 가브리엘라 수녀가 이 세상을 위해 심어놓은 밀알이었다. 그들 중 누구도 오는 길의 어려움에 대해 말하지 않았다. 반갑게 인사하고 안건을 처리했을 뿐이다. 수많은 날 중의 하루였지만 새로운 배움이 깃든 날이었다.

"사무실에서 혼자 덩그러니 앉아서 우리를 기다릴 수녀님이 불쌍해서."

"수녀님이 우리를 끝까지 기다릴 것을 아닐까."

그들이 두 시간 남짓한 회의를 통해 마음속으로 배우고 키운 것은 바로 이 믿음이었다. 믿음은 간결하고 말이 필요 없었다. 믿음은 보이지 않는 작은 씨앗에서 싹이 트고, 주인 옆을 말없이 지키고 있는 고양이처럼 일상적인 풍경의 일부가 되기도 한다. 그렇기 때문에 평안하며 절대 무너지지 않는다.

구호품 밀가루 한 포대

|

가브리엘라 수녀는 제1차 지도자강습회를 치른 지 이주일 뒤에야 이들에게 월급을 줄 수 있었다. 가브리엘라 수녀는 월급을 마련하기 위해서 백방으로 노력했다. 후원을 받을 만한 곳에는 모두 편지를 썼다. 자신의 미국 집에도 편지를 쓴 것은 물론이다. 나사렛의 집 한쪽에 사무실을 차리긴 했지만, 사무실 운영에 들어가는 모든 돈은 결국은 가브리엘라 수녀가 마련해야 했다.

박희섭이나 이상호에게 먹고살 만큼은 월급을 주어야 했지만 그마저도 빠듯했다. 이상호가 받은 월급은 두 식구 식비로 쓰기에도 부족한 돈이었다. 이 돈도 가브리엘라 수녀에게서 나왔음은 물론이다. 가브리엘라 수녀는 밀알들에게 월급을 적게 주는 게 못내 마음에 걸려 구제품으로 온 밀가루 두 포대를 구해다 사무실에 두었다. 개인적인 고마움을 표현하고 싶었던 것이다. 이것은 늘 모자란 물질을 보상해주는 가브리엘라 수녀만의 방식이기도 했다.

"마이클, 너무 미안해서 이것이라도 도움이 될까 하고 준비했어요."

마이클은 미카엘의 미국식 표기로, 이상호를 위해 지어준 세례명이었다. 그가 언젠가는 세례를 받기를 원하며 평소에는 이름 대신 마이클로 불렀다. 박희섭에게는 방지거라고 지어주었는데, 프란치스코 하비에르 성인의 이름이다. 미국식으로 부르면 세비어가 된다. 가브리엘라 수녀는 박희섭을 세비어라고 불렀다. 가브리엘라 수녀에게 밀알들은 제자이자 아들이었다. 가톨릭 세례명으로 불렀다는 것은 가브리엘라 수녀가 자신이 가진 것 중에 가장 좋은 것, 가장 귀중한 것을 그들에게 주었다는 뜻이기도 했다. 가톨릭 신자가 되는 것은 천국에 함께 간다는 의미다. 가브리엘라 수녀에게 그것은 지상에서 누릴 수 없는 가장 좋은 것이었다. 여기에는 지상에서 신협운동이라는 사명을 함께했으면 하는 바람도 담겨 있었다.

밀가루 먼지가 풀썩풀썩 나는 포대를 받아든 박희섭이나 이상호 모두 기쁘다는 표정이 아니었다. 약소하다고 생각해서 그런 표정을 짓지 않았다는 것쯤은 알았다.

"마이클이 무슨 생각을 하는지 알아요."

"……."

대명신협에서 신협 소개 교육을 하는 이상호.

가브리엘라 수녀는 두 손을 앞으로 모으고 흥미롭다는 듯이 말했다. 저 표정 앞에서 대답을 하지 않고는 방문을 나갈 수 없을 듯했다.

"은행 조사부에 근무할 때 조사해보니, 미국의 잉여 농산물이 농촌경제 발전에 악영향을 미치기 때문에 도입 자체를 반대했습니다. 그런데 지금 제가 이걸 먹게 되고, 그것도 월급의 일부 혹은 보너스로 받았다고 하니 당황스럽습니다."

이상호의 대답에 가브리엘라 수녀는 큰 소리로 웃었다. 진정으로 행복한 순간을 들라면 바로 이런 순간일 것이었다. 언뜻 아무 문제 없는 일, 아무리 작은 일이라도 진지하게 생각해보는 마음을 가지면, 자기 자신을 지키는 '수신修身'이 되었다. 한국적 전통에서 좋은 것 중 하나는 '외밭을 지나면서 신발 고쳐 신지 말고, 배밭을 지나면서 갓끈 고쳐 매지 말라'는 속담처럼 오해받을 일은 일절 하지 않는 것이다. 공정해야 하고, 무엇보다 신념에 따른 결정을 내려야 하는 순간이 오기 때문이다.

"걱정할 것 없이 먹어요."

신념이 문제였다. 신념이 없다면 이런 고민을 할 이유가 없다. 반대로, 신념이 있다면 아주 사소한 일에서도 자신의 신념을 시험당하는 일이 생길 것이다. 신념의 상실은 도덕성의 상실로 이어진다. 가브리엘라 수녀는 밀알들이 스스로의 신념을 지키면서 일을 해나갈 것이란 확신이 들었다. 이렇게 밀가루 한 포대도 함부로 생각하지 않는 정신이라면 미래가 밝아 보였다.

이상호의 말대로 구호품 밀가루는 농촌경제를 망치는 주범이었

세계신용협동조합 연차총회에 한국 대표로 참석한 이상호.

다. 하얗고 부드러운 미국 밀가루와 옥수숫가루가 없었다면 한국 사람들은 전쟁을 견디지 못했을 것이다. 10년 동안 미국산 밀가루와 옥수숫가루는 한국인의 식생활을 지배했다. 사람들은 이것으로 국수를 만들거나 수제비를 만들어 먹으며 연명했다. 확실히 밀가루와 옥수숫가루는 수많은 생명을 살린 고마운 구호품이었다. 하지만 전쟁이 끝나자 상황이 달라졌다. 공짜로 주어지는 미국산 잉여 농산물 탓에 농산물 가격이 터무니없이 떨어져 농민이 농사를 지어도 적자를 면치 못하는 구조가 되어버렸다. 국산 밀이 팔리지 않아 밭을 갈아엎거나 불태워버리는 일도 일어났다.

그러다 보니 한국인들이 더 이상 밀 농사를 짓지 않게 되어 토종 종자들조차 설 자리를 잃어갔다. 이것은 국민의 70퍼센트가 농민인 나라에서 주식인 쌀과 보리를 농사짓는 농민들이 그들의 생산물에 대한 적절한 가치를 인정받지 못한다는 것을 의미했다. 밀가루라는 대체제가 존재하는 한 그들은 결코 '가난한 농민'이라는 굴레에서 벗어날 수 없었다.

아마도 구호용 밀가루 문제처럼, 모두가 잘 살기 위해서는 순간순간 고민해서 해결해야 하는 문제가 많을 것이었다. 하지만 이렇게 현실적인 문제를 고민하다 보면 문제를 해결할 수 있는 지혜도 찾아오기 마련이다. 가브리엘라 수녀는 밀가루 한 포대를 통해 밀가루만큼이나 순백인 도덕적 고결성이 젊은이들의 가슴을 채우고 있는 것을 보았다.

첫째도 교육, 둘째도 교육, 셋째도 교육
|

한국의 가톨릭과 개신교는 서로 눈에 보이지 않는 장벽을 마주하고 있었다. 벽을 허물기 시작한 것은 1980년대다. 1960년대만 해도 개신교 목사와 가톨릭 수녀가 만나면 주변 사람들이 신기하다는 듯이 쳐다볼 때였다.

"한국에는 아직 신용협동조합운동이 알려지지 않았습니다. 비록 늦은 감이 없지 않지만 이제라도 세계적인 이 운동을 한

제1부 —— 메리 가브리엘라 수녀

국에 알리기 위해서 우선 신협운동에 관한 세미나를 하려고
합니다. 부산에 있는 메리놀수녀원에서 3일간 신협운동 세미
나가 있습니다."

깨끗하게 타이핑한 글씨에 메리 가브리엘라 수녀라는 서명이
덧붙었다. 공개 모집 공고는 A4 용지 한 장에 불과했다. 가브리엘
라 수녀는 반드시 모집은 공개적으로 하고, 관심을 가지는 사람에
게만 세미나를 열어준다는 원칙을 세웠다.

번스Beulah V. Bourns 선교사 등 알릴 만한 개인이나 단체에 편지를
보내느라 사무실에서는 하루 종일 타자기 소리가 들렸다. 널리 알
릴 방법이라고는 편지와 믿을 만한 사람의 추천뿐인 시대였다.

첫날 세미나가 끝나자 가브리엘라 수녀의 방으로 젊은 신사가
찾아왔다. 그는 깍듯이 인사하며 스스로를 최문환(1908~2001)* 목
사라고 소개했다. 가브리엘라 수녀는 최문환 목사를 잘 알지 못했
다. 최문환 목사는 번스 선교사를 통해서 신협운동에 대해 알게 되
었노라고 말했다.

"수녀님, 정말 감사합니다. 근검, 절약, 협동만 있으면 모든 사
람들이 잘 살게 된다는 사실이 너무나 감동적입니다. 이렇게 잘
살게 되는 길을 지금 알게 되어서 속상합니다. 왜 수녀님은 그걸
혼자만 알고 계셨나요? 교회에 가서 모든 사람들에게 알려야겠습

---

*   전후 피폐한 농촌경제의 회복과 기독교적 사랑에 근거한 이상촌 운동을 위하여 경기도 광주에 40명
    의 교우와 함께 '선린마을' 건설. 선린신협 설립(1962). 1960~1980년대 신협운동 확산에 기여.

믿음이 만든 기적

니다."

"지금부터라도 목사님의 양 떼를 잘 살게 만드세요."

"수녀님 감사합니다. 우리 모두 함께 신협운동을 합시다."

열정에 찬 목소리로 다짜고짜 따지듯이 말하는 최문환 목사를 가브리엘라 수녀는 웃으면서 배웅했다.

최문환 목사를 번스 선교사에게 연결한 사람, 번스 선교사를 가브리엘라 수녀에게 연결한 사람이 누구인지는 오직 하느님만 아실 것이었다. 땅바닥을 기어 다니거나 나무에 매달려 꼼짝도 하지 않을 것 같은 거미가 사실은 자신의 거미줄로 하늘을 날아 다니는 사실을 아는 사람이 있을까? 그처럼 눈에 보이지 않는 그 물망은 신협운동을 동서남북으로 알리고 있었다. 뻗어나가는 그 물망은 얼마나 많은 사람이 신협의 존재를 간절히 열망해왔는지 반증해주었다.

신협의 시작은 부산에서 일어난 작은 조합운동에 불과할지도 모른다. 비슷한 운동이 일제강점기에 시도되었지만 실패했다. 실패 원인은 여러 가지가 있지만, 궁극적으로 농민을 돕기 위한 제도가 아니라 일본의 착취를 돕는 제도였기 때문이다. 그러나 새로 도입되는 신협은 처음부터 끝까지 '핍박받는 인간을 위한 제도'였다.

가브리엘라 수녀가 지도자를 양성해야겠다고 생각한 것은 바로 이런 신협의 정신을 교육하는 게 무엇보다 중요하다고 생각했기 때문이다. 신용협동조합의 수가 늘어남에 따라 새로운 사람들에게 신협의 정신을 퍼뜨리고, 한편으로는 이미 만들어진 신협 내부에 도 끊임없이 기본 정신을 되새길 필요가 있었다. 좋은 농부는 땅을 가리지 않는다. 그 땅에 맞게 농사를 지어낸다. 자연을 거스르지 않는 농부들의 지혜와 근면은 물이 모자란 땅에서는 밭에다가 벼를 심고, 땅이 모자라면 산비탈을 깎아 다랑논을 만들게 한다. 가브리엘라 수녀는 모두가 자신을 따라 하게 만드는 지혜로운 농부가 마을과 나라를 바꾼다고 믿었다. 새로운 조직에 필요한 사람은 바로 이런 지혜로운 리더였다.

본격적인 신협 지도자 양성은 1962년 3월에 처음으로 시작되었다. 잠재적 지도자들과 이미 신협 관리에 관여하고 있는 사람들을 위해 가브리엘라 수녀는 10여 일간의 지도자 교육을 기획했다. 직장이나 일이 있는 사람들에게 10여 일이나 시간을 빼서 참석하는 건 엄청난 희생이 따를 수밖에 없었다. 그러나 가브리엘라 수녀는 희생을 감수할 만한 열정이 없는 사람은 지도자 자격이 없다고 생각했다. 일정을 늘리면 늘렸지 줄일 생각은 전혀 없었다. 주변 사람들이 혀를 내두를 만큼 대단한 고집이었다. 그러나 결과적으로 대단히 많은 사람이 교육에 참가하고자 나사렛의 집으로 왔다.

수강생들의 면면은 놀라웠다. 정부 고위 관직에 있던 사람, 시인, 국회의장, 대학을 은퇴한 학장도 있었다. 개신교 목사와 가톨릭 신부, 사회사업가, 교사, 제주도에서 온 어부도 있었다. 국회의장부터 어부까지, 젊은 사람부터 은퇴한 사람까지, 한 사회를 구성하는 가로와 세로의 단면이 총망라된 모임은 유례가 없었다. 참가자 한 명 한 명은 자신이 몸담은 조직이나 지역의 대표성을 띠고 있었다. 지역성과 당파성을 모두 초월한 모임이었다는 사실이 신협의 성격을 대변해주었다.

목적은 달랐지만, 지향점은 같았다. 신용협동조합을 만드는 것이 겉으로 드러난 지향점이라면, 안에 숨어 있는 목적은 달랐다. 신용협동조합에 대해서 보다 잘 배워서 각자의 직장에서 전략을 짜는 데, 나라의 정책을 수립하는 데, 학교나 지역단체를 보다 효율적으로 관리하는 데, 마을이 부자가 되는 데, 건전한 시민으로 정신을 개조하는 데 있었다. 개별의 목적을 가진 사람들이 수평적으로 모여 한 가지 의제에 대해서 고민한다는 것 자체가 놀라운 광경이었다.

지도자강습회라 불린 이 모임이 계속되는 동안 전국에서 온 사람들의 숙식을 책임지는 것도 보통 일은 아니었다. 가브리엘라 수녀는 그 일을 참가자 개인에게 맡겼다. 교육 내용을 책임지는 일만도 힘에 부쳐 자원봉사자들의 도움을 받았다. 일을 제치고 전국에서 온 사람들은 숙식까지 스스로 해결해가며 정해진 시간에 대청동 메리놀병원에 있는 나사렛의 집에 모여들었다. 많은 사람이 모이기에는 장소마저 협소했다. 그러나 모든 것을 이긴 '열망'이 거기 피어나고 있었다.

가브리엘라 수녀는 첫째도 교육, 둘째도 교육, 셋째도 교육이라는 유명한 인사말을 반복했다. 어떤 조직이든 처음 만들어질 때의 순수한 열망과 목적을 잊어버리지 않기 위한 '소금'과 같은 장치가 있어야 하는데, 가브리엘라 수녀는 그것이 바로 교육이라고 생각했다.

종교단체든 특정 직업이나 직장이든, 농민이나 어민처럼 특수한 처지의 국민이든, 포괄적 범주의 지역이든, 구성원이 다양할수

1963년 제2차 신협 지도자강습회.

록 구심점은 단단해야 했다. 구심점이 자조와 자립, 공동체 의식이라는 데는 변함이 없었다. 신협이 가지고 있는 다양하고 개방적인 조직문화는 바로 이 단순한 원칙 때문에 가능할 수 있었다. 가브리엘라 수녀는 어떤 경우든 이 단순한 원칙을 고집했고, 원칙에서 바늘 한끝 크기의 틈도 허용하지 않았다.

지도자강습회는 보통 2주 동안 진행되었는데, 멀리서 오는 사람들이 2주 동안 시간을 낸다는 건 보통 힘든 일이 아니었다. 숙소를 구해야 하는 사람도 있었고, 집이 부산이라고 하더라도 퇴근 뒤 저녁 시간에 모임을 갖고 한두 시간씩 걸어서 집에 간다는 건 웬만한 정신력이 아니면 힘들었다.

게다가 시국이 뒤숭숭한 바람에 여러 차례 계엄령이 있었다.

4·19혁명 때는 다행히 서울 지역에만 7월 중순까지 계엄령이 내렸지만, 5·16군사정변이 일어난 뒤에는 제주도를 포함한 전국에 1962년 12월까지 거의 1년 반이나 계엄령이 내려졌다. 밤 10시 이후는 통행에 제한이 있다 보니, 강습을 마치고 집에 갈 때면 등에 식은땀이 나기 일쑤였다. 땅거미만 지면 공습경보를 알리듯 사방에서 불이 꺼져 칠흑 같았다. 도시 뒷골목의 꽃인 포장마차마저 일찍 문을 닫았다. 차가 끊긴 텅 빈 길을 걸어가려면 대단한 배짱이 있어야 했다.

그러나 나는 새도 떨어뜨린다는 군사정권의 서슬 속에서도 지도자강습회와 조합원강습회는 계속되었다. 피치 못할 사정으로 단 하루라도 빠지면 수료증을 주지 않았다. 사람이 살다 보면 아이가 아프거나 부모가 사고를 당하는 등 늘 별의별 일이 일어나기 마련이다. 사람 사는 일에는 예외가 있지만, 가브리엘라 수녀에게 예외란 없었다. 철학자 칸트의 시계만큼 정확했으며, 본인이 그런 만큼 다른 사람에게도 같은 기준을 요구했다. 시간에 관대하고 사정에 너그러운 한국인들에게 가브리엘라 수녀의 기준은 늘 지나치게 엄격해 보였다. 속상한 마음에 이상호나 박희섭 같은 밑알들을 붙잡고 하소연하는 경우도 많았다.

부산 대신동신협 창립을 위한 조합원강습회 때의 일이었다. 부산대학교 총장이 시간을 내어 매일 밤 두 시간씩 교육을 받으러 왔다. 신협의 필요성, 레크리에이션, 신협을 운영할 때 해야 할 일, 반대로 하지 않아야 할 일, 그리고 토론 등의 일정이 5일간 계속되었다. 그는 총장이라는 직함을 내려놓고 다른 조합원들과도 잘 어울렸다. 그러나 하루는 일정상 도저히 시간을 맞출 수 없어서 빠진다는 소식을 전해왔다.

"대학 총장님이니까 다른 사람보다 이해도 빠르시고, 그동안 누구보다 열심히 집중해서 들으셨으니 4일간 강습으로도 충분하지 않을까요. 창립 때 가입을 하시게 하는 게 좋을 거 같습니다."

"그만 예외가 되는 건가요?"

가브리엘라 수녀는 협동조합교도봉사회 강사인 이상호의 말을 거부했다.

"일부러 빠지려고 한 것도 아니고, 이미 알 만큼 아시는지라……."

"당신의 생각이나 판단이 규칙이 될 만큼 옳은 건가요?"

"사정이란 게 있지 않습니까?"

"그러면 세상의 법이 사람의 숫자만큼 많아야 합니다."

"가브리엘라 수녀님은 총장님이 조합원이 되는 걸 방해하시는 거 같습니다."

"나는 그에게 당당하게 조합원이 되는 길을 선물하고 싶을 뿐입니다."

누구도 입씨름으로 가브리엘라 수녀를 당할 수 없었다. 가브리엘라 수녀는 규칙을 내세우며 언제나 능수능란하게 상대를 제압했다. 다행인 건 가브리엘라 수녀가 조크로 응수해서 무섭지(?)는 않았다는 점이다.

"왜 그렇게 조합원이 되는 걸 막으려고 하십니까?"

간혹 누군가 가브리엘라의 엄격함을 에둘러 비판하면, 가브리엘라 수녀는 큰 눈을 더 동그랗게 뜨며 응수했다.

"나는 절대로 문을 닫아놓지 않아요. 본인이 그 문을 열어야 해요. 나는 서비스맨이 아니어서 일부러 문을 열어주는 서비스를 하지 않을 뿐입니다."

반드시 본인이, 자신의 의지로, 문을 열어서 들어오는 사람만 받는다! 단순하지만 물러날 수 없는 '신협 문을 여는 규칙'이었다. 예외가 없다는 것은 특권을 인정하지 않는다는 말과 같았다. 누군가 가브리엘라 수녀에게 융통성이라고는 없는 꽉 막힌 수녀라고 비방한다면, 가브리엘라 수녀는 자신이야말로 "자유주의자이며 평등주의자"라고 강력하게 주장했을 것이다. 원칙에서 어긋나지 않는 가브리엘라 수녀의 이러한 태도는 신협에서는 모두가 평등하다는 인식을 각인시켰다. 사회에서 어떤 지위에 있든 신협에서는 1계좌와 1표의 투표권을 가지고 있는 조합원일 뿐이었다. 신앞에 모든 인간이 평등하듯 신협의 정관 앞에 모든 사람이 평등하다. 어떤 시대에는 이러한 예외 없음이 더할 나위 없이 가치 있고 용기 있는 행동이 된다. 예외가 없다는 것은 특권을 인정한다는 말인데, 그것을 인정하지 않기가 더 힘들다는 사실을 가브리엘라 수녀는 이미 알고 있었다.

결국 부산대학교 총장은 그날 빠진 하루분의 강습을 다시 받은 다음 조합원 자격을 획득할 수 있었다. 총장이 조합원이 되어서 누구보다 기뻐한 사람은 바로 가브리엘라 수녀였다.

6장

오직 사랑만이 나의 힘

또 다른 신협, 새마을금고

신협의 근검, 절약 정신과 자조, 자립, 협동 이념은 새로운 나라를 건설하려는 지도자들의 눈길을 끌기에 충분했다. 대구 대명신협을 만든 이효상(1906~1989)*은 7년 6개월간 국회의장을 지내며 가장 오래 의장 임기를 수행한 인물이다. 이효상은 대명동에도 신협을 만들고 싶다며, 협동조합교도봉사회에게 교육을 하러 올 때 플래시를 두 개 갖고 오라는 당부를 했다. 전기가 들어오지 않는 곳이다 보니 해가 지면 암흑천지였다. 일을 끝낸 대명동 지역 사람들을 천장이 낮아 제대로 설 수조차 없는 골방에 둘러앉히고 플래시로

---

* 대한민국의 정치인, 교육자, 시인. 협동조합교도봉사회 1차 지도자 교육 이수(1962), 대명신협 설립(1962), 6~7대 국회의장(1963~1972). 신협법 입법 추진(1970~1972).

불을 밝힌 채 교육했다. 이효상은 1962년 대명신협이 만들어질 당시 경북대 학장을 그만두고 정치에 투신해 의원이 되어 있었다. 이효상은 훗날에도 신협운동을 열성적으로 벌인 초기 인사 가운데 한 명이다.

제도권에서도 자발적인 신협운동에 관심을 기울일 수밖에 없었다. 신협은 해방 전후에 나온 정치적 색채가 짙은 협동조합운동과는 전혀 달랐다. 자본주의의 그릇된 욕망에 브레이크를 걸어줄 정신운동이자 스스로를 구제하는 자구책이자 지역사회를 위한 운동이기도 했다. 무엇보다 헌신적으로 한 사람 한 사람을 살리려는 열정이 아래에서부터 새로운 바람을 일으키고 있었다. 이런 바람이 꼭 필요했던 곳은 바로 제도권이었다.

박정희 정권의 새 나라 건설에 대한 열망은 1961년 6월부터 시작된 재건국민운동再建國民運動*, 1970년부터 시작된 새마을운동**으로 나타난다. 재건국민운동본부에서 내건 7개 실천 요강을 보면, 내핍생활의 이행, 근면정신의 고취, 국민도의의 앙양 등이 있다. 국민체위의 향상을 위한 8개의 실천방안도 만들었는데, 그중에는 동포애 발양, 생활 개선, 사회 기풍 진작 등이 있다. 가브리엘라 수녀가 간결하게 말하는 "티끌 모아 태산이니 저축하자" "이웃에 대한 사랑을 실천하자"와 다를 바 없었다.

이런 운동은 관 주도적 국민운동으로 1975년 재건국민운동중

---

* 5·16군사정변 직후부터 국민의 도의·재건의식을 높이기 위해 벌였던 관 주도적 범국민운동.
** 1970년부터 시작된 범국민적 지역사회 개발운동.

앙회가 해체되면서 소멸되었으나, 새마을운동중앙회는 여전히 건재하다. 재건운동본부에 깊이 참여한 유달영(1911~2004)[***]은 서울대 교수이자 농촌운동가로 심훈의 소설《상록수》의 남자 주인공 모델이었으며, 신협과도 관계가 두터워 신협 노래 가사를 쓴 장본인이기도 하다.[****]

신협의 노래 악보.

　새로운 사회를 만들려는 관의 열망은 국가 행정력을 동원해 재건운동본부 발족 18일 만에 시도뿐 아니라 리, 동, 통 재건위원회까지 무려 2만 8,000개의 위원회가 만들어지고 36만여 명의 재건위원이 선출되는 것으로 나타났다. 온 나라가 재건운동에 매달릴 정도로 '재건'은 정책의 아젠다였다.

　재건국민운동본부 경남도위원회에서는 협동조합교도봉사회에 재건청년회와 재건부녀회 요원들을 보낼 테니 교육을 맡아달라고 요청했다. 1963년 4월 15일부터 24일까지 열린 제3차 협동조합지도자강습회에 이들이 참석해 신협 조합원들과 함께 교육을 받았

[***] 대한민국의 농학자, 사회 운동가, 수필가. 현 '신협의 노래' 작사가.

[****]1969년 4월 연합회 이사회에서 신협의 노래를 제정하기로 하고 공모했으나 성과를 거두지 못하자 이상호 신협연합회장이 당시 유달영 연합회 고문에게 신협의 노래 작사를 요청했으며, 유달영 고문의 소개로 서울대 음대 김대현 교수가 곡을 써 신협의 노래가 완성됐다. 이상호 회장은 이들에게 감사의 뜻으로 비빔밥을 대접해 후에 신협의 노래는 비빔밥 두 그릇 값으로 지어졌다고 회고했다.

다. 이들은 각자 자리로 돌아가서 조직 사업을 펼치기 시작했는데, 바로 마을 단위의 협동조합운동이었다. 협동조합교도봉사회에서는 그해 세 차례 강습을 실시해 110명의 수료자를 냈는데, 그들 중 3차 강습에 참석한 35명이 재건국민운동본부 경상남도지회의 요원이었다.

이들 요원은 한 달 뒤인 1963년 5월 25일 경남 산청군 생초면 하둔리에 하둔신용조합, 26일에 창녕군 성산면 월곡리에 월곡신용조합을 설립한다. 하둔신용조합과 월곡신용조합은 새마을금고 제1호와 2호로, 새마을금고의 시초로 불린다. 5월 말에서 6월 중순까지 이들 교육받은 요원들은 경상남도 4개의 군에서 5개(하둔, 월곡, 정암, 외시, 마산)의 신용조합을 설립한다. 당시 재무부에서 발간된 〈한국의 금융정책〉에서는 마을금고의 시작을 최초의 새마을금고 조합 설립일이 아닌 35명의 요인이 참석한 협동조합교도봉사회(협동교육연구원의 전신)의 제3차 지도자강습에 두고 있다. 아마도 이후 우후죽순처럼 생겨난 새마을금고 또한 '같은 교육'에 의해 생겨났기 때문일 것이다.

이들도 처음에는 '신용조합'이라는 이름을 썼다. 그러다 1964년 재건국민운동본부의 민간기구 개편 때부터 '마을금고'로 불렸다. 1970년대에는 재건금고로, 1972년 신용협동조합법이 제정되면서부터는 마을금고로 사용하였고, 신용협동조합법에 따라 마을금고가 설립·운용되었다. 1982년에 새마을금고법이 제정되면서부터는 새마을금고란 이름을 공식적으로 쓰게 되었다. 신협과 새마을금고는 뿌리가 같지만 독자성을 가지고 조직을 유지하느냐, 관 주도나에 따라서 차별점이 존재한다. 또 다른 차이는 시대의 흐름에 따라 한결같은가, 그렇지 않은가이다. 가브리엘라 수녀는 '정신'을 강조함으로써 시대에 따른 변화를 뛰어넘어버렸다. 해 아래 새로운 것은 없다는 성경 말씀처럼, 새마을운동과 새마을금고는 신협 정신 확산의 다른 모습이었다. 또한, '잘 살고 싶다'는 당시 국민이 지닌 염원의 투영이기도 했다.

1원, 2원의 중요성

절대 가난 상황에서 돈은 곧 목숨이었다. 돈의 힘은 그 무엇보다 우위에 있었다. 그러다 보니 극단적인 이기주의 풍조가 만연했다. 믿을 것이라고는 돈밖에 없다 보니, 어떤 사람들은 신의를 너무 쉽게 배신했다. 계를 한다고 하면 십중팔구 깨졌다. 곗돈을 떼어먹고 큰 도시로 도망을 가서 숨어 살면 그뿐이었다. 끝까지 추적해서 잡더라도 망신 주기나 홧김에 저지르는 물리적 폭력 말고는 법적으로 제재를 가할 수 없었다. 돈은 있을지 몰라도 신용은 없는 사람들. 그들은 거들먹거리면서 다른 곳에 가서 또 계를 했고, 다시 깨버렸다. 그런데도 사람들은 계의 유혹을 떨쳐버리지 못했다. 은행 문턱은 너무 높았다. 목돈을 만들어야 하는 사람들은 계의 유혹에 쉽게 빠져들었다.

계의 가장 큰 문제는 악덕 계주에 의해 돈을 날려버린 사람이 신용까지 잃어버리는 이중고를 겪는 것이었다. 돈을 받아내기 위해서는 읍소 작전을 펼치거나 거짓말을 해야 했다. 당연히 그렇게 하더라도 원금을 받아내지 못했다. 그러다 보니 피해자들은 우선 급한 불을 끄기 위해 다른 사람에게 거짓말을 해서 돈을 빌리고, 그런 다음 그 돈을 갚지 못해 신용불량의 늪에 빠져버렸다. 가해자는 한 사람인데 피해자는 꼬리에 꼬리를 물고 늘어났다.

문제는 돈이 있는 사람들에게 있는 막강한 권력이었다. 남의 돈을 떼어먹은 큰 도둑들은 더 큰 도둑이 되어갔다. '돈만 있으면 개도 멍첨지라'는 속담처럼 돈과 관련되어 있으면 문지기까지 '완장'을 차는 세상이 되었다. 시중에 새로 생기기 시작한 은행에서는 경비까지 거들먹거렸다. 행색이 초라한 사람이 은행 문을 열라치면 우선 막아서고 보았다. 은행이 처음 문을 열었을 때 문 앞에서 신발을 벗어 공손히 품에 들고 안으로 들어간 사람이 있다는 일화가 서글픈 우스갯거리로 전해졌다. 이범선의 소설 《표구된 휴지》라는 작품에도 비슷한 이야기가 등장한다. 지게꾼 청년이 은행에 들어가서 통장을 만들 때 처음으로 '씨' 자가 들어간 자기 이름을 듣는 게 황송해 자신보다 훨씬 어린 여직원에게 공손하게 절하며 통장을 받아든다. 순박한 손님은 이렇게 적은 돈을 저축해도 되냐고 묻기도 하고, 하루에 한 번씩 번 돈을 모두 저축하면서도 번거롭게 해서 죄송하다고 연방 고개를 조아린다. 이제는 달라져야 했다. 서민들이 마음 놓고 저축을 할 수 있는 시스템, 급하면 목돈을 빌릴 수 있는 시스템이 절실했다.

이런 현실에서 가브리엘라 수녀는 1원, 2원이라도 매일 미리 떼어 통장에 저축하자고 말했다. 중요한 건 많은 돈이 아니라 매일매

제1부 ─── 메리 가브리엘라 수녀

1962년 협동조합교도봉사회 앞에서.

일 저축하는 습관이며, 돈을 쓰기 전에 미리 떼어 저축하고 쓰는 계획성이라는 것. 바야흐로 문턱을 없애 은행에서 소외되는 사람이 없도록 하는 금융 시스템을 도입한 것이다.

> "자본이란 저축에 의해서 모이는 것입니다. 이는 자기 스스로를 교육하며, 자기 스스로가 모든 것을 아껴 써야 한다는 필요성을 의미합니다. 신용협동조합이란 돈 많은 사람이나 부자들의 것이 아니라, 서민들이 모여 서로 돕는 단체입니다. 자본은 분명 푼돈을 저축한 결과로 인내를 요구합니다."

가브리엘라 수녀는 1원, 2원 저축해서 자존감이 넘치는 사람, 사랑이 가장 중요한 사회를 만들자고 역설했다. 서민들은 더 이상 문턱 높은 은행에 가지 않아도 되었다. 저축할 때 받는 이자도 높았고, 빌릴 때 내는 이자는 훨씬 낮았다. 눈치 보며 은행에 들락거리는 대신 사무실에서 예금업무 담당자에게 맡기면 그만이었다.

'1960년 27명의 조합원이 3,400환에 생사의 운명을 걸고 출범. 10년 후의 오늘 1,000배로 늘어난 자산'이라는 신문기사가 놀라운 변화를 말해주었다. 연도별 순이익도 1960년 조합원 95명에 9,424원이었다면 1963년에는 349명에 12만 5,121원이 되었다. 조합원과 조합 임직원들의 인내는 위대했다. 1원, 2원의 푼돈이 목돈이 되어갔을 뿐 아니라 '비 올 때 우산이 되는' 금융 시스템이 널리 퍼져나갔다.

무엇이 중요한가?

만약 가브리엘라 수녀가 "한국인들은 이해를 못 하겠어"라고 했다면 그것은 진짜 몰라서 그런 게 아니라 무엇인가 비판적 사고를 할 수 있는 논제를 던져줌을 뜻했다. 늑대나 여우가 새끼들을 훈련할 때 사냥감을 잡아주지 않고 새끼들의 능력으로 사냥할 수 있는 작은 먹잇감을 던져주는 것과 같았다. 즉 토론을 해서 다 함께 결론을 내려보라는 주문이었다. 그리고 본인은 딴짓을 하는 어미처럼 자리에서 조금 물러나 앉았다. 그녀가 좋아하는 방식은 바로 토론이었다. 물론 가장 공격적으로 토론을 하는 이도 가브리엘라 수녀 자신이었다. 수녀는 에둘러 말하는 방식을 취하지 않았다. 정곡을 찌르는 발언을 주로 하는 데다, 한국식 말하기 습관과 판이했기 때문에 자칫 공격적으로 들릴 수도 있었다. 그래서 간혹 비서가 나서서 가브리엘라 수녀의 말을 완곡하게 정리해주기도 했다.

가브리엘라 수녀가 내뱉은 공격의 날이 옆에 있는 사람들을 향할 때도 있었다. "왜 한국이 가난한지 생각해봤어?" "왜 준비 없이 살려고 하지?" "그런데 준비란 뭘까?" "시간을 지켜야 하는 이유는 뭘까?" 가브리엘라 수녀는 이런 질문을 던져 스스로 답을 도출하도록 도왔다.

가브리엘라 수녀가 물은 건 몰라서가 아니었다. 수녀는 한국어를 잘했고, 한국식 예절도 잘 알았다. 이해가 부족한 사람에게는 쉽고 간명하게 설명해주곤 했다. 가브리엘라 수녀의 물음은 '중요한 게 무엇인지 생각해보라'는 메시지 전달에 목적이 있었다. 일종의 충격요법이었다. 이런 요법까지 써서 무엇인가 전달하려고 했다면 그것은 가브리엘라 수녀 입장에서는 아주 중요한 내용일 터였다.

또한 가브리엘라 수녀는 다른 사람들이 눈여겨보지 않는 것들을 지적하곤 했다. 질문을 받은 청자 입장에서는 대부분 습관으로 굳어진 행동으로, 어지간해서 변하기 어려웠다. 크게 잘못된 행동은 누군가의 지적으로 그때그때 고쳐지지만 작은 행동들은 거슬려도 대부분 참고 넘어가주기 때문이다. 어쩌면 10분쯤 늦는 습관은 스스로 고치려고도 하지 않았을지 모른다. 혹은 고치려고 해도 웬만한 의지가 아니고서는 고쳐지지 않아서 그대로 두었는지도 모른다. 그런데 이런 행동은 가브리엘라 수녀의 눈에 꼭 띄었다.

가브리엘라 수녀와 일을 하다 보면 야단을 한 번이라도 안 맞은 사람이 없을 정도였다. 다들 "엄격하다" "무섭다"라고 말했지만 수녀의 원래 성품이 그러했을까?

신용협동조합을 운영하는 데 가장 중요한 것은 정확함이었다. 정확하게 강습을 받고, 저축의 날을 정해 저축하고, 정관대로 운영하고, 회의록을 기록하는 등등의 과정은 하나라도 생략하거나 대충 넘어갈 수 없는 문제였다. 게다가 가브리엘라 수녀 주변에서 함께 신협운동을 하는 임원들은 모두 가브리엘라 수녀보다 20~30살씩 나이가 적었다. 가브리엘라 수녀는 그들의 엄마뻘이었다. 어쩌면 가브리엘라 수녀의 질책은 그들에게 올바른 삶의 태도를 보여주려는 의도에서 나왔을 것이다.

다른 면으로 본 가브리엘라 수녀는 인정이 넘쳤을 뿐 아니라 배려가 깊었다. 다른 사람들의 어려움을 보면 그냥 지나치지 않고 남몰래 해결해주려 노력했다. 주변 사람들은 모두 가브리엘라 수녀로부터 깜짝 선물을 받곤 했다.

결혼한 지 6년 동안이나 아이가 없던 이상호 부부의 고민은 잦은 유산이었다. 그것을 어떻게 알았는지 가브리엘라 수녀는 메리놀병원의 의사 수녀를 통해 약을 구해주었다. 밀알들 중의 한 명인 이상호는 그의 아내가 그 약을 먹은 다음 더 이상 유산을 하지 않고 임신을 해서 건강한 아기를 얻었다고 고백했다. 가브리엘라 수녀는 간혹 옷에 밀가루를 묻혀가며 가톨릭구제회에서 커다란 밀가루를 안고 와서 작은 선물을 주어서 미안하다는 표정으로 나눠주기도 하고, 크리스마스나 명절에는 작은 선물이라도 잊지 않고 챙겼다. 신협과 관련된 일을 할 때는 융통성 없는 원칙주의자의 얼굴과 목소리였지만 사적으로는 인정 많고 푸근한 할머니였다.

스스로 미래를 만들라

|

신용협동조합운동 초기에 많은 오해가 있었다. 협동조합교도봉사회를 구호단체로 오해하고 딱한 사정을 적어 장문의 편지를 보내오는 사람도 많았다. 이자율 3퍼센트라는 말에 다들 돈 빌려달라는 말부터 꺼냈다.

협동조합이 만들어지지 않은 곳에 있거나 가입할 형편이 아직은 안 되어, 가입하진 못했지만 곧 할 것이라고 말하는 사람들의 사연도 딱하기는 마찬가지였다.

가브리엘라 수녀는 이런 일이 있을 때마다 툭 터놓고 토론에 붙였다. 물론 그 사람은 우선 스스로를 먼저 구제해야 했다. 1환이든 10환이든 저축해서 스스로 조합원이 되어야 하며, 지속적으로 저축을 하면서 조합원으로서 활동해야 했다. 그런 다음에 필요한 순간에 빌려 가는 것은 가능했다. 그러나 사람 사는 일이 언제나 규정대로 되는 법은 아니어서, 판단하는 사람도 안타까운 경우가 많았다.

한번은 종가의 며느리가 돈을 빌리기 위해 신협에 가입하려 했다. 돈을 빌리려는 이유는 제사를 지내기 위해서였다. 종가 며느리

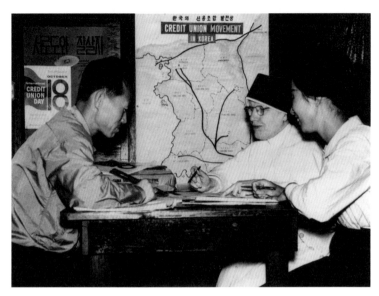

협동조합교도봉사회 회원들과 함께 이야기하는 메리 가브리엘라 수녀.

라면 집안의 얼굴이기 때문에 분명 빚을 갚을 거라는 믿음은 있었다. 박희섭과 이상호가 이 문제로 한창 토론을 벌일 때, 가브리엘라 수녀는 듣고도 모른 척했다. 어떤 식으로 결론을 내리는지 보고 싶어서였다.

결론은 두 사람 다 돈을 빌려주지 않는 것이 낫겠다는 쪽으로 잡혔다. 그 며느리가 돈을 갚지 않을 것 같아서가 아니라, 빚을 지면서까지 제사를 지내야 할 필요가 없다는 이유에서였다. 조상을 공경하는 것은 분명 옳은 일이지만, 후손들에게 무리가 갈 정도로 공경하는 건 옳지 않다는 생각이었다.

"조상들도 후손이 제사를 지내기 위해서 돈을 빌리려는 사실을

제1부 —— 메리 가브리엘라 수녀

안다면, 제사보다는 후손이 잘 지내는 걸 원할 것 아니겠습니까. 후손들이 정성을 다하는 건 백번 맞는 말이지만 제사를 무리하게 지낼 것인지 다시 한 번 생각해보라고 설득하겠어요."

한 사람의 말에 다른 한 사람도 동의했다. 결국 이 말은 꿈쩍할 것 같지 않았던 종갓집 며느리의 마음을 움직였다. 이후 며느리는 제사에 쓸 돈을 빌리지는 않았지만 다른 이유로 신협에 가입해 활동하게 되었다.

다른 문제도 속출했다. 조합원이 되기 위해 자본금을 출자해야 하는데, 출자할 돈이 없다면 어떻게 해야 할까? 빚을 내서라도 출자하고 조합원이 되는 게 옳을까?

"자본금을 출자하기 위해서 저축을 하고, 그런 다음 가입하는 게 옳지 않을까? 자본금도 모으지 못할 정도인데, 나중에 저축은 어떻게 하겠는가? 우선 허리띠를 졸라매서라도 자본금을 모아야 한다. 다른 데서 자본금을 빌려서 가입한 다음 신협에서 돈을 빌려 처음 진 빚을 갚는 것도 나쁜 방법이다."

공론화를 통해 나름대로 운영 노하우가 축적되기 시작했다. 많은 경우 그동안 한 번도 생각하지 않았던 문제들이 나타났다. 생각하는 대로 살지 않으면 살아지는 대로 생각하게 된다. 자신의 삶을 돌아봄으로써 어떻게 살아야 할지 고민하는 것, 그 자체가 수동성에 몰입되지 않는 삶의 지혜를 전파하는 과정이었다.

점심을 굶어가며 일했기 때문에

|

신협은 조합의 정신과 조합원 훈련을 맡는 협동조합교도봉사회, 그리고 지역 신협으로 구성되어 있다. 협동조합교도봉사회는 일종의 조합사관학교 같은 구실을 했다. 지역 조합에도 회의 내용과 대출 내역을 기록하거나 조합원 교육을 하는 등의 역할을 맡은 지도자들이 있었다. 조합 운영에 관여하는 이들은 원칙적으로 무보수였다. 그렇기 때문에 가브리엘라 수녀는 직장이 있는 사람들, 그중에서도 상대적으로 안정된 직장에 있는 사람들이 조직의 일을 주도적으로 맡기를 원했다. 직장이 없는 이들은 우선 자신이 비빌 언덕인 생계 수단을 찾는 데 온갖 열정을 다 바쳐야 하기 때문이었다.

직장인들이 비는 시간이라고는 점심시간밖에 없었다. 이들은 싸간 도시락을 채 먹지도 못하거나 급하게 삼키고는 점심시간에 신협의 일을 처리하곤 했다. 내가 하지 않으면 안 된다는 생각으로 고스란히 청춘을 바친 사람도 많았다. 하루 두 끼 식사가 생활화될 정도였다. 이후 신협 조직이 커지고, 단위조합 자체가 커지면서 일을 맡아서 하는 사람을 뽑지만, 그전까지 신협은 말없이 봉사하는 밀알들의 도움으로 꾸려졌다.

지도자의 헌신은 정직을 가져왔다. 1960년대 신협이 싹을 틔우기 시작할 때의 특징은 회수하지 못하는 악성 부채가 없다는 사실이었다. 아는 사람들끼리 연대책임을 지는 계의 경우는 잘 깨졌지만 희한하게도 전혀 알지 못하던 사람들끼리 연대책임을 지는 신협에는 받을 가능성이 없는 부채가 없었다. 그만큼 조합원들 자체의 의식이 건강했다는 증거다.

'사랑의 힘'을 강조한 가브리엘라 수녀의 생각이 맞았다. 공동체 안에서 지도자들이 헌신하는 모습을 보여줌으로써 구성원들이 공동체를 더욱 아끼게 된 것은 물론이다.

가브리엘라 수녀는 이것을 사랑과 헌신이라고 불렀다. 무급 봉사는 만인의 삶을 위한 개인의 희생이었다. 가브리엘라 수녀가 무급을 고집한 이유는 더 많은 조합원들의 이익을 위해서만은 아니었다. 자율성과 책임감, 무엇보다 나눔을 통해서 얻게 되는 정신적인 성장을 기대해서였다. 모자라기 때문에 무엇이든 채우려는 사람들에게 봉사는 빈방을 채우는 촛불의 빛 같았다. 인간적으로 한층 더 성장해감을 뜻하기도 했다. 자신밖에 모르는 사람들이 '우리'로 자라나고, 구성원으로서의 의무를 다하며 책임감을 느껴가는 과정이었다.

안티고니시에 뿌리를 내린 협동조합을 보면서 가브리엘라 수녀는 단순히 경제적인 윤택을 위해서만 움직이지 않는 좋은 공동체의 모습을 읽었다. 그들은 사회적 약자를 배려하며 일거리를 만들어주고, 조직 안에서 의미 있는 삶을 살려고 노력했다. 삶은 노력하는 만큼 이루어진다. 당연히 그들의 노력은 현재 삶의 모습뿐 아니라 미래를 바꿔주었다. 협동조합이 마을에서 뿌리를 내리는 과정에서 가치관의 변화가 만들어졌기 때문이다.

가브리엘라 수녀가 신협이 우리 사회에 꼭 필요한 운동이라고 강조한 것도 같은 이유였다. 신협운동이 부자가 되기보다 공동체 문화를 만들어가는 사회운동이라고 받아들이고 있었기 때문이다.

30년 전에 야반도주한 가난한 사람이 30년이 지나 그때의 원금을 갚는 까닭은 그가 아직도 신협이라는 울타리를 떠나서 살지 않았기 때문에 가능한 일이었다. 그리고 그 시작은 이웃을 위해 일하느라 점심 한 끼를 굶는 것이었다. 그것이 바로 신협의 정신이었다.

무엇보다 가브리엘라 수녀 자신이 점심을 굶기도 하는 '무급 봉사자'였다. 한 사회는 이렇게 이름도 빛도 없이 뒤에서 일하는 선한 조직원들에 의해서 구성되며, 그렇기 때문에 탈 없이 운영될 수 있다. 스러져간 선교사들이나 신부, 수녀들의 삶에서 가장 다디단 열매는 이러한 정신적 부분이었다. 가브리엘라 수녀는 자신의 모든 것, 자신이 구할 수 있는 모든 것을 신협을 운영에 쏟아 넣고 있었다. '구하라, 그러면 얻으리라.' 오직 이 말에 의지한 채 하루를 마치 100년처럼 아끼며 자신을 몰아붙였다.

눈부신 성장

|

성가신협은 1년 사이에 엄청난 성장을 거두었다. 1960년 5월 첫 씨앗을 뿌린 뒤 1961년에는 2개의 신협에 300명의 조합원을 두었다. 그때 가브리엘라 수녀는 내년에는 조합원이 최소한 500명이었으면 좋겠다는 바람을 말했다. 가브리엘라 수녀의 원대한 꿈은 어디까지였을까? 한국에서 뿌리를 내린 신협이 세계로 뻗어가고, 대를 이어가는 것은 아니었을까?

가브리엘라 수녀는 신협을 일반인에게 처음 소개하는 자리인

성가신조 창설 1주년. 1960년 5월 14일자 〈가톨릭시보〉 기사. 사진 제공: 〈가톨릭신문〉.

1960년 3월 19일부터 5월 1일까지 7주간 계속된 제1차 지도자강습회에서 이미 마을을 넘고 나라를 넘어서 세계로 뻗어가는 것을 소망한다고 밝혔다. 실제로 1년 뒤인 1961년 10월에는 부산에 9개, 서울에 2개, 강원도에 3개, 전라남도 광주에 1개, 제주도에 1개, 대구 대명동에 1개 등 모두 17개의 조직이 만들어졌으며, 조합원 수는 1,579명이 되었다. 이런 눈부신 성장에 힘입어 1962년 10월 18일 나사렛의 집에서 가브리엘라 수녀는 국제신협의 날* 행사를 열게 되었다.

---

* 국제신협의 날은 매년 10월 셋째 주 목요일에 기념한다.

이날 열린 행사에서 가브리엘라 수녀는 한국신협을 대표해서 상을 받았다. 상패와 꽃다발 하나가 상의 전부였지만 이날 가브리엘라 수녀의 소회는 남달랐다. 가브리엘라 수녀는 신용협동조합을 통해 얻은 여러 가지 혜택에 대해서 공식적인 감사를 했다.

"우리나라 신용협동조합을 성공적으로 이끌어주신 하느님의 은혜에 감사를 드립니다. 또한 신협운동을 초창기부터 후원한 메리놀수녀회와 필요할 때마다 재정적 협조를 아끼지 않은 가톨릭구제회에 감사를 드리는 바입니다. 평소에 정신적 감화와 더불어 협동조합교도봉사회 직원을 교육하고 훈련해주신 캐나다 성 프란치스코 하비에르 대학 교도부 교수단과 여러 친구들, 우리나라 신용협동조합 추진에 격려와 기술적 조언을 준 CUNA 국제교도부, 시청각 교육기재를 공급해준 아시아재단, 부산미국공보원, 농업협동조합중앙회 경남지부, 대구에서 기념 연설을 해주겠다고 오신 이효상 박사, 헌신적으로 의무를 수행한 협동조합교도봉사회 직원에게 감사를 드립니다."

사실 가브리엘라 수녀의 감사 목록에 오른 모든 단체가 재정적으로 도움을 준 것은 아니었다. 그러나 필요할 때 적재적소에 도움을 받았다. 물질적 도움이 아닌, 정신적 후원이나 관리 노하우 등도 충분한 지원이 되어주었다. 가브리엘라 수녀는 물밑에서 이들과 관계를 주고받으며 조직을 확장시키는 양분으로 삼았다. 신협에 가입해 조합원이 되면 단순히 저축만 하는 게 아니었다. 가브리엘라 수녀는 실제로 신협 이전에는 조직을 운영해본 적이 없었다. 메리놀회의 일원으로 일을 했을 뿐 전체를 총괄한 적은 없었다.

게다가 국제신협의 날 행사처럼 큰 행사를 주관한 적도 없었다. 조직을 꾸리는 가브리엘라 수녀의 역량은 알게 모르게 나날이 향상되고 있었다. 가브리엘라 수녀는 정부 관계자와 연계하고, 정부 관련 회의에 쫓아다니면서 조직을 방어하고, 조직 운영에 대해 궁금한 일이 있으면 코디국제연구소에 자문을 구하는 등 다각도로 해결 방안을 강구했다. 조직의 성장은 가브리엘라 수녀의 성장, 그리고 밀알들의 성장을 의미했다.

7장

손에 손을 잡고 넘는
희망의 고개

농부가 콩 세 알을 심듯이

|

보릿고개를 넘는 사람들에게 돈은 곧 목숨이었다. 하루에 2달러나 3달러의 돈으로 살아가는 사람들에게는 일용할 양식이 없었고, 가난에서 벗어나는 유일한 방법인 교육을 받을 수도 없었다. 가족 중 한 명이 아프면 한 가정뿐 아니라 그 가정과 긴밀한 혈족 관계에 있는 가정까지 송두리째 무너졌다. 비타민과 단백질만으로 구할 수 있었던 사람들이 얼마나 많았던가. 사람들은 돈을 간절히 원했지만, 돈을 목적으로 하는 삶은 추악하다는 이중 잣대를 가지고 있었다. 배운 사람들은 돈을 초월한 삶을 사는 것처럼 보이기를 원했다.

돈과 사랑은 서로 묶일 수 없는 친구처럼 여겨졌다. 사회사업을 하는 종교단체들은 돈에 대해서 말하기를 꺼렸을 뿐 아니라 말할 수도 없었다. 한국적 토양과 맞물려, 종교는 정신적인 영역을 담당하는 것으로 여겨졌기 때문이다. 가브리엘라 수녀 역시 하느님의 전능함을 믿었지만, 기도로서 모든 것이 해결된다는 식의 맹목적 믿음은 거부했다. 어떤 어려움이 닥치든 스스로를 구제해야 한다고 믿었다. 그것이 자본주의, 근대화된 시대를 사는 지혜라고 생각했다. 누구나 돈이 모자라기는 마찬가지니 미리 계획을 세우고 절약을 생활화해서 추운 계절을 대비해야 했다.

"단순히 돈 문제를 해결하기 위한 단체라기보다는 친구들과 이웃 사람들을 위해서 사랑과 형제애의 정신으로 서로 돕고 봉사하는 데 큰 의의가 있습니다."

가브리엘라 수녀는 돈과 사랑의 관계를 명쾌하게 정리했다. 신협운동의 시작과 목적, 비전은 나를 위해서 물질을 모으는 게 아니라 이웃을 위해서 함께 모으는 것이며, 혼자서는 자립이 어려우므로 서로 도와가며 자립을 이루는 것이었다. 돈도 마찬가지였다. 전통적인 유럽의 농부들은 콩을 세 알 심는다. 한 알은 자신을 위해, 다른 한 알은 이웃을 위해, 또 다른 한 알은 벌레나 비둘기 등 자연을 위해서다. 콩을 세 알 심는 것은 신협에서 금융을 다루는 방식과 같았다.

이것은 이미 가톨릭에서 교황 비오 11세가 회칙으로 내린 말씀에서도 발견할 수 있었다.

"……자기 개인의 이익만을 위하고 인류 공동의 복리를 소홀히 하여 부당하게 임금을 올리거나 낮추는 것은 사회정의에 배치되는 것이다. 사회의 각 부분에 있는 모든 구성원들이 하늘에 계신 한 아버지를 모시는 대가족의 식구라는 것을 인식하여 그리스도가 신비체를 형성, 각 지체가 서로 연결되어 고락을 한 가지로 하는 것과 같이할 때에 비로소 인류 공동의 복지를 위하여 단결된 노력을 할 수 있을 것이다."

가브리엘라 수녀가 신협을 통해서 궁극적으로 이루고자 하는 것, 그러니까 신협의 시작과 목적은 분명했다.

그러나 늘 오해의 소지는 있었다. 종교인이 구제 봉사를 하는 것은 익숙했지만 구제 봉사를 하기 위해서 스스로 돈을 벌어 자립하라는 말을 하는 사람은 가브리엘라 수녀와 장대익 신부 이전에는 없었다. 종교단체는 전적으로 돈을 풀어서 사람을 구제하는 곳으로만 여겨졌다. 살아가는 데 돈이 아주 중요하다고 말하면, 수녀가 세속적인 돈 이야기를 어떻게 공개적으로 내뱉느냐와 같은 비판이 나올 수도 있었다. 가브리엘라 수녀가 넘어야 하는 벽은 성聖과 속俗 사이에 있는 뿌리 깊은 선입견이기도 했다.

가톨릭에서는 서울대교구에서 신협의 뿌리를 내리기 위해서 노력하는 분위기였지만 개신교의 상황은 더 심각했다. 최초의 강습회에 2명의 목사가 참여했지만, 신협을 만들기 위해서 3년을 한결같이 계몽하면서 봉사한 끝에 만들어진 경우도 있었다. 교회 내부적으로 돈을 모아 빌려준다는 데 거부반응이 있었다. 오병이어의 기적은 믿지만 그것은 오로지 나눔을 통해서지, 세속적으로 돈을 모아서 되는 게 아니라는 것이 교회 내부 장로들이 반발하는 이유였다. 정신이 돈으로 환산되는 것을 꺼렸으며, 교회에서 돈을 거론하는 일 자체가 속되다는 뿌리 깊은 선입견이 있었다.

특히나 부산 지역의 개신교 중에는 평양대부흥운동에 직접 참여한 신자들도 많았고, 고신대로 상징되는 고신교단은 재물에 대해서 보수적인 편이었으므로 협동조합을 만드는 일은 모래에서 싹을 틔우는 것만큼이나 어려운 일이었다.

그러나 가브리엘라 수녀는 그럴수록 저축에 대해서 역설하면서 미리 준비해놓으면 어려운 일이 있더라도 피해갈 수 있다며 현실적인 지혜와 인내를 요구했다. 가브리엘라 수녀가 돈에 대해서 현실적인 균형감각을 가질 수 있었던 이유는 일제강점기부터 구제 현장을 직접 경험했기 때문일 것이다. 구제 현장에서 회계관리를 했던 경험은 많은 생각을 하게 했다.

가브리엘라 수녀 자신은 재산을 가져본 적이 없지만, 조금의 돈이라도 있다면 도움이 필요한 주변의 개인을 위해서 기꺼이 내놓았다. 형제, 즉 이웃을 위해 돈을 모으는 것은 가브리엘라 수녀 자신의 경험담이기도 했다. 가난을 구제할 때 어떤 규모로 해야 하는지, 계획을 짤 때 어떤 규모로 해야 하는지에 대해서도 경험이 있었다. 그렇기 때문에 당시로써는 혁신적인 주장을 당당하게 할 수 있었던 것이다.

어떻게 하면 일반 대중에게 좀 더 쉽게 다가갈 수 있을까? 푼돈을 모아 저축하고 어려울 때 도움을 받자는 슬로건을 전달하는 일, 끊임없이 조직원과 소통하는 일, 즉 대중화를 위해서는 많은 아이디어가 필요했다. 가브리엘라 수녀는 달변가이자 웅변가였지만 그것만으로는 뭔가 부족했다. 가브리엘라 수녀의 말은 논리적이었지만 감성적으로 대중을 휘어잡는 스타일은 아니었다. 지도자들에게는 핵심이 잘 전달됐지만 대중에게는 어렵게 느껴졌다. 농담은 잘했지만 가끔은 심술궂다 느껴질 정도로 '뼈 있는 농담'이었다. 논리적으로 잘 따지고, 결정적일 때 절대로 물러서지 않았으며, 생각도 많았다. 책략가이자 당당한 체격과 큰 목소리로 좌중을 압도하는 여걸이기도 했다. 그러나 아무리 외국인이라지만 우리 사회가 갖고 있는 여성에 대한 편견, 수녀에 대한 편견을 알고 있어서인지 전면에 나서지는 않았다.

가브리엘라 수녀는 자신에게 부족한 부분을 메꾸기 위해서 구호처럼 간단한 슬로건을 만들고, 협동조합의 노래를 만들어 가르쳤다. 아무것도 모르는 일반인들이 좀 더 쉽게 신협의 철학을 인지하고 느낄 수 있게 만든 것이다. 그 결과 "일인은 만인을 위해서 만인은 일인을 위해" "친형제 친자매처럼 서로 돕자" 같은 구호가 만들어졌다. "일인은 만인을 위해, 만인은 일인을 위해"는 신협이 사회통합과 사회안전망으로서 역할하는 것을 암시했다. "친형제

1965　　1967　　1971　　현재

신용협동조합 심볼 변천 과정.

나 친자매처럼 서로 돕자"는 구호는 성경에 있는 '네 이웃을 너 자신처럼 사랑해야 한다'라는 말씀에서 변형된 것이다. 강습회를 할 때면 내걸리는 포스터도 빼놓을 수 없었다. 우산을 쓴 사람을 형상화한 포스터는 신협이 삶의 비바람을 막아준다는 뜻이었다.

노래도 큰 몫을 했다. 처음에는 강정렬이 아리랑이란 민요에 개사만 한 것이 신용협동조합의 노래로 쓰였다. 아리랑은 지역에 따라 다르지만 이별한 임을 원망하거나 고단함을 토로하는 노래다. 그러나 이 노래에 가사가 바뀌면서 미래를 기대하는 희망적인 노래로 바뀌었다.

아리랑 아리랑 아라리요
손에 손잡고 넘는 희망의 고개
비 오는 날에는 우산이 되고
……
청청하늘엔 별들이 빛나고
우리의 모임에는 희망이 빛나네
우리 서로 도우면 하늘도 돕네
아리랑 아리랑 아라리요
손에 손잡고 넘는 희망의 고개

가브리엘라 수녀가 시작한 신협운동은 안티고니시와는 또 다른 측면이 분명히 있었다. 신협을 통해 이루고자 하는 세상은 보편적 인류애로 서로 연결된 세상인 만큼 가톨릭의 정신과도 포개지는 부분이 있었다. 또한, 뿌리가 튼튼한 조직을 만들기 위해서 개개인의 희생과 사랑이 필요하다는 가브리엘라 수녀의 말은 신협 정신의 뿌리가 어디로 향하는지 가리켰다. 뿌리 자체가 이익을 추구하는 것이 아니라 철저하게 봉사를 추구하는 조직이라는 뜻이었다.

신협운동은 안티고니시처럼 한 지역에서 확산되는 것이 아니라, 개개인의 의식 개조를 통해 사회의 생각, 규범, 세계관을 바꾸는 사회운동적 측면이 조금 더 강했다. 신협운동이 시작된 지 10년 뒤에 나온 근면·자조·협동을 내건 새마을운동과 정신적 부분에서 많은 부분 겹치는 것도 우연의 일치는 아니었다. 사회안전망이 없는 시대에 스스로 지키기 위해서 만든 자치규약이라는 점에서는 시민운동과도 연결되는 부분이 있었다.

새로운 도약을 위하여

|

1963년에 접어들자 가브리엘라 수녀는 결단을 내려야 했다. 신협은 이제 54개 조합으로 늘어났고 조합원 수는 7,000명을 헤아렸다. 전국으로 늘어나는 조직을 감당하기에는 부산이란 지역이 가진 한계가 있었다. 1960년대까지만 하더라도 서울과 부산은 가시적으로 큰 차이가 없었다. 수도가 서울이라고 하지만 부산의 활기를 따라올 수는 없었다. 부산은 국제항이었고, 그에 걸맞게 다양한 사람들이 오갔다. 메리놀병원 근처 국제시장에는 서울서도 물건을 떼러 오는 장사꾼들이 있을 정도였다. 그러나 몇 가지 우연이 겹치면 필

제1부 —— 메리 가브리엘라 수녀

연이 되듯이, 부산을 떠나야 할 이유가 생겨나기 시작했다.

일단 협동조합교도봉사회로 이용하던 나사렛의 집을 비워주어야 했다. 천주교 부산교구청으로 장소가 이전됨에 따라 새로운 터를 물색해야 했다. 신협 내부적으로도 좀 더 복잡한 문제가 발생했다. 서울에는 천주교 서울대교구의 장대익 신부를 주축으로 해서 가톨릭중앙신협이 조직되어 있었다. 그리고 서울을 제외한 지역은 가브리엘라 수녀를 중심으로 한 또 다른 신협이 조직되어 있었다. 장대익 신부는 서울과 경기, 인천 지역을 중심으로, 가브리엘라 수녀는 경남북 일원을 중심으로 단위 신협을 확대해왔던 것이다.

장대익 신부는 가브리엘라 수녀와 함께 캐나다 안티고니시에서 교육을 받았을 뿐 아니라 가브리엘라 수녀가 성가신협을 출범시킨 한 달여 뒤, 서울에서 가톨릭중앙신협을 결성했다. 앞서거니 뒤서거니 하면서 같은 일을 해온 것이다. 물론 방식에서는 조금 차이가 있었다. 가톨릭중앙신협이 서울대교구의 전폭적 지원으로 처음부터 양적 팽창을 주도했다면, 가브리엘라 수녀는 각 지역에서 자연발생적으로 생겨나게끔 유도해나갔다. 장대익 신부와 가브리엘라 수녀 각자의 성격적 특징도 조직 운영에 많은 영향을 끼쳤다. 장대익 신부가 자유롭고 관대하다면 가브리엘라 수녀는 원칙을 고집하는 엄격함으로 정신교육을 강조하면서 조직을 운영해나갔다. 협동조합교도봉사회를 통한 교육에 의해 신협이 조직되었고, 또 유지되었다.

가브리엘라 수녀는 1963년 7월 협동조합교도봉사회를 서울로 옮기면서 명칭을 협동교육연구원Cooperative Education Institute으로 변경하고, 본격적으로 서울과 부산 통합에 관한 밑그림을 그리기 시작했다. 가브리엘라 수녀가 서울로 근거지를 옮긴다면 자연스럽게 두 조직이 통합될 수밖에 없었다. 한편으로는 조직이 커질 경우 한 차원 높은 체계가 필요했다. 그것은 지금도 마찬가지였다. 내부적으로 분업화된 시스템이 있으면 좀 더 체계적으로 전문교육을 실시하고, 다른 협동조합도 개발할 수 있을 것이라고 생각했다.

> "우리는 수도에 위치함으로써 신협을 조직할 뿐 아니라 사회, 경제적 협동조직을 위한 좀 더 체계적인 전문교육 실시를 통해 다른 협동조합도 개발할 수 있다고 생각했다."

가브리엘라 수녀의 회고에서 드러나듯이 두 조직은 하나였다. 이 또한 신협의 역설이랄 수 있었다. 겉으로 보기에는 장대익 신부와 가브리엘라 수녀 두 사람에 의해 운영되는 듯 보이지만 성격상 하나였다. 처음부터 두 조직은 서로 끊임없이 소통하면서 조직을 운영하고 있었고, 같은 목적을 가지고 있었을 뿐 아니라, 심지어 인적 교류도 있었다. 만약 가브리엘라 수녀가 서울로 근거지를 옮긴다면 대통합이라는 수순이 기다리고 있을 터였다. 당장은 아니더라도 최대한 빠른 시간 내에 이뤄야 하는 과제였다.

가브리엘라 수녀로 대표되는 신협의 협동교육연구원은 정부의 각 부처 및 농협중앙회 등과 끈끈한 유대관계를 맺고 있었다. 가브리엘라 수녀는 모든 단체에 열린 태도를 유지했지만 서로의 역학

협동교육연구원 건물과 현판.

관계는 삼투압처럼 영향을 주었다. 신협의 운영원칙과 제도 등이 오히려 신협보다 훨씬 규모가 큰 조직에 영향을 끼치는 일이 빈번했다. 작지만 자발성과 조직 자체의 특성을 강화하는 교육 덕분에 조직의 색채와 문화가 뚜렷했기 때문이다. 가브리엘라 수녀가 서울로 근거지를 옮겨 장대익 신부의 조직과 결합해 보다 체계적인 조직을 만든다면, 자조와 자립, 협동정신으로 근면, 성실, 절약, 저축의 생활화를 이루어나갈 터였다. 보다 강력한 사회운동으로 도약할 계기가 마련될 것이라는 사실은 누구나 짐작할 수 있었다. 특히 신협이 만들어내는 문화 자체는 국민정신 개조를 통해 새로운 도약을 꿈꾸는 정부에 매우 이상적인 형태였다. 저축을 생활화하고, 서로 도우며, 조직 내에서 자발적으로 역할을 담당하고, 무엇보다 도덕적, 이타적으로 직장과 마을을 만들어나가는 효과가 있었다.

'나는 건전한 시민이며, 좋은 이웃이며, 나라를 부강하게 하는 국민이다.'

이러한 자부심이 신협을 통해서 점차 확산되어나가고 있었다.

준비하라, 준비하라, 준비하라

|

절약하지 않으면 살아남을 수 없다는 사실은 가브리엘 수녀 자신이 누구보다 잘 알았다. 그런데 더욱더 절약하지 않으면 안 되는 날들이 찾아왔다. 부산에서 서울로 옮길 때 가브리엘라 수녀가 가진 것

이라고는 조직을 운영한 경험 말고는 아무것도 없었다. 사무실로 쓸 건물을 찾지 못할 때 종로구 경운동에 있는 가톨릭대 의과대학에서 부속건물 한쪽에 사무실을 내어주었다. 그런데 한겨울 추위가 시작되는 12월, 느닷없이 거리로 나앉는 일이 발생했다. 언제까지 나가라는 기별도 없이 불쑥 사무실을 비워달라고 한 것이다. 가브리엘라 수녀로서는 난감했다.

그런데 '엎친 데 덮친다'는 한국 속담처럼 더욱 나쁜 일이 있었다. 적어도 1년은 사용할 수 있을 줄 알고 공간 리모델링에 가진 돈을 다 써버렸다는 사실이었다. 어쩔 수 없이 짐이라도 옮겨놓자는 심정으로 혜화동의 가정집 2층을 빌려 이사를 했다. 타자기와 책상 같은 간단한 집기를 들고 옮겼다. 그런데 그곳에서 전 재산이나 다름없는 타자기를 도둑맞았다. 창문으로 좀도둑이 들어와서 훔쳐 간 것이다. 한동안 타자기 없이 문서를 만드느라 가브리엘라 수녀는 큰 불편을 겪었다.

메리 가브리엘라 수녀가 사용했던 언더우드 타자기.

언제까지나 집 없는 설움을 겪을 수는 없는 노릇이었다. 가브리엘라 수녀는 큰마음 먹고 교육관을 지을 땅을 샀다. 독일 미제레오르Misereor 재단에서 보내준 후원금과 대출금이 이 원대한 독립의 바탕이 되었다. 당시 하루가 다르게 오르는 서울의 땅값은 놀라울 정도였다. 여러모로 땅을 사는 편이 훨씬 이익이긴 했지만 수중에 돈이 없는 걸 누구보다 잘 아는 사람들은 가브리엘라 수녀의 추진력이 그저 놀라울 따름이었다. 혜화동이나 경운동 같은 시내는 당연히 어림도 없었다. 서울 시내를 한 바퀴 둘러보고 난 뒤 가브리엘라 수녀는 당시 변두리였던 동교동에 땅을 구입했다. 주위는 개발이 되지 않아 잡초만 무성했다. 길이며 하수도 시설도 제대로 되어 있을 리 없었다. 서울의 개발붐에 힘입어 건축 자재를 생산하는 벽돌공장만 여럿 있을 뿐이었다. 말똥과 소똥이 천지에 굴러다니는, 그야말로 황무지였다.

당시는 1평에 3,000원 정도 하던 변두리 땅에 가브리엘라 수녀는 부지 220평을 마련했다. 버스에서 내려 길도 없는 황량한 벌판을 가다 보면 시금치밭과 미나리밭이 죽 이어졌다. 퇴비 냄새가 코를 찌르는 데다 구획 정리가 안 되어 그야말로 을씨년스러운 폐허 그 자체였다. 어느덧 예순에 가까운 가브리엘라 수녀는 비만 왔다 하면 푹푹 빠지는 그 길을 매일 오가며 공사 진척 상황을 점검했다. 남들이 보면 공사판 가건물 같은 숙소 겸 집무실 두 동이 지어지자 협동교육연구원이란 간판을 달았다. 날품팔이들이 아무렇게나 누워 잘 듯한 볼품없는 건물이었다.

'황무지에 개척하는 정신으로 다시 시작하자.'

가브리엘라 수녀뿐 아니라 다른 사람들도 서울에 와서 겪은 고생을 생각하면 이런 생각이 절로 들었다. 어찌 보면 교만하지 않게 소금간이 제대로 된 셈이었다. 신협운동은 가난한 사람들 속에서 가난한 사람들을 위해 펼치는 운동이었다. 오히려 어렵고 궁색하

1969년 열린 협동교육연구원 기숙사 준공식에 참가한
김수환 추기경이 축하의 말을 전하고 있다.

기 때문에 고난을 헤치고 폐허에서 씨를 뿌리고 가꿈으로써 그 의
미를 찾을 수 있었다. 여자와 남자 숙소로 나눠진 이곳에서 지도자
교육이 2~4주씩 합숙으로 강행되었다.

볼품없는 곳이지만 이런 곳에도 도둑은 들었다. 어느 날 월요일
에 출근해보니 사무실이 텅 비어 있었다. 창문을 뚫고 들어온 도둑
은 한글과 영문 타자기를 모두 훔쳐 갔다. 혜화동에 있을 때에 이
어 두 번째 도난사건이었다. 대비하지 않음으로써 누군가에게 도
둑이 될 기회를 주었다는 사실에 가브리엘라 수녀는 화가 났다. 조
금만 조심하면 인심이 사나워지지 않으며, 살기도 힘들어지지 않
는데, 우리의 대비가 문제라고 지적했다.

아무리 조심한다고 해도 여전히 고난은 뒤따랐다. 하수도 정비가 덜 된 탓에 장마 때 물이 들어차서 그 물을 다 퍼내기도 했고, 지붕이 새는 바람에 쌓아놓은 시멘트가 모두 젖어 못 쓰게 되기도 했다. 지붕을 씌운 집 안에 있어도 비에 젖을 수 있다는 사실이 참담했지만, 인간의 삶에서 불행이란 아무리 꽉 닫힌 문으로도 쉬이 들어올 수 있는 법이었다.

반대로 겨울에는 모든 것이 꽁꽁 얼어붙었다. 수도가 얼지 않게 대비하고 난방시설도 늘 점검해야 했다. 돈이 없다는 이유로 차에 부동액을 넣지 않아 차가 움직이지 않을 때는 참담했다.

가브리엘라 수녀가 항상 하는 말, 즉 "미리 생각하라" "가난할 때를 미리 대비하라" 같은 교훈은 이런 생활 경험에서 나왔다. 고난을 겪은 자만이 아는 지혜였던 것이다. 그리고 이런 고난을 바탕으로 서울에서의 도약이 시작되었다. 고난을 겪을 때마다 '대비'하는 지혜가 쌓여갔으며, 그것은 신협 조직 운영에서도 마찬가지였다.

계좌는 아무리 준비를 하더라도 늘 마지막 자리까지 텅 비어가고 있었다. 있는 곳은 누추하고, 책임지고 있는 식구들과 일은 많아지고, 나이는 60을 넘겨 온몸 여기저기가 아파온다면 어떻겠는가? 그 과정에서 행복하다고 느낄 수 있을까?

가브리엘라 수녀는 10년을 함께한 비서의 눈에도 늘 안쓰럽게 보였다.

"수녀님이 그렇게까지 안 하셔도 되는데……." "수녀님은 얼마나 힘드실까?" "수녀님이 고생하시는 것 보면 마음이 아파."

밀알들의 눈에 비친 수녀님의 모습도 마찬가지였다. 노구를 이끌고 신협을 만들겠다고 갖은 고생을 다 하고 있었다. 누가 하라고 떠민 것도 아닌데 스스로 일을 찾아가면서 움직이는 모습을 지켜볼 때마다 가슴이 뜨거워졌다. 특히나 돈 때문에 가족과 친지들에게 기부를 독려하는 편지를 쓰거나 기부해주어서 고맙다는 편지를 쓰는 모습을 볼 때 자신의 일처럼 안타까웠다. 대부분 가톨릭 신자였지만 어느 순간 모두 가브리엘라 수녀를 가족처럼 바라보고 있었다.

그러나 그들이 이해하지 못한 사실이 하나 있었다. 바로 가브리엘라 수녀가 가지고 있는 활력이었다. 한번은 가브리엘라 수녀가 부산에서 서울까지 가는 기차 안에서 전혀 모르는 사람을 상대로 신협에 대해서 신나게 이야기한 적이 있었다. 신협은 교육을 해달라고 요청하는 사람들로 이미 넘쳐나고 있었다. 신협에 관해 좋은 소문이 나서 가만히 있더라도 홍보가 되는 터라 가브리엘라 수녀가 굳이 나서지 않아도 되었다. 그러나 가브리엘라 수녀는 한시도 자신의 시간을 허투루 쓰는 법이 없었다. 복음을 나누며 언제나 자신이 처한 처지에서 최선을 다하려고 노력했다. 아마 서울에서 많은 고생을 겪으면서 속으로 많이 울었을 테지만 겉으로는 전혀 내색하지 않았다. 30년 동안 가장 비참한 처

창설 19주년 맞은 협동교육연구원.
1981년 2월 8일자 〈가톨릭신문〉 기사.
사진 제공: 〈가톨릭신문〉.

지에 놓인 한국인들을 본 가브리엘라 수녀는 자신의 희생으로 그들이 빈곤에서 벗어날 수 있다면 기꺼이 그 길을 따르겠다는 소명의식을 가지고 있었을 것이다. 가브리엘라 수녀는 젊은이들이 경험하지 못한 한국의 역사를 경험한 세대였고, 그래서 거기서 벗어나기 위한 열정이 분명 다른 사람들보다 강했다. 게다가 운이 좋게도 선진국에서 태어난 덕분에 행복한 어린 시절을 보냈으므로, 그것을 한국의 미래 세대를 위해 돌려주겠다는 집념이 컸다. 누구도 가브리엘라 수녀가 쉬는 걸 보지 못할 정도로 열심히 일했다. 하루에 4~5시간 정도밖에 자지 않으며 서류를 검토하는 날이 이어졌다. 불굴의 의지는 분명 누구나 가질 수 없다. 가브리엘라 수녀는 종교적이든 개인적인 이유에서든 고귀한 불굴의 의지를 가지고 있었고, 신용협동조합을 이 땅에 뿌리내리기 위해 그 의지를 한없는 헌신으로 바꾸었다.

성숙을 향한 한 발자국

|

역사란 무엇일까? 개인의 역사이든 조직의 역사이든, 나라의 역사이든 역사적 해석은 달라질 수 있다. 특히 성장하는 시점에 있을수록 미묘한 시각차가 존재한다. 1964년 4월 26일, 전국 50개 단위 신협을 중심으로 연합회를 구성하기 위한 지루한 회의가 열렸다. 뽑힌 이사들은 이사회를 열어 우선 회장과 전무를 선출했다. 전무로는 가브리엘라 수녀가 선임되었고, 회장으로는 강정렬이 뽑혔다.

그러나 다음 날 가브리엘라 수녀는 자신이 너무나 잘 알던 강정렬 회장을 승인하지 않았다. 작은 이견이 모여 큰 차이를 불렀다. 언뜻 서양인의 객관주의와 동양인의 온정주의, 독립성과 수동성의 대립처럼 보였다.

"가브리엘라 수녀님은 과연 연합회 임원들이 연합회를 이끌어 갈 수 있을까 하고 걱정했던 것 같다."

그 당시를 회고한 이상호 전임 회장의 말이다.

다들 가브리엘라 수녀에 대해서 존경하고 고마워했지만 현실적인 부분에서 제대로 판단을 내리지 못한다고 생각했다. 결국 강정렬은 사퇴했으며, 이사회는 그다음 날 박종호를 회장으로 뽑았다. 혹시 가브리엘라 수녀가 편협함에 빠진 것이었을까?

1964년 신협연합회 창립총회 기념사진.

사실 가브리엘라 수녀는 연합회가 독립적으로 운영되기를 바랐다. 1960년부터 1964년까지는 협동교육연구원이 조합들을 위해 교육을 하는 등 연합회의 기능을 수행했다. 그리고 이 비용은 모두 가브리엘라 수녀가 맡아서 냈다. 그동안의 산파 역할에 대한 어떤 보상도 없었으며, 도리어 모든 재원이 투자되었다. 신용협동조합이 늘어남에 따라 그것들을 관리하는 연합회가 있어야 한다는 데는 모두들 이견이 없었다. 문제는 누가 연합회를 운영하느냐는 것이었다. 가브리엘라 수녀는 아직 연합회가 미숙하다고 생각해 자신의 영향력 아래 두고 싶어 했다. 그래서 협동조합교도봉사회에서 협동교육연구원으로 이름은 바뀌었지만, 지도자 교육과 신규 조합 임원강습을 맡아왔다. 협동조합의 정신을 가르치는 일은 그 무엇보다 가브리엘라 수녀의 마음을 뛰게 했다. 또 다른 한 가지 문제는 회비 납부와 관련된 경제적 독립이었다.

"성숙은 시간표대로 실현될 수 없지만 지나친 의존심은 성숙에 위협이 된다."

가브리엘라 수녀는 의존하고 싶은 마음을 떨쳐버리기 위해서라도 연합회를 유지하는 비용을 증액해야 하며, 각 단위 신협에서 그 일을 맡아야 한다고 주장했다. 반면 다른 이사들은 비용을 늘리되 단위 신협의 사정을 감안해서 점진적으로 늘리자는 입장이었다.

어쩌면 협동교육연구원에 의존하는 데서 벗어나 독자적인 경영으로 이행하는 과정에서 겪는 '성장통'이긴 했으나 그동안 협동교육연구원에 의존하던 신협연합회 쪽이나 협동교육연구원을 이끌던 가브리엘라 수녀나 서로에게 쉽지 않은 과정이었다.

1965년 연합회의 제1차 정기총회 결과 드디어 신협연합회가 분리되었다. 마침내 신협연합회는 가브리엘라 수녀의 그늘에서 벗어나 완전히 재정적인 독립을 했다. 이제까지는 협동교육연구원에서 신규 조합을 조직하고 모든 교도敎導사업을 추진했지만 이제부터는 단위조합에서 회비를 부담해서 전국적인 교도사업을 이어가야 했다. 1년 반의 시간은 분리를 위한 성장통이 된 셈이었다. 가브리엘라 수녀는 이미 1965년 연합회 1차 이사회 이후 전무직을 사퇴했다. 한국신협연합회는 협동교육연구원으로부터 떨어져나가 독립된 사무실로 옮겼다. 처음 먹었던 마음으로 다시 시작하게 된 것이다. 연합회 임원들이 주머니를 털어 타자기와 선풍기를 마련하고, 사무실 임대료를 지불했다. 이로써 자체 임원들이 자신이 할 일을 제대로 찾아가게 되었다. 어렵지만 의미 있는 발자국이었다.

결별이 이룩하는 축복

어느덧 66살, 그리고 67살, 몇 달만 있으면 68살. 가브리엘라 수녀의 시간은 안티고니시로 향할 때보다 10년이 더 흘렀다. 가브리엘라 수녀는 자신이 언제나 신협운동의 뿌리에 존재해야 한다고 생각했다. 가능하다면 그 때문에라도 한국에 묻히고 싶었다. 자신의 가슴속에서 샘솟는 뜨거운 마음이 아니면 이 조직이 식어간다고 생각했기 때문이다. 심장이 식어버리면 조직으로서의 존재 가치는 사라진다. 실제로 자발성과 협동을 바탕으로 하다 보니, 다른 무엇보다 교육이 중요했다. 교육은 조직이 커져가는 데 따른 도덕적, 철학적 바탕을 제공했다. 그러므로 협동교육연구원은 늘 뜨거워야 했다. 이곳은 신협이란 조직의 심장과 같았다. 논리적이기도 했지만 직감도 빠른 가브리엘라 수녀는 자신이 조직의 심장에 남아야겠다고 고집했다.

그러나 시간은 이제 반강제로 자신이 가장 아끼는 것, 가장 소중한 것을 내려놓기를 강요하고 있었다.

"가브리엘라, 이제 그만해도 되지 않을까? 너는 최선을 다했어. 이제는 젊은 누군가가 너를 대신해서 열정적으로 할 거야."

예수님이 아니라면 이 말을 그 누구도 할 수 없었다. 시계는 물러날 때를 가리켰지만 가브리엘라 수녀는 꿈쩍도 하지 않았다.

그러나 승복할 수밖에 없었다. 1967년을 한 달쯤 앞둔 무렵, 가브리엘라 수녀에게 가벼운 뇌경색 증상이 발생했다. 일반적으로 중풍이라 부르는 병이다. 이 병은 불행하게도 낫기보다 점점 심해지는 병증에 가까웠다. 안간힘을 쓰며 병이 몸과 영혼을 지배하지 않도록 막는 것만이 최선의 치료법이었다. 게다가 가브리엘라 수녀는 몇 년간 협동교육연구원을 짓느라 지나치게 무리를 해왔다. 부산에서 서울로 조직을 옮기기로 결심한 순간부터 가브리엘라 수녀의 짐은 한층 무거워졌던 게 사실이다.

수녀복을 벗은 메리 가브리엘라 뮬혜린의 모습.

그의 밀알들은 충분히 잘해내고 있었지만, 협동교육연구원 등 외형적 기반을 갖추기 위한 노력은 고스란히 가브리엘라 수녀의 몫이었다. 스스로 "여기저기 구제를 요청하는 거지로 변했다"고 농담할 정도였다. 처음 가브리엘라 수녀는 가톨릭대학 교내에 방을 한 개 빌렸다. 3년 정도 이곳에서 버티면서 조직을 꾸려갈 생각이었으나 몇 달 만에 쫓겨났다. 학교가 팔릴 것이라곤 아무도 생각하지 못했는데, 바로 그런 일이 일어나버렸다.

가브리엘라 수녀는 다리 밑에라도 나앉아야 할 형편이었다. 다행히 협동교육연구원 장소를 마련하기 위해 여러 군데서 후원을 받아 동교동에 허름한 가건물을 세웠지만, 이런 일련의 일을 겪으면서 가브리엘라 수녀의 건강에는 적신호가 왔다. 가브리엘라 수녀는 몇 번을 앓았고, 그럴 때마다 자신의 몸을 돌보지 않았다. 자신의 건강조차 신념으로 극복할 수 있을 것이라 여겼던 것일까.

그즈음 메리놀수녀회에서도 큰 변화가 일어나는 중이었다. 부산의 메리놀병원을 아무런 조건 없이 한국인에게 넘기려고 하는 중이었다. 메리놀수녀회도, 가브리엘라 수녀도 한국에서 이룬 모든 일을 남겨두고 떠나야 하는 시점이 다가오고 있었다. 병원 행정 담당 수녀들이 가장 먼저 병원을 떠나기로 했다.

또한, 당시 메리놀수녀원의 수도원장 대리였던 머리 히츠브룩 수녀가 한국을 방문했다. 머리 수녀는 로스메리 수녀에게 가브리엘라 수녀의 건강 상태가 좋지 않으니 협동교육연구원 직무를 대신해서 담당해달라고 요청했다. 협동교육연구원 사업은 미제레오르 재단의 재정적 지원을 받아내 일정 부분 진행되고 있었다. 외국 원조는 받기도 어렵지만, 그보다 더 어려운 건 받고 난 다음의 보고였다. 신축공사에 대한 회계처리는 먼지 하나 없이 투명해야 했다. 가브리엘라 수녀는 매일 허름한 건물에서 엄격한 요구에 맞춰 혼자서 복잡하고 까다로운 문서를 정리하고 있었다.

머리 수녀는 일만 하던 가브리엘라 수녀에게 뉴욕의 메리놀수녀원에 가서 요양하라고 강력하게 권유했다. 신은 이제 가브리엘라 수녀에게 휴식을 허락했다. 인간이 하는 어떤 명령도 듣지 않는 가브리엘라 수녀였지만 신이 하는 일은 거절할 수 없었다. 가브리엘라 수녀가 미국 메리놀수녀회 본원으로 돌아갈 때는 아마도 은퇴 이상의 서운한 감정을 느꼈을 것이다. 당시 가브리엘 수녀는 자신의 빈자리를 메리 코넬 수녀에게 넘겼다.

1967년 10월의 마지막 날, 마침내 일을 마친 가브리엘라 수녀는 새처럼 훨훨 날아 고향으로 돌아갔다. 비행기에서 바라본 날개 단 천사들의 세상은 드넓고 파랬다. 그동안의 노고는 꽃다발 하나로 족했다. 사도 바울의 길을 따라 캄캄한 태평양을 건너온 기나긴 선교 여행이 마침내 끝이 났다. 은자의 나라에서 보낸 37년이었다.

그리운 이름, 가브리엘라 수녀님

헤어진 지 17년 만의 만남이었다. 1982년 5월 한미수교 100주년을 맞아, 가브리엘라 수녀는 휠체어를 탄 채 대한민국 정부의 훈장을 받으러 왔다. 한국에 있던 이상호 등은 가브리엘라 수녀를 마중하러 김포공항으로 나갔다. 당당하던 가브리엘라 수녀는 키가 작고 거동까지 불편한 외국인 할머니로 변해 있었다. 변함이 없는 것은 미소가 담긴 큰 눈뿐이었다. 은퇴해서 수녀복을 벗은 모습도 낯설었다. 가브리엘라 수녀는 우리나라 나이로 이미 여든셋이었다. 가브리엘라 수녀는 세례를 받아 미카엘이 되어 있는 이상호의 환대를 기뻐했다. 오래전 가브리엘라 수녀가 대천사의 이름을 붙여줬던 이상호는 천사의 수문장처럼 한국신협중앙회뿐 아니라 아시아신협연합회의 수문장이 되어 있었고, 가브리엘라 수녀의 바람대로 가톨릭에 입교했다. 가브리엘라 수녀는 무엇보다 신협이 발전한 것에 기쁨의 눈물을 흘렸다.

그사이 많은 일이 있었다. 가브리엘라 수녀가 정부와 힘겨루기를 해가며 만들려고 하던 신협법이 탄생했으며, 아시아 최대 규모의 신협 교육기관인 신협연수원Training Institute*이 지어졌다. 신협은 이제 조합 수 980개, 조합원 수 70여 만 명, 자산 3,000여 억 원 규모로 성장했다. 간호사, 약사, 공무원 등 직장 단위, 지역 단위, 학교 단위로 다양한 조합원들이 실핏줄처럼 협력하고 있었다. 한 알의 밀알이 썩어서 세상을 품고 있는 풍경을 상상이나 했겠는가! 그간 편지를 주고받거나 기사로 접하던 사실을 그리운 얼굴들을 보면서 실제로 듣다 보니 감동이 새로웠다.

한국신협의 역사는 가브리엘라 수녀가 떠난 뒤부터 새로 쓰여졌다. 풍요로운 추수를 원한다면 밀알이 완전히 썩어야 하는 것처럼, 가브리엘라가 남긴 토양 위에서 새로운 역사가 쓰여지기 시작했다. 그 주인공들은 강정렬, 이상호, 박희섭 등 가브리엘라 수녀의 밀알들이었다. 그들은 진정한 민주주의적 조직과 지도자들의 무급 헌신, 철저한 교육 등 가브리엘라 수녀님에게서 배운 원칙대로 연합회를 운영했고, 1970년대 들어 세계로 뻗어나갔다.

그러는 사이 가브리엘라 수녀는 신협의 대모이자 상징적인 존

---

* 1970년대 중반 신협이 폭발적인 증가세를 보인 반면 교육에 필요한 전용공간이 부족하게 되면서 충분한 교육활동이 어려워지자 신협연수원 설립 필요성에 대한 논의가 본격화되었다. 이후 1979년 연수원 건립추진위원회가 구성되고 미제레오르 재단 지원과 전국 임직원의 자발적 성금 모금이 이뤄지면서 1981년 마침내 대전 유성에 당시 세계에서 가장 큰 규모의 연수원을 개원하기에 이르렀다. 연수원 개원으로 협동교육연구원과 시도지부에서 수행했던 교육 업무는 자연스럽게 연수원 중심으로 개편됐다.
이후 신협교육의 요람으로 자리매김한 신협연수원은 지속적으로 증가하는 교육 수요에 대응하고 교육환경 개선을 통해 세계협동조합 교육의 메카로 한 단계 더 도약하고자, 현재 위치(대전 유성)에 연수원 신축을 결정하고, 2018년 12월 연수원 신축공사를 시작해, 2020년 6월 준공을 앞두고 있다.

제1부 ―― 메리 가브리엘라 수녀

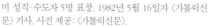

미 성직·수도자 5명 표창. 1982년 5월 16일자 〈가톨릭신문〉 기사. 사진 제공: 〈가톨릭신문〉.

한미 수교 100년 가톨릭 주역들—메리 가브리엘라 수녀. 1982년 5월 30일자 〈가톨릭신문〉 기사. 사진 제공: 〈가톨릭신문〉.

재가 되었다. 씨를 뿌린 자는 땅의 주인이 아니었다. 씨는 땅에 소속될 것이며, 그 땅은 영원히 한국민의 것이며, 그리고 하늘의 것이었다. 신협의 지도자들은 신협의 날 같은 기념일이나 다른 큰일이 있을 때마다 가브리엘라 수녀에게 편지를 썼다. 메리놀요양원에 있는 가브리엘라 수녀를 직접 찾아가기도 했다. 가브리엘라 수녀의 전통을 잊은 이는 아무도 없었다.

가브리엘라 수녀에게 주어진 사명은 이제 "한국을 기억하라"였다. 메리놀수녀회 원장수녀가 가브리엘라 수녀에게 마지막 사명을 내렸다. 이 사명 덕분에 가브리엘라 수녀는 병마 속에서도 하루하루를 기쁨으로 채울 수 있었다. 가브리엘라 수녀는 1984년 박용덕

1982년 연수원을 방문한 메리 가브리엘라 수녀.

(1938~1987)* 협동교육연구원장의 뉴욕 현지 인터뷰를 끝으로 공
식적인 자리에는 나오지 않았다.

　"협동조합운동이 시작된 지 140년 이상 지났습니다. 한국에
　신용협동조합을 시작한 지도 24년이 흘렀습니다. 그동안 세상
　은 많은 변화를 겪었습니다. 1세기 전의 형태를 상기할 수 없
　으리만큼 경제의 양상은 변했고 사회 발전에도 근본적인 구
　조 변화가 있었습니다. 많은 신용협동조직은 이전에 비해 더

---

*　협동교육연구원 교도부장(1967~), 협동교육연구원 원장(1979~1987) 역임.

욱 커지고 조직의 집중은 더욱 긴밀해지고 있습니다. 이 속에서 신용협동조합운동의 도덕적 요구는 연대책임에 근거를 두고 있습니다. 신용협동조합운동은 지금까지 이윤을 추구하는 대신 조합 공동 사회 실현을 위해 봉사합니다. 신용협동조합의 최고 이념은 오늘날에도 봉사일 뿐이지 이윤이 아닙니다."

가브리엘라 수녀는 신협의 씨앗이 뿌려지던 그 시절을 회고했다. 그 당시 한 달에 20일을 밤새워 일했으며, 직원들 월급을 제대로 주지 못한 게 지금도 가슴이 아프다고. 가브리엘라 수녀는 젊음을 바친 그들의 이름을 호명했다. 박희섭, 이상호, 박성호, 강정렬, 최순환, 곽창렬…….

"협동조합은 사람으로 구성된 것이어서 그들이 실제 일하고 있는 사람들과의 관계를 떠나서는 아무런 의미나 가치가 없습니다."

가브리엘라 수녀의 마지막 인터뷰는 이렇게 마무리된다.

가난한 나라의 사람을 살리기 위해, 의지에 가득 찬 젊은이들과 함께한 시간은 신이 축복한 시간이었다. 삶이야말로 신이 모두에게 공평하게 나눠주신 최고의 선물이므로. 가브리엘라 수녀와 그의 젊은 밀알들은 이름도 모르고 얼굴도 모르는 수많은 한국의 사람들을 가난과 절망에서 건져내었다.

메리 가브리엘라 뮬헤린은 자신의 생일을 열흘 남짓 앞둔 1993

메리 가브리엘라 수녀 추도식.   뉴욕 메리놀수녀회에 안장된 가브리엘라 수녀의 묘비.

년 5월 12일 하느님의 품으로 돌아갔다. 사람을 살리라는 사명을
다한 채 영원한 안식에 들어간 그의 얼굴은 평안해 보였다.

　　당신이 씨 뿌리며 가꾼 동산에
　　탐스러운 결실은 익어가는데
　　한 떨기 백합처럼 맑고 순결하던
　　그 넓고 너그러운 가슴 어디서 만나오리

- 추모시 중에서

　　　　　　　　　　　제1부 ── 메리 가브리엘라 수녀

깊은 감동을 준 만남

1994년
메리 가브리엘라 수녀 추모 문집
《꺼지지 않는 불꽃을 위하여》기고문
최문환 목사

개신교 대표로 초청받고

한국신협운동의 시작은 1960년대로 기억된다. 정확한 연월일은 기억나지 않으나 그 어느 날인가 그분으로부터 갑자기 놀라운 기별을 받았다. 필자는 개신교 소속 성직자였기에 가톨릭 수녀인 그분을 만나뵐 기회는 없었다. 그런데 필자와 가까이 지내고 있는 개신교 선교사인 미스 번스 씨를 통해 필자에게 기별이 왔다. 전달된 사연은 이러했다.

"한국에는 아직까지 신용협동조합운동이 알려지지 않았습니다. 비록 늦은 감은 없지 않지만 이제라도 세계적인 이 운동을 한국에 알리기 위해서 우선 신협운동에 관한 세미나를 개최하려 합니다.

부산에 있는 메리놀수녀원에서 3일간의 신협운동 세미나가 있으니 개신교 대표로 몇 분 참석해주시기 바랍니다."

미스 번스 선교사로부터 이 기별을 받고 필자는 한편 놀랍기도 하고, 또 커다란 호기심에 쾌히 참석할 것을 약속했다. 그리고 가까운 개신교 통역자 두 분을 포함해서 세 사람이 세미나에 참석했다.

긴 설명은 생략하겠지만 상상외로 놀랍고도 깊은 감명을 받았다. 세미나가 시작되던 첫날 첫 시간에 가브리엘라 수녀는 개회사 겸 신협운동을 소개하는 말에서 신협운동은 곧 잘 사는 길이요 잘 살기 운동이라고 설파했다.

아직까지 보릿고개를 넘지 못하고 있는 가난에 찌든 한국인들에게 잘 사는 길이 여기에 있다는 소식은 그야말로 반갑고도 놀라운 기쁨이 아닐 수 없었다. 필자는 물론, 세미나에 참석했던 분들 모두 다 너무나 깊은 감명을 받았다.

필자는 세미나를 마치고 돌아오는 즉시, 교회에서 신협운동을 소개했고, 그런 다음 바로 신협을 조직했다. 이름은 선린신용협동조합이라고 했다. 우리 선린신협은 한국 개신교에서 첫 번째로 조직된 신협이었다.

물론 교회에 나오는 신도들에게는 그야말로 처음 듣는 소식일 뿐 아니라 이해하기 어려운 점도 없지는 않았다. 세미나에서 오고간 이야기에서도 신협은 문턱이 낮은 서민을 위한 은행이라고 설명했다. 한 조합원의 출자금액이 몇백 원, 한 개의 신협 자산이 몇천 원인데 그게 어찌 은행이냐고 반문하는 분들도 있었다.

그런데 30년이 지난 이후 첫 번째 조직된 선린신협만 하더라도 조합원 5백 명에 총자산 10억 원을 넘겼다. 30년 전 당시에는 조합원 30명, 자산 5천 원이었던 신협이 오늘 이러한 결과를 가져왔다면 그야말로 놀라운 일이 아니겠는가. 두 번째로 조직한 동부선린 신협 또한 조합원 2,300명에 자산은 54억 원에 달하고 있으니 그야말로 놀라운 일이요, 기적에 가까운 사실이라 아니할 수 없을 것이다.

거듭 가브리엘라 수녀의 놀라운 착상, 그리고 혼신의 노고에 깊은 감사를 드린다. 그리고 다음으로 신협운동에 동참하면서 느낀 몇 가지 이야기를 하고자 한다.

먼저 부산 세미나에서 신협은 잘 사는 운동이라고 한 가브리엘라 수녀의 말씀에 본의 아니게 항의한 일이다. 세미나가 끝날 무렵 필자는 가브리엘라 수녀 사무실로 찾아갔다.

그리고 다짜고짜 "가브리엘라 수녀님께서는 어찌해서 그렇게 잘 사는 길, 그렇게 잘 사는 운동을 이제야 우리에게 알려주십니까? 우리 국민은 무척이나 가난에 찌들어 있는데 오늘에야 잘 사는 길을 알려주시는 겁니까?"라고 웃음 지으면서 물었다. 실은 항의보다 감사함의 표현이었다. 가브리엘라 수녀는 그저 웃으면서 "미안합니다"라고 한마디를 하고는 더 말씀이 없으셨다. 가브리엘라 수녀님의 얼굴은 붉어지고 있었다. 물론 지금 생각하면 꽤 우스운 이야기다.

다음으로 이야기하고 싶은 것은, 30년 전만 해도 우리나라 기독교 사회에 보수적인 신앙이 팽배해 있었다는 점이다. 지나치게 보수적인 의식으로는 신협운동처럼 물질적으로 잘 살게 만들어주는 운동은 쉽게 용납될 수 없었다.

때마침 서울에서 어떤 대중집회가 있었다. 그때 필자는 모임에 강사로 초청을 받아서 한 시간 강의를 했다. 그때 필자의 강의 내용 역시 신협운동에 관해서였다. 강의가 끝나자 뒷좌석에서 50대 남자 한 분이 손을 흔들며 달려나오고 있었다. 멀리 경상북도 문경에 있는 산골 마을에서 온 교회 장로였다. 그는 강단 앞으로 달려오더니 다짜고짜 필자의 손을 잡으면서 어려운 부탁을 해왔다. 오늘 들은 이 감명 깊은 말씀을 자신이 나가고 있는 교회 젊은이들에게 꼭 들려달라는 부탁이었다.

필자는 그 부탁을 거절할 수 없었다. 날짜와 시간을 약속한 다음 머나먼 문경 산골 마을을 찾아갔다. 마침 그날은 교회에서 교인들이 모여 예배하는 날이었다.

장로는 교회 목사에게 사정을 말씀드리고, 오늘 밤 예배가 끝난 다음 필자의 강의를 교인들에게 들려줄 수 있도록 부탁하였다. 그런데 목사가 "교회는 신성한 곳입니다. 신성한 교회에서 그런 세속적인 돈 이야기는 할 수 없습니다"라고 일거에 거절을 하는 것이었다. 할 수 없이 필자는 그날 밤 장로의 집 사랑방에서 교회 젊은이 20여 명을 모아놓고 밤을 새워가면서 이야기를 나누었다. 그러면서 지나치게 보수적인 의식으로는 그렇게도 생각할 수 있을 것이라고 이해하고 말았다.

끝으로 우스운 이야기를 한 가지만 더해보겠다. 필자는 선린마을 개척 활동을 계속하면서 때때로 우리 농촌에서 역사하는 성직자들을 초청해서 3일간 교육 모임을 가진 일이 있었다. 그 모임에 참석한 젊은 사모님이 갓난아이를 품에 안고 있었는데, 지루한 시간을 견딜 수 없었던 어린아이가 칭얼거리기 시작했다. 강의는 들어야겠는데 어린아이는 점점 더 큰 소리로 칭얼거렸다.

마침 다른 강사의 강의 시간이었기에 필자가 칭얼거리는 어린아이를 대신 안고 밖으로 나갔다. 강의가 끝나기까지 한 시간 가까이 예배당 마당을 두루 돌면서 어린아이를 달래는 서투른 보모 역을 치렀다.

그리고 얼마 전 필자가 그 가정을 찾아간 일이 있었다. 그때 필자의 품에 안겼던 어린아이는 이제 대학까지 졸업하고 좋은 직장에 취직했다. 사모님은 그 옛날 눈물겨웠던 감회를 새삼 이야기했다.

끝으로 거듭 가브리엘라 수녀의 놀라운 착상, 그리고 혼신의 힘을 다해 이 나라 이 국민에게 기울인 그 노고에 가슴 깊이 감사드리면서, 고이 잠드신 영령 앞에 머리 숙여 애도의 묵념을 드린다.

신용(信用)은 협동경제(協同經濟)의 첫 단계

1962년 2월 24일
제1차 신용협동조합 지도자강습회 환영사
메리 가브리엘라 수녀

신용은 융자가 아니다

한국에서 처음으로 개최되는 제1차 신용협동조합 지도자강습회를 열면서, 여러분을 환영하게 된 것을 참으로 기쁘게 생각합니다.

여러분께서 이 자리에 참석하시게 됨으로써, 저희가 하고 있는 일에 대한 중요성을 더욱 뚜렷하게 이해하게 하는 데 도움이 될 뿐 아니라, 나아가서 한국 사람들의 정신적 생활을 드높이고 복된 사회를 이룩하기 위하여, 우리들이 어떻게 이바지할 수 있느냐는 것을 다 같이 연구하는 데 있어서도, 여러분께서 많이 도와줄 것으로 믿는 바입니다.

이 자리에 나오신 여러분이 대한민국의 동서남북 각처에서 모여드신 것을 볼 때 앞으로 신용협동조합의 구상을 널리 보급할 수 있다는 희망을 가지게 됩니다.

여기에서 제가 말씀드리고 싶은 중대한 문제는, 신용협동조합이란 무엇이며, 협동이란 무엇인지 똑바로 그리고 정확하게 이해해야 한다는 것입니다.

신용협동조합이란 무엇인가에 대하여 처음 듣는 사람들은 '돈을 빌려 쓰자'는 생각부터 먼저 하게 됩니다. 신용이란 말이 불행하게도 돈을 어느 정도의 이자를 받고 빌려준다는 내용, 즉 '융자'와 비슷한 말로 바뀌어버리고 말았습니다.

이 '융자'라는 말은 신용협동조합 제도에서 존재하고 있는 것 중에서 가장 가볍게 다루어진다는 점을 본인은 지적하고 싶습니다. 여러분께서는 그 이유가 무엇인가에 대하여 들어보고 싶어 하실 것입니다.

첫째로, 만약 우리가 돈을 한 푼도 모으지 아니하고서 돈을 빌려 쓸 수 있겠습니까? 이는 도저히 불가능한 문제입니다. 그러므로 신용협동조합에 있어서는 저축과 융자의 요소가 똑같이 발을 맞추어 가지 않으면 안 될 것입니다.

자본이란 저축에 의하여 모이는 것입니다. 이는 즉 자기 스스로를 교육해야 하며, 자기 스스로가 모든 것을 아껴 써야 한다는 필요성을 의미합니다. 신용협동조합이란 것은 돈 많은 사람이나 부자들의 것이 아니라, 서민들이 모여 서로 돕고자 하는 단체인 것입니다. 신용협동조합의 목적은 서로서로 도와줌으로써 자기 자신을 돕는 데 있습니다.

보수를 받으면 신용협동조합 본래 정신인 자원봉사의 원리에 위배됩니다. 신용협동조합의 자금은 조합원 각자의 푼돈을 저축하여 모은 돈으로 이루어져 있기 때문입니다. 조합원 한 사람 한 사람이 저축하여 모은 돈으로 자본을 만들었기 때문에 그 돈은 조합원에 한하여 대출하도록 되어 있는 것입니다. 이것이 바로 여러분이 강습회를 통하여 배우게 될 신용협동조합 운영의 기본 원칙입니다.

자본은 푼돈 저축의 결과

둘째, 서민들로 조직된 신용협동조합이, 그 조합원들의 돈을 취급하는 데 있어, 어떻게 안전하고 성실하게 자금을 다룰 수 있다고 보장할 수 있겠는가? 이것은 대단히 중요한 문제입니다. 신용협동조합의 원리와 실체를 이해하지 못하는 사람들이 신용협동조합운동에 반대하는 이유가 바로 이 문제에 대한 이해 부족 때문입니다.

한국 사람들은 수많은 '계'가 일반적으로 믿을 만한 것이 못 된다는 걸 잘 알고 있으며, 과거 이 '계'로 말미암아 많은 손해를 입었습니다. 그러므로 그 사람이 믿을 만한 사람, 즉 신용 있는 사람이란 말이야말로 신용협동조합에서 가장 중요한 낱말이라 하겠습니다. '신용협동조합'이란 말을 영어로는 '크레디트 유니언'이라고 부릅니다. 영어로 크레디트란 말은 원래 라틴어의 크레도에서 온 것인데, '나는 믿는다' '나는 신용한다'라는 뜻입니다. 따라서 신용협동조합이란 서로 믿는 사람들끼리 뭉친 하나의 조직을 말합니다. 이는 마땅히 그렇게 되어야 할 것입니다. 이러한 점에서 신용협동조합에 있어서는 무엇보다도 '믿음'이란 정신적 의의가 얼마나 중요한지 알 수 있습니다.

의심하는 마음, 미워하는 마음

그러면 다음 문제는 자원봉사의 정신으로 일하는 신용협동조합의 원리가 오늘날 그토록 중요한 이유가 어디에 있느냐 하는 것입니다.

첫째, 오늘날의 세계는 두 개로 나뉘어 있습니다. 한쪽에서는 공포에 싸인 사람들이 서로 남을 의심하며 서로 간의 증오를 조장합니다. 이는 곧 노예의 세계를 말합니다. 이런 세계가 어떤 사회라는 데 대해 본인이 말하지 않더라도 더욱 잘 알고 계실 것입니다. 바로 공산주의 세계입니다.

또 다른 한쪽은 자유를 신봉하는 사람들과, 서로 신뢰하며 형제를 사랑하는 정신과, 평화를 원하는 마음과, 만인의 번영을 위한 이상을 가지고 살아가는 사람들이 있는 세계입니다.

우리는 바로 후자에 속하는 세계에 살고 있습니다. 우리 편을 두려워하고 의심하는 마음과 서로 미워하는 마음으로 다스려서는 안 될 것입니다. 우리는 어디까지나 서로 존경하고 서로 사랑하면서 이 세상을 살아가야 합니다. 또한, 우리는 우리 자신의 직계 가족뿐만 아니라 이 세상의 모든 사람을 위해 이와 같이 살아가야 할 것입니다.

오늘날 우리가 살고 있는 이 세계가 당면하고 있는 커다란 싸움은 배고픔과 배부름의 싸움, 사랑과 미움의 싸움, 믿음과 공포의 싸움입니다. 그러므로 우리는 먼저 우리 자신부터 시작해, 나아가서는 우리와 접촉하는 모든 사람들의 마음속을 파고들어 상호 신뢰의 기본원리를 확립하기 위하여, 우리의 모든 힘을 신용협동조합운동과 전반적인 협동조합운동을 위하여 바칩시다.

　이것은 우리의 강한 신념입니다. 이 신념은 놀라운 결과를 가져올 것입니다. 이러한 사실은 세계 여러 나라에서 이미 입증된 것입니다. 한국은 높은 수준의 문명국으로 고대 문화를 자랑하는 나라입니다. 한국 사람들은 태어날 때부터 이상적인 참다운 것과 아름다운 것에 감응하는 민족입니다. 이는 한국의 문학과 시, 아름다운 노래와 수많은 영웅의 생애 속에 여실히 반영되어 있습니다. 그렇다면 오늘날 한국의 역사에서 꼭 필요한 것이 무엇인지에 대하여 여러분께서도 절실히 느낀 바가 있을 것입니다. 그것은 '우리나라 사람들은 서로 믿을 수가 없다'는 말이 아닐까요?

　물론 모든 사람이 그렇다는 것은 아닙니다. 그러나 헛된 공론이나 기회주의, 개인적인 욕심에 사로잡혀 있지 않다면, 친구들에 대한 존경심 부족에서 '서로에 대한 불신'이 생기는 게 아닌지 생각하는 바입니다.

　여러분이 친형제처럼 서로 믿는 마음과, 사랑하는 마음을 갖고자 하는 신념과 용기만 있다면, 여러분은 믿음이 없는 세태를 완전히 바꿀 수 있을 것이며, 여러분이 그렇게 하기를 원한다면 참되고 아름다운 한국의 문화유산을 재건할 수 있으리라고 확신하는 바입니다.

이것이 바로 우리 협동조합운동, 우리 신용협동조합운동의 주 목적이며, 이 목적을 위하여 우리는 10일 동안에 걸쳐 여러분과 함께 연구하고자 하는 것입니다.

한 나라의 힘은 그 나라 구성원의 힘

좋은 부모님이 있는 가정에서는 좋은 아이들이 나오는 법입니다. 개인이나 가족을 막론하고 행복을 이룩함에 있어 없어서는 안 될 근본 문제는 경제적 안정과 정신적 안정입니다. 배가 고픈 사람들, 가난에 시달려 용기를 잃은 사람들, 고리채의 무거운 짐을 진 사람들, 친구가 없는 사람들, 질병으로 고생하는 사람들……. 이런 사람들은 '별'을 쳐다볼 수 없습니다.

이들은 부끄러움과 고민으로 말미암아 언제나 고개를 숙이고 다닙니다. 바로 이런 사람들에게 협동의 정신을 발휘하도록, 협동의 세계를 건설하도록 돕자는 것입니다. 한국을 더욱 살기 좋은 나라로 만들기 위해서는, 협동조합원으로서는 물론 인간적 또는 개인적으로 우리가 마땅히 해야 할 일이라는 생각에서 친형제와 같은 마음으로 그들을 바라본다면, 그들을 조금씩 조금씩, 한 걸음 한 걸음씩 도와줄 수 있습니다.

이 이상이야말로 위대한 것입니다. 과연 그렇습니다. 여러분은 훌륭한 사람들이라고 스스로 생각합니다. 여러분이 협동조합의 높고 높은 이상을 실천할 능력을 충분히 갖추고 있다고 본인은 확신하는 바입니다.

이는 단순히 이론에 그치는 게 아닙니다. 일상생활에서 해야할 구체적인 일, 즉 신용협동조합의 조직과 운영에 관한 구체적인 일, 신용협동조합 운영에 관한 모든 것에 있어서 정관에 정해진 바에 따라 충실히 이행해야 할 일, 신용협동조합 운영의 발전을 위해 열정을 가지는 일, 우리들이 입고 있는 것과 똑같은 혜택을 다른 사람들이 입도록 노력하는 일, 신용협동조합 전체를 위해 해야 할 일, 우리들이 가진 충성심의 발휘, 즉 우리의 조합원과 임직원, 연합회, 나아가서는 세계협의회, 그리고 세계 모든 나라에 있는 신용협동조합을 위해 상호부조를 통한 자조의 정신과 세계 형제애의 정신을 가지고 충성을 다해야 할 일, 이러한 모든 일에 대하여 여러분께서는 충분히 실천할 수 있는 능력과 힘을 가지고 있다고 다시 한 번 확신하면서 여러분께 본인의 소신을 말씀드리는 바입니다.

'나'라는 말 대신 '우리'

1962년 3월 3일
제1차 신용협동조합 지도자강습회 수료식 환송사
메리 가브리엘라 수녀

우리가 협동조합운동을 추진할 때 '나'라는 말을 사용해서는 안 될 것입니다. 내가 이 운동을 하고 있다, 내가 전부 하는 일이다, 라고 말하는 지도자가 있다면 그는 아주 좋지 못한 지도자라 하겠습니다.

사실 대중을 자기 마음대로 손아귀에 쥐고 흔드는 사람은 지도자가 아니라 독재자입니다. 그렇게 하면 대중은 그 사람을 믿지 않을 것입니다. 그런 지도자는 신용협동조합을 일으키는 게 아니라 도리어 방해하고 있는 셈입니다.

이에 반하여 참다운 협동조합 지도자의 특징을 나타내는 말이 하나 있습니다. 세계 여러 나라를 돌아다니면서 많은 협동조합 지도자들을 만나보면 참다운 협동조합 지도자들의 특징이 '자기희생'임을 깨닫게 됩니다.

'희생' 또는 '헌신'이라는 말은 남을 위하여 자기 자신을 바치는 정신을 말합니다. '자기희생'이란 말을 가장 잘 표현하고 있는 것으로 군인, 신학자로 알려져 있는 이냐시오 데 로욜라Ignacio de Loyola 성인의 말씀을 예로 들 수 있습니다.

"주여! 내가 남을 위하여 일을 하되 힘든 것을 돌보지 말게 하시고, 고생스러울 때에도 안일함을 찾지 말게 하시며, 내가 싸우되 상처를 겁내지 말게 하시고, 일하되 보수를 바라지 말게 하시며, 다만 당신의 뜻을 준행하고 있다는 것을 인식하도록 가르쳐주시옵소서."

이 말씀 속에는 '자기희생'이 함축되어 있습니다.

여러분이 자기 일터로 돌아가면, 여기에서 배운 여러 가지 좋은 것을 다른 사람들에게 널리 전파하실 줄 믿습니다. 여러분은 마땅히 그렇게 해야 될 줄 압니다. 지식만 가지고 실천하지 않는다면 아무 소용없습니다. 반대로 아무것도 알지 못하면서 실천하는 건 위험한 일입니다.

부디 천천히 가십시오! 빨리 가려고 서두르지 마십시오! 협동이란 말의 뜻은 여러 사람들과 같이 하는 것이라는 사실을 언제나 잊지 마십시오.

여러분의 계획이 무엇인지, 또는 신용협동조합을 시작할 준비가 다 되었는지 우리에게 서신으로 알려주시기 바랍니다. 그러면 이곳에서 즉시 사람을 보내 여러분을 도와드리겠습니다.

이것이 신용협동조합을 시작하는 가장 안전한 방법입니다. 만

약 여러분이 신용협동조합을 처음으로 조직하는 이 중대한 일을
자기 혼자만 할 수 있다고 믿는다면 그것은 잘못된 생각이라 하겠
습니다.

이 운동을 전개함에 있어 서로 경쟁하는 입장이 아니라 서로 협
동하는 정신으로, 우리 모두가 같이 힘을 모아서 일해 나아갑시다.
우리 서로 하고자 하는 일의 성공을 위하여 기도를 드립시다.

신협운동의 시작은
사랑 때문

1964년 4월 26일
신용협동조합연합회(중앙회) 창립총회 기념식
메리 가브리엘라 수녀

대의원 여러분은 한국신협 조합원을 대표하여 이 자리에 나오셨으며, 우리 조합원 전원이 이 자리에 같이하지 못하였으나 우리와 함께 기쁨을 나누고 있다 할 것입니다. 그러므로 본인은 오늘 이 자리에서 전국 신용협동조합원의 이름으로 귀빈 여러분과 대의원 여러분에게 진심으로 환영의 인사를 드리는 바이며, 한국의 신용협동조합운동이 영원히 성공적으로 자라날 수 있도록 기도하여 주신 데 대하여 감사하는 바입니다.

여러분께서도 잘 아시는 바와 같이 "신용협동조합이란 서로 잘 알고 믿을 수 있는 사람들끼리 스스로 모아 푼돈을 계속해서 저축하여 돈이 필요할 때에는 싼 이자로 빌려 쓰는 협동조직"입니다.

그러나 신용협동조합은 이보다 더 큰 이념을 가지고 있습니다. 신용협동조합은 단순히 돈 문제를 해결하기 위한 단체라기보다는, "서로 사랑하는 친구들과 이웃 사람들을 위해 사랑과 형제애의 정신으로 상부상조하여 우리 마을이나 직장뿐만 아니라 나아가서는 우리 국민의 경제적, 사회적 지위를 향상하기 위하여 서로 봉사하는 데 더 큰 의의가 있는 것"입니다.

한국신용협동조합운동의 현황에 대해서는 이 자리에 나와 주신 여러 귀빈에게 통계자료를 이미 나누어 드렸으므로 구체적으로 설명할 필요가 없다고 생각합니다. 다만 여러분께서 혹시 질문하고 싶은 몇 가지 문제에 대해서 간단히 말씀드리고자 합니다. 저는 때때로 다음과 같은 질문을 받습니다. "어떻게 해서 이 운동이 한국에서 일어나게 되었느냐?" "무슨 이유로 이 운동을 시작하였느냐?" "이 일을 시작하게 된 동기는 무엇이냐?" 하는 질문입니다.

이상 말씀드린 세 가지 질문 가운데서 제일 마지막 질문에 대해서만 대답하고자 합니다. 이 대답이 세 가지 질문에 대한 대답의 내용을 포함하고 있기 때문입니다. 신용협동조합운동을 시작하게 된 동기는 오직 한 가지입니다. 그것은 사랑이었습니다. 2,600만 한국 국민에 대한 사랑이었습니다. 하느님의 자녀들인 그들의 존엄성에 대한 사랑이었습니다. 하느님께서 주신 인간의 존엄성이, 헐벗고 굶주리며 희망을 잃어버린 그늘 속에서 헤매고 있는, 그들에게 용기와 희망을 되찾도록 하기 위한 사랑이었습니다. 가난 속에서 스스로를 포기하고 있는 그들에게 살길을 열어주고, 인간의 존엄성을 되찾고, 자유를 누리며, 무거운 고리채의 굴레를 벗어나 건강한 몸과 아름다운 영혼을 가질 수 있도록 하기 위한 사랑이었습니다.

한국의 신용협동조합운동에 이바지한 개척자의 가슴속에 불타고 있는 것이 있다면, 바로 이러한 사랑의 정신일 것입니다. 이 사랑의 정신이 수많은 사람의 의심을 풀어주었으며, 새로운 삶에 대한 용기를 불러일으킨 것입니다. 개척자의 가슴속에 이러한 사랑이 있었으므로, 세속적인 오락과 개인적인 향락을 버리고 이 운동을 위하여 몸과 마음을 오로지 바친 것입니다.

이 운동이 우리 국민에게 큰 도움이 된다고 믿는 가운데, 모든 사람은 그 자신을 일으켜 세울 수 있는 힘을 가지고 있다는 것, 자신의 존엄성을 인식하면서 자신의 문제를 자신의 힘으로 해결할 수 있다는 것, 그리고 그러한 힘이 누구에게나 주어져 있다는 것을 개척자들이 알고 있었다는 것, 이 모두가 바로 사랑에서 우러나온 것입니다.

여러분께서는 '오산 방지거' 성인의 금언에 대하여 잘 알고 계실 줄 믿습니다. '하느님의 서정시인'이라고 불리는 이 성인께서 사랑에 대하여 읊으시기를 '사랑이 없는 곳에 사랑을 주어보라. 그러면 당신은 사랑을 찾아볼 수 있을 것이다'라고 말씀하셨습니다. 이 세상에서 가장 큰 힘은 핵무기가 아닙니다. 가장 큰 힘은 사랑입니다. 사랑이란 다이너마이트보다 강한 힘을 가지고 있습니다.

그러므로 이 세상에 태어난 모든 사람들은, 그 자신 속에 이 다이너마이트보다 강한 힘을 가지고 태어났다는 것을 잊어서는 안 되겠습니다. 그런데 이것이 신용협동조합에서 실천하는 1원짜리나 100원짜리 저축하고 무슨 관계가 있느냐고 반문할 사람도 있을 것입니다.

그럼 간단히 말씀드리겠습니다. 신용협동조합 운영에서 상호관계가 잘 유지되지 못한다면 도저히 성공할 수 없습니다. 같은 조합원끼리 같이 일하는 정신과 서로 도와주는 정신이 없다면 이 운동을 어떻게 성공시킬 수 있겠습니까? 우리나라에 처음으로 신용협동조합이 생겼을 때만 해도 그렇습니다. 이 사랑의 위대한 힘으로 한 사람, 두 사람씩 손에 손을 잡고 일했기 때문에 오늘날 이만큼 발전한 게 아니겠습니까? 한국의 신용협동조합운동이 이만큼 성공적으로 자라나고 있는 '비결'이 바로 이 사랑의 정신이라고 본인은 믿고 있습니다. 만약 이 사랑의 정신이 없었다면 우리 신용협동조합운동은 도저히 성공할 수 없었을 것입니다.

그러나 많은 사람들은 아직도 그것은 하나의 이상에 불과하다고 말합니다. 그들은 '사랑의 힘'이 인간의 물질적 욕구를 충족시키는 데 무슨 소용이 있느냐고 묻습니다. 이것도 어떤 의미에선 옳은 말씀일지 모르겠습니다만, 사랑이란 자기희생과 봉사정신을 요구합니다. 희생하는 정신 없이, 남을 위해 봉사하는 정신을 계속적으로 발휘할 수 있다고 생각한다면, 그것은 잘못된 생각이라고 믿습니다.

하느님께서는 사람을 만드실 때 사회적인 존재로 만드셨습니다. 그러므로 사람은 혼자서 살 수 없습니다. 이 세상의 부富는 여러 사람의 공동 노력으로, 즉 협동으로 만들어진 것입니다. 인간이 생존하기 위해서, 인간다운 삶을 누리고 사회적인 상호관계를 가지기 위해서 우리는 다른 사람의 노동과 생산에 의지하지 않을 수 없습니다. 우리가 신용협동조합운동을 경제적, 사회적 운동이라고 부르는 이유가 바로 여기에 있습니다. 만일 우리의 사랑과 형제애

의 정신으로 같이 손잡고 일하지 않는다면, 그럼으로써 사리사욕
과 부정한 방법으로 자신의 부만 생각한다면, 이 세상은 서로 분리
되어 반목하는 결과를 가지고 올 것입니다. 오늘날 세계가 두 조각
으로 분리되고 있는 이유도, 핵무기 시대에 살고 있는 이유도 여기
에 있습니다.

행복은 사랑 가운데

1962년
국제신협의 날 연설문
메리 가브리엘라 수녀

여러분, 저는 여러분과 함께 오늘 이 국제신용협동조합의 날을 충심으로 축하하여 마지않습니다. 여러분! 사람은 누구나 행복을 원합니다. 우리 3천만이 다 같이 행복을 원하고 있습니다.

그런데 이 행복은 어디에 있습니까? 행복을 어디서 찾아야 합니까? 행복은 다른 곳에 없습니다. 행복은 사랑 가운데 있습니다. 물질과 부귀영화에 행복이 있을 수 없고, 사랑이 없는 곳에 행복이 있을 수 없습니다.

사랑은 무엇입니까? 사랑은 지극히 좋은 것입니다. 사랑은 하늘보다 더 한없이 좋은 것입니다. 행복을 주는 것이 곧 사랑입니다. 과연 사랑은 무엇이겠습니까?

여러분! 사랑은 가만히 있지 못하는 것입니다. 내가 꽃을 사랑한다면 그 꽃을 꺾고 싶어집니다. 향기를 맡아보고 싶어집니다. 가슴에 한 송이 꽂아보고 싶어집니다. 화병에 꽂아놓고 곁에 두고 보고 싶어집니다.

이런 일을 하나도 할 수 없다면 먼 데서 감탄이라도 해야 합니다. "아, 그 아이가 예쁘구나!" 하고 감탄이라도 하여야 합니다. 가만히 있을 수가 없습니다. 그러므로 사랑은 무엇이겠습니까?

사랑은 가만히 있지를 못하는 것입니다. 사랑은 곧 모든 활동의 원동력입니다. 내가 사랑하는 사람이면 열 번 만나도 또 보고 싶고 백 번 만나도 또 보고 싶습니다. 무심코 편 책 페이지의 글자가 그 사람의 얼굴로 나타납니다. 엉덩이가 저절로 들썩들썩합니다. 가만히 있을 수가 없습니다. 나라를 사랑하는데 방구석에 누워서 소리만 부르짖는 애국자가 어디 있습니까? 진정으로 나라를 사랑한다면 나라를 위하여 무슨 일이라도 해야 합니다. 가만히 있지를 못하는 것입니다.

부모가 자녀를 위하여 온갖 노고를 겪는 것은 자녀를 사랑하기 때문입니다. 자녀를 사랑하지 않는다면 자녀를 위하여 피땀을 흘리지 아니할 것입니다. 이리하여 사랑은 인간 활동의 원동력이 되는 것입니다. 사랑은 존재를 인식하게 하는 것입니다.

그 아름다운 얼굴, 그 아름다운 목소리, 그 아름다운 마음, 그 아름다운 행동을 가진 너를 발견하였을 때에 나는 정말 황홀합니다. 경이로운 신비를 느낍니다. 나는 정말 내가 살고 있는 보람을 느낍니다. 내가 너를 사랑하게 될 때, 나는 정말 사는 것 같습니다. 정말 나를 인식합니다. 참 나를 깨닫게 됩니다. 아기가 어머니를 사랑할 때에 인생이 시작되는 것입니다. 사랑이 없이는 인생의 가치가 없습니다. 사랑이야말로 인생을 인식하게 하는 것입니다. 사랑은 일생에 있어 인간다운 생활을 하게 합니다.

또한 사랑은 무엇이냐? 사랑은 무조건 바치는 것입니다. 내가 그녀를 정말로 사랑한다면 "나의 여왕이여! 나는 영원히 당신을 사랑합니다. 나의 모든 것을 당신에게 바치겠나이다"라고 그녀에게 고백할 것입니다. "나는 당신을 사랑합니다. 내가 가진 마음을 80퍼센트만 바치겠나이다"라고 고백하지는 않을 것입니다. 그렇습니다. 정말 사랑한다면 영원히, 무조건, 절대적으로, 완전히 바칠 것입니다. 목숨을 한 번뿐 아니라 열 번이라도 바칠 것입니다. 그러므로 나라를 사랑한 위대한 충신은 "이 몸이 죽고 죽어 일백 번 고쳐 죽어"라고 하였습니다. 사람이 어찌 한 번 이상 죽겠습니까마는 백 번이라도 죽고 싶다는 말의 뜻은 사랑이 그만큼 절대적이라는 것입니다. 희생할 생각은 없는데 사랑을 한다? 그런 사랑은 없습니다.

그리스도의 십자가는 곧 사랑과 희생입니다. 그것이 합한 자리에 그리스도가 못에 박혔습니다. 그것이 인류를 구원하는 길이었습니다. 인간이 십자를 그을 수 있다는 것, 우리가 사랑하고 희생할 수 있다는 것, 이 얼마나 귀한 영광입니까?

그런데 우리 신용협동조합의 근본정신이 바로 이 사랑과 희생에 있습니다. 우리가 서로 사랑함으로써 희생할 수 있는 것이요, 희생한다는 것이 곧 사랑한다는 것입니다. 우리는 결코 영리기관이 아니요, 정신적으로 사랑이 바탕에 깔려 있는 단체입니다. 그러므로 이 정신은 인류를 구제하는 유일한 길입니다. 이 길로 가야만 행복을 찾을 수 있고, 이 길로 가면 반드시 행복이 있습니다. 결코 꿈이 아닙니다. 생각과 말로만 사랑하는 것이 아닙니다.

또 한편 우리는 가난합니다. 하루에 세 끼를 이을 수도 없는 비참한 빈곤에 허덕이고 있습니다. 그렇습니다. 이것은 틀림없는 사실입니다. 그러나 그렇다고 하여 이대로만 지나간다면 백 년을 지나도 마찬가지 아니겠습니까? 한 푼이라도 모아야 합니다. 다른 도리는 절대로 없습니다. 돈은 모을 수 없는데, 부자는 되고 싶다. 이런 착각이 어디 있습니까? 이렇게 생각한다면 제정신이 아닌 사람입니다. 내가 모으지 않는데 돈이 저절로 모아집니까? 누가 돈을 가져다주기를 기다리잔 말입니까? 우리는 가난하면 가난할수록 돈을 모아야 합니다.

그러므로 한 푼 두 푼 모으자는 것입니다. 사람들은 '체'하는 게 잘못입니다. 더구나 우리 국민은 체하는 잘못이 많습니다. '체'가 무엇인지 아십니까? 모르는 것을 아는 체, 못난 것을 잘난 체, 없는 것을 있는 체하는 것입니다.

거꾸로 우리는 알아도 모르는 체, 잘나도 못난 체, 있어도 없는 체하자는 말입니다. 이것이 희생입니다. 이것이 또한 사랑입니다. 아버지가 술을 한 잔 덜 마시고 고기 한 덩이를 사 들고 오는 건 처자를 사랑하기 때문입니다. 어머니는 사과를 먹지 않고 아들에게 줍니다. 그런데 아들이 먹는 모습만 봐도 어머니는 배가 불러옵니다. 사랑하기 때문입니다. 내가 모든 것을 바쳤는데 나의 욕심이 어디 있습니까? 나의 욕심이 없는데 불평이 어디 있습니까? 진실로 사랑하는 사람은 희생하지 않을 수 없고, 희생하는 사람은 행복하지 않을 수 없습니다.

우리의 신용협동조합운동은 그러므로 구제의 밑바탕에 있는 운동, 구제를 위한 근본적인 운동입니다. 실천적으로 희생하는 운동이요, 실천적으로 사랑하는 운동이라는 것을 오늘 강조하는 바입니다.

메리 가브리엘라 수녀 연혁

날짜	연혁
1900.5.29	미국 펜실베이니아주 스크랜턴 지역 출생
1916	성 팩트릭 고등학교 졸업
1918~1923	미국 펜실베이니아주 스크랜턴 소재 허드슨 탄광회사 비서로 근무
1923.9.24	버나드 대학 메리놀수녀회 수도원 입회
1926.12~1942	최초 내한. 평안도 영유, 평양 등지에서 메리놀수녀원의 사회복지, 행정 및 교육 업무 담당
1952	한국 6·25 후 돌아와 부산 소재 메리놀병원에서 여성 피난민을 위한 복지활동 전개. KAVA 이사 역임
1957.12~1958.1	캐나다 노바스코샤 성 프란치스코 하비에르 대학에서 안티고니시 운동 공부
1960.5.1	부산 메리놀병원에서 성가신용조합 창립 총회(창립 멤버 27명, 출자금 3,400환)
1960.2	부산에서 카를로스 마토스(당시 CUNA 국제교도부 차장) 초청, 신협 조직을 위한 소개 강연회 개최
1960.3.19 ~ 5.1	부산 메리놀병원에서 7주일간 신협운동에 관한 연구회 개최
1962.2.1	협동조합교도봉사회(이후 협동교육연구원) 설립, 원장으로 취임
1962.2	부산 나사렛의 집에서 신협운동을 전개할 수 있는 잠재적 지도자 27명을 대상으로 제1차 지도자강습회 개최
1962.9	17개 경남 지역 조합들의 연합체인 경상남도 지부 설립을 위한 창립총회 주도
1963.7	부산 협동조합교도봉사회 사무소를 서울(현재 가톨릭의과대학 분교)로 옮겨 명칭을 협동교육연구원으로 변경
1964.3	신용협동조합연합회 설립을 위한 전국의 발기인 13명 위촉

날짜	연혁
1964.4.26	서강대학 301호 강의실에서 지도자 양성 및 조합 조직 활동을 위한 신용협동조합 연합회 창립총회 개최, 초대 전무 피선
1966	한국에서 개최된 제5차 아시아 지역 농업금융회의에 농림부 초청으로 대표 겸 참관자로 참석, 농림부 장관 표창
1967	미국 펜실베이니아주 신협연합회에서 국제개척자로 표창
1967.11	WOCCU로부터 인간 생활 향상과 신협운동에 기여한 공로로 금장특별회원 추대
1971.4	ACCU 창립총회에서 한국신협운동에 기여한 공으로 감사패 수상
1971	연합회 대의원총회에서 한국신협운동에 기여한 공으로 감사패 수상
1981	은퇴
1982.4	ACCU 창립 10주년 기념 감사패 수상
1982.6	한국 정부로부터 한미수교 100주년 기념 감사패 수상
1993.5.12	선종(오전 10:06, 미국 뉴욕 메리놀수녀원 주거 요양소)

제2부

장대익 신부

1923~2008

신의 마음을 전한 신부

장대익 루도비코 신부. 2008년 85세로 선종善終한 장대익 신부의 삶에는 한국 근대사의 수난과 그것을 이겨낸 사랑과 헌신이 오롯이 담겨 있다. 주머니에 사탕을 넣어 다니며 어린아이들과 어울리기를 좋아한 장대익 신부는 팔복八福이 넘치는 삶을 살았다. 가난하고 힘없는 사람들을 긍휼히 여기고 그들의 슬픔에 애통해했으며, 그들을 온유하게 감싸 서늘한 물가로 인도했으며, 평생 마음이 가난한 자들과 함께 웃었으며, 신을 섬기고 그들을 위하겠다는 정결한 마음으로 살았다.

장대익 신부의 일생을 말할 때 빠뜨릴 수 없는 사실은 '지상에서의 삶을 보다 나은 곳으로 이끈 목자'라는 사실이다. 신용협동조합을 도입한 선구자. 장대익 신부는 아직 해가 뜨기 전, 새벽부터 일어나 씨앗을 뿌린 농부였다. 그는 이 땅의 민중처럼 헐벗은 맨발, 굳은살이 박인 맨손으로 그 열매를 함께 가꾸어나갔다.

1923년에 태어난 장대익 신부는 열두 살 무렵 부모님을 여의고, 사제司祭가 되기 위해 신학교神學校에 입학했다. 6·25가 한창인 1950년 11월에 사제서품을 받아 거제도와 제주도 포로수용소에서 군종신부로 활약하다 종전이 되자 장호원본당(현 청주교구 감곡본당) 보좌신부로 부임한다. 그곳에서 가난에 시달리는 농민을 보며 농민공동체 운동을 펼치지만, 결과는 미약했다. 장대익 신부는 이 땅의 가난한 민중을 위해서 협동조합이 필요하다는 것을 깨닫고, 캐나다로 유학해 신용협동조합운동을 공부했다. 뒤이어 미국에서 사회학을 공부하기도 했다. 유학 기간 장대익 신부는 골프장 풀 뽑기나 베이비시터 일을 하면서 학비를 벌기도 하고, 힘들게 번 학비를 다른 유학생 신부들에게 주기도 하고, 선한 이웃의 도움을 받기도 하면서 사랑, 헌신, 이웃의 의미를 가슴에 새겼다. '일인은 만인을 위해, 만인은 일인을 위해'라는 신용협동조합의 정신을 체득한 것이다.

유학 생활을 마치고 귀국한 장대익 신부는 1960년 가톨릭중앙신협을 설립하는데, 이는 메리 가브리엘라 수녀가 설립한 부산의 성가신협과 더불어 우리나라 신협운동의 시발점이 되었다. 1965년에는 브라질 한인공동체 담당 신부를 맡아 이민단을 이끌고 브라질로 가서 2년간 한인 이민자들을 위해 헌신했다. 한국에 돌아온 이후에는 서울 대방동, 종로, 잠원동, 수유동 등에서 주임신부로 있으면서 종로성당을 포함해 여섯 군데서 성전을 건축해 노동자 신부로 불렸다.

장대익 신부의 삶을 돌아볼 때면 하나의 일관된 모습이 보인다. 신용협동조합이란 씨앗을 뿌렸을 뿐 아니라, 일생을 통해 가난한 사람들과 함께하면서 자조와 협동이란 신협의 정신을 실천했다는 점이다.

특이한 점은 장대익 신부가 신용협동조합의 어머니로 불리는 메리 가브리엘라 수녀와 일생을 통해 세 번의 의미 있는 만남을 가졌다는 사실이다. 첫 번째는, 고향 신의주성당에서 수녀와 복사服事* 소년으로, 두 번째는 피난지 부산에서 갓 서품을 받은 사제와 노수녀로, 세 번째는 캐나다 안티고니시에서 신용협동조합을 공부하는 학생으로 만났다. 가브리엘라 수녀는 1993년 5월 12일 선종했고, 15년 후 같은 날인 1998년 5월 12일 장대익 신부도 선종했다. 같은 길을 가는 사람들은 그 길에서 운명처럼 만나게 되는 모양이다.

만약 장대익 신부가 신학교 선배인 김수환(1922~2009) 추기경이나 신학교 친구인 윤공희(1924~)** 대주교처럼 캐나다로 협동조합을 배우러 가는 대신 이탈리아로 신학을 배우러 갔다면, 어떤 일이 일어났을까?

신의 말씀을 전하는 사제가 아니라 신의 마음을 전하는 사제로 살아온 장대익 루도비코 신부. 그 삶을 따라가다 보면, 사랑과 헌신으로 역사한 신의 발자취가 보인다.

---

* '봉사자'를 의미. 미사 등 예절이 거행될 때, 주례를 도와 시종侍從하는 사람이나 그 일을 가리킨다.
** 대주교, 초대 수원교구장. 제7대 광주대교구장. 세례명 빅토리노. 평남 진남포시 용정리에서 출생.

신의 마음을 전한 장대익 신부는 어린아이들을 특별히 사랑했다.

8장

세상이 어지러울수록

그리운 메리 가별 수녀님

1993년 5월 12일. 장대익 신부는 메리 가브리엘라 수녀의 선종 소식을 접했다. 5월 19일, 고故 메리 가브리엘라 수녀를 기리는 추도식이 신협연수원에서 열리자 가브리엘라 수녀와 생전에 함께 인연을 맺었던 사람들은 대부분 참석했다. 강정렬, 이상호, 박성호 같은 가브리엘라 수녀의 밀알들도 모두 검은 양복을 입고 검은 넥타이를 맨 채 장례미사에 참석했다.

장대익 신부는 가별 수녀라고 비뚤배뚤 한글로 서명하던 가브리엘라 수녀의 당당한 모습이 떠올랐다. 가브리엘라 수녀에게는 고집쟁이 소녀, 인자한 할머니, 엄격한 종교인, 이성적인 사회운동가의 얼굴이 모두 있었다. 그들은 모두 가브리엘라 수녀와 함께 40여 년 전, 신용협동조합운동을 할 때의 모습을 떠올렸다.

"모두 가브리엘라 수녀가 했지. 모두가."

장대익 신부는 신협운동의 큰 줄기를 가브리엘라 수녀의 공으로 돌리곤 했다. 가브리엘라 수녀와 장대익 신부는 같은 꿈을 꾸면서 같은 장소에 있었다. 장대익 신부는 1957년 9월부터 1년간, 가브리엘라 수녀는 몇 달 뒤 3주간 성 프란치스코 하비에르 대학 캠퍼스에서 각자 교육을 받았다.

그랬다. 서울에서의 신협운동과 부산에서의 신협운동은 모체가 같았다. 캐나다 안티고니시 성 프란치스코 하비에르 대학에서 신협을 공부했고, 그러다 보니 신협의 정신과 철학에서 차이가 없었다. 모두 미국의 신협연합회에서 추천하는 모범 정관을 바탕으로 정관을 채택했기에 조직 업무, 운영 형태가 동일했다. 굳이

1993년 메리 가브리엘라 수녀 추도식 장면.

다른 점을 들자면 부산 지역에서는 여신 이율을 미국신협과 동일한 1퍼센트를, 서울은 2퍼센트를 받았다는 것이다. 가브리엘라 수녀의 교육 방침과 운영 방식을 참조했고, 협동조합교도봉사회의 도움도 받았다.

가브리엘라 수녀와는 일생을 통해 세 번의 운명적 만남이 있었다. 고향의 신의주성당, 부산의 메리놀병원, 마지막은 캐나다의 안티고니시였다.

전쟁터의 부산은 대한민국의 용광로였다. 전쟁 통에 필요한 대부분의 물자가 하역되자 장사꾼이 따라오고 사람들이 몰려들었다. 피난민들은 서로의 소식을 물어 몰려들었다. 장대익 신부는 가족들을 통해 가브리엘라 수녀가 메리놀병원에 있다는 것을 알게 되었다.

고향에서 보낸 어린 시절이 떠올랐다. 여름이면 압록강까지 한달음에 달려가 물놀이를 하고, 겨울이면 얼어붙은 강에서 썰매를 지쳤다. 아무리 천방지축 장난꾸러기여도 미사를 빼먹는 일은 없었다. 미사 때 복사를 서는 일에 누구보다 열심이었는데, 신앙심이 깊어서라기보다 미사를 끝낸 뒤 수녀들이 주는 초콜릿 때문이었다. 어린 시절, 복사를 하고 먹는 초콜릿은 다디달았다. 초콜릿의 단맛은 문명의 맛이자 하느님의 맛이었다. 어린 시절 기억을 더듬어보면 초콜릿을 나눠주시던 수녀들 중에서 유난히 엄격한 수녀가 있었다. 눈도 크지만 코도 크고, 몸집도 당당한 수녀, 바로 메리 가브리엘라 수녀였다.

장대익 신부는 메리놀병원에서 가브리엘라 수녀를 찾았다. 북

1950년 사제서품을 받은 장대익 신부(가운데).

한에서 온 가톨릭 신자들은 메리놀병원과 그 옆에 있는 중앙성당
에 가면 메리놀회 수녀와 사제들을 만날 수 있다는 것을 잘 알았
다. 그런데 바로 그 자리에 10년 전에 만났던 가브리엘라 수녀가
있다니! 장대익 신부는 하느님 안에서의 인연에 대해 생각하지 않
을 수 없었다. 짬을 내어 오전 나절 메리놀병원에 찾아가자, 정말
로 가브리엘라 수녀가 멀리서 눈을 크게 뜨고 반겼다. 가브리엘라
수녀는 갓 사제서품을 받은 장대익 신부 앞에 무릎을 꿇은 채 강복
기도를 청했다.

그 순간 코끝이 시큰해짐을 느꼈다. 비로소 가브리엘라 수녀의
참모습을 보는 것 같았다. 사랑이란 고통을 함께 나누는 것이다.
누구든 달콤함은 함께 나누기 쉽지만, 고통을 함께 나누며 거기서

벗어나기 위해서 함께 노력하는 것은 쉽지가 않다.

가별 수녀, 아니 가브리엘라 수녀는 예전보다 더 나이가 들었고, 몸집은 더 당당해졌고, 목소리도 더 커져 있었다. 무엇보다 낯선 나라에 대한 헌신이 진정으로 느껴졌다. 외국인 수녀의 모습이 아니라 한국 사람을 진정으로 사랑하는 어머니의 모습이었다. 왜 자기 나라에서 편하게 살지 않는지는 더 이상 궁금하지 않았다.

그 순간, 장대익 신부는 루도비코 성인이 떠올랐다. 왕자로 태어났으나 가난한 사람들을 위해 헌신한 성인의 영향력이 자신 안으로 성큼 걸어들어옴을 느꼈다. 자신의 세례명이기도 한 루도비코 성인의 삶이 자신을 언제 어디서나 바르게 이끌 것이라고 느꼈다. 가난을 사랑하며 가난 속에서 땀을 흘리는 것을 오직 '그분을 위한 삶'이라고 생각하고, 그 길을 따르기로 다시 한 번 다짐했다.

말썽꾸러기 도깨비 깡패

|

두 소년은 평양역에서 한 정거장 지난 서포西浦역에 내렸다. 말쑥한 차림에 책가방을 들고 있었고, 인솔자인 듯한 어른이 앞장서서 걷고 있었다. 두 소년은 성모보통학교 정문 앞에서 인솔자들과 헤어졌다. 초등학교 6학년, 4월 봄학기부터 예비 신학교가 열렸다. 이들은 신학교 주교관 옆에 있는 작은 초가집에서 1년 동안 소신학교小神學敎에 입학할 준비를 한 뒤 이듬해 덕원신학교나 서울의 동성학교로 진학할 예정이었다.

평양에서 서포로 가는 기차 안에서 만난 두 소년은 그날부터 친구가 되었다. 키가 작고 다부져 보이는 데다 장난꾸러기 같은 인상을 풍기는 소년은 장대익, 키가 크고 순해 보이는 소년은 훗날 대주교가 된 윤공희였다. 장대익은 신의주에서, 윤공희는 진남포에서 왔다.

장대익은 어머니 안젤라 김금녀와 아버지 장죽홍 사이에서 삼형제 가운데 둘째로 태어났다. 태어난 지 한 해 뒤인 1924년 신의주본당에서 박정렬 주임신부에게 유아세례를 받고 루도비코가 되었다. 천주교 신자가 드물었던 그 시대에 세례를 받게 된 것은 고모인 아가다 장복려 덕분이었다. 메리놀수녀회를 만나 가장 먼저세례를 받은 고모는, 장대익의 어머니와 작은삼촌, 할머니를 하느님에게 인도했다. 장대익 신부의 삼촌인 장선홍 신부, 조카인 장긍선 신부까지 삼대를 이어가는 믿음의 씨앗은 이때 뿌려졌다.

성모보통학교 6학년에 입학한 장대익은 11명의 동급생 중에서단연 눈에 띄었다. 장대익은 운동도 잘하고 공부도 잘하고 노래도잘 부르는 데다 무엇보다 장난기가 넘쳤다.

"축구를 어떻게 하는데?"

"축구란 말이지, 절대로 손을 쓰면 안 돼. 발로만 공을 몰아서,저기에 있는 저걸 골대라고 하는데, 상대편 골대에다 공을 먼저 넣는 사람이 이겨."

훗날 대주교, 광주대교구장이 되는 빅토리노 윤공희는 번번이장대익의 장난에 말려들곤 했다. 축구를 처음 해보는 것처럼 능청을 떤 장대익은 혼자서 골을 넣으며 운동장을 누비고 다녔다. 누구도 이런 활달한 소년에게서 불행의 그림자를 엿보지 못했다.

서포로 오기 전 신의주에서 공립보통학교를 다닐 때 그의 부모님은 한날한시에 돌아가셨다. 신의주는 중국 안동과 마주하고 있고, 압록강 철교를 지나는 기찻길을 따라가면 만주 땅에도 쉽게 닿을 수 있는 국경도시다. 장대익의 아버지는 부두노동조합의 간부로 일하다 그만둔 뒤 어머니와 함께 중국 땅을 넘나들며 장사를 했다. 그러다 그만 베이징 근처에서 강도를 만나 변을 당한 것이다.

소년 장대익은 왜 사제가 되려고 했을까? 비극적인 일을 겪었지만, 울타리가 되어준 고모와 삼촌들 덕분에 장대익은 그늘 없이 자랄 수 있었다. 하지만 지상에서의 인연은 언젠가는 끝나게 된다는 걸 너무 일찍 깨달아버렸고, 그렇기 때문에 영원한 생명을 구하는 길로 들어선 것은 아니었을까?

예비 신학교를 졸업하자 장대익은 혜화동에 있는 동성학교 을과에 진학했다. 동성학교 갑과는 일반 학생을 대상으로 한 중·고등학교 과정이었고, 을과는 사제가 될 학생들을 양성하는 소신학교였다. 장대익은 함께 피부병에 걸리고, 축구도 하며 동고동락하던 친구 윤공희와도 헤어졌다. 윤공희는 원산의 덕원신학교로 갔다.

동성학교에서 장대익은 '웃기는 말썽꾸러기'였다. 3학년 성적표 품행란에 싸움을 잘한다고 기록될 정도로, 모범적인 학생은 아니었다. 그 일 때문에 학교에서 쫓겨나지 않을까 노심초사했지만, 금세 털털 털어버렸다. 술을 먹고 들어와서 사고를 친 적도 가끔 있었지만 친구들이 의리를 지킨 덕분에 아무 일 없이 지나갈

동성학교 전경. 사진 제공: 〈가톨릭신문〉.

수 있었다.

　수업이 끝난 자습시간 중간에 몰래 나가 사고를 치는 학생들 중에 장대익은 꼭 끼어 있었다. 그날도 자습실에서 몰래 빠져나와 몇몇 친구들과 어울려 놀았다. 용변이 급해 화장실로 간 사이에, 다른 친구들은 모두 교장 선생님께 불려가서 벌을 서고 있었다. 친구들을 모른 척하고 혼자만 자습실로 들어갈 수 없던 장대익은 당당하게 교장 선생님 방으로 향했다. 문을 벌컥 열고는 우렁우렁한 큰 목소리로 말했다.

　"저도 벌을 서겠습니다. 조금 전까지 친구들과 함께 놀다가 화장실을 간 거였습니다."

　"네 이놈! 잔소리 말고 나가!"

교장 선생님이 쩌렁쩌렁한 목소리로 야단을 치셨다.

그러나 사실 이 정도의 사고는 사고 축에도 들지 못했다. 더 심각한 사고는 신의주 때부터 있던 버릇이 불쑥불쑥 튀어나오는 것이었다. 어릴 때 장대익은 슬그머니 사라져 온 동네를 쏘다니는 건물론, 어른들이 야단을 치려고 하면 더 꼭꼭 숨어버리는 바람에 동네를 발칵 뒤집어놓곤 했다. 학교에서도 이렇게 아무 말 없이 사라졌다가 의외의 장소에서 불쑥 나타나자 친구들은 그를 도깨비라고 불렀다. 혜화동이 그의 호기심을 자극했다. 혜화동 로터리 근처에는 서울대학교의 전신인 경성학교가 있었고, 전차가 다니는 종로와 가까운 덕분에 바람 쐬러 나가기 좋았다. 게다가 의리가 있다 보니 싸움에도 곧잘 말려들었다. 누군가 부당하게 굴거나 잘못할 때는 어김없이 따졌고, 가끔은 주먹도 휘둘렀다. 그래서 '깡패'라는 별명이 추가되어 결국 '도깨비 깡패'로 불렸다.

공부보다는 노래 부르기와 책 읽기를 좋아하는 소년, 그보다 축구를 좀 더 좋아하던 소년은 이래저래 늘 화제의 중심에 있었다. 학교 대표 축구선수로 출전하기도 하고, 신의주시 대표로 소련 공군 축구팀과 겨루는 친선경기에 출전해 1 대 0으로 이기고 오기도 했다. 이런 그가 학교를 졸업하고, 1943년에 원산에 있는 덕원신학교에 입학을 하자 이번에는 친구들이 놀랐다. 진짜로 "도깨비 깡패가 사제가 되려나 보다"라고! 동성학교에서 장대익의 동기는 50명이었지만 그중에서 사제가 된 사람은 장대익이 유일했다. 동성학교 선배 중에 사제가 된 사람으로는 김수환 추기경이 있었지만, 학교에 다닐 때는 장대익만 한 명성(?)을 얻지는 못했다.

덕원신학교 전경. 사진 제공: 〈가톨릭신문〉.

그러나 당시 장대익의 가슴속에는 사제가 되겠다는 강렬한 열
정이 있었다. 그것은 하느님과 자신만 아는 비밀이었다. 장대익은
학교 기숙사에서 고향 신의주로 갈 때 기차에서 만난 일본인 여학
생의 고백도 흐르는 시간 속에 묻어버렸다. 주소가 적힌 쪽지를 들
고 여학생의 집을 찾아가기는 했지만 끝내 초인종을 누르지 않았
다. 소년에서 청년으로 성장해가면서 장대익은 신의 제단에 타오
르는 촛불처럼, 자신의 모든 것을 신께 바치고자 했다.

살인죄만은 짓지 않게 하소서!

1943년의 원산은 어수선했다. 일본으로 가는 쌀과 물자는 더욱 늘어났고, 길에는 헌병들이 칼을 차고 다녔다. 세상은 혼란의 도가니였지만, 장대익은 신학과 라틴어 공부에 열중했다.

그러나 그도 조선의 젊은이들처럼 입학한 지 몇 달 되지 않아 입대를 위한 신체검사를 받아야 했다. 수세에 몰리고 있던 일본은 젊은이들을 전장에 끌어내기 시작했다. 그러자 공동묘지가 가장 안전하다며 이장한 지 얼마 되지 않은 구덩이에 숨는 사람도 있었지만 그렇다고 운명을 피해 가지는 못했다. 운동으로 다져진 건강한 장대익의 신체는 갑종 판정을 받았다. 사제가 될 사람이 징병에 끌려간다는 것 자체가 비극이었다.

'만약 남양군도 쪽으로 가면 탈영해서 미군에 항복하고, 북쪽으로 간다면 중국군을 찾아갈까?'

그는 비장한 계획까지 세웠다. 처음 징집된 곳은 평양의 44부대로, 그곳에서 일주일 정도 머물다 중국으로 이송되었다. 기차를 타고 가던 중 압록강변에 자리 잡은 고향 집을 발견했다. 작고 누추한 집이 그렇게 따뜻해 보일 수 없었다. 다시 돌아갈 수 있을까, 다시 가족을 만날 수 있을까 하는 두려움에 휩싸였다.

그러나 얼마 지나지 않아 이런 감상적인 생각을 할 틈마저 사라졌다. 타고 가던 기차가 장제스가 이끄는 군대의 공습을 받아 폭파되어버렸다. 한편으로는 두려웠지만, 장대익은 순식간에 잿더미로 변한 아수라장 속에서 살아 있다는 데 벅찬 감동을 느꼈다.

"주님의 눈은 당신을 사랑하는 이들 위에 머무시니 그들에게
든든한 방패요 힘 있는 버팀목이시며 열풍을 막아주는 쉼터요
한낮의 뙤약볕을 가려 주는 그늘이시다. 또 비틀거리지 않게
지켜주시고 넘어지지 않게 붙잡아주신다."

(집회 34, 19)

장대익은 성경 말씀에 의지해 죽음의 공포를 떨쳐냈다. 그의 부
대는 다시 중국 깊숙한 곳, 양쯔강 쪽으로 내려갔다. 그런데 그 와
중에 한국인 한 사람이 탈영하는 사건이 벌어지자 일본군은 한국
인들을 뿔뿔이 흩어놓았다. 외톨이가 된 그는 부대를 따라 상하이
인근 조현으로 흘러들었다. 그곳에서 장대익은 미군 부대 상륙을
막기 위한 진지 구축을 하느라 매일 산속에서 땅굴을 파거나 최전
방 부대에 군량미나 물자를 보급하는 일을 맡아 했다. 후방 부대라
치열한 전투가 없다는 게 다행이라면 다행이었다. 다시 그의 부대
는 항저우杭州로 이동했다. 그곳에서 장대익은 대포소리와 총소리
에 놀라면서, 언제 들이닥칠지 모를 죽음의 공포에 떨곤 했다.

그런데 그곳에서도 하느님의 섭리가 살아 있었다. 하루는 부대
원들과 풀밭에서 쉬고 있을 때 검은 옷을 입은 외국인이 지나가는
모습이 보였다. 분명 사제일 것이라고 생각해 라틴어로 다급하게
소리쳤다.

그 순간 장대익에게 가장 다급한 것은 고해성사였다. 그 외국인
은 상하이의 전단대학교에 교수로 와 있던 이탈리아 수사였다. 고
해성사를 볼 수는 없었지만, 수도자를 만난 기쁨은 이루 말할 수

없이 컸다.

"살인하는 죄만은 짓지 않게 하소서!"

장대익은 하느님이 오직 이 기도만은 들어주시기를 간구했다. 그리고 세상 만물을 관장하시는 공의의 하느님은 장대익의 이 기도를 들어주셨다.

조현의 남쪽에 있는 신창이란 작은 마을을 수색하던 중에 바스락하는 소리가 그의 귀에 들렸다. 총구를 돌리고 방아쇠를 당기려는 순간, 할머니와 딸이 벌벌 떨면서 나타났다. 눈 깜짝할 사이에 일어난 일이었다. 방아쇠를 당기려는 손가락을 누군가 강하게 잡았던 것일까? 할머니와 딸이 조금만 더 늦게 얼굴을 드러냈다면 결과가 어찌 되었을까? 죽는 것보다 다른 사람을 죽일 수 있다는 사실이 더욱 공포스러웠다. 장대익은 그 짧은 순간 아무 일도 일어나지 않았음에 감사하며, 신의 섭리를 더욱 가깝게 느꼈다.

그리고 그는 다시 한 번 살아났다. 산속에서 내내 땅굴만 파던 어느 날 폭격이 쏟아졌다. 바로 옆에서 많은 사람이 죽어나갔다. 그 순간 장대익은 군대에서 탈주를 감행했다. 항저우로 나온 다음 그는 총을 버렸다. 무장해제를 하고 보니, 이미 해방이 되어 몇 달이나 지난 뒤였다. 그동안 중국 땅에서 연합군에 쫓겨 다니느라 일본이 항복한 줄도 몰랐던 것이다.

그리고 그날 장대익은 광복군에 입대했다. 광복군은 "한국인이 있으면 앞으로 나오시오"라고 외쳐댔다. 일본 군복을 입은 2명이 그들 앞으로 걸어나갔는데, 장대익도 그중 한 명이었다. 그렇다고 해서 그의 전쟁이 끝난 것은 아니었다.

한 달 남짓 지나자 광복군도 해체되었다. 고향으로 향하다 운이 나쁘게도 한국 국적의 일본군 포로로 중국군에 잡혀서 한동안 수용소 생활을 해야 했다. 그러다 그곳에서 발가락부터 머리끝까지 옴에 걸리는 바람에 한 달 동안 제대로 눈을 붙일 수 없었다. 수용소에서 풀려나 미군 상륙함정을 타고 부산으로 내려왔을 때, 그는 비로소 자신의 행색을 돌아볼 수 있었다. 광복군 모자에 일본 군복. 가관이었지만 갈아입을 옷이 없으니 달리 도리가 없었다.

그는 그길로 학교에 귀환하기 위해 서울로 올라갔다. 동성학교에 가서 귀환을 알린 뒤, 고향으로 가기 위해 평양으로 향했다. 그러나 해주를 지날 때쯤 이번에는 노서아 사람이라 불리던 러시아군에게 잡혔다. 또다시 포로가 되어 황해도 사리원에서 석탄 하역을 했다. 간신히 풀려나자마자 석탄 먼지를 풀풀 풍기며 평양으로 향했다. 평양교구장인 홍용호 주교를 뵌 다음, 신의주행 기차에 올랐다. 그리운 고향 집은 지척에 있었다. 그러나 신의주를 코앞에 두고 그는 다시 한 번 붙잡혔다. 이번에는 북한군 보안대였다. 장대익은 광복군에 참가했다는 말도 안 되는 죄명으로 유치장에 수감되었다. 좁은 유치장 안은 신의주 학생의거에 연루되어 끌려온 학생들로 발 디딜 틈이 없었다. 1945년 11월 23일, 북한의 공산화를 위해 온갖 강압 정책을 펼치는 소련 군정과 약탈과 강간을 일삼는 소련군의 만행에 분노한 신의주 학생들이 시위를 일으켰다. 그 자리에서 23명이 피살되고 700명이 넘는 학생이 다쳤다고 했다. 장대익은 다행히 사제라는 이유로 사흘 만에 풀려나 고향으로 갔지만, 더 이상 오매불망 그리던 고향은 없었다. 집 떠난 지 2년 반

만에 돌아온 고향이건만 암울한 소식만 들렸다. 죽었거나 소식이 없는 사람이 헤아릴 수 없이 많았다.

1947년, 다시 덕원신학교에 복학해 학업을 계속하기까지 비극의 세월을 온몸으로 지나오면서도 정신을 잃지 않았던 것은, 바로 한 가지 희망이 그를 붙잡아주었기 때문이다. 사제가 되어 하느님의 사자가 되겠다는 것.

다시 시작한 학교생활은 더없이 행복했다. 대구의 성 유스티노 신학교聖—神學校와 서울의 예수성심신학교가 일제에 강제로 폐쇄되는 바람에 덕원신학교에 모여 함께 공부하던 때가 있었다. 여름방학 때 모두 금강산에 올랐다. 엿새 동안 산길을 오르내리며 만물상, 구룡폭포, 장안사 등을 둘러보았다.

덕원신학교의 교사들은 대부분 독일 신부들로서, 엄격하고 보수적인 프랑스 신부와 달리 관대한 편이었다. 한번은 장대익이 교장인 안셀모 로멜Anselmus Romell 신부의 수업에 늦은 적이 있었다. 급한 마음에 교실 문을 너무 세게 잡아당겼는지, 순간 문짝이 덜컹거리며 큰 소리를 냈다.

"혼자 공부하는 것 아니죠?"

수업을 방해받아 화가 났을 법한데도 로멜 신부는 유머로 응수했다.

"예, 우리 다 같이 공부합시다."

장대익의 너스레에 학생들도 모두 웃었다.

그러나 격동의 세월은 아직 끝난 게 아니었다. 살아남았다고 해서 내일 몫의 삶을 보장받는 것은 아니듯이! 북한 공산주의 세력

관후리성당. 사진 제공: 〈가톨릭신문〉.

은 교회의 토지와 재산을 몰수하기 시작했다. 분위기가 심상치 않음을 느낀 대구와 서울의 신학생들은 38선 아래로 내려갔다.

인민위원회에서는 1948년 말, 평양교구 주교좌인 관후리성당을 몰수하겠다는 전갈을 보내왔다. 1949년에는 평양교구 홍용호 (1906~?)* 주교가 피랍되었다. 홍용호 주교는 평양인민교화소에 수감된 후 생사를 알 수 없게 되었다. 평양교구 부감목 김필현 신부, 강계본당 석원섭 신부, 최자백 본당 회장 등 교회 성직자와 평신도들이 하나씩 체포되어 행방불명되었다. 이듬해에는 관후리성당이 공산 정권에 몰수되었으며, 지주들은 모두 땅을 빼앗긴

---

* 주교. 평양교구 제6대 교구장인 동시에 한국인으로서는 2대 교구장. 세례명은 프란치스코.

채 잡혀가서는 소식이 없었다. 사태가 급박하게 돌아가자 학교에서도 신학생들에게 서울로 내려가라고 지시했다. 너도나도 남한으로 떠나는 통에 하룻밤 자고 나면 몰래 떠났다는 소문만 돌 뿐이었다.

장대익도 덕원신학교가 폐쇄되기 직전에 짐을 꾸려 서울로 왔다. 낯익은 서울 거리, 혜화동의 가로수들이 이웃처럼 반가웠다. 그는 혜화동에 위치한 대신학교大神學校에서 학업을 계속했다. 이곳에서 그는 부제가 되어 1년 동안 신학교 총급장을 맡았다. 선임자는 바로 훗날 추기경이 된 김수환이었다. 총급장은 신학생들이 선거로 뽑았고, 교장 신부의 인준까지 받았다. 도깨비 깡패 신학생의 놀라운 변신이 아닐 수 없었다. 그는 한 발 더 가까이 신께 다가가 있었다.

사제의 길

|

김일성과 이승만 모두 서로를 없애기를 원했다. 크고 작은 총격전이 38선 부근 곳곳에서 일어나더니 초여름이 시작되자 이번에는 엄청난 소식이 들려왔다. 북한 인민군이 38선을 새벽에 탱크로 밀고 넘어왔다는 것이었다.

1950년 6월 25일 대신학교 성당에서 주일 미사를 봉헌하는 중에 갑자기 용산신학교로 피신하라는 소식이 전해졌다. 용산신학교에서 불안하게 하룻밤을 자고 나니 한강 다리가 파괴되었다는 소식이 들려왔다. 전쟁의 악몽이 그를 덮쳤다. 북에 있는 가족들 때문에 가슴이 꽉 메어왔다.

멀리서 바라보이던 한강 다리는 처참하게 파괴되어 있었다. 도강증이 없으면 강을 건널 수 없었다. 봇짐을 메고 가족의 손을 잡은 피난민들은 무작정 철로를 걸어서 남으로 향하고 있었다. 장대익도 그 행렬을 따랐다.

부산. 이 낯선 항구도시는 산꼭대기까지 피난민으로 가득 찼다. 헛간이나 길가를 가리지 않았고, 주저앉은 곳이 곧 잠자리가 되었다. 장대익은 부산에 온 지 얼마 되지 않아 다행히 황해도 연안에서 피난 온 고모와 할머니, 삼촌인 장선홍 신부를 만날 수 있었다. 가족들은 메리놀병원 옆에 있는 중앙성당에 머물면서 평양에서 피난 온 '영원한 도움의 성모수녀회' 수녀들을 도우며 생활하고 있었다. 고모는 미군 병사들의 빨래를 하거나 자갈치시장에 나가서 허드렛일을 했다. 장대익은 미군 병원선에 들어가서 복사를 하는 등 군종신부의 일을 도왔다. 그러던 중 대신학교로부터 부제반은 모두 대구로 모이라는 연락이 왔다. 삶이란 영원한 것이 아니며, 인간의 것도 아니라는 사실을 장대익은 두 번의 전쟁을 통해 깨달았다. 하루 몫의 삶을 받고 살아내는 것도 마찬가지였다.

1950년 9월 28일, 석 달 만에 서울이 탈환되었다. 대구 성 유스티노 신학교에서 공부하던 장대익은 서울로 올라가 사제서품을 준비했다. 당시 사제가 되기 위해서는 13년을 준비해야 했다. 소신학교 중학교 과정 5년, 그 뒤 고등과정 2년을 더해 모두 7년을 공부한 다음 대신학교에 올라가서 철학과 2년, 그리고 신학과 4년을 거치며 사제수업을 받았다. 두 번의 전쟁을 겪는 동안 몇 차례 죽음의 골짜기를 지나왔지만, 그때마다 신은 그를 구해주었다.

"하느님의 은총으로 지금의 내가 되었습니다. 하느님께서 나에게 베푸신 은총은 헛되지 않았습니다."

(1코린 15, 10)

성경 말씀을 되새기다 보면, 하느님의 특별한 보살핌으로 흔들림 없이 목자의 길을 향해 가고 있는 것이 느껴졌다.

드디어 11월 21일, 장대익은 서울대교구 명동성당 제대에 엎드렸다. 성인 호칭기도가 울려 퍼지는 가운데 가장 낮은 자의 자세로 엎드려 자신의 모든 것을 하느님께 봉헌했다. 평양교구장인 홍용호 주교의 생사조차 알 수 없어, 서울대교구장인 노기남 (1902~1984)* 주교로부터 서품을 받았다.

"과연 만물이 그분에게서 나와, 그분을 통하여 그분을 향하여 나아갑니다. 그분께 영원토록 영광이 있기를 빕니다."

(로마 11, 36)

성경 말씀대로 오직 그분만 바라보며 살아갈 수 있기를 간절히

---

* 한국 천주교 최초의 한국인 주교. 세례명은 바오로. 협동경제연구회 조직 후원(1959), 가톨릭중앙신협 설립 지원(1960), 협동교육연구원 서울 이전 개설 후원(1963).

진남포성당. 사진 제공: 〈가톨릭신문〉.

청원한 끝에 마침내 그날이 온 것이다. 명동성당에는 함께 서품을 받는 9명의 신부와 몇 명의 축하객만이 자리할 뿐 텅텅 비어 있었다. 도강증이 없으면 한강을 건널 수 없다 보니 가족이나 친지가 오고 싶어도 올 수 없었기 때문이다.

‘어떻게 그리스도의 참 평화와 사랑을 전할 수 있을까?’ ‘이렇게 전쟁 통에, 어떻게 빛과 소금의 역할을 할 수 있을까?’ 세상이 혼잡할수록 마음은 거룩해졌다.

신부 장대익의 첫 임지는 평양교구 진남포본당. 그는 진남포성당의 보좌신부로 임명되었다. 그는 모든 것을 그분께 맡기고 다시 길을 나섰다. 당시 평양교구장 서리로 유엔군 군목으로 활동하던 미국 메리놀 외방전교회 캐럴 안George Carroll 주교 덕분에 미군 군용

제2부 —— 장대익 신부

비행기를 얻어 탈 수 있었다. 작은 프로펠러 쌍발기는 기류에 요동쳤다. 엔진 소리는 망치처럼 귓전을 때렸다. 요동치는 기체 안에서 구토를 하고 초주검이 되었지만 어쨌든 두 시간 만에 평양 비행장에 도착했다.

삼촌인 장선홍 신부는 이미 평양에 와 있었다. 국군과 유엔군이 38선을 넘어 북한으로 진격할 때 국방부 정훈국 소속 신부로 최일선 부대를 따라와 있었던 것이다. 장대익 신부는 평양교구 주교관에 도착한 다음 날부터 평양교구 성직자들을 탐문하고 교회를 복구하는 일에 동참하면서, 아름다운 서포를 마음속으로 그려보았다.

'진남포까지 어떻게 갈 것인가?'

갈 방도를 모색하던 중에, 중공군에 밀려 국군이 신의주에서 다시 남하하고 있다는 소식이 들려왔다. 고향을 앞에 두고 있던 사흘 밤이 꿈만 같았다. 그는 임지를 바로 코앞에 두고, 후퇴하는 유엔군과 함께 서울로 내려왔다. 서울이 위험해지자 이번에는 제주도로 피난을 갔다.

사제복을 입은 채 삽과 망치를 들고는 제주읍에 피난민 임시수용소를 설치했다. 그는 함께 피난 온 다른 신부들, 제주본당 신부들과 함께 미국의 구호물자를 배급하는 일을 했다.

그리고 한 달 뒤, 새로운 부임지로 가기 위해서 부산행 배에 올랐다. 이번에는 100명 정도 탈 수 있는 작은 여객선이었다. 배가 파도에 심하게 요동을 치는 바람에 제주에서 부산까지 가는 데 30시간이나 걸렸다.

거제도 북쪽 해안에 있는 독봉산 아래 자리 잡고 있던 수용소에는 천막 수백 채가 도열해 있었다. 철조망으로 겹겹이 둘러싸인 수용소는 바깥세상과는 철저히 격리되어 있었다. 장대익 신부는 메리놀 외방전교회 소속 로이 페티프렌Roi Petipren 신부의 보조 사목이 되었다.

전쟁이 비극을 고스란히 드러내는 최악의 장소를 들라면, 단연 수용소다. 한 달에 두어 번은 이나 빈대 같은 기생충을 없애기 위해 머리카락을 비롯해 온몸의 털을 빡빡 민 채 몸 구석구석에 DDT를 뿌렸다. 이런 열악한 환경보다 더 큰 위험은 눈에 보이지 않는 적의敵意였다. 수용소란 좁은 장소 안에서도 남과 북으로 나뉘어 암암리에 전쟁이 벌어지고 있었다. 인민군 출신으로 원래부터 좌익사상을 갖고 있던 '진짜 북한 포로'와 자기 의사와는 관계없이 인민군에 끌려간 '반공 포로'가 분리 수용돼 있었지만, 항상 긴장감이 감돌았다. 북한 포로들은 공공연히 공산주의를 찬양했고 반공 포로를 색출해 테러를 가하기도 했다. 자칫 하다가는 목숨을 잃을 수도 있었다. 그리고 그들의 공격 대상에는 성직자도 포함돼 있었다. 공산주의는 종교가 대중을 중독에 빠뜨리는 아편이라고 비판하기 때문이다.

"까마귀 온다, 까마귀 온다!"

어디서 나지막하면서도 위협적인 소리가 들려왔다. 그 순간 한 무리의 포로들이 장대익 신부를 향해 밀려왔다.

"신부님, 조심하십시오."

다급한 외침과 함께 교우 포로들이 그를 둘러쌌다. 테러를 당할 뻔한 순간이었지만 반공 포로들의 보호로 간신히 그곳을 빠져나올

제2부 ──── 장대익 신부

포로수용소 시절의 장대익 신부.

수 있었다. 남겨진 반공 포로들의 신변이 위험하다는 것은 불 보듯 뻔했다. 교우인 반공 포로들이 무슨 변을 당할지 모른다는 걱정이 마음속에서 떠나지 않았다.

수용소 당국도 상황의 심각성을 고려해, 인민군 포로들을 반공 포로와 좌익 포로로 분리해 따로 수용했다. 덕분에 50여 명의 반공 포로들을 안전한 곳으로 대피시킬 수 있었다.

1년 남짓한 시간이 흐른 뒤, 수용소 당국은 포로들을 분산해서 수용하기로 했다. 밀려드는 포로들 때문에 수용소가 비좁기도 했 거니와 많은 수의 포로가 함께 있는 경우 위험한 상황이 발생하기 도 해서다. 수용소 소장, 그것도 미국인 소장이 포로들에게 포로 로 잡히는 어처구니없는 프랜시스 도드Francis T. Dodd 사건이 언제 어디서나 발생할 수 있었다. 당국은 중공군 포로 등 일부만 남겨두고 나머지는 광주, 논산, 부산 등지의 수용소로 이송했다. 장대익 신부도 포로들을 따라 논산 연무대와 광주 상무대 수용소로 발령을 받았다. 그는 남아 있는 교우들 가운데 몇 명을 선발해서 복음을 전파하는 일을 돕도록 했다.

"생명의 위험을 무릅쓰고 나를 지켜준 여러분들이야말로 참으로 신앙의 증거자입니다. 뒷일을 맡기고 저는 다음 임지로 마음 편하게 떠나겠습니다."

다행스럽게도 군 사목 활동은 몇 달 안 있어 끝이 났다. 1952년 여름, 기쁜 소식이 날아들었다. 유엔군과 정부가 전쟁 포로들을 석방하기로 한 것이다. 이제 전쟁의 끝이 보이기라도 하듯 후방에는 평화가 찾아오기 시작했다.

가난을 먹는 사람들
|

새 임지로 발령받은 곳은 나지막한 산과 그 앞으로 펼쳐진 넓은 들이 있는 장호원본당이었다. 넓은 논과 밭, 그늘을 드리워주는 느티나무, 그리고 나무 그늘에 앉아서 한가롭게 장기를 두는 할아버지들과 논둑 밭둑을 뛰어다니는 아이들. 시간이 멈춘 풍속화 속

장호원본당. 사진 제공: 감곡매괴성모순례지성당.

을 걸어 들어가는 것 같았다. 제임스 파디_{James V. Pardy}(1898~1983)[*] 주임신부와 제2 보좌신부인 나길모_{William J. McNaughton}(굴리엘모, 1926~2020)^{**} 신부 모두 외국인이다 보니 교인들을 대하는 일은 장대익 신부가 많이 맡게 되었다.

　장호원본당은 지금의 청주교구 감곡매괴성모순례지성당으로, 당시에는 충북 음성군과 중원군 일대와 경기도 장호원 지역까지 넓은 지역을 관할하고 있었다. 장대익 신부는 공소로 이동하기 위해 오토바이를 하나 사서 타고 다니다 사고가 난 뒤부터는 숫제 자동차 면허를 따버렸다. "차 열쇠 좀 주시라우!" 파디 주임신부의 차로 먼지 풀풀 날리는 시골길을 달려가는 장대익 신부는 지역민

---

* 　1932년 한국에 들어와 평양교구 비현본당 보좌, 의주본당 주임, 1953년 메리놀회 한국지부장 겸 충북감목대리로 활동, 1958년 초대 청주대목구장 임명.

** 　메리놀 외방전교회 소속 신부. 추후 대한민국 가톨릭교회의 초대 인천교구장 주교.

1957년 장호원본당(현 감곡매괴성모순례지성당) 성가대 모습.

에게 인기가 많았다. 장난스레 반말로 툭툭 던지는 사투리도 정겨
웠지만 새로 부임해 온 레이 신부가 갖고 온 영사기를 돌리며 교리
설명을 맛깔나게 해주어서다. 자동차에 설치된 발전기로 전기를
공급받아 영사기를 돌리면 나오는 신기한 활동사진을 보러 많은
교인들이 먼 거리에서 달려오곤 했다. 새로운 즐거움을 누리는 마
을 사람들을 장대익 신부는 그냥 지나치지 않았다. 이때부터 카메
라 다루는 법을 배워, 본당 행사를 기록하고 교인의 사진을 찍어주
기 시작했다. 아름다운 지역 풍경도 차곡차곡 카메라에 담았다.

　성체거동聖體擧動* 행사가 열릴 때는 도깨비 신부의 활약이 두드
러졌다. 종이로 꽃을 접어 성체를 꾸미고, 곱게 단장한 마을 사람

---

* 　성체를 모시고 성당 밖에 행렬하는 행사로, 초대 교회 때부터 행한 대표적인 신심 행사.

들이 성체를 따라 마을을 한 바퀴 돌 때는, 인근 지역에서 온 많은 신자가 그 뒤를 따랐다. 이 장관을 보러 서울대교구장이었던 노기남 주교도 자주 참석했다. 거동이 끝난 뒤에 민속놀이도 하고 음식을 나누는 등 마치 흥겨운 동네잔치가 벌어진 듯했다. 장대익 신부는 행사를 준비하는 모습부터 행사 당일의 모습까지 구석구석 카메라에 담으며 신자들과 함께 즐거워했다.

장대익 신부는 눈이 오면 교인 아이들을 데리고 꿩이나 토끼를 잡으러 가기도 했다. 다들 손발은 꽁꽁 얼었고, 옷은 젖었다. 짚으로 얼기설기 엮인 것을 고무신 위에다 덧신은 채 골짜기를 달리다 보면 물에 빠지고 엉덩방아를 찧기 일쑤였다. 하지만 잡힌 토끼나 꿩을 안고 웃음 짓는 아이들을 위해 겨우내 이 재미있는 놀이를 몇 번은 하고 지나갔다. 미사를 마친 뒤 성당 뜰에서 제기차기나 축구, 닭싸움을 하다 보면 시간 가는 줄 몰랐다. 주머니엔 늘 나눠줄 사탕이 있었고, 아무리 춥더라도 머리 꼭대기는 따끈따끈했고, 아이들의 언 볼에는 웃음이 떠나지 않았다.

> "내가 너희에게 이 말을 한 이유는, 내 기쁨이 너희 안에 있고
> 또 너희 기쁨이 충만하게 하려는 것이다."
>
> (요한 15, 11)

성경 말씀처럼 기쁨과 평화를 이곳에서 다 누리는 듯했다.

그러나 담이 없는 성당에서 수십 발자국만 걸어 내려가면 다른 세상이 펼쳐졌다. 옆에서 지켜보는 농민의 삶은 고됨 그 자체였다.

힘써 씨앗을 뿌리지 않은 사람이 끼니를 제대로 잇지 못하는 것은 게으른 본인 탓이다. 그러나 씨 뿌리고 김매며 사계절 헐벗은 채 일을 해도 끼니를 잇지 못하면 누구를 탓해야 할까?

일제강점기에 나온 김유정의 소설 《만무방》과 같은 일이 도처에서 벌어지고 있었다. 만무방이란 '막돼먹은 사람' '파렴치한 사람'이란 뜻이다. 소설 속 응칠은 한때 근면한 농군이었으나 빚에 쪼들려 밤도망을 한 뒤 도둑질이며 노름을 해 감옥에 들락거린다. 동생 응오는 일부러 추수하지 않고 자신의 논에서 벼를 훔쳐 먹는다. 착실한 농부를 만무방이나 도둑으로 만드는 것은 고리대의 토지세나 이자였다. 그것은 예나 지금이나 변한 게 없었다. 탈곡을 하고 나면 빈손인 농부들은 다시 빚을 얻어 살아가야 했다. 추수한 쌀을 만져보지도 못하고 고리대금업자의 손에 넘어가는 것을 지켜보는 농민의 얼굴엔 아무런 희망도 보이지 않았다.

'가난을 먹고 가난 속에서만 살도록 타고난 민족은 없을 것이다.'

장대익 신부는 가난한 농민들에게 다가갔다. 스스럼없이 다가오는 젊은 사제가 그들에겐 유일한 비빌 언덕이었다. 농민들은 구호물자를 얻으러 오거나 대출 이야기를 어렵게 꺼냈다. 가난한 농민들은 신자가 되면 구호물자를 받아 쓴다고 생각해 세례를 받기도 했다. 믿음을 이야기해야 하는 성직자가 신자와 돈 이야기를 하는 아이러니한 상황이 벌어졌다. 사제들은 그들이 돈을 갚지 못할 것을 알면서도 주머니에 돈이 있는 한은 빌려주었다. 그러나 구호물자를 주거나 돈을 빌려줘도 형편이 나아지기는커녕 빚만 늘어나는 가정이 많았다. 아쉬울 때 성당에서 돈을 빌리지 못한 주민들은

　　　　　　　　　　　제2부 ──── 장대익 신부

어김없이 성당을 등졌다.

'구호물자도 떨어지고 돈도 바닥나면 어떻게 될까?'

이런 걱정이 끊임없이 장대익 신부를 따라다녔다. 계속해서 이러다가는 빌려준 돈을 받지 못하는 건 물론이고, 무엇보다 사람을 잃을 게 뻔했다.

장대익 신부는 농촌공동체를 만들기 위해서 공동으로 이용하면서 이익이 날 수 있는 방법을 궁리했다. 그래서 생각한 게 탈곡기를 하나 사서 마을 앞 공터에 설치해 주민들과 힘을 모아서 돈을 벌어보자는 것이었다. 탈곡하는 데 드는 비용을 줄이고, 다른 농가의 쌀을 탈곡해서 생기는 이익을 나누면 가난한 살림에 다소 보탬이 될 것 같았다. 단순하긴 하지만 생산자협동조합의 첫발을 내디딘 것이다.

그러나 결국 이 사업은 성공하지 못했다. 협동으로 눈에 보이지 않는 이익을 얻었지만 생각한 만큼 많은 혜택을 가져다주지는 못했기 때문이다.

하늘은 공평하게 푸르건만 농민들은 그 맑고 푸르른 하늘을 마음 편히 우러러볼 수 없었다. 인간이 만든 불공평을 걷어낼 방법은 없을까. 젊은 신부의 얼굴에 고민이 낀 것을 본 주임

장호원본당의 주임을 지낸 파디 신부는 훗날 장대익 신부가 유학 생활을 할 때 주교품에 올랐다.

신부가 어느 날 저녁 그를 불렀다.

"무슨 생각을 하고 있습니까?"

"농민을 위해서 생산자조합 같은 걸 만들고 싶습니다."

"협동조합이라도 여러 가지 형태가 있지 않겠습니까."

"여기 농민들은 모두 생산한 것을 외부에다 팔고 있기 때문에 생산자에게 필요한 조합을 만들고 싶습니다."

그러자 파디 주교가 제안했다.

"협동조합에 대해 본격적으로 공부해보십시오. 세계적인 명성을 얻고 있는 캐나다의 안티고니시 운동에 대해서 들어보았습니까?"

장대익 신부는 처음 듣는 이야기였다.

"농촌 개발과 교회의 특수사목을 위해서 안티고니시 운동이 절대적으로 필요합니다."

망설일 이유가 전혀 없었다. 타고난 모험가 기질의 젊은 신부는 하루라도 빨리 캐나다로 달려가고 싶었다. 평양교구 소속이던 장대익 신부는 평양교구장 캐롤 안 주교의 허락이 떨어지자 주저 없이 유학길에 올랐다.

비슷한 시기에 같은 평양교구 출신인 윤공희 신부와 지학순 신부는 신학을 공부하러 로마로 유학을 떠났다. 그들은 훗날 주교로 쓰임을 받았다. 하느님은 민중 속으로 장대익 신부를 보내 '긍휼'이란 신의 마음을 전하는 사자로 쓰셨다.

9장

사제는
어떤 사람이어야 하는가

씨 뿌리는 사람

|

역사적 전환점은 우연히 만들어지는 것이 아니다. 반드시 변화에 앞서 선행하는 사상과 운동이 오랫동안 준비되어 있다. 한국 가톨릭 내부에서는 용기를 내어 협동조합운동의 씨앗을 뿌리고자 했다. 고흐의 〈씨 뿌리는 사람〉을 보면 알 수 있듯, 씨 뿌리는 자는 동이 트기 전 서리가 깔린 밭을 먼저 밟는 사람이다.

누구에게 그 임무를 맡길 것인가? 파디 주교는 미지의 땅에 가서 땅을 갈아엎고 씨앗을 뿌릴 개척자로 장대익 신부를 적극 추천했다. 자전거로 신자들을 찾아다니는 다른 신부와 달리 오토바이와 차로 달려간 추진력을 높이 산 것이다.

현세는 하늘나라로 가기 위한 간이역이며 종착역인 하늘나라가 중요하다는 입장에서는 현실에서 인간이 겪는 갖은 고난은 장애물에 불과하므로 기꺼이 감수해야 한다고 생각한다. 이 과정에서는 사회나 경제 문제의 해결책을 찾으려는 행동은 속된 것으로 여겨진다. 전능하시고 무엇보다 인간을 사랑하시는 하느님이 인간에게 어떻게 나쁜 것을 주시겠는가!

그러던 차에 제2차 바티칸공의회는 가톨릭교회의 사목 활동에 새로운 지평을 열었다. 잘못된 사회질서를 바로 고치는 것은 결코 속물적인 행동이 아니며, 하느님께서 주신 것을 기꺼이, 즐겁게 누리는 자세도 필요하다는 것이다.

코디국제연구소로 불리는 성 프란치스코 하비에르 대학 부설 협동연구소는 교황 비오 11세의 '40주년' 가르침을 실행하고자 만들어진 교육기관이다. 교황 비오 11세가 1931년 발표한 가톨릭교회의 사회적 가르침인 '40주년' 제15항은 연대성에 기초한 자조, 자

캐나다 노바스코샤 코디국제연구소.

립, 협동정신 구현 조직으로 노동조합 이외에도 각종 협동조합의 구체적 형태를 언급하고, 적극 활용할 것을 권장했다. '어떻게 살아야 할 것인가?'의 문제는 성과 속, 두 가지 관점에서 늘 논의되어왔으나 철로처럼 평행선을 달렸다. 그 접점, 즉 간이역쯤 되는 것이 '40주년' 15항이었다. 이에 한국 가톨릭교회 차원에서도 교회가 몸담고 있는 지역사회의 사회, 경제적 발전을 유도해 보다 나은 삶의 기반을 마련해주는 것을 지원하기로 했다.

노기남 대주교는 코디국제연구소를 견학한 뒤, 메리놀 외방전교회 캐럴 안 주교에게 장대익 신부의 유학을 주선하게 했다. 안 주교 또한 코디국제연구소의 협동조합운동을 경험한 만큼, 장대익 신부의 유학을 적극적으로 후원했다. 캐나다 유학은 장대익 신부 입장에서는 상상도 못 한 하느님의 선물이었던 셈이다.

1957년, 장대익 신부는 여의도 비행장에서 미군이 남겨놓고 간 쌍발기에 올랐다. 장호원의 흙이 잔뜩 묻은 구두를 신었지만, 끝없이 펼쳐진 푸른 하늘을 보니 마음만은 창대했다. 반드시 농민을 위한 답을 찾아서 오겠노라고 다짐했다. 전쟁 여파에 가난으로 찌든 가정과 교우들의 모습을 보면서 장대익 신부는 반쯤은 사회운동가가 되어 있었다. 하느님의 사업도 중요하지만 당장의 의식주도 여간 마음이 쓰이지 않았다. 무엇을 할 것인가, 어떻게 할 것인가, 얼마나 오랫동안 해야 할 것인가. 마음속으로 많은 생각이 오갔다.

좁은 비행기에서 내려다보는 태평양은 캄캄했다. 번개가 쉬지 않고 땅으로 번쩍번쩍 꽂히는 것이 보였다. 국제미아가 되면 어떡하나 비행기 안에서 걱정하던 차에 말이 씨가 되는 일이 생겨버렸다. 비행기가 기상 악화로 목적지까지 바로 가지 못한 것이다. 장대익 신부를 실은 비행기는 폭풍을 피해 시애틀로 갔다가 샌프란시스코로 회항했다.

100달러와 전화번호 하나만 든 장대익 신부는 샌프란시스코 공항에서 망부석처럼 굳어 있었다. 100달러는 여비로 쓰라고 미국인 신부들이 마련해준 것이며, 'Webster street 2555'라는 쪽지는 레이 신부가 준 것이었다. 장대익 신부는 캐나다로 가기 전에 메리놀 외방전교회 샌프란시스코 지부에 들러 그곳 신부의 안내를 받기로 되어 있었다. 장호원본당에 함께 있던 레이 신부는 샌프란시스코 지부에 있던 동창 월츠 신부에게 연락해서 공항으로 장대익 신부를 마중 나오도록 했다.

하지만 비행기가 도착 시각이 훨씬 지나서 샌프란시스코에 도착하는 바람에, 공항에서 맞아주는 사람이 아무도 없었다. 장대익 신부는 쪽지만 뚫어져라 쳐다보다 결국 전화를 걸었다. 전화기 건너편에서 들리는 말은 너무 빨라서 도저히 알아들을 수 없었다. "Stay there." 제대로 알아들은 말은 "기다려"라는 한마디였다.

샌프란시스코에서 이틀을 보낸 장대익 신부는 보스턴을 경유해 캐나다로 갈 예정이었다. 장대익 신부는 보스턴 공항에서 가깝게 지내던 해럴드 헨리Harold Henry 신부에게 전화를 했다. 해럴드 신부는 주교서품을 받기 위해서 보스턴신학교에 잠시 머물던 중이었다. 비행기 출발시각 직전에 가까스로 나타난 해럴드 신부는 악수를 하면서 그의 손에 뭔가를 쥐여주었다. 50달러였다. 신부는 바로 그 돈을 선물하기 위해서 한달음에 달려온 것이다. 돈이 거의

캐나다 신용협동조합대회에 참석한 장대익 신부.

떨어져가던 장대익 신부에게는 그야말로 천금 같은 돈이었다.

　캐나다 노바스코샤주 핼리팩스Halifax 공항. 장대익 신부는 혼자서 안티고니시 마을로 찾아갔다. 공항에서 서너 시간 걸리는 길이었지만 샌프란시스코에서의 경험 덕분에 낯선 곳에 대한 두려움이 없어졌다. 숙소는 성 프란치스코 하비에르 대학 인근에 있는 스카보로 전교수도회 기숙사였다. 자신과 같은 목적으로 유학을 온 세 사람의 외국인 사제가 기다리고 있었다. 미리 도착해 있던 메리놀 외방전교회 푸에르토리코 및 가나, 브라질 출신 신부들이었다. 그들도 전 세계적으로 퍼지고 있던 '잘 살게 만들어준다'는 희망을 배우러 그곳에 와 있었다.

톨스토이에게 질문하다

|

유학 생활에서 가장 큰 어려움은 영어였다. 미국인 신부와 오랫동안 생활했기에 큰 어려움이 없을 거라고 여겼는데 그렇지 않았다. 어학 코스 없이 바로 대학원 수업에 들어간 게 실수라면 큰 실수였다. 경제학은 물론이고 사회학, 심리학 등을 공부했는데, 수업 내용을 이해하기는커녕 알아들을 수조차 없었다. 키가 유난히 작았던 브라질 신부의 형편도 장대익 신부와 같았다. 둘은 영어에 능통했던 까칠한 푸에르토리코 신부와 친절한 가나 출신 신부의 도움을 받을 수밖에 없었다. 2년 남짓한 유학 기간에 이들의 노트 필기를 베꼈고, 리포트를 작성할 때도 큰 도움을 받았다. 찬밥 더운밥 가릴 수 없는 처지였지만 푸에르토리코 신부의 잔소리를 견뎌내는 일은 상당한 인내를 요구했다. 장대익 신부를 비롯한 이들은 빠른 걸음으로 노바스코샤 일대를 돌아다니며 협동조합을 견학하고 실습하는 일을 게을리하지 않았다. 해안을 따라 뻗어 있는 시원한 도로와 만년설로 덮인 산봉우리, 비옥한 농장들은 보기만 해도 아름다워 감탄이 절로 나왔다. 이런 아름다운 곳이 한때 가난한 마을이었다는 게 믿어지지 않았다. 그리고 그때마다 한국에서 고생하는 농부들의 모습이 뇌리에서 떠나지 않았다.

유학 생활은 예상한 대로 어려웠다. 돈이 없는 것도 힘들었지만, 힘들 때 가족처럼 도와줄 사람이 옆에 없다는 게 더 힘들었다. 여름방학이 되자마자 장대익 신부는 돈을 벌기 위해 대학 인근에 있는 골프연습장에서 아르바이트 자리를 구했다. 골프공을 주워

캐나다 유학 동기생들. 오른쪽에서부터 가나, 브라질, 푸에르토리코 출신 신부.

모으고, 청소를 하고, 잔디를 정리했다. 푸른 들판과 하늘이 허드렛일을 하는 그를 위로해주었다.

생활비를 벌기 위해서 경제학과 교수 집에서 베이비시터 일을 하기도 했다. 기저귀를 갈 줄 몰라 핀잔을 받기도 했지만, 곧 익숙해져서 아기를 어르는 데 선수가 되었다. 천진난만한 아기와 뒹굴다 보면 유학 생활로 삭막해진 마음이 잠시나마 위로를 받는 느낌이었다.

캐나다 유학을 통해 배운 것은 신협운동만이 아니었다. 장대익 신부는 즐거움과 여유를 찾는 법 또한 배울 수 있었다. 부모의 죽음 이후 수없는 고난과 마주하면서 발휘한 '극복 유전자'의 힘이 더욱 강해졌다. 장대익 신부는 현실에 굴하지 않을 뿐 아니라 그 속에서 즐거움을 찾아내기까지 했다.

장대익 신부가 묵고 있던 기숙사는 주말인 토요일과 일요일에는 식사가 나오지 않았다. 오갈 데 없는 이방인이 시간을 보낼 만한 데를 고민하다, 장대익 신부는 낡은 골프채를 들고 골프장으로 향했다. 하루 2달러로 끼니를 해결할 수 있는 곳을 찾다 보니 방학 때 일한 골프장이 떠올랐다. 1달러는 이용료, 나머지 1달러는 밥값이었다. 엉거주춤한 자세로 골프채를 휘두르는 모습을 보고 사람들은 박장대소했다. 처음에는 골프채조차 제대로 잡지 못했지만, 곧 어깨너머로 본 퍼팅과 스윙을 곧잘 해냈다. 어쩔 수 없이 시작한 골프였지만 곧 골프를 사랑하게 되었다. 하루 종일 잘 다듬어진 잔디를 거닐면서 신선한 공기를 마시는 것, 가까운 사람들끼리 이야기 나누는 것, 골프채를 휘두를 때의 통쾌함, 공이 날아가는 방향과 낙하 지점을 확인할 때 느끼는 짜릿한 긴장감, 그 모든 것이 좋았다. 게다가 골프는 수많은 장애를 극복하고 목적지를 행해 가는 인생과도 닮아 있었다. 장대익 신부 덕분에 함께 공부하던 다른 신부들도 주말에는 곧잘 골프장으로 향했다. 주어진 것이 없을 때도 어린아이와 같이 즐거움을 찾아내어 즐기는 능력 또한 하느님이 장대익 신부에게 주신 선물이었다.

인간은 무엇으로 사는가? 톨스토이는 스스로에게 이 같은 질문을 던졌다. 만약 톨스토이가 장대익 신부에게 같은 질문을 했다면, 그는 아마도 '의식주를 해결하게끔 서로 돕는 것', 그리고 '즐거움을 느끼는 것'이라고 대답했을지 모른다.

장대익 신부는 일하기 고단하고 공부하기 힘들 때에도 골프를 쉬지 않았다. 그리고 골프장에서 풀을 뽑아서 번 돈과 베이비시터를 해서 번 돈을 캐나다에 유학 와 있는 다른 신부들에게 나눠주곤 했다. 그것이 주교가 된 해럴드 신부의 은혜를 갚는 일, 하느님의 이웃 사랑을 전파하는 길이라고 믿었기 때문이다.

나그네의 눈에 보이는 것들

그러는 사이 장대익 신부의 캐나다 유학 생활도 끝나가고 있었다. 조국을 위해 일하러 다들 자신의 나라로 돌아가야 할 시간이 왔다. 코디 박사는 마지막 수업을 끝낸 뒤 장대익 신부에게 앞으로 무엇을 할 것이냐고 물었다.

"신용협동조합을 시작해서 가난을 구제할 것입니다."

"조금씩 조금씩 천천히 하되, 계속해서 확실하게 하십시오."

코디 박사가 힘껏 포옹하면서 해준 이 말은 이후 협동조합운동의 좌우명이 되었다.

장대익 신부는 졸업과 동시에 한국에 돌아가서 신용협동조합운동을 일으켜야겠다는 꿈에 부풀어 있었다. 풍요로운 삶이란 노력하는 가운데서 만들어진다는 값진 경험도 전하고 싶었다. 장대익 신부는 한국으로 귀국하기에 앞서 인사차 뉴욕의 메리놀 외방전교회 본부에 들렀다.

때마침 그곳에는 장호원본당 주임을 지낸 파디 신부가 주교서품을 받기 위해서 메리놀회 본부에 머물고 있었다. 파디 신부는 그에게 새로운 제안을 했다.

"이왕 공부를 시작한 김에 사회사업 공부를 더 하는 게 어떻겠습니까?"

장대익 신부는 고민 끝에 이 제안을 받아들였다. 마음은 한국에 가 있었지만, 기회를 놓치고 싶지 않았다. 지상낙원이라는 미국 사람들이 사는 모습이 궁금했다. 장대익 신부는 파디 신부가 주선해 준 뉴욕 포드햄 대학Fordham University의 대학원 과정에 입학했다. 처음에는 메리놀 외방전교회가 운영하는 기숙사에 머물면서 포드햄 대학에 수업을 받으러 다녔지만, 너무 멀다 보니 여간 불편하지 않았다. 그래서 학교와 가까운 브루클린의 성 세바스찬 성당Church of St. Sebastian으로 거처를 옮겼다. 그는 6개월 남짓 되는 뉴욕 살이 동안 모두 세 곳의 성당을 전전하며 유학 생활을 이어갔다.

세 곳의 성당 주임신부들은 장대익 신부의 눈에 모두 특이하게 비쳤다. 첫 번째 숙소인 성 세바스찬 성당에는 아일랜드 출신의 주임신부와 보좌신부 4명이 있었는데, 주임신부인 몬시뇰은 항상 까만 삼각 모자를 쓰고 송아지만 한 큰 사냥개를 성당이든 식당이든 어디든 데리고 다녔다. 그 모습이 처음에는 기이했지만, 털북숭이에다 네발 달린 짐승과도 친구가 될 수 있다는 사실을 깨닫고는 장대익 신부도 치와와를 키우기 시작했다.

마운트버넌Mount Vernon의 성심천주교회Church of St. Sacred Heart 주임신부인 머덕 몬시뇰 또한 특별한 사람이었다. 군인과 사관생도 가까이에서 지내서인지 행동 하나하나가 군대식이었다. 자상하고 인자한 사제의 모습은 눈을 닦고 봐도 찾을 수 없었다. 심지어 보좌신부를 다루는 것도 군대식이었다. 보좌신부가 늦게 귀가하면 심

안티고니시 운동을 공부하면서 모범적으로 운영되는 협동조합을 견학하는 장대익 신부.

장대익 신부가 성심천주교회에서 본당의 사목을 돕고 있다.

미국 뉴욕의 성 안토니 성당 주임인 보일 몬시뇰과 신자들.

하게 얼차려를 줬다. 그 모습을 보면 저 사람이 어떻게 사제일 수 있을까 싶어 반감이 들 정도였다. 뉴욕 교구도 보수적이고 엄격하기로 유명한데 그는 한술 더 떴다.

세 번째 머물렀던 곳은 화이트 플레인White Plane의 성 안토니 성당Church of St. Antony이었는데, 주임신부인 차일스 보일 몬시뇰이 야구선수 출신이었다. 투수를 하다 신학교에 진학해 사제가 된 보일은 술을 아주 좋아했다. 사제들은 휴일인 월요일만 되면 동기 사제들과 어울려 온종일 술을 마시곤 했다. 그는 스태튼 아일랜드 본당Church of Staten Island의 번 몬시뇰과 친했는데, 이들은 모두 애주가가 많기로 유명한 아일랜드 출신이었다.

'사제란 누구일까? 어떤 사람이어야 하는가?' 장대익 신부는 묵상해보지 않을 수 없었다. 같은 사제라고 하더라도 우리나라에서 유학을 간 사제들과 미국 사제들의 모습은 전혀 달랐다. 우리나라 사제들은 힘든 유학 생활을 하느라 자신을 위할 줄 몰랐다. 그러나 미국의 사제들은 인간적인 즐거움을 좇는 여유가 있었다. 여유는 다른 데서도 드러났다.

'자신이 몸담고 있는 사회에 대해서 얼마나 믿는가?'

정신적 여유는 개인과 사회의 관계에도 큰 영향을 받는다. 장대익 신부는 자신이 그동안 얼마나 믿음이 없는 사회에서 살아왔는지 알게 되었다. 한번은 김수환 추기경의 형인 김동환 신부가 연수 차 뉴욕에 왔다가 장대익 신부를 찾아왔다. 둘은 함께 메리놀 외방전교회 신학교를 방문하기 위해서 기차를 탔다. 김동환 신부는 도깨비 같은 장대익 신부와의 대화에 홀려 그만 기차에 가방을 두고 내렸다. 백지장처럼 하얗게 변한 김동환 신부의 얼굴을 본 장대익 신부는 무작정 다음 역에다 전화를 걸었다.

"가방을 놓고 내렸는데 찾을 길이 있을까요?"

"잠깐만 기다리십시오."

직원은 간결하게 대답하고는 전화를 끊어버렸다. 기다리라는 말은 희망으로 삼기에는 너무 가벼워서 '지푸라기' 같은 무게밖에 느껴지지 않았다. 역을 배경으로 시계탑 아래에 하염없이 서 있는 외국인 사제 2명은 낙담해 있었고 행색은 초라했다. 형형색색의 가방을 멘 사람들이 그들 앞을 즐거운 듯 지나고 있었다. 두 신부는 즐겁고 풍요로운 사회에서 비에 젖은 까마귀처럼 서 있었다.

그런데 몇 시간 뒤, 약간의 경비와 생필품 몇 가지가 담긴 가방이 다시 주인 품에 돌아왔다. 두 신부는 돌아온 가방을 보며 기쁨과 함께 무색함을 느꼈다. 왜 가방이 주인에게 돌아오지 않을 것이라고 생각했을까. 믿음이 있는 사회라면 돌아오는 게 당연한 일 아닌가.

"미국이 선진국은 선진국입니다. 솔직히 가방을 되찾으리라고 기대하지 못했습니다."

"주인 품에 돌아오는 건 너무나 당연한 일 아니겠습니까?"

환하게 웃으면서 거리로 발걸음을 옮기는 외국인 사제의 그림자가 일상의 풍경으로 녹아들었다.

한국에서는 상상도 할 수 없는 이 경험을 통해서 장대익 신부는 '믿음을 뿌리내리자'라는 생각을 하게 되었다. 무엇이든 주운 사람이 임자라는 생각, 주운 것은 훔친 게 아니라고 생각하는 것은 잘

미국 유학 시절의 장대익 신부.

못이다. 폭우에 떠내려온 소를 보고 자신의 것이라 우기는 코미디 같은 일은 마음의 궁핍이 만든 장면이었다. 궁핍은 믿음, 사랑, 이웃 같은 모든 좋은 것들을 그 자리에서 먹어치워버린다. 물질적 궁핍보다 이런 마음의 궁핍을 벗어버리도록 만들어야 했다. 그래야만 다시 좋은 것들이 원래의 자리로 돌아가지 않겠는가. 장대익 신부는 다시 한 번 마음을 가다듬었다.

제2부 ──── 장대익 신부

10장

아무리 작은 변화일지라도

좋은 이웃

세계에서 가장 가난한 나라에서 온 신부들은 미국 사람들을 어떻게 생각할까? 아프리카 가나에서 온 신부도 장대익 신부보다는 형편이 나았다. 장대익 신부는 이 사실을 감내하기 쉽지 않았지만 대안이 없었다. 나라가 가난하면 국민이 가난하고 가톨릭조차 궁핍해서, 뉴욕에 머무는 사제들은 어떤 생활비 지원도 받지 못했다. 원조단체 덕분에 유학을 가더라도 그곳에서는 직접 벌어서 공부를 하는 게 룰이었다. 다들 이런 기회조차 하늘이 주신 큰 선물이라 여기며 감사해했다.

장대익 신부가 뉴욕에 있을 때 서울대교구의 김창석 신부와 성라자로마을 원장을 지낸 이경재 신부가 차례로 유학을 왔다. 김창석 신부는 피츠버그Pittsburgh 듀케인 대학Duquesne University of the Holy

Spirit에서 공부하면서 모금 활동을 벌이고 있었고, 이경재 신부는 미국 교회를 방문해 서울대교구의 모금 전담 사제로 활동했다. 낡은 성베드로 성당의 골방에 머물면서 미국 교회의 본당을 돌아 한국 교회의 어려운 사정을 호소하고 2차 헌금을 거둬들였다. 사정이 이렇다 보니 미국 사제들에게 무시를 당하거나 놀림을 당하는 경우도 있었다. 노기남 주교가 서울서 온다고 하자, 네 치와와를 튀겨서 대접하라는 농담을 듣기도 했다. 영어에 익숙한 장 신부는 곧장 반격했지만, 궁핍함이 주는 힘듦은 사제라 할지라도 견디기 힘들었다.

반대로 생각지도 못한 천사의 선물 덕분에 힘든 유학 생활을 버틸 힘을 얻기도 했다. 드넓은 미국 땅에서 차 없이 생활하기란 쉽지 않았지만 어쩔 수 없었다. 기차로 통학하던 장대익 신부는 그날도 포드햄 대학에 가기 위해서 그랜드 센트럴 역에서 기차를 기다리던 중이었다. 할머니 두 분이서 다가오더니, 장대익 신부에게 일본인이냐고 물었다. 아니라고 하자 이번에는 중국인이냐고 물었다. 장대익 신부가 한국에서 왔다고 하자, 자신들은 오하이오Ohio 주에서 사는 자매인데, 뉴욕시를 관광하는 중이라고 했다. 자신들은 신자이며, 일본에 있는 나가사키長崎 신학교의 신학생들을 돕는 후원회원이라고 덧붙였다. 로만칼라를 입은 동양인 사제를 보고 자신들이 후원하는 일본의 사제가 아닌가 해서 반갑게 말을 붙인 것이다. 메리와 알리스라고 이름을 밝힌 이들은 헤어질 때 주소를 적은 쪽지와 함께 5달러를 장대익 신부의 손에 꼭 쥐여주었다.

장대익 신부는 그 뒤 고맙다는 답장을 했고, 그것이 인연이 되어 그들의 집으로 초대받았다. 메리의 가정은 남편이 조그만 이발소를 운영해 살림을 꾸려가는 평범한 집안으로 가족 모두가 독실한 가톨릭 신자였다. 자녀가 없던 이 부부는 조카의 자녀들과 모여 살고 있었다. 동생 알리스는 혼자 살고 있었다.

뉴욕의 높다란 빌딩과 네온사인 불빛에 짓눌려 타향살이하던 키 작은 동양 신부는 그곳에서 가정의 따뜻함을 느꼈다. 다른 신부들 또한 메리와 알리스의 집에서 머물며 신세를 지기도 했다. 장대익 신부를 홀로 미국으로 보낸 하느님이 자신을 대신해 보살펴줄 수 있는 이웃을 소개해주신 것일까?

안토니 성당의 차일스 보일 몬시뇰 신부도 차가 없어서 걸어 다니는 장대익 신부에게 깜짝 선물을 주었다. 교인 중 한 사람이 중고차를 팔려고 하자, 새벽마다 미사를 봉헌하는 동양인 신부에게

장대익 신부에게 어머니와 같은 따뜻한 사랑을 베풀어준 메리(왼쪽)와 알리스.

차를 주라고 권유한 것이다. 낯선 외국인이 차를 몰고 와서 열쇠를 건네자 장대익 신부는 천사가 그 무뚝뚝한 외국인의 팔을 끌었다고밖에 생각되지 않았다. 다 찌그러진 중고차였지만 50달러를 들여 수리해서 신나게 타고 다녔다. 귀국할 때도 몬시뇰이 또 한 번 배려했다. 그 차를 조카딸에게 팔라고 했던 것이다. 차를 150달러에 판 덕분에 장대익 신부는 비행기 삯을 마련할 수 있었다.

곳곳에서 시궁쥐와 쓰레기가 눈에 띄던 뉴욕이 아름답게 느껴진 이유는 하느님의 이웃이 있어서였다. 새로운 가족과 이웃을 만드는 일은 사회를 살아가는 데 꼭 필요하다는 것을 장대익 신부는 체감했다. 눈에 보이는 곳에서든 보이지 않는 곳에서든 신의 섭리는 살아 움직이고 있었다.

'인간은 무엇으로 사는가?'

톨스토이의 오래된 질문에 대한 답이 메리와 알리스, 그리고 차를 갖고 온 무뚝뚝한 이웃에게 있다는 것을 장대익 신부는 알게 되었다. 로마로 유학을 보내 신학을 공부하는 대신 미국으로 보내 사회학을 공부하게 한 신의 뜻은 '이웃의 발견'에 있는지도 몰랐다. 소외되고 고통받는 사람들을 구해주는 존재는 신이 보낸 선한 이웃이었다. 결국 사회를 이끌어가는 건 선한 나눔이었다. 나눔을 받을수록 장대익 신부는 구호물자로 연명하는 가난한 조국이 떠올랐다. 척박한 땅에 복지와 좋은 이웃을 퍼뜨리는 꿈. 그 꿈을 이루기란 참으로 멀고도 힘들어 보였다.

장대익 신부가 뉴욕에서 1년 남짓 머물렀을 때, 부름이 왔다. 주교서품을 받고 청주대목구장으로 부임했던 파디 주교가 귀국을 요청해온 것이다. 장대익 신부는 애초에 하려던 사회학 공부는 다 마치지 못했다. 그러나 파디 주교의 부름에 답하기로 했다.

파디 주교는 1953년부터 장대익 신부가 장호원본당에서 보좌신부로 있을 때, 본당 주임신부였다. 당시 파디 신부는 1956년 메리놀회 부총장으로 선출돼 잠깐 미국으로 돌아갔다가, 2년쯤 뒤인 1958년 6월 23일 청주대목구가 설정되자 7월 4일 비행기에 몸을 싣고 한국으로 와서 초대 청주대목구장이 되었다. 파디 주교는 한국 사람만큼 한국 사람들의 속사정을 잘 알았다. 같은 해 9월 뉴욕 메리놀 대신학교 성당에서 주교로 성성成聖된 분으로, 장대익 신부에게 민중신학과 협동조합운동을 결합해야 한다는 깨우침을 준 사목 스승이었다.

캐나다에서 배운 신용협동조합운동을 본격적으로 시작할 작정으로 장대익 신부는 장호원으로 돌아갔다. 스승에게는 분명히 계획이 있었다. 물론 스승 덕분에 유학해서 배움이 깊어진 제자에게도 계획은 있었다.

공동체를 향한 꿈

|

이길 수 없지만 이겨야만 하는 싸움이었다. 장대익 신부는 장호원에서 했던 싸움을 다시 시작하려고 했다. 사회의 구조적 모순 가운데 하나인 고리대금업의 역사는 오래다. 조선의 근간이 무너지기 시작한 임진왜란 이후부터 기승을 부렸고, 그만큼 익숙하다 보니

당연하게 받아들여졌다. 농부들은 열심히 일하지만 가난할 수밖에 없는 것을 '숙명'으로 여겼다. 농부들은 '농사를 짓는다'고 하지 않고 '땅을 파먹는다'고 말했다. 이 표현에서 알 수 있듯이 농부들은 그들 스스로를 '버러지'로 여겼다.

급하게 돈을 쓸 일이 생기면 주민들은 고리대금업자에게 돈을 빌려 썼고 높은 이자를 감당하지 못해서 번번이 제 발등을 찍었다. 노비제도가 없어진 지 100년이 지났건만 현대판 노비는 여전했다.

장대익 신부는 바로 이 구조적인 모순을 본 순간부터 싸우는 중이었다. 그러나 소설 《상록수》와 똑같이 되지는 않았다. 1936년 발표 당시 웬만한 조선 지식인들은 다 읽었다는 《상록수》는 '민중 속으로'라는 브나로드 운동의 시발점이 되었다. 《상록수》는 또한 식민지 젊은이들을 열띤 토론의 장으로, 실제 농촌 속으로 보내기도 했다. 야학이 전국에 퍼진 것도 《상록수》의 열기 때문이었다.

장대익 신부는 캐나다로 유학을 가기 전 장호원에서 《상록수》에 나온 악인인 고리대금업자 '강기천'들과 싸움을 벌인 적 있었다. 다른 점은 현실의 강기천들이 너무나 강해 꺾이지 않았다는 점이다. 소설에서는 동혁이 농민을 착취하는 고리대금업자와 승부를 벌여 농민들을 해방한다. 장대익 신부는 이렇게 속 시원한 결론은 그야말로 소설 속에서나 가능하다는 것을 수많은 사례를 통해서 경험했다. 현실은 달걀로 바위 치기였다. 만약 그때 마을 공동 탈곡기 사업이 성공했다면 비료를 조금 더 싼 값에 공동으로 사서 공급하고, 씨앗도 한꺼번에 구입해서 좀 더 싼 값에 공급하면서 농촌 개조운동을 이어갔을지도 모른다. 그랬다면 굳이 캐나다로 협동조합을 공부하러 가지도 않았을 것이다. 이제 그때와 같은 시행착오는 없어야 했다. '우리 농촌 현실에 맞는 협동조합을 만들 방법은 없을까?' 생각은 꼬리에 꼬리를 물었다. 그러던 차에 서울에서 노기남 주교의 부름이 있었다.

서울로 향하면서 장대익 신부는 신용협동조합운동을 본격적으로 시작할 수 있으리란 기대에 차 있었다. 그도 그럴 것이 서울대교구 노기남 주교가 신용협동조합운동을 실행하고 싶어 했기 때문이다.

"전쟁의 후유증으로 상상할 수조차 없이 많은 이가 가난으로 고통받고 있습니다. 외국 구호단체의 구호물자로 연명하다 보면 자립은 먼 길이 될 것입니다. 이들을 구원할 일을 해주십시오."

그동안 얼마나 간절하게 일할 기회를 달라고 기도했던가. 도시에 살건 시골에 살건 누구에게든 닥치는 문제가 있었다. 고금리! 한 달에 7퍼센트의 이자라면 1년이라고 쳐도 그 이자가 무려 원금의 84퍼센트에 이른다. 이것이 고리채의 민낯이었다. 숫자에 어두워 그 이자가 얼마나 무거운지 모르고 덜컥 덫에 걸리는 시골 사람이 많았다. 그러나 깍쟁이라고 불리는 약아빠진 도시 사람들도 이 덫에 치이긴 마찬가지였다. 당시 물가상승률이 20~30퍼센트였으니, 어쩌면 높은 금리가 당연하다고 여길지도 모른다. 은행 이자만 해도 10퍼센트였다. 이러다 보니 노력하는 사람보다는 눈치 빠른 사람들이 부자가 되었다. 도시에서든 농촌에서든 삶은 줄타기이자 널뛰기였다. 줄에서 한 번만 잘못 떨어지면 바로 나락이었다.

전쟁을 두 번이나 겪고도 살아온 사람들이었지만, 살인적인 고금리 탓에 다시 죽음 앞에 서기 일쑤였다. 일가족이 빚에 몰려 자살하는 사건이 일간지를 자주 장식했다. 그렇더라도 서로 도와줄 엄두를 내지 못했다. 빚보증은 가장 혹독한 연좌제였다. 선한 사마리아인으로 살고 싶어도 보증 앞에서는 현실을 외면할 수밖에 없었다. 한 줌의 쌀은 어렵더라도 한 숟가락의 쌀은 내어줄 온정이 있었지만, 그것을 모을 단체도 없는 게 현실이었다. 사회를 위해서 수많은 운동이 필요했다. 곤란에 빠진 이웃을 돕는 운동, 경제적인 자립, 나도 할 수 있다는 희망을 가지는 운동이 필요했다. 이 모든 것을 다 합한 운동이 바로 신용협동조합을 만드는 운동이었다. 장대익 신부는 그렇게 믿고 주먹을 불끈 쥐었다.

작게, 천천히, 그러나 계속해서

서울 중구 소공동 경향신문사 빌딩 5층. 노기남 주교는 장대익 신부에게 서울의 심장에다 사무실을 내어주었다. 5층에 올라가면 나오는 첫 번째 방이 서울에서 협동조합운동을 이끌어갈 장대익 신부의 사무실이었다. 노기남 대주교가 장대익 신부를 지원한다는 건 한국 가톨릭 전체가 그를 지원한다는 뜻이기도 했다. 가톨릭은 신용협동조합운동에서 나라를 살릴 가능성을 본 것이다.

노기남 대주교는 '노기남이 없으면 일제강점기에서 한국 가톨릭이 없었다'고 할 정도로 힘든 시기를 온몸으로 헤쳐온 한국 가톨릭의 대부다. 서울대교구를 이끌고 있다는 사실만 봐도 충분히 한

                 제2부 —— 장대익 신부

국 가톨릭의 구심점이라고 할 수 있
었다.

왜 이렇게 가톨릭이 신협을 받아
들이는 데 적극적이었을까? 신자들
의 경제적인 삶을 구제하는 일이 그
만큼 중요했을까? 그렇지만은 않았
다. '일인은 만인을 위해, 만인은 일
인을 위해'라는 슬로건에서 드러나
듯이, 공동체 의식을 키우기 위해서
였다.

경향신문 소공동 사옥.
사진 제공: 〈경향신문사〉.

1960년대 도시의 모습은, 김승옥의 문제작 《서울, 1964년 겨
울》에서 적나라한 민낯을 드러냈다. 이제 겨우 스물을 갓 지난 젊
은이 둘이 선술집에서 술을 마시다 오늘 아내가 죽었다고 말하는
사내를 만난다. 사내는 함께 밤을 보내고 싶어 했지만, 젊은이 중
한 명은 따로 방을 잡자고 한다. 그런데 새벽에 일어나보니 사내가
죽어 있었다. 방을 따로 잡자고 한 젊은이는 사내가 자살할 줄 알
았는데도 일부러 내버려 둔 것이었다. 이웃에 대한 사랑이 없으니
사회에 대한 공동체 의식이 있을 리 없었다.

장대익 신부는 1959년 8월부터 드넓은 서울 지역과 인천 지역
가톨릭 신자들을 대상으로 신협운동 파종을 위한 구체적 행동에
들어갔다. 장대익 신부는 가톨릭 조직을 효율적으로 이용할 방도
를 찾고 있었다. 신협이 가장 필요한 사람은 아무리 적더라도 월급
을 받는 사람보다 장사를 하거나 품팔이를 하는 서민들이었다. 그

들은 당장 돈이 필요할 때가 많았고, 그러다 보니 고리채에 더욱 확실하게 노출되어 있었다. 장대익 신부는 서울대교구의 각 성당을 돌면서 미사가 끝난 다음에 신협에 대한 강의를 하기로 했다. 주일에는 미사만 드리고 외부 행동을 삼가는 게 보편적이었지만 그것을 뛰어넘었다. 전국의 가톨릭교회를 대상으로 강의를 이어갔다. 가브리엘라 수녀가 부산·경남 지역을 중심으로 한 것과 달리, 전국적으로 바람을 일으킨 것이다. 두 사람이 서로 협의를 한 것은 아니었지만 각자 활동 여건에 맞게 활동하다 보니 '신협 확산'에 대한 역할 분담 또한 자연스레 이루어졌다.

장대익 신부는 기회가 닿을 때마다 전국의 도시들을 찾아다니며 일반인을 상대로 신협을 알렸다. 신협에 관심이 많은 사람들이 교육을 해달라고 요청할 때 해주는 것이 아니라, 신협운동에 대해서 알지 못하는 사람들을 찾아가 들려준 것이다. 가브리엘라 수녀와는 조금 다른 행보다.

효율성으로 따지면 전자가 훨씬 높을 것이다. 그러나 장대익 신부는 신협이 필요한 곳이라면 그곳이 어디든 무조건 달려갔다. 장대익 신부가 신협을 전달하는 방식은 복음을 전달하는 방식과 닮아 있었다. 무조건적으로, 어떤 단서도 달지 않았다. 가톨릭 조직이라는 물길을 따라가긴 했지만 풀뿌리 민주주의처럼 결국은 사람들이 풀씨처럼 모여 신협을 만들어낸다는 믿음이 그 바탕에 있었기 때문이다.

장대익 신부의 강연을 들은 사람들 중에는 적극적으로 신협운동에 뛰어든 운동가가 많았다. 열정적이고 소탈한 큰 목소리, 격의 없는 호방한 성격, 신용협동조합에 대한 열정과 신념이 청중의 가슴을 단번에 휘어잡았다.

장대익 신부는 1959년께 루이스 장 신부라는 우군을 만났다. 루이스 장 신부는 파디 주교와도 잘 알고 있었으며, 1958년부터 자체적으로 모임을 가지고 신용협동조합운동을 연구하고 있었다. 이들은 이듬해 2월, 하상클럽에서 제1차 강연회를 연 뒤 그동안의 결과물을 《신용조합》이라는 책으로 묶어 세상에 내보낼 준비를 하고 있었다.

그러나 책 발간이 마무리될 즈음 모임을 이끌던 루이스 장 신부가 선종했다. 그 바람에 모임이 잠깐 중단되는 듯했지만 노기남 대주교의 지시로 협동경제연구회로 거듭나면서 모임은 다시 힘을 얻게 되었다. 이 모임에는 메리 가브리엘라 수녀도 관여하고 있었다. 신용협동조합이란 기치 아래 모든 조직과 개인의 노력이 하나가 되어갔다.

그러나 조합 형태로 태동하는 조직이 처음 뿌리를 내리기 위해서는 넘어야 할 산이 하나 있었다. 정부의 불필요한 오해가 그것이었다. 조합 형태에 대한 의심은 공산주의 혹은 사회주의에 대한 불신과 혐오에서 비롯되었다. 해방을 맞이한 뒤 관제적 하향식 조합에 반대한 농민단체나 민간 차원의 협동조합운동이 일어났지만 결과는 모두 실패로 끝났다.

새로 만들어지는 신용협동조합 또한 정부로부터 받을지 모를 불필요한 오해를 없애야 했다. 신용협동조합은 서민이 스스로 만든 자조 조직이며, 어떠한 정치적 색채도 없고, 운영은 자유민주주의적 방식으로 이루어지며, 캐나다와 미국에서 이미 성공을 거두었다는 점을 내세웠다. 가브리엘라 수녀와 장대익 신부는 이러한 신협의 정체성과 관련된 내용을 정부 관계자나 농협 관계자 등 관련자들을 만날 때마다 적극 알렸다. 이런 상황에서 서울과 부산의 가톨릭 조직이 후원해준다는 사실 또한 엄청난 상징성이 있었다.

이듬해인 1960년 이른 봄, 신용협동조합 탄생을 위한 그동안의 노력에 힘을 실어주는 좋은 소식이 하나 들려왔다. CUNA의 국제교도부CUNA International(WOCCU의 전신)* 차장인 카를로스 마토스가 내한한다는 것이었다. 가브리엘라 수녀가 CUNA에 마토스의 강연을 요청한 덕분이었다. 마토스는 필리핀 등 아시아 지역 순방길에 일정을 조절해 2월 말 내한하기로 했다.

마토스의 강연회는 협동경제연구회 주최로 서울에서 개최되었다. 신협운동에 열렬한 관심을 갖고 있던 노기남 대주교와 협동경제연구회, 각 본당 신부 등 30여 명이 참석했다. 신협 관련 행사 중 한국에서 열린 그 어떤 행사보다 규모가 컸다. 참석자의 절반가량이 귀빈이었는데, 이것은 사회 변혁에 영향력 있는 사람들이 그만큼 신협에 관심을 가지고 있다는 점을 뜻했다.

"한국에서의 신협운동은 낙관적입니다. 가톨릭 교우들끼리만이라도 신용협동조합이 잘 운영되면 CUNA에 가입할 수 있습니다. 또한, 원한다면 신협운동에 필요한 각종 자료나 팸플릿 등을 제공하겠습니다."

---

* 미국신협연합회는 1971년 세계신협협의회가 만들어지기 전까지 세계신협협의회 역할을 수행했다.

제2부 ―― 장대익 신부

민주금융과 신용조합. 김동호 기고. 1960년 4월 24일자 〈가톨릭시보〉 기사.
사진 제공: 〈가톨릭신문〉.

가톨릭중앙신협 조직 소식. 1960년 5월 22일자 〈가톨릭시보〉 기사.
사진 제공: 〈가톨릭신문〉.

신의 마음을 전한 신부

마토스의 제안을 들은 장대익 신부는 머릿속에서 맑은 종소리가 울리는 듯 가슴이 뛰었다.

마토스는 3월 7일, 무궁화호 열차 편으로 부산에 내려가서 한 번 더 강연할 예정이었다.

"한 발자국씩 작게 시작하십시오. 처음 시작할 때 대규모의 자금으로 시작하려는 경향이 강한데 그러면 실패합니다. 작고 단단하게 시작하다 보면, 조직이 넓게 퍼져나갑니다."

마토스의 조언은 코디 박사가 마지막으로 해준 말과 비슷했다. 작게, 천천히, 그러나 계속해서 전진하라. 아무리 작은 변화일지라도 힘을 잃지 않으면 변화가 변화를 이끌어가기 때문이다. 변화는 이미 성큼 진행되고 있었다.

활짝 열린 넓은 문, 가톨릭중앙신협

초여름의 해가 하늘 한가운데서 돌길을 달구고 있었지만, 계성여중 음악실로 향하는 발걸음은 경쾌했다. 1960년 6월 26일, 오후 2시. 한낮의 더위는 음악실을 꽉 채운 열기에 댈 바가 아니었다. 동의자 140명 가운데 80명이 참석해서 음악실을 꽉 채웠다. 노기남 대주교는 신용협동조합이란 같은 배를 탄 많은 양들을 아낌없이 축복해주었다.

"세상에 사는 사람으로서 경제를 무시하고 살 수는 없습니다. 내가 신협을 조직하기 위하여 몇 분들과 상의한 결과 가톨릭 정신에 부합하는 조직체로 성장 가능하다는 결론을 얻었습니다. 우리가 이 조합을 통하여 나 자신의 어려움뿐 아니라 다른 사람까지 도울 수 있다면 얼마나 좋은 일이겠습니까. 나아가 공산주의와도 대결할 수 있는 좋은 무기가 될 것입니다."

함께 참석한 예수회 출신으로 미국에서 온 바실 프라이스Basil M. Price(1923~2004) 신부도 신협운동이 한국에 반드시 필요하다는 점을 느꼈으며, 이 조직을 빨리 넓힐 것이 아니라 천천히 그러나 깊이 발전시켜나가야 국가와 이웃에 복지를 가져다줄 것이라고 축사를 했다. 가톨릭중앙신협 창립식은 성공적으로 끝이 났다.

장대익 신부는 가톨릭중앙신협 출범에 맞춰 1960년 6월 26일 〈가톨릭시보〉에 신협운동에 관한 소회를 실었다.

"신협운동은 이렇게 만민이 다 평등하고 자유하며 살기 위해서, 결함이 많은 제도, 특히 경제 체제를 개조하고 진정한 사회봉사와 민주주의에 입각한 새로운 경제 질서를 수립하는 것이다."

자본주의에서 진정한 경제민주주의를 실현하기 위한 대안이 신용협동조합운동이라고 생각한 것이다. 특히 장대익 신부는 '신협운동은 서민 대중을 위한 것'이며 낮은 데로 임하는 물길이자 당장 급한 불을 꺼주는 물길이라고 보았다. 은행에서 돈을 맡길 경우 이자가 1년에 8~10퍼센트였으니 빌릴 때 이자는 얼마나 높겠는가! 물가는 하루가 다르게 뛰는 데다 시장은 불안하기 짝이 없었다. 어

발족 앞둔 신용조합. 1960년 6월 26일자 〈가톨릭시보〉 기사.
사진 제공: 〈가톨릭신문〉.

1960년 가톨릭중앙신협 창립 기념사진.

제2부 ──── 장대익 신부

쩔 수 없이 스스로 더욱 꼭 끌어안고 위기를 넘길 수밖에 없었다.

모든 인간은 신 앞에 평등하다. 그러나 어느 순간, 모든 인간은 돈 앞에 평등하지 않은 세상에 살고 있었다. 1960년 실업률은 자그마치 34.2퍼센트, 실업자 수 240만 명이었다. 국내 산업시설이 밀집되어 있던 경인 지역 공장은 80퍼센트가 조업 중단 상태였다. 생산적 활동이 없는 사회에서 얼마 되지 않는 자원을 두고 경쟁이 일어나면 생산수단을 소유하지 않은 가난한 사람들은 가혹할 정도로 착취당할 수밖에 없다. 그 결과 연간 60퍼센트가 넘는 고금리가 만들어졌다. 전국적으로 분노와 아우성이 빗발칠 수밖에 없었다.

장대익 신부는 인간이 만든 이러한 불평등을 가급적 빨리 해결하기 위해 팔을 걷어붙였다. 성격이 시원시원하고 성미가 급한 장대익 신부는 누구나 쉽게 접근할 수 있도록 신용협동조합의 문턱을 낮췄다. 부산 지역에서는 신협 하나를 설립하기 위해 조합원 교육 5일, 임원 강습회 3일을 했지만 서울에서는 조합원 강습은 3일, 임원 강습은 하루 동안에 모두 이루어졌다. 서울이란 지역이 너무 넓은 데다 하루 벌어 하루 사는 사람들에게 시간은 곧 하루치의 목숨이었다. 그런 사정을 알다 보니 강습을 길게 할 수 없었다.

신용협동조합으로 향하는 문은 넓은 문이 좋을까, 좁은 문이 좋을까? 문이 넓으면 문턱이 낮아 아무나 들어올 수 있지만, 유대감은 약할 수밖에 없다. 반면 유대감을 높이면 문턱이 높아져버린다. 논리적으로 둘 다 만족시킬 수 있는 방법은 없었다. 시소처럼 한쪽으로 기울 때마다 잘 조절하는 수밖에 도리가 없었다.

중앙신용조합 창립총회. 1960년 7월 3일자 〈가톨릭시보〉 기사. 사진 제공: 〈가톨릭신문〉.

　　부산에서 신협운동을 하고 있는 메리 가브리엘라 수녀와 서울의 장대익 신부 모두 스타일에 따라서 조직을 만드는 방법과 운영 방법에 조금 차이가 있었다. 부산의 성가신협이 30명이 안 되는 인원으로 출발했다면 서울의 가톨릭중앙신협은 그 3배에 가까운 80명의 인원으로 출발했다. 서울에 사는 가톨릭 신자라면 누구나 조합원 자격이 있었다. 또한, 새로 가톨릭에 가입하는 사람도 기꺼이 조합원으로 받아들이기로 했다. 이런 결정에는 장대익 신부의 판단이 크게 작용했음은 물론이다. 돈을 빌리기 위해서라도 당장 가톨릭 신자가 되어 가톨릭중앙신협 조합원 자격을 획득할 판이었다.

장대익 신부는 왜 이렇게 파격적인 방법을 선택했을까? 가브리엘라 수녀는 늘 도움을 주는 입장이었지만 장대익 신부는 가난한 유학생으로 도움을 받는 입장에 많이 서 보았다. 받는 입장에서는 아무리 적은 돈이라도 천금 같고, 필요한 순간에 빨리 받는 것이 중요하다. 그래서인지 장대익 신부는 돈이 필요한 사람이 보이면 아무 조건 없이 주머니에 있는 돈을 다 털어주곤 했다. 본당 공사 기금을 마련하려고 인천에서 온 신자회장에게 그날 주일헌금으로 받은 돈을 세어보지도 않고 집어서 주어버린 적도 있었다. 협동조합의 운영에도 이런 장대익 신부의 성품은 알게 모르게 작용했다.

사랑의 확산 방식

|

장대익 신부는 많은 돈을 가진 부자가 되어야만 기부를 할 수 있는 것이 아니듯 조직도 그러하다고 생각했다. 가톨릭중앙신협은 가브리엘라 수녀와 달리 강습을 진행할 만한 조직도 인력도 갖추지 못한 상태였다. 그렇더라도 우선 씨를 뿌린 뒤에 하나하나 채워나갈 생각이었다.

협동경제연구회를 중심으로 가톨릭중앙신협이 결성되자, 노기남 주교는 장대익 신부를 지도신부로 삼았다. 장대익 신부는 신협 조직 운영자금 마련을 위한 임무까지 수행해야 했다. 노기남 주교는 그 첫 임무로 홍콩 출장을 지시했다.

"신협을 운영하려면 운영자금이 필요할 것입니다. 미제레오르 재단 홍콩 지부를 찾아가서 편지와 함께 우리가 지금 하고 있는 일을 전하고 지원을 요청해주십시오."

장대익 신부는 노기남 주교의 편지를 받아들고, 당장 홍콩으로 날아갔다. 미제레오르 재단은 독일의 구호단체로 아시아 지역을 관할하는 재단 사무실이 홍콩에 있었다.

두드리면 열리리라! 그러나 두드리는 것은 언제나 용기를 필요로 한 일이다. 미제레오르 재단은 1958년 서독주교회의가 구성한 기구로, 개발도상국의 기아, 문맹, 빈곤, 실업 퇴치 사업을 원조하고 있었다. 독일도 제2차 세계대전의 악몽에서 벗어나는 중이었지만, 독일 정부는 패전 후 외국의 원조로 다시 일어선 만큼 그 은혜를 갚는다는 뜻에서 개발도상국을 지원하는 데 적극적이었다.

서독 주교들은 신자들에게 그리스도의 고통에 동참하라고 독려했다. 자신들이 누리고 있는 돈과 같은 물질적 풍요를 나눠줌으로써 서독 국민에게 생활양식의 변화를 촉구한 것이다. 미제레오르 재단 기금의 절반 정도는 서독 전역에서 신자들이 예수님의 고통에 동참하는 사순절 시기에 낸 특별헌금이었다. 이 특별헌금에다 독일 교회에서 일부를 부담하고, 독일 정부에서도 개발원조 지원금을 내어 미제레오르 기금을 만들었다.

한국으로 지원되는 구호사업의 원조재원들은 대부분 가톨릭 신자들을 통해 마련되었다. 가톨릭구제회는 미국 가톨릭 신자들이

필리핀에서 개최된 아시아 신용협동조합 대회.

가톨릭신용협동조합 제2회 정기총회 기념사진.

마련한 재원이 바탕이다. 그들은 추수감사절에 구호물품을 수집하고, 사순절 제4주일을 구호모금일로 정해 돈을 모았다. 오지리부인회로 알려진 오스트리아 가톨릭부인회는 평범한 신자들이 '한국의 날'을 정해 한 끼를 금식함으로써 기금을 모았다. 기금은 고아원, 한센병 환자 치료 병원, 여성 근로자 기숙사, 미망인을 위한 기술교육 등 재건을 위한 곳에 쓰였다.

사랑이 감동적인 이유는 그것이 퍼져나가는 방식이 특별하기 때문일 것이다. 사랑은 받은 만큼 더 많은 사랑으로 되돌려준다. 장대익 신부는 미제레오르 재단에 한국신협을 지원해줄 것을 호소했다.

"우리가 오늘 지원을 받은 것처럼 가까운 내일에 신협의 뿌리를 내리려는 다른 나라에 기꺼이 지원하겠습니다. 그때까지만 사랑을 나눠주십시오."

미제레오르 재단은 흔쾌히 지원을 약속했고, 이 지원금 덕분에 가브리엘라 수녀가 마포구 동교동에 협동교육연구원을 설립할 수 있었다. 신협운동을 계속해나갈 수 있는 토대가 마련된 것이다.

서울과 부산에서의 신용협동조합운동은 가톨릭이라는 더욱 깊은 뿌리를 가지고 펼쳐지고 있었고, 사랑은 지역과 조직을 뛰어넘어 확산되고 있었다.

신부님, 신부님, 지도신부님!

부산에서 일어난 성가신협과 서울에서 일어난 가톨릭중앙신협은 같은 듯 달랐다. 장대익 신부는 가톨릭중앙신협의 지도신부였다. 그러나 성가신협에는 지도신부가 없었다. 지도신부 제도는 가톨릭이 신협 한가운데 접목되어 있음을 보여준다. 그런데 신용조합 확산에 있어 왜 가톨릭이란 토양이나 줄기가 필요했을까?

> "자선은행의 의의보다는 가톨릭을 붙인 데 더 많은 관심을 보내지 않을 수 없다."

이것은 1960년 6월 19일자 〈가톨릭시보〉에 밝힌 가톨릭중앙신협 발족의 의의다. 사실 신용조합이란 본래 직업 혹은 동일한 거주지역 등 밀접한 유대를 바탕으로 한다. 가톨릭이란 토양 아래서는 신자단체들의 상호부조 형식이 존재하고 있었다. 그러다 보니 "어떤 본당에서는 오랜 전통까지 유지하면서 명목만 달리할 뿐 실상은 신용조합으로 손색없는 기능을 발휘하고 있는 경우가 있다"는 주장도 나왔다.

서로 비슷한 성격을 가진 두 단체인 가톨릭과 신용협동조합이 결합한 이유는 거기에 몇 가지 이점이 있어서다. 이날 〈가톨릭시보〉 사설을 보면 그 기대감을 엿볼 수 있다.

> "……신용협동조합이란 이름 아래 보다 철저한 감독과 주의

를 기울일 수 있겠다는 것이다. 대여금(대출금)의 성격과 조건을 위원들이 공동으로 살펴나갈 수 있으니 대여금(대출금)의 회수력, 다시 말하면 돈 가져간 사람이 갚을 만한 능력이 있느냐 하는 것과 동시에 그 자금이 유용하게 활용되고 있느냐 하는 것을 공동으로 결정할 수 있다. 둘째, 조합은 완전한 사무 체계를 가지고 있다. 장부나 보고서가 일정한 규칙을 갖추고 있어 기록, 계산 등의 착오를 일으킬 수 없다. 셋째, 조합 운영의 합리화와 조합의 이익을 도모할 만한 지도위원 제도가 있어 부단히 조합활동을 자극할 수 있음을 열거할 수 있다. 이 같은 제도로서 완전할 뿐 아니라 조합원에게만 대여를 허용하며, 이자는 최소한으로 정하고 또한 그런 이자의 수입은 조합원의 저축액에 배당해주고 있는 것이다……."

사람들은 가톨릭의 정신에 협동조합이라는 운영기법이 결합된다면 더욱 단단한 조직으로 성장할 수 있을 거라고 기대했다. 개척기의 신협 조직 확산에 가톨릭의 기여는 큰 역할을 했다. 장대익 신부의 확고한 신협 조직 이념과 노기남 대주교의 의지로 대표되는 주교단 회의의 '사목 활동 지침의 하나로서의 신협 조직 승인'이 그 증거다.

천주교 제도권의 의지는 명동천주교회 중심으로 모인 가톨릭중앙신협과 인천답동본당을 중심으로 한 가톨릭답동신협으로 뻗어나갔다. 또 부산에서는 초량천주교회가 중심이 된 성우신협이, 강원도에서도 원주천주교회가 중심이 된 원주신협이 만들어진다. 황

中央信用組合 發足의 意義

社說

가톨릭 중앙(中央)신용조합(信用組合)이 그간 제반준비를 마치고 곧 창립총회를 가진다고 전한다。거기는 지도신부가 있고 이미 그 관계에 정통(精通)한 인사들이 적극으로 나서서 참여(參與)하고 있을뿐아니라 노(盧基南)주교의 권장까지 있으니 반드시 제외국(諸外國)의 그것과 동일한 발전을 기약할수 있을 것으로 믿어 과함이 없을줄안다。

신용조합은 그조합원으로 하여금 첫째는 검약(儉約)의 정신을 높이고 둘째는 유용(有用)한 목적에 융자(融資)하는 원천(源泉)을 장만하자는 것이다。

신용조합이 본래 직업 협회 또는 동일 지역에 거주(居住)하는 등 서로 밀접한 유대(紐帶)아래 있는 사람들간에 상호부조(相互扶助)의 실(實)을 얻자는데서 출발한 것인만큼 가령 한회사(會社)의 종업원이라든가 어쨌든 친밀히 지날수 있는 사람들끼리 서로 입을수 있는 혜택을 이런 조합의 형식으로 더욱 효과있게 나누어 가자는 것이라 할수 있다。이와 같은 뜻과 동일한 방법으로 신자단체인 교회안에서、보다。완전한 신용조합을 운영해갈수 있음은 너무나 당연한 일이다。

이런 상호부조의 형식은 재래 우리고유(固有)의 것으로도 수많은 종류가 있고 방금 어떤 본당에서는 오랜 전통까지 유지하면서 명목만을 달리할뿐 실상은 신용조합으로 손색없는 기능을 발휘하고 있다는 말도 듣고있다。

그런데 무엇때문에 「가톨릭신용조합」이란 명목을 빌려야만 하느냐하는데 몇가지 생각해볼 여지가 있는 것이다。첫째 「신용조합」이란 이름아래 보다 철저한 감독과 주의를 기울일수 있겠다는 것이다。대여금(貸與金)의 성격(性格)과 조건(條件)을 위원(委員)들이 공동으로 살펴나갈수 있으니 대여금(貸與金)의 회수력(回收力)、다시말하면 돈가져간사람이 갚을만한 능력이 있느냐 하는거와 동시에 그 자금(資金)이 유효하게 활용되고 있느냐 하는것등을 공동으로 결정할수 있다。둘째 조합은 완전한 사무체계(事務體系)를 가지고 있다。장부(帳簿)나 보고서가 일정한 규격을 갖추고 있어 기록 계산등의 착오를 일으킬수 없고 셋째 조합운영의 합리화(合理化)와 조합의 이익(利益)을 도모할만한 지도위원(指導委員)의 제도가 있어 부단히 조합활동을 자극(刺戟)시킬수 있음을 열거할수 있다。이같이 제도로서 완전할뿐아니라 조합원에게만 대여를 허용하며 이자(利子)는 최소한으로 정하고(외국의 例로서는 月利 1%를 넘지 못한다) 또 그런 이자의 수입은 조합원의 저축에 배당(配當)해 주고 있는 것이다。대여는 또한 조합원의 긴요(緊要)한 목적과 반드시 생산성(生産性)있는 목적에 한(限)하고있다。긴요한 목적이란 가사(家事)에서나 신변(身邊)에 피치못하는 돈쓸사정을 말한다。생산성 있는 목적은 필히 조합원에게 혜택이 돌아갈수 있어야만 하는 것으로 되어있다。

우리는 「신용조합」의 이상(理想)이나 그 실용(實用)을 천명하자는 것은 아니다。이번 가톨릭 중앙신용조합이 당당한 창립총회를 가지게 되었고 또 한국서 처음 서느니만큼 우선 그 탄생을 축하함과 아울러 「중앙」「신용조합」이란 위치(位置)와 의의(意義)를 크게 평가(評價)하는 바이며 그 앞날에 적지않은 기대마저 걸고 있음을 밝히고자 한다。앞서 말한대로 지도신부 아래 그 탄탄한 기반을 먼저 닦은 다음 돌다리를 두들기듯하여 비로소 발족의 단계에 선것으로 미루어 본배에 이만한 평가와 기대가 결코 과분치는 않을줄 안다。다만 이번기회에 앞으로 세워진 가톨릭 중앙신용조합에 대하여 첫째 상당한 계몽기간을 가져달라고 하는바이다。뭣때문에 가톨릭신용조합이라 한것인지 일반이 주지(周知)할수 있는 선전에 인색하지 말것이고 둘째 적어도 수개소의 모범 신용조합을、두어 능히 본보기로서 손색이 없도록하여 선전의 내용과 부합케 할것이며 셋째 중앙이란 이름에 어긋나지 않는 권위있는 지도위원회를 가져 달라는 것이다。가명과 지방에서 이방면에 대한 관심과 의욕이 있는이로서 문의(問疑)가 있을때는 친절한 해답을 해줄수 있어야 할것이다。

또한 우리고유의 실태(實態)를 족히 파악하며 도시와 농촌의 또 지역사회의 실정을 계속적으로 측정(測定)해가는데 많은 비용과 시간을 던질만한 준비가 있어야 할것이다。방금 제주도에서 실효(實效)를 거두고 있는 가축은행(家畜銀行)、어민(漁民)、농민(農民)등의 협동조합의 운영실황을 참고하여 교류(交流)책을 세우는것도 좋을것이다。우리는 신용조합이、자선은행(慈善銀行)으로서의 의의(意義)보다「가톨릭」을 부친데 많은 관심을 보내지 않을수 없는것이다。

중앙신용조합 발족의 의의. 1960년 6월 19일자 〈가톨릭시보〉 사설. 사진 제공: 〈가톨릭신문〉.

간천주교회의 황간신협, 예산천주교회의 예산신협, 대동천주교회의 한밭신협, 창일동 천주교회의 이리성심신협 등 1962년 9월 말까지 만들어진 21개의 조합 중 16개가 천주교 본당 중심이었다. 이 사실을 보면 천주교회가 얼마나 신협 조직 확대에 관심과 지원을 아끼지 않았는지 알 수 있다. 그리고 본당에 만들어진 신협에는 지도신부가 있었다.

장대익 신부와 노기남 대주교가 함께한다는 것은, 실로 어마어마한 사건이었다. 이런 일이 가능했던 것은 신협이 가진 자립, 자조, 근면 정신 외에도 이웃을 긍휼히 여기는 마음, 즉 인류애 덕분이었다. 본질이 크게 다르지 않았기에 신협은 가톨릭을 중심으로 확산되어갔다.

누가 나와 함께 갈 사람 없어?

|

"조금씩 조금씩 천천히 하되, 계속해서 확실하게 하십시오."

코디 박사의 조언대로 가톨릭중앙신협은 걸음마를 배우는 아이처럼 천천히 나아갔다. 부산 성가신협처럼 교도봉사원이 없다 보니 더욱 더딜 수밖에 없었다. 그 대신 서울과 인천의 각 교구 본당을 중심으로 서서히 관심을 받아가는 중이었다.

장대익 신부는 서울, 인천, 대구 등 전국 본당을 잰걸음으로 돌며 신용협동조합에 대해 설명했지만, 처음에는 개념 자체가 낯설어 호응이 낮았다. 조선왕조 500년 동안, 그리고 뒤이은 몇 사람의 대통령도 가난을 구제하지 못한 판에 돈도 권력도 없는 키 작은 신부님이 자신이 제시하는 방법만 따르면 가난에서 벗어날 수 있다고 외쳤으니 반신반의할 만했다.

그러나 순회강연을 하는 동안 점점 입소문이 나면서, 확신도 더 해졌다. 단지 조금 더 잘 살기 위해서 인도해주는 방향으로 노력만 하면 되니, 한번 해보자는 심정이었다.

"가난 구제는 나라님도 못 합니다. 가난과 빈곤을 이겨내는 일은 쉽지 않았지만, 오직 모든 사람이 가난의 구렁에서 헤어나 평등하고 행복하게 살아야 한다는 한 가지 이상만으로 나는 꿋꿋하게 이 일을 계속합니다."

장대익 신부의 열정과 고집은 사람들의 가슴 깊숙한 곳을 두드렸다.

장대익 신부는 신협을 전파하기 위해 종교의 벽도 뛰어넘었다. 개신교 예배당도 마다하지 않고 달려갔다. 출강하는 가톨릭대학과 효성여대, 서강대 등에서 학생들을 대상으로 한국 사회를 어떻게 이끌어가야 할지 열변을 토하는 것도 부지기수였다. "모두 변해야 한다"는 장대익 신부의 말은 그야말로 강력한 주문이었다. 장대익 신부가 신협을 사회 변화의 대안으로 생각한 것은 다음과 같은 이유 때문이었다.

'재산 분포가 고르지 않은 사회에서는 대체로 실업자가 많고

고리대금업이 성행한다. 그러면 사회가 불안정해지고 사회악
이 발생한다.'

모든 일에는 원인이 있다는 걸 장대익 신부는 강의실이 아닌 현
실에서 배웠다. 사회학 공부를 중도에 접고 한국으로 온 이유도 하
루바삐 한국 사회를 '인간을 위한 사회'로 만들고 싶었기 때문이
다. 장대익 신부가 보기에, 신용협동조합운동은 단순히 잘 사는 운
동이 아니라, 사회적 불평등을 해소하고 사회적 문제를 해결하는
방안이었다. 고리대에서 2부로 이자를 낮추는 것은 그 어떤 제도
적 대책보다 효과 면에서 강력한 힘을 발휘했다.

많은 사람이 복권처럼 어느 날 갑자기 주어지는 '행운'을 좋아
한다. 그러다 보니 너도나도 네 잎 클로버 찾기에 바빴다. 네 잎 클
로버가 행운을 상징한다면, 세 잎 클로버는 행복을 상징했다. 미래
를 준비하는 근검절약 정신과 서로 돕고 의지하는 협동정신을 기
르면 누구에게든 진정한 행복이 찾아온다. 장대익 신부는 행운이
아니라 행복이 늘 주변에 있는 삶을 위해서 코디 박사의 말처럼 천
천히, 계속해서 이 운동을 해나가는 것이 필요하다고 대중을 설득
해나갔다.

물론 모든 사람이 장대익 신부의 말에 귀를 기울이는 건 아니었
다. 그러나 장대익 신부는 단 10명만 있더라도 강연을 했다. 한 명
이라도 조합원이 늘어날수록 사회 변화에 그만큼 더 가까이 다가
간다고 생각해서다. 장대익 신부는 한 사람 한 사람의 삶이 결국은
한국 전체를 바꿔놓을 것이라고 믿은 낙관주의자이기도 했다.

'이 운동은 널리 퍼져야 한다. 어떤 조건을 두어서도 안 된다.'

코디 박사의 말을 실천하기 위해서, 장대익 신부는 지치지 않고 오른발과 왼발을 번갈아 디뎠다. 기차로 버스로 차로, 전국을 누비며 수백 차례가 넘는 강연을 이어갔다.

진심은 사람의 마음을 움직이는 법이다. 신용협동조합에 가입하려는 사람들이 늘어나자 1960년 겨울, 장대익 신부는 결단을 내렸다. 달리아dahlia나 튤립tulip의 구근을 나누듯이 조직을 확산시킨 것이다. 장대익 신부는 이미 결성되어 있는 가톨릭중앙신협을 분할하기 위해서 신협 교육을 부산의 박희섭, 이상호 두 사람에게 맡겼다. 가브리엘라 수녀의 밀알들인 두 사람은 열흘간 서울에 머무르면서 신협 분할교육을 실시했다. 이들은 장대익 신부의 분할계

돈암동신협이 처음으로 가톨릭중앙신협에서 분리됐다. 1960년 12월 4일자 〈가톨릭시보〉 기사. 사진 제공: 〈가톨릭신문〉.

가톨릭중앙신협 1주년 맞아 크게 발전. 1961년 7월 16일자 〈가톨릭시보〉 기사. 사진 제공: 〈가톨릭신문〉.

획에 따라 돈암동 천주교회부터 교육을 시작했다. 가톨릭중앙신협 조합원 중 돈암동신협으로 가는 사람에게는 기존의 출자금과 대출금을 그대로 양도할 계획이었다.

두 번째로 분할교육을 실시한 곳은 신당동 천주교회였다. 이곳에서는 50명 정도의 조합원이 참석했는데, 서강대 교수로 재직 중인 바실 프라이스 신부가 매일 저녁 참석해서 녹음기에 강의 내용을 빠짐없이 녹음하곤 했다. 서강대학교 학생들에게 협동조합의 내용을 들려주고, 학생 신용협동조합을 만들기 위해서였다. 이렇게 해서 훗날 서강대학교 교수 및 학생을 공동유대로 한 신용협동조합이 탄생하게 되었다.

결산면서 본 신조운동. 1961년 2월 5일자 〈가톨릭시보〉 기사. 사진 제공: 〈가톨릭신문〉.

제2부 ──── 장대익 신부

또한 장대익 신부는 신협운동에 관심을 가지는 사람들 중에서 신협운동을 이끌어갈 평신도 지도자를 찾는 데 몰두했다. 제자로 삼아서 보좌신부들에게 하듯이 시원하게 한번 말해보는 것이 소원이었다. 평소에는 깍듯이 존댓말을 쓰다가도 친해지면 구수한 반말이 튀어나오는 게 장대익 신부의 말버릇이었다. 간혹 "어드레?" "지랄하누나" 같은 평안도 사투리와 비속어도 튀어나오곤 했다. 이런 말의 세례를 받는 사람은 장대익 신부가 특별히 신임하는 이들이었다.

평신도 지도자로 장대익 신부의 눈길을 끈 첫 번째 사람은 박희섭이었다. 노동부에서 일하던 박희섭에게 신협에 대해 설명해주고, 캐나다에 가서 공부해보라고 권한 이도 장대익 신부였다. 유학을 할 수 있게끔 정부에서 지원금을 타게 하고, 서류를 만드는 등 구체적인 도움도 주었다. 차분하고 말이 없는 박희섭에게 유학 생활에 대해서 들려주기도 했다.

부산 출신인 곽창렬에 대한 지원도 아끼지 않았다. 그는 장대익 신부의 지원에 힘입어 오하이오 주립대, 코디국제연구소 등으로 유학을 떠났다. 서강대 강연을 계기로 가까워진 임진창 교수 또한 지원의 수혜자였다. 장대익 신부는 일찌감치 그의 인물됨을 알아보고 코디국제연구소로 보내 교육을 받게 했다. 임 교수는 후에 화곡본당 총회장과 평신도협의회 회장 같은 가톨릭 활동을 하고 신협중앙회 이사 등을 지내며 신협의 확산을 돕는다. 이들 중에서 박희섭, 곽창렬 등은 유학을 마친 뒤 가브리엘라 수녀의 유능한 협조자가 된다.

"누가 나와 같이 함께 갈 사람 없어?"

키는 작지만 발걸음이 잰 데다 성큼성큼 걷다 보니 아무도 장대익 신부의 걷는 속도를 따라잡을 수 없었다. 그런데도 그는 늘 주변 사람들에게 함께 가자고 성화를 하며 신협운동을 이끌어갈 평신도 지도자들을 발굴하고 양성해냈다. 그리고 결국은 함께 가는데 성공했다.

11장

두려움을 이기고
마음을 모으며

다름과 같음

서울과 부산의 두 줄기 신협 조직은 같으면서도 분위기가 조금 달랐다. 수장인 장대익 신부와 가브리엘라 수녀의 성격이 반영되었다는 농담이 나올 정도였다. 가브리엘라 수녀는 꼼꼼하고 정확한 성격으로, 조직관리의 달인이었다. 1962년 10월 14일, 국제신용협동조합의 날 행사가 서울과 부산에서 모두 열렸는데, 자세한 내용을 보면 조직관리의 모습을 엿볼 수 있다.

부산에서는 협동조합교도봉사회와 경남도지부 주최로 기념식을 가졌으며, 뉴스레터를 발간하는 등 이 행사를 새로운 도약의 기회로 삼았을 뿐 아니라 상징성까지 부여했다. 행사는 개회식, 국민의례, 환영사, 지난 1년간의 발전상 보고, 축사, 상장 수여, 기념연설, 메리 가브리엘라 수녀에 대한 꽃다발 증정, 신용협동조합 노래, 전국신용협동조합으로부터의 통신 발표, 여흥으로 구성되었다. 여흥도 노래와 협동조합 7개 원칙을 가지고 구성한 연극 공연, 다과회 및 오락 등으로 나뉘어 짜임새 있게 진행되었다. 참석 명단도 철저히 관리해서 장병화 부주교를 비롯해 메리놀수녀회 원장수녀와 수녀 10명, 이효상 박사 등 내빈과 전국 17개 신협 대표 200명이 참석했다.

"세계 62개국 1,600만 조합원이 기념하는 국제신용협동조합의 날을 우리 한국에서도 기념하게 되어 감개무량하게 생각합니다. 약 2년 전에 싹튼 신용협동조합이 놀라운 발전을 가져와 17개 조합에 조합원 수 1,579명으로 증가하였습니다. 서로 도와 잘 살자는 금년도 표어와 같이 우리가 먼저 남을 도우면 그 대가로 도움을 받게 될 것이며, 우리가 먼저 노력하면 하느님과 정부에서도 도움을 주실 것입니다. 우리는 지금 만족하지 말고 한국 2,400만 전 국민이 우리 조합원이 되어 다 같이 행복하게 살 수 있는 나라를 만듭시다."

가브리엘라 수녀의 축사 또한 공식적인 자리에 잘 들어맞았다. 조직원들에게 자부심과 유대감을 불어넣고, 조직의 정신을 한 번 더 되새기게끔 한 것이다. 그야말로 교육적인 효과가 큰 기념식이었다.

반면 장대익 신부는 국제신용협동조합의 날 행사를 조금 파격적인 방식으로 치렀다. 장대익 신부는 10월 셋째 주 일요일, 가을

국제신협의 날 기념 축사를 하는 장대익 신부.

단풍이 절정일 때 양주군 소요산 일대에서 행사를 벌였다. 이런저런 사정 탓에 날짜가 늦춰졌지만 결과만 놓고 보면 단풍놀이하기에 좋은 장소와 날짜에 행사가 열린 셈이었다.

참여자들은 가톨릭중앙신협과 이곳에서 분리되어 나간 신당동 및 돈암동신협 조합원과 그 가족이었다. 10월 24일, 조합원과 가족 약 200명은 오전 10시 30분에 소요산을 20리 앞둔 동두천 군부대 성당에서 모여 장대익 신부 집전으로 기념미사를 드렸다. 장대익 신부는 그러고 나서 "미사가 끝났으니 이제 복음을 전하러 갑시다"라고 해야 하는데, "미사가 끝났으니 등산하러 갑시다"라고 해서 행사장을 웃음바다로 만들었다. 조합원 가족들은 가을 소풍을 온 것처럼 손을 잡고 소요산으로 등산에 나섰다. 뒤이어 체육대회와 오락 행사가 이어졌다. "쾌청한 날씨에 다채로운 프로그램으로 신협정신 함양과 신체단련에 유익한 하루를 보냈다"라는 게 이날의 짧은 기록이다. 하지만 행간을 읽으면 그동안 먹고살기에 바빠 가족 나들이도 제대로 못 한 서민들에게 소중한 추억을 만들어 주려는 의도가 깔려 있었다는 사실을 알 수 있다. 도깨비 신부님이란 별명에 걸맞게 어디선가 툭 하고 나타나 행복한 하루를 선물해준 것이다.

조직관리를 중요시하느냐 사람 관리를 중요시하느냐의 차이는 같은 행사를 하더라도 이렇게 다른 모습으로 나타났다. '자유하면서 즐겨라!' 격식에 얽매이지 않은 장대익 신부는 신협의 여가 문화를 삶 속에 접목하기를 소망했을 것이다. 하루 종일 맛있는 음식을 먹고 마음껏 노래를 부르며 좋아하는 운동도 하면서 삶의 고단함을 날려버리는 일이 더없이 중요하다고 생각했고, 이처럼 조합원들에게 삶의 활기를 누리게 하는 문화도 신협을 통해 함께 만들어가려고 노력한 것이다.

새로운 도약을 앞두고

전국에 흩어져 있는 개개의 신협 조직을 하나로 관리하는 연합회 혹은 중앙회가 생긴다는 사실은 무엇을 의미할까? 바로 신협 조직이 그만큼 커졌기 때문에 이제는 보다 전문적인 관리가 필요하다는 사실을 뜻한다. 이런 논의가 시작될 무렵, 장대익 신부는 이제 뒤에서 조직을 지원하는 게 자신의 역할이라고 생각했다. 5년 동안 신협 하나만 바라보며 줄기차게 달려왔다. 이 고난에 찬 민족을 구원하고자 기도했을 때 그의 머릿속에 떠오른 생각은, 날 때부터 가난하게 태어났거나, 육신과 정신이 병이 들어 절망에 빠졌거나, 노력하며 살고 있지만 사기를 당했거나, 어느 날 갑자기 불행을 당해 빚에 허덕이는 사람들을 구원하자는 것이었다. 스스로 일어나는 게 힘에 부치므로, 그들끼리 풀뿌리 같은 힘을 합해서 일어나게 하자는 것이었다.

그러는 동안 어려움을 당하기도 했다. 특히 서울 지역의 신협운동은 5·16군사정변이 시작되면서 위기에 봉착했다. 1961년 그해

1962년 아시아 신협인 연수회에 참가한 장대익 신부.

의 신록은 여느 해와 다름없이 눈부셨지만 전국에 계엄령이 내려지고, 많은 학교와 신문사가 압수수색을 당했다. 거리에는 새로운 시대가 왔다는 기대와 불안이 공존했다.

박정희 육군 소장이 내건 소위 혁명공약 가운데 눈에 띄는 것은 '절망과 기아선상에서 허덕이는 민생고를 시급히 해결하고' '퇴폐한 국민도의를 바로잡는 것'이었다. 여기에 반대할 국민은 없었다. 다만 신협은 이미 가난한 사람들끼리 뭉쳐서 그런 일을 하고 있었다. 그런데 상은 못 줄망정 마른하늘에 날벼락 같은 일이 일어났다.

그해 경향신문 건물이 1층부터 꼭대기 층까지 압수수색을 당했다. 그 바람에 501호에 있던 신협도 압수수색을 당해 관련 자료를 모두 빼앗겼다. 각종 서류는 물론 한쪽에 수북이 쌓아놓았던 신협 문답집까지 사라져버렸다. 급작스럽게 당한 압수수색이라 미처 대처할 틈도 없었다. 신협의 일은 경향신문사와는 관련이 없었지만, 그 어떤 서류도 돌려받지 못했다. 그 바람에 가톨릭중앙신협 자료가 모두 증발되어 찾을 길이 없어졌다. 인천 답동조합의 경우 69명의 조합원이 얼마나 출자금을 냈는지, 또 몇 명이 얼마나 대출해 갔는지 기록한 자료가 모조리 없어져버렸다. 거대한 지진처럼 흔들림은 오래 갔다.

조심스럽긴 하지만 신협운동도 사업이었으므로, 성공과 실패, 공功과 과過 같은 판단을 내릴 수 있을 것이다. 1962년에만 23개의 신협을 만들 정도로 조직을 착실히 확장해온 부산과 달리 서울은 외풍에 흔들리는 바람에 조직 확대가 주춤했다. 그 와중에도 가톨릭중앙신협의 규모가 점차 커져 신당동과 돈암동으로 분리하는 등의 성과가 없지는 않았다. 그러나 분리하는 과정에서 분리를 원치 않는 조합원이 생기는 등 진통이 일기도 했다.

물론 장대익 신부는 한 번도 서울에서의 신협운동이 실패했다고 생각지 않았다. 신용협동조합운동의 성격상 짧은 기간에 실패와 성공을 판가름할 수 없기 때문이었다. 신협운동은 그 자체로 보이지 않는 뿌리가 되어 확산해나가는 중이었다. 자조, 근검, 절약의 정신은 사회 전반으로 뻗어나갔다.

그러나 조직 운영에만 초점을 맞추어보면, 서울·경기 지역에서 벌어진 신용협동조합운동은 절반의 성공이었다. 가브리엘라 수녀의 밀알로서 협동조합교도봉사회에 소속되어 있던 이상호는 몇 가지 중요하지만 뼈아픈 지적을 했다. 이상호는 회계사이자 훗날 신협연합회장 등을 역임하기도 했다. 그가 실패 원인으로 지목한 이유는 회계사의 시선으로 보면 사실 예견된 것들이었다.

"첫째, 조합원 간에 공동유대가 너무 약했다. 그 바람에 출자금을 회수하고, 대출금을 상환받는 데 어려움이 컸다. 둘째, 조합원 교육이 없다 보니 신협 정신에 대한 교육이 모자랐다. 조합에 가입하는 사람 중에는 오직 대출을 목적으로 가입하는 사람이 있었고, 이런 사람일수록 저축은 덜했다. 셋째, 조합원과 임원들의 자주정신이 약했다. 넷째, 임원들이 소임을 다하지 않고 소극적이었다. 다섯째, 협동경제연구회 회원들이 신협을 조직하고 확산할 능력을 갖추지 못했다."

이런 비판을 들을지라도 가톨릭중앙신협은 그 자체로서 큰 의의가 있다. 부산과 별도로 신협운동의 씨앗이 서울 지역에 자생적으로 뿌려졌다는 점이 그것이다. 자생 조직이라는 점이 왜 중요할까? 이는 평양교구와 관련이 있다. 가톨릭중앙신협은 1958년 장홍선 신부와 김동호의 평양교구 월남 신자들이 구제를 위해 모인 협동경제연구회와 하나가 된 합일체다. 한반도의 남과 북에서 동시에 순수 민간운동으로 협동조합운동이 일어났다는 사실은 의미심장하다. 긍휼히 여겨 구제한다는 가톨릭의 정신이 안에 숨어 있는 것이다.

조합의 성공만을 고려한다면, 조합원 간의 유대를 보다 강화해 나가고, 또한 필요한 사람에게 돈을 줄 게 아니라 꼭 갚을 능력이 되는 사람에게만 빌려주면 된다. 저축액이 일정 기간 일정액 이상 되지 않으면 대출에 제한을 두는 조건을 걸면 간단하다. 그러나 장대익 신부는 번번이 서민들이 처한 현실에 주목했다. 그래서 대출금을 갚을 수 없는 가난한 처지의 사람들도 돈을 빌려 갔다. 그로 인해 악성 채무가 늘어날 거란 사실은 누구든 능히 짐작할 수 있었다.

장대익 신부는 지금은 조합원들의 사정이 절박하지만, 어느 시기에는 이런 실패를 넘어서는 순간이 올 것이고 믿었다. 성공을 위한 밑거름이 된다면 실패도 의미 있을 거라고 생각했다. 짧은 시간 안에 모든 것을 할 여력은 없었다. 서울에는 협동조합교도봉사회 같은 조직이 아직 없었고, 장대익 신부는 안타깝지만 그 문제는 다음 사람이 극복해야 하는 몫으로 남겨두기로 했다.

그리고 당장 장대익 신부가 신용협동조합운동에서 손을 떼어야 하는 상황이 닥쳐왔다. 급박하게 이민단을 인솔해 브라질에 가서 그들에게 삶의 터전을 만들어주는 임무가 주어졌기 때문이다. 이로써 가톨릭중앙신협은 장대익 신부의 영향력에서 완전히 벗어나게 된다.

브라질 정글에서 살아남기

'……브라질 당국이나 교회 당국에서 꼭 신부 한 분을 인솔자로 보내달라고 요청하고 있습니다. 우리 이민단 실정으로 보더라도 꼭 한 분의 신부가 가야겠습니다. 루도비코 신부님, 신부님께서 브라질 한국 가톨릭 이민회 제1진의 인솔신부를 맡아주셨으면 합니다.'

1965년 8월 9일자로 온 편지 한 통은 장대익 신부를 신협운동에서 한 발 빼게 만들었다. 새로운 임무와 임지가 생긴 것이다. 브라질 이민은 노기남 주교가 로마에서 브라질 폰타그로사Ponta Grossa 교구의 펠란다Geraldo Pellanda 주교를 만나면서 시작됐다.

이민 갈 사람도 다 모집했고 준비까지 했는데, 이민 허가가 차일피일 미뤄지자 문제가 생겼다. 당장 이민 갈 사람들은 집까지 팔아가면서 이민 비용을 마련했는데, 오갈 데가 없어져버렸다. 시일이 늦춰지자 사람들이 돈을 도로 내놓으라고 야단이었다. 브라질 이민단 문제가 커지자 로마에서 공의회에 참석하고 있던 주교들이 장대익 신부를 추천했다. 장대익 신부는 처음에는 거절했지만 평양교구장인 캐럴 안 주교를 비롯한 모든 사람이 추천하는 바람에 승낙했다.

> "너희가 나를 뽑은 것이 아니라 내가 너희를 뽑아 세웠다. 너희가 가서 열매를 맺어 너희의 그 열매가 언제나 남아 있게 하려는 것이다. 그리하여 너희가 내 이름으로 아버지께 청하는 것을 그분께서 너희에게 주시게 하려는 것이다."

(요한 15, 16)

장대익 신부는 성경 말씀에 의지해 임무를 받아들였다. 이민 문제에 관해 아는 거라곤 하나도 없는 문외한이었지만 성공적으로 이뤄내야 할 일이었다. 이민 사업 추진 과정에서 빚어진 오해를 풀기 위해서라도 하루바삐 비자 문제를 해결해서 사람들을 이민선에 태워야 했고, 낯설고 물선 땅에 적응하기 위해서 준비할 것도 많았다. 장대익 신부는 비자 발급을 위해 일본의 고베로 건너가 이민자들에 대한 비자를 발급받았다. 브라질 대사관에서는 비자 발급을 차일피일 미루고 있었는데, 한국에는 브라질 대사관이 없다 보니 일 처리가 속 터질 정도로 느렸다.

장대익 신부는 네덜란드 선박을 예약해 부산항에서 이민단을 태워 보낸 다음 뉴욕으로 날아가 엠파이어스테이트 빌딩 50층에 자리한 가톨릭구제회 본부에 들렀다. 그리고 여러 차례 이곳에 방문한 끝에 식량 등 필요한 구호물자를 약속받을 수 있었다. 그 뒤 곧바로 브라질로 날아가 이민자들이 개척할 농장을 방문했다. 이민단이 도착하기 전에 그들이 거주할 집을 지어야 하기 때문이었다. 선발대로 온 두 사람이 그곳 농장을 지키고 있다가 장대익 신부가 오자마자 다짜고짜 돈부터 내놓으라고 어깃장을 부렸다.

교황사절이 외무부에 보낸 편지. 가톨릭 이민단 지도신부로 장대익 신부를 선임했으니 협조해달라는 내용이 담겨 있다.

"이곳에서는 도저히 살 수 없습니다. 서울대교구가 약속한 생활비조차 보내주지 않았으니 그 돈을 주십시오."

단단히 각오하고 온 장대익 신부도 눈앞이 캄캄할 수밖에 없었다. 이들을 어떻게 설득해서 이곳에 뿌리내리게 할 수 있을까? 3년 안에 이탈 주민이 없다는 조건으로 받아낸 이민 허가였다. 만약 이탈 주민이 생기면 앞으로 브라질 이민은 더욱 힘들어질 게 뻔했다. 밤새 설득했지만 막무가내였다. 그도 그럴 것이 40도나 되는 더위와 습기, 특유의 냄새, 무시무시한 모기는 있던 의욕마저도 앗아가기에 충분했다. 한국에서 농부들이었던 것도 아니고, 대부분은 장사를 해서 한밑천 잡아 성공할 거라는 기대로 온 사람들이다 보니 더욱 기가 막혔을 것이다.

가난한 나라에서 사는 사람들은 다른 나라로 가면 우리나라보다 살기 좋을 거라고 막연히 기대한다. 그러나 실제 세상 어디에도 그런 곳은 없다. 유학 생활을 하던 뉴욕도 힘들었는데 정글 한가운데는 오죽하겠는가.

> "그뿐만 아니라 우리는 환난도 자랑으로 여깁니다. 우리가 알고 있듯이, 환난은 인내를 자아내고 인내는 수양을, 수양은 희망을 자아냅니다. 그리고 희망은 우리를 부끄럽게 하지 않습니다. 우리가 받은 성령을 통하여 하느님의 사랑이 우리 마음에 부어졌기 때문입니다."
>
> (로마 5, 3-5)

장대익 신부는 성경 말씀으로 사람들을 설득했다. 한편으로는 자신 또한 어떤 역경 속에서도 하느님 말씀대로 이루어지리라는 것을 의심하지 않았다. 하느님께서 자녀들의 고통을 그냥 보고만 있지 않으실 것이라는 믿음의 끈을 놓지 않았다.

이민단 본진이 도착하기 전에 이 문제를 해결하기 위해서 장대익 신부는 한 사람은 내보내고 다른 한 사람은 생활비를 주는 조건으로 우선 자신의 일을 돕도록 했다. 당장 이민자들이 묵을 집을 짓기 위해 알아볼 것들이 많았다. 가로 6미터, 세로 7미터의 집에 방 4개와 거실, 주방을 갖춘 목조주택을 지으려면 한 채당 683달러가 들어갔다. 이 정도면 한 가족이 머물기에 옹색함이 없었다. 장대익 신부는 이곳에 뿌리를 내릴 사람들을 위해 정성을 다해 준비해나갔다.

마침내 1966년 1월 12일, 53세대 400여 명을 태운 이민선이 55일의 긴 항해 끝에 브라질의 파나라Parana주 파라나과Paranagua항에 도착했다. 1939년에 건조된 최고 속력 15노트인 구식 화물선은 주로 이민자들을 실어 나르는 배였다. 부산항을 떠난 지 55일 만에 일본 오키나와沖繩와 홍콩, 싱가포르, 말레이시아, 페낭, 모리셔스, 케이프타운을 거쳐 브라질에 도착했으니 그 고생은 말로 다 표현 못 할 것이었다. 사람들은 밀폐된 객실에서 선체가 요동칠 때마다 토하기를 거듭하며 지옥 같은 항해를 이어왔다.

장대익 신부가 배에 올라보니 이민자들은 몸도 마음도 상할 대로 상해 있었다. 브라질 당국은 하루빨리 땅에 발을 디디고 싶은 이들의 바람과 달리 상륙 금지 명령을 내렸다. 배 안에서 한 발자국도 나갈 수 없는 이민자들은 절망했다.

상륙 금지 명령은 이탈자를 막기 위해 취한 조처였다. 이민자들 가운데 지정된 장소에 가서 농사를 짓겠다는 처음의 약속을 어긴 뒤 도망가는 일이 번번했기 때문이다. 모든 이민선이 그런 수순을 밟고 있었다. 장대익 신부는 그날 첫 미사를 배에서 봉헌하고 하룻밤을 선실에서 함께 잤다. 그리고 이민단 관리와 연락을 해 금족령을 푼 다음 리우데자네이루Rio de Janeiro관광에 올랐다. 예수님이 큰 팔을 벌리고 있는 바로 그 성상으로 사람들을 데려가 그들에게 처음 보는 세상을 보여주었다.

이민단 일행은 이곳에서 기차를 타고 카스트로Castro시로 갔다. 최종 목적지는 이곳에서 자동차로 세 시간 달려야 나오는 폰타그로사시 교외의 산타마리아Santa Maria 농장이었다. 농장 면적은 650 알켈로, 1알켈이 2만 3,800m² 정도이니 서울의 강북 지역과 비슷한 면적에 해당하는 꽤 넓은 땅이었지만 원시림과 습지, 구릉이 대부분인 탓에 농사를 지을 만한 땅은 3분의 1도 채 되지 않았다.

이민단은 피난민처럼 카스트로시의 육군 막사에서 임시로 거처하며 집이 완공될 날을 기다렸다. 이윽고 3,000평 정도의 땅에 집이 한 채씩 들어선 마을이 완성되었다. 맨 아랫집에서 윗집까지 걸어가는 데 30분이 걸렸다. 그러나 동서남북 어디를 보든 숲에 가로막힌 정글 한가운데라 트인 곳이라고는 하늘밖에 없었다. 희망을 찾아왔건만 희망은 보이지 않았다. 다시 돌아가겠다는 사람, 불평과 불만에 사로잡힌 사람이 늘었다. 새로운 땅에 이식되느라 모두들 뿌리째 몸살을 앓고 있었다.

이민자들은 장대익 신부가 가져온 구호 식량이 바닥나기 전에 농사를 지어야 했지만 가진 것이라고는 삽, 도끼, 괭이가 전부였다. 이것으로는 이 드넓은 땅을 개간할 수 없었다.

"숲이 우거진 데다 워낙 땅이 넓어서 각자 소규모로 농사를 지어서는 어림도 없습니다. 협동조합으로 함께 농사를 지읍시다."

"협동조합이 뭔가요?"

함께 무엇인가를 하는 데 서툰 사람들이었다. 농사를 지어본 사람도 없다 보니 사태는 더욱 심각했다. 군에서 퇴역한 사람, 장사를 하던 사람 등 대부분 도시에서 살던 사람들이었다.

힘들 때는 똘똘 뭉쳐서 함께 헤쳐나가는 것밖에는 길이 없지만, 두려움을 이기고 마음을 함께 모으는 일은 세상에서 가장 힘든 일

브라질 이민단 가족들이 밭일을 하고 있다.

이었다. 장대익 신부는 400명에 가까운 사람들을 설득해서 밀림에
불을 지르고 트랙터로 갈아서 볍씨를 뿌렸다. 손으로 일일이 볍씨
를 뿌리는 일은 불가능해서 인근에 있던 일본 이민자들의 농장에
서 경비행기를 빌렸다. 감자도 심는 등 하루 종일 논밭일에 매달렸
지만, 수확은 장담할 수 없었다.

다시 논의를 한 끝에 닭을 치기로 했다. 군 장교 출신인 장만근
과 김상용을 비롯한 몇몇 사람들이 밀림에 가서 직접 원목을 잘라
다 닭장을 짓기 시작했다. 곰처럼 우직하게 일한다고 해서 별명이
곰부대인 그들은 폭 6~7미터에 길이 32미터의 초대형 닭장을 네
동 만들었다. 한 동당 1,000마리의 닭을 기를 수 있었다.

그런데 병아리는 물론이고 사료와 닭을 기르는 데 필요한 약품

을 살 돈이 없었다. 장대익 신부는 폰타그로사시의 꼬지아 산업조합에 가서 6개월 후에 달걀이 생산되면 그때 갚기로 하고 필요한 것들을 외상으로 갖고 왔다. 우선 병아리를 한 집당 500마리씩 분양해서 닭을 치게 했다. 나중에는 모두 12동의 닭장에 1만여 마리의 닭을 키우게 되었다. 다행히 양계를 시작한 뒤 1년 6개월 만에 일일 달걀 생산량이 3,000개를 넘어서자, 먹고살 시름은 덜 수 있었다. 1년 내내 뼈 빠지게 농사를 지어봐야 첫해 수확량이 쌀 500포대와 감자 300포대가 전부였으니, 얼마나 걱정스러웠겠는가. 그래도 고민은 이어졌다.

'미국 가톨릭구제회에서 지원해준 밀가루 옥수숫가루 쇼트닝으로 당분간은 끼니를 때우겠지만, 다음 해부터는 어떻게 해야 하나?'

밤마다 살길을 찾아서 다들 머리를 모았다. 장대익 신부는 이 기간에 이민자들을 도우며 이민자들과 함께 먹고 자고 생활했다. 서울대교구로부터 생활비 지원이 없어 독일의 에센 교구 아드베니아Adveniat회에서 1년에 1만 2,450달러를 생활비로 지원받았는데 이것도 모두 농장과 교회 운영비로 썼을 뿐 아니라 한국에서 가져간 비상금 5,000달러도 농장과 교회 운영에 보탰다. 애초에는 1년 기한으로 이민자들을 인솔하러 갔지만, 이민자들의 요청으로 9개월을 더 머물렀다. 두려움에 떠는 이민자들을 두고 혼자 나갈 수도 없었다. 장대익 신부든 이민자든, 어떻게든 이곳에서 브라질 정부와 약속한 3년의 기간을 채우는 게 시급했다. 그 이후에는 더 나은 다른 살길을 찾아 떠나도 그만이었다.

농지 개간도 힘들었지만, 또 다른 걱정은 아이들 교육 문제였다. 주정부에서 농장에 초등학교를 세워주고 현지 여교사 2명을 파견해주긴 했지만, 그 정도로는 한국인 부모들의 교육열을 채울 수 없었다. 농장에서 35킬로미터나 떨어진 폰타그로사시에 초중고는 물론 대학까지 있었는데, 자녀들을 그곳에다 진학시킨 사람들이 많았다. 심지어 자녀 교육 때문에 농장을 떠나는 경우도 생겼다.

산타마리아 농장의 69세대 500명의 가족 가운데 천주교 신자는 39세대 230명, 개신교 신자가 15세대였다. 천주교 신자 가운데도 매일 미사에 참석하는 사람은 17명뿐이고, 주일에도 45명의 신자만 미사에 참석했으며, 주일학교에 나오는 아이들은 고작 55명이었다. 낯선 토양만 척박한 게 아니라 사람들의 마음도 척박했다. 이들을 하나로 모으려면 교육과 신앙 교육을 강조하지 않을 수 없었다.

"어디에서 살든 내가 누군지 항상 잊지 마시라우."

브라질에 간 첫 한국인들이기 때문에 이들이 만들어놓아야 할 문화가 있었다. 그것이 이들에게 주어진 소임이기도 했다. 장대익 신부는 당장의 의식주만 중요한 게 아니라는 사실을 깨우쳐주기 위해서 성당 공사에 들어갔다. 언제 어디서든 중심을 잃지 않고 살아가게 하려면 교육이 필요했다. 브라질은 비교적 인종차별이 적은 곳이지만 한국인들은 소수의 이방인이었다. 이방의 말, 식습관,

브라질 이민 가족들과 함께한 장대익 신부. 뒤에 보이는 건물은 산타마리아 농장의 성당이다.

문화에 젖어 한국인으로서의 정체성을 잃어버린다면 이곳에 온 이
유가 없어질 터였다.

장대익 신부는 목조건물을 개축해서 성당을 마련하고 사제관도
지었다. 성당을 건립하는 데 쌈짓돈이 거의 3,000달러 가까이 들
어갔다. 학교를 지을 때는 거대한 회오리바람이 몰려오는 바람에
지붕까지 다 올린 건물이 폭삭 무너지기도 했다. 거의 다 지은 건
물을 다시 처음부터 더 튼튼히 지어 올렸다.

그래도 떠나려는 사람들을 묶어두지는 못했다. 3년을 약속하고
간 이민이지만 떠날 사람들은 도시로 떠나버렸다. 그리고 시간을
두고 16세대가 더 들어와서 이곳에 터전을 잡았다. 희망은 만들어
가는 사람들의 몫이다. 희망은 한쪽 구석에 덩그러니 앉아서 누가

찾기만을 기다리지 않는다. 한 마을이 만들어지는 것도 마찬가지였다. 스스로 희망을 만들어가는 사람들의 손에 의해 마을은 점점 모습을 갖추어갔다.

12장 # 가장 낮은 자리에서

노동자 신부의 손

1년 9개월 만에 한국에 돌아와 보니 이제는 한국이 낯설었다. 서울의 풍경은 그동안 훌쩍 바뀌어 있었다. 서울역 앞에 빌딩이 줄줄이 올라갔고, 후암동의 풍경도 많이 변했다. 장대익 신부의 겉모습은 더욱 많이 변해 있었다. 정글의 강렬한 태양 빛이 만들어낸 거친 주름, 굳은살이 박여 두툼해진 손이 낯설었다.

농사를 짓던 손으로 이번에는 철근과 시멘트로 공사를 해야 했다. 후암동성당은 일본인이 운영하던 사찰을 불하받은 건물이어서 성전을 다시 지을 수밖에 없었다. 공사를 하는 사람들 틈에 섞여 있으면 다들 허드렛일을 하는 사람인 줄 알고 "신부님 어디 계세요?"라고 장대익 신부에게 묻곤 했다. 그때마다 장대익 신부는 너털웃음을 웃으며 "신부님 출타하셨어. 나는 노가다 십장이야"라고 농담을 했다. 그러나 아마 그런 그도 20년 동안 노동자 신부로 살면서 6개의 성전을 짓게 되리라고는 상상도 못 했을 것이다. 신협을 서민들에게 소개하던 그는 어느새 서민의 바로 옆에 자리하게 되었다.

장대익 신부는 후암동성당 공사의 마무리도 보지 못한 채 이번에는 대방동성당 주임신부로 발령이 났다. 대방동성당에 있으면 마치 시골 본당에 온 기분이 들 정도였다. 넓은 마당은 나무와 온갖 잡초로 무성했다. 사제관이 흙벽집이다 보니 여름이 되자 성당 마당의 벌레들이 인근 집으로 떨어져 민원이 쏟아졌다.

게다가 장마 때 억수처럼 비가 쏟아지는 바람에, 높이 8미터에 달하는 아찔하게 높은 축대가 50미터 가까이 무너져 내렸다. 다시는 무너지는 일이 없도록 튼튼하게 축공사를 했다. 이듬해에는 흙벽으로 되어 무너져 내리던 사제관을 허물어 다시 짓고, 소성당과 회의실도 세웠다. 벌레 때문에 민원을 받을 일도 없어졌다.

후암동성당을 지을 때처럼 공사판에서 노동자들과 함께 지내다 보니 옷에서는 흙먼지가 풀풀 일었다. 겉모습만 봐서는 누가 노동자고 누가 사제인지 구분이 가지 않았다.

"손 좀 내밀어보라우."

"그게 뭐이라."

어느 날 장대익 신부가 일하는 사람들에게 손을 모두 내밀어보라고 했을 때, 모두들 손톱에 까만 때가 긴 두툼한 손을 주저주저하면서 내밀었다. 그러나 장대익 신부가 쓱 자신의 손을 내밀자 모두들 크게 웃었다. 온 나라가 재건의 물결에 휩쓸리던 시절이라 열

대방동성당 축대 공사에 한창인 인부들.

상도동성당 공사 현장에서 가톨릭대학교 이기명 신부와 함께.

제2부 ──── 장대익 신부

심히만 하면 저축도 하고 집도 가질 수 있었다. 어쩌면 장대익 신부는 굳은살이 박인 손은 부끄러운 손이 아니라는 것을 말해주고 싶었는지도 모른다.

대방동성당에서 5년 내내 공사만 하다 1970년대 중반, 상도동 본당 주임으로 부임했다. 이곳도 역시 성전을 다시 세워야 하는 처지에 있었다. 장대익 신부는 노동자들과 같이 일을 하고 있을 때 누군가 자신을 찾아오면, 공사장을 한 바퀴 빙 돌아서 찾아오도록 하는 짓궂은 장난을 치기도 해서 인부들을 웃겼다. 누가 어떤 일을 하든 평등하며 모든 사람을 이웃으로 대접하라고 말하는 사제는 많아도 실제로 그들과 같이하는 사람은 드문 시대였다. 막일꾼은 서울의 가정집 3분의 1이 들이고 있던 식모와 함께 사회에서 가장 천대받는 직업이었다.

그런데도 장대익 신부는 '노가다 십장 신부'라고 자신을 소개했다. 그 때문에 일꾼들은 저마다 자신의 존재에 대해서 다시금 생각해보게 되었다. "밥 좀 많이 먹으라우." "술 좀 그만 먹으라우." "애들 학교는 보냈대니." "저축도 좀 하고 살라우." 투박한 평안도 사투리로 툭툭 던지는 말들이 한순간 인생의 방향을 바꿔놓기도 했을 것이다. 낮에는 일을 하면서 유행가를 부르다가도 밤새 시멘트 양생을 돕기 위해서 잠을 자다 깨어 물을 뿌리기도 하고, 그러면서도 새벽 미사를 집전하는 장대익 신부를 다들 '도깨비'라고 불렀다. 장대익 신부를 보면서 그들은 누구에게도 물어볼 수 없었던 질문, 자신도 미처 몰랐던 마음속 질문에 대한 답을 찾았을 것이다. '이렇게 살아도 될까?' 혹은 '어떻게 살아야 할까?'와 같은 소박하지만 존재론적인 질문, 혹은 '오늘 밤에 술 마시러 갈까?' 같은 순간적인 판단을 내려야 하는 현실적인 질문들에 대한 답이었다.

사제관과 수녀원을 포함해 성당이 완공되어 봉헌식을 하자 신자들 틈에서 일꾼들도 벅찬 눈물을 흘렸다.

양심을 도둑맞은 사람들

전후를 설명하는 단어로 부대찌개, 넝마주이, 상이군인, 좀도둑 등이 있다. 모두 사회상을 반영하는 말들이다. 부대에서 먹다 남은 빵이며 소시지를 넣고 끓인 부대찌개를 먹을 때는 늘 '개판 5분' 전이 벌어졌다. 모두 숟가락을 들고 모여 있다가 뚜껑을 여는 순간 달려드는 것이다. 개판이란, 솥뚜껑을 여는 순간이란 뜻이다.

넝마란 낡은 것, 쓰레기를 뜻한다. 쓰레기를 주워서 사는 넝마주이 가운데 미군 부대 쓰레기를 받는 사람은 그야말로 하루아침에 부자가 되었다. 성당은 이런 넝마주이 좀도둑들과 지혜 싸움을 벌여야 했다. 다른 곳보다는 기물이 많다 보니 슬쩍 집어 가거나 훔쳐 가는 일이 잦았다. 넝마주이들이 성당 근처에 보였다 하면 물건이 사라지는 일이 한두 번이 아니다 보니 성당을 비우는 날에는 본당 청년에게 성당을 잘 지키라는 당부가 내려졌다. 그런데 출장을 다녀오고 보니 사제관에 도둑이 들어 성당 바닥을 청소할 때 사용하는 '도끼다시'라는 장비와 텔레비전 같은 전자제품이 모두 사라졌다. 남대문경찰서에 신고한 뒤 며칠 지나자 담당 형사에게서 연락이 왔다.

"신부님, 남대문에 있는 ○○다방으로 가서 ○○○ 씨를 찾으세요. 이게 암호예요. 그리고 자세한 사정은 절대로 묻지 마시고. 그냥 도난당한 물건만 찾아오세요."

간첩도 아닌데 암호까지 대가며 사람을 만날 일 있나 하는 생각이 들었지만, 한편으론 딱한 사연이 숨어 있을 것이라고 짐작했다.

"여기서 산으로 쭉 가시다가 돌아가면 나무기둥이 보일 거예요. 그 나무기둥 아래에 가면 있을 겁니다."

장대익 신부는 그가 장물아비인지 도둑인지, 그들이 친구인지 가족인지 일절 묻지 않았다. 그의 양심만 믿고 그가 일러준 대로 갔다.

'도둑이라면 도둑질해 간 물건으로 잘 살아야지. 저러다 얼어 죽겠다.'

허름한 천막에서 살고 있는 그의 처지는 한눈에 봐도 딱했다. 장대익 신부는 성당 물건을 찾아온 다음 주섬주섬 구호물자를 챙겨서 다시 그 천막을 찾아갔다.

이것 말고도 도난은 비일비재했다. 카메라 같은 소형 전자기기들은 너무 자주 없어져서 이중삼중으로 단속을 했다. 그래도 워낙 자주 도둑을 맞다 보니 신고하지 않을 때도 많았다. 딱한 사람이 갖고 갔으면 그것으로 잘 쓰기를 바랄 뿐이었다. 그런데 하루는 어찌 된 일인지 경찰서에서 혹시 도난당한 것 없냐며 전화가 왔다. 연세대학교에서 도둑을 잡고 보니 성당 물건도 훔쳤다고 자백했다는 것이다.

"한두 군데를 턴 게 아닙니다. 한남동 수도원에서 훔친 달러를 속리산 호텔에서 쓰다가 덜미가 잡혔는데, 글쎄 잡고 보니 연세대학교 학생이고 아버지가 중앙청에서 근무하는 공직자라 경제적으로는 어려움이 없는 집이었어요."

"어려움이 없는 게 아니겠지요. 나름의 어려움은 있겠지요."

알고 보니 여자친구와 여행을 가기 위해서 도둑질한 거라며 경찰은 연방 말세라고 말하면서 혀를 끌끌 찼다. 남대문시장, 대전, 제천, 속리산 등 팔도를 유람하면서 돈이 필요하면 훔친 물건을 팔아서 사용했다고 했다. 장대익 신부는 그 청년에게 왜 그렇게 사느냐고 혼쭐을 내주고 싶었다.

도둑맞은 일화를 대라면 주머니에서 나오는 사탕만큼이나 많았다. 사회는 어지럽고, 먹고살기는 힘든 데다, 무엇보다 희망이 무너지니 누구나 넝마주이, 거지, 도둑이 될 수 있었다. 유혹에 약한 자들은 가장 먼저 양심을 도둑맞기 때문이다. 사회 안전망이라고는 없는 시대를 살면서 이들을 어떻게 구원할 수 있을 것인가, 고민이 아닐 수 없었다. 돈이 최고라고 여겨 돈을 향해 날아드는 부나방 같은 삶을 사는 젊은이들은 앞으로 더 많아질 터였다. 이들에게 착실한 삶의 기쁨을 알려주는 무엇인가가 필요했다.

역사는 기록되어야 한다

|

1980년대에 들어서자 장대익 신부는 안전한 사제관이 아니라 들판 가운데 농가, 산꼭대기에 있는 해방촌, 좁은 골목길에 있는 집에서 시민들과 같이 단련을 받으면서 목자의 길을 걸었다.

종로는 500년 조선왕조의 얼굴이다. 흥인지문, 서대문, 남대문, 숙정문 등 사대문을 통해서 사람이며 물자가 들어왔고, 사대문을 따라 성벽이 견고하게 띠처럼 둘려 있었다. 개항 이전, 그리고 대한민국이 출범하고 6·25가 끝난 이후에도 종로는 서울의 중심이었다. 시위만 일어났다 하면 종로에서 광화문까지 가는 길이 마비될 만큼 정치 1번지였고, 변화의 1번지였다. 그러나 그 중심은 낡고, 그곳의 사람들은 늙어갔다.

1981년 가을 종로성당으로 부임했을 때, 장대익 신부는 도시개발이란 거인과 마주하게 되었다. 개발은 파괴와 건설의 양면을 동시에 가진 괴물이었다. 도로도 좁고 한옥과 낙후한 상가 건물이 밀집돼 있어서 서울시는 이 지역을 개발해 도로를 넓히고 성당 옆의 종묘를 공원화하기 위한 개발계획을 추진했다. 이 바람에 종로성당도 철거 대상에 포함됐다. 장대익 신부는 삶의 흔적이 곧 역사라고 생각했다. 그것은 아무리 누추하더라도 존중받아야 마땅했다. 장대익 신부는 당시 염보현 서울시장을 찾아가 설득도 했지만, 개발계획을 피해 가지는 못했다. 다른 곳으로 성당을 옮겨야 할 운명이었다.

종로성당은 그 자체가 거대한 역사적 사적으로서, 1955년에 명

종로성당 기공식.

동성당 본당에서 분리되어 설립되었다. 1944년 서울대교구장 노기남 주교가 종로 지역의 상징성을 고려해 일찌감치 대지를 마련해두었지만, 한국전쟁이 끝난 뒤에야 건립할 수 있었다. 장대익 신부는 설계도를 다시 작성하면서까지 몇 번의 담판을 벌인 끝에 결국 성당 자리를 빼앗기는 것만은 막을 수 있었다. 그러나 성당 터 일부가 도시계획에 포함되어 공원이 되는 건 피할 수 없었다.

성당은 다시 지어질 운명이었던 모양이다. 30년이 지나다 보니 낡고 좁았다. 그런데 공사 도중에 누전이 되어 유치원이 불에 타버렸다. 다른 사람들은 그것이 고난이라고 생각했지만, 장대익 신부는 자녀에게 나쁜 것을 주는 어버이는 없다고 생각했다. 그래서 느긋하고 태평스러워 보이기까지 했다. 장대익 신부는 하느님의 도우심을 확신하고 본격적으로 성전 신축에 들어갔다. 인간의 눈으로 보면 다시 짓는 게 불가능에 가까워 보이지만 하느님만의 계획대로 진행된다고 믿었다. 장대익 신부는 성당 식구들을 데리고 창경궁 뒤 상가로 이사를 했다.

종로성당이 피해 갈 수 없었던 문제는 하나 더 있었다. 1980년대는 민주화운동이 전국을 달구던 시절이었다. 박종철 고문치사 사건, 이한열 사망 사건 등으로 명동성당과 종로에서 시위대와 경찰의 충돌이 벌어졌다. 장대익 신부는 성당으로 도망 온 시위 대학생들을 숨겨주었을 뿐 아니라, 시위를 진압한다는 명분으로 신축하는 성당 건물을 밟고 다니는 경찰 간부와의 일전(?)도 불사했다. 시민을 억압하는 반민주도 신성모독도 용납하지 않았다.

그러나 가장 큰 어려움은 천문학적인 건축 비용이었다. 유서 깊은 서울 도심에는 가장 가난한 사람들이 살고 있었다. 동대문이나 창신동 등지 봉제공장에 다니는 아주머니들, 종로 근처에서 장사하는 사람들이 대부분의 신자들이다 보니 종로성당은 서울의 많은 성당 가운데 손꼽히게 가난했다. 이들이 알뜰살뜰 모은 돈으로 헌금을 한다고 해도 대동강 강물에 눈물 더하기였다.

교구에서 건축비 일부를 보조받는 것으로는 어림도 없었다. 장대익 신부는 성당 소유 묘지를 대대적으로 조성해 팔았으며 각 본당을 돌아다니며 모금 활동을 벌였다. 신자들도 바자회를 여는 등 몇 년간 눈물겨운 노력을 기울였고, 그 결과 성전이 완성될 무렵에 공사비가 가까스로 모였다. 하느님의 도우심으로 새로운 서울의 역사가 하나 쓰인 것이다.

대방동성당에서 맞이한 장대익 신부의 은경축. 오른쪽은 김수환 추기경.
사진 제공: 〈가톨릭신문〉.

"본당 하나를 지으면 연옥단련 없이 천국으로 직행한다는 말
이 있을 정도로 본당을 짓는 것은 아주 어렵습니다. 돈이야 신
자들이 낸다지만 교회를 건축하는 신부들한테는 얼마나 마음
고생이 큰지 모릅니다. 루도비코 신부님은 6개의 본당을 지으
셨으니……."

김수환 추기경이 장대익 신부의 장례미사를 드리면서 한 말이
다. 장대익 신부는 그 어려운 일을 해냄으로써, 가톨릭의 살아 있
는 역사를 만들었다.

　　　　　　　　　　　　　　　제2부 —— 장대익 신부

무엇을 준비하며 사는가?

|

"신협은 초창기나 지금이나 사람입니다. 조합원들에 대한 애정과 그들이 서로 결속할 수 있게 하는 힘은 바로 사람 중심, 조합원 중심의 조합 운영이라고 생각합니다."

1997년 5월, 장대익 신부가 〈신협회보〉 인터뷰에서 밝힌 생각이다. 미래를 준비하기 위해 저축하는 정신과 서로 돕고 의지하며 협동하는 정신을 기르기 위해서라도 신협운동은 널러 퍼져야 한다는 것이 평소 지론이었다.

서울과 경인 지역에서 다시 신용협동조합운동이 살아나기 시작했다. 1960년대 중반부터 장대익 신부의 부재로 구심점을 잃은 경인 지역 신용협동조합들은 조금씩 무너지기 시작했다. 가톨릭중앙신협에서 신당동, 돈암동으로 분리될 때부터 응집력에 조금씩 금이 갔다. 무엇보다 조합원들이 가톨릭중앙신협에서 분리되는 걸 원하지 않았다. 여기에 장대익 신부의 브라질행 같은 외부적 상황이 더해지자 상황은 빠르게 악화했다.

반면 이 시기의 다른 신협 조직은 전국으로 확산하며 비약적인 속도로 뿌리를 내려갔다. 오직 서울과 경기, 경인 지역만 장대익 신부의 부재로 그루터기만 남아 있었다. 서울·경인 지역에서 명맥만 유지되어 오던 신협 조직 중 가장 먼저 살아난 곳은 인천의 답동신협이었다. 1970년대 중반, 부산에서 강사를 파견해 재조직하다시피 하여 답동신협을 성공적으로 회생시켰다. 그리고

1980년대 초반부터 다시 신협을 살려야 한다는 여론이 모이고, 가톨릭교회들이 그 생각에 기름을 붓고 신협 조직이 모든 것들을 조율함으로써 한 번 더 씨앗이 뿌려졌다. 이번에는 장대익 신부의 손길이 아닌, 자생적으로 자라난 신협중앙회의 영향력 덕분이었다. 장대익 신부가 원하던 진정한 자발성으로 조직이 재건되는 순간이었다.

1980년대 후반은 가톨릭의 교세가 끊임없이 발전하는 시기였다. 특히 강남은 1980년대 초반부터 발전 속도가 눈부셨다. 1987년, 장대익 신부는 임지를 잠원동성당으로 옮기고 나서 모든 것이 다 갖춰진 곳도 있음을 실감하게 되었다. 미제레오르 재단에서 후원을 받은 것처럼, 이제는 다른 곳에 후원을 할 수 있게 되었다. 무엇보다 신자들의 가정형편에 대해서 더 이상 걱정하지 않아도 되었다는 게 기뻤다. 성전도 크고 아름다워 다시 짓는 일도 없을 것이었다.

그러나 부임한 지 이듬해인 1988년 2월 22일 새벽, 장대익 신부는 미사를 봉헌하다 제대에서 쓰러졌다. 오른쪽 수족에 마비가 왔다. 의사는 장대익 신부의 병명이 뇌졸중이라고 선언했다. 그러나 장대익 신부가 갖고 있던 불굴의 정신은 이때도 어김없이 발휘되어, 단 보름 만에 불편하긴 하지만 자리에서 훌훌 털고 일어났다. 그해 가을 올림픽이 서울에서 열렸을 때는 도시락을 싸 들고 경기장을 돌 정도로 건강이 회복되었다. 좋아하던 골프도 다시 시작했고, 카메라를 메고 여기저기 다니며 사진도 찍었다. 핸드폰 쓰는 법, 팩스 보내는 법, 아이디와 비밀번호 넣어 로그인하는 법, 인터

1992년 고희를 맞이한
장대익 신부의 모습.

장대익 신부의 금경축 행사. 오른쪽은 정진석 추기경.

넷 하는 법, 홈페이지 관리하는 법 등도 새롭게 배워나갔다. 장대
익 신부는 시대가 변하더라도 순응하며 성큼성큼 앞서 나갔다. 마
지막 순간까지 신자들과 즐겁게 지내며 사제로서의 삶에 최선을
다하기 위해서였다.

1994년 수유1동 본당에 부임했을 때, 장대익 신부는 그곳이 마
지막 일터가 될 것이라고 예감했다. 일이 끝나는 그날이 언제가 될
지 모르지만, 급작스럽게 닥칠 그날을 준비하고 있었다. 그리고
1998년 10월 9일, 장대익 신부는 현직에서 은퇴했다. 앞으로 3년,
금경축金慶祝*까지 사목 활동을 하고 싶었지만 어쩔 수 없었다. IMF
로 거리에 내몰리는 사람들의 심정과 다를 바 없노라고 회고할 정
도로, 당시 장대익 신부는 은퇴를 받아들이기 힘들었다. 평생을 사

---

* 　사제로 서품된 지 50년 되는 해를 기리는 축하 행사.

제관에서 살던 그로서는 거처를 구하러 다니면서 그렇게 처량할 수가 없었다.

그러나 곧 장대익 신부는 자신만의 방법으로 이내 툭툭 털고 오뚝이처럼 일어섰다. 오라는 곳은 없어도 갈 곳은 많았다! 신천동 본당에서 '제2 보좌신부(?)'를 자청해, 주임신부를 도와 주일 오전 12시에 미사를 드리기로 했다. 사제의 일을 마지막 순간까지 놓고 싶지 않았기에 자청한 일이었다. 장대익 신부는 후임 사제들에게 은퇴 사제들을 위한 일을 마련해달라는 숙제를 남겼다.

80살이 되자 그는 하늘나라와 더욱 가까워졌다. 장대익 신부는 이번에도 모든 것을 받아들였다. 주머니에 사탕을 듬뿍 넣어 다니며 어린아이들에게 마지막으로 줄 수 있는 달콤함을 나눠주었다. 위암 선고를 받았을 때는 언제라도 지상을 떠나도 된다는 허락을 받은 듯 오히려 마음이 안정되었다. 그가 신자들과 마지막 여행을 즐기면서 머물다 간 공간에는 장미꽃 향기 같기도 하고 백합꽃 향기 같기도 한 이름 모를 꽃향기가 났다. 장대익 신부는 모든 수술이나 물리적인 치료, 연명 치료마저 거부한 채 호스피스 병동으로 걸어 들어갔다. 그곳에서 잠깐 머물면서 하늘로 갈 준비를 했다. 장례미사에 온 사람들에게 보낼 감사의 메일을 미리 만들어놓고, 장례미사 뒤에 배달되도록 해놓기도 했다.

"여기는 천국, 하느님과 함께 있다. 너희들은 무엇을 하고 있느냐?"

일생을 통해 신협의 정신을 실천한 한국신협의 아버지는 지상에서 보내는 마지막 편지를 통해 "너희는 무엇을 준비하고 사는가?"라고 묻고 싶었는지도 모른다.

추억과 감사의 글

민주금융과
신용협동조합

1960년 4월 24일
〈가톨릭시보〉
전 협동경제연구회장, 가톨릭명동중앙신협 이사장
김동호

신용협동조합은 협동경제의 일환으로 금융의 편익을 만인에게 균등하게 활용토록, 근면과 저축을 권장하며 부국안민과 각 개인의 생활 향상을 위해 지역과 사회에 상호 관련 있는 사람들의 공동목적을 위해 조직하고 운영하는 협동조합이다.

현재 우리나라의 경제 실정은 지극히 불안정한 상태에 놓여 있다. 거리에 방황하는 수많은 실업자와 헐벗고 굶주리며 고리채의 사슬에 얽매여 허덕이는 농어촌의 세궁민들은 마치 버림받은 국민이나 다를 바 없다. 경제 혼란기를 틈타 일약 거대한 재벌로 등장하는 특권층과는 너무도 현격한 차이가 있다.

이와 같은 비참한 사회 상황이 초래된 이면에는 여러 가지 원인이 있을 것이나, 첫째로 위정자들의 비양심적이며 과대한 이기주의적인 행정과 그릇된 지도에 기인한 바 있을 것이요, 둘째로 방종한 자유경쟁에 입각한 독점 자본주의가 밀어닥치는 여파로 올바른 경제 질서와 조직된 체계를 수립할 만한 민족적 의식이 박약한 데서 연유된 것이라 하겠다.

지금으로부터 약 100년 전에 독일의 프란츠 슐체델리치Franz Hermann Schulze-Delitzsch는 주로 도시에서, 프리드리히 라이파이젠은 시골에서 거의 같은 시대에 그 지방 민중이 당하고 있는 극심한 빈궁 상태를 구제하기 위하여 신용협동조합을 창설했다. 처음에는 부자들의 동정을 얻어 자선사업으로 빈민의 곤궁을 면하게 해볼까 하고 노력하였으나, 이런 동정은 결코 계속하여 받을 수가 없었다. 그리고 마침내 스스로 돕는 데서 힘이 생기고 서로 돕는 데서 가난이 물러간다는 점을 깨닫게 되어 조합원들이 한 사람당 얼마씩 자금을 불입, 조합원의 조합으로 만들고 조합원들 가운데서 유능한 사람을 뽑아서 그 조합을 담당 운영케 하고, 또 조합원들의 복지를 위하여 사업을 집행함으로써 확실한 민주주의 원칙에 입각한 여신금융제도를 확립하게 되었다.

이후 20년 미만에 400여 개의 신협이 설립되었고 그때까지 고리대금업자들의 손아귀에서 벗어날 길 없었던 빈민이 점차로 부채에서 벗어나 가산이 늘어나니 생활에 안정을 가져오게 되어 극빈자들의 그림자는 사라지고 사회는 차차 명랑하게 되었다.

이 신용협동조합의 복음은 국경을 넘어 이탈리아와 유럽 전역으로 건너갔고 또다시 바다를 건너 북미주로 전파하게 되었다. 현재 전 자유세계에 산재하여 있는 신용협동조합의 수는 약 2만 5,000개에 달하고 조합원 수는 이미 1,400만 명을 돌파하였다.

우리나라의 경제 실정에 비추어 여신금융을 민주화하고 극빈자들을 그 참혹한 생활고에서 구출하여 자립경제의 안정을 기할 수 있는 협동금융제도로서 신용협동조합 설립은 시급히 또한 절실히 요망되는 것이다.

우리 인간은 영혼과 육신이 결합되어 불가분의 한 인격을 이루고 있으니만큼 전지전능하신 천주의 진리가 우리 영혼 생명에 필요함과 동시에 우리 육신 생명을 유지시키기 위하여 의식주에 요구되는 모든 경제적 요건이 필요하다.

이 세상에 있는 모든 물자와 인류의 유산은 만민을 위하여 다 같이 필요하기 때문에 누구에게나 골고루 분배되어야 한다. 교황 비오 11세께서는 그 회칙에서 다음과 같이 말씀하셨다.

"……자기 개인의 이익만을 위하고 인류 공동의 복리를 소홀히 하여 부당하게 임금을 올리거나 낮추는 것은 사회정의에 배치되는 것이다. …… 사회의 각 부문에 있는 모든 구성원이 하늘에 계신 한 아버지를 모시는 대가족의 식구라는 것을 인식하여 그리스도가 신비체를 형성, 각 지체가 서로 연결되어 고락을 한 가지로 하는 것과 같이 할 때에 비로소 인류 공동의 복지를 위하여 단결된 노력을 할 수 있을 것이다."

오늘날 인류사회는 두 개의 세계로 갈라져 종교, 문화, 경제, 그 밖의 사회 각 방면에 걸쳐 서로 배치되는 이념과 상반되는 조직을 가지고 있다. 신의 존재를 부인하고 인간의 존엄성을 무시하여 모든 자유를 박탈한 후 금수와 같이 강제로 인간을 사역使役하고 있는 공산 세계에서는, 사회정의를 토대로 한 자유롭고 조화된 경제 복리의 균등분배는 기대할 수 없는 것이 필연적 귀결이라 하겠다.

우리 한국은 너무나 경제가 불안정하여 빈부의 차가 극심하고, 독점자본주의의 악영향이 노골화해 실로 위험하기 짝이 없다.

우리 인간은 이 세상에 태어난 이상 남과 같이 생존할 권리를 가지고 있기 때문에 이마에 땀을 흘리면서 노동할 권리와 의무를 지니고 있다. 오늘날 우리나라의 무산대중은 기아선상에서 헤매고, 농어촌 세궁민이 빚더미에 깔려 허덕이고 있다. 이러한 비참한 상태를 구출하기 위하여 상호봉사와 자조 정신을 기초로 한 금융 여신을 제공할 수 있는 신용협동조합운동을 광범위하게 전개하며 실천에 옮김으로써 민족 장래와 후손 만대에 번영이 깃들도록 노력하기를 희구하는 바이다.

서포에서 만난
첫 신학생 친구

2012년
장대익 루도비코 신부 추모집
《인간의 길 사제의 길》 기고문
윤공희 빅토리노 대주교(전 광주대교구장)

대희년을 지내고 있던 2000년 11월, 장대익 신부 사제수품 50주년 금경축 행사가 그가 주임신부로 있었던 서울 잠원동성당에서 열렸고, 내가 가서 축사를 한 기억이 납니다. 그날 장 신부는 평안도 사투리 어조로 "여기서 다 폭로하는구만!" 하고 말했습니다. 무얼 '폭로'했느냐 하면 1936년이던가, 우리가 초등학교 6학년 때 예비 신학생으로 처음 만났는데, 10여 명의 또래 아이들이 모여서 축구를 했어요. 키가 비슷한 아이끼리 '가위바위보'를 해서 편을 가를 때 나는 장대익 소년과 비슷해서 그와 가위바위보를 했고, 결국 그와 나는 상대팀이 된 거지요. 경기를 시작하기 앞서 그가 나에게 축구를 어떻게 하는 거냐고 물어왔기에 나는 속으로 '촌놈이긴 진짜 촌놈이구나' 하면서 "넌 저편이니까 공을 차서 이쪽 골문으로 넣으면 된다"고 가르쳐줬지요. 그런데 막상 경기를 해보니 엄청 잘 차는 거예요. 능청을 떨었던 것이었어요. 장 신부는 놀이를 하더라도 엉뚱한 데가 있고 트릭이 있는 그런 멋쟁이였다고나 할까요? 어쨌든 그랬습니다.

우리가 신학생으로 처음 출발할 때 평양교구청이랄까, 교구본부가 서포에 있었습니다. 평양에서 북쪽으로 약 10킬로미터 떨어진 곳이지요. 1923년 8년 차 사제로서 서른다섯 나이의 미국 워싱턴 출신 패트릭 번 신부가 메리놀 외방전교회 선교사로 우리나라에 왔고, 의주 쪽을 중심으로 선교 활동을 벌이던 중 1927년 3월 17일 평안도 지방이 서울대목구와 분리된 평양지목구로 설정되면서 번 신부가 지목구장에 임명됐습니다. 평양에 주교좌를 두려고 했지만 대지를 구하기가 힘들어서 일단 서포에 교구본부를 설치했던 것입니다. 예비 신학교도 그래서 서포에 자리 잡게 되었습니다.

교구지 목구 설정과 함께 메리놀회 수녀들도 교구 내에 수녀원을 세우고 본격적인 선교 활동과 자선사업을 전개했고, 메리놀 외방전교회는 태평양전쟁이 일어나 1942년 6월 1일 일제에 의해 강제 추방되기까지 근 20년간 이곳에서 전교하면서 같은 회 소속인 4명의 교구장이 그 책임을 맡아 보았습니다.

초등학교 6학년 봄학기부터 예비 신학교가 개설되는데, 저는 진남포 출신이어서 외가가 있는 평양에서 하룻가 이틀인가 머물다가 서포로 가는 기차를 탔어요. 평양에서 한 정거장이면 서포역인데, 같은 기차에서 내리는 아이가 눈길을 끌었습니다. 나처럼 누군가가 데려다주고 있었지요. 나중에 보니까 나와 같이 예비 신학교로 들어가는 것이었습니다. 그가 바로 신의주본당에서 올라온 장대익 루도비코 학생이었어요. 그러니까 그와 나는 한날한시에 예비 신학교에 도착한 첫 친구였던 셈입니다.

　4월에 새 학년이 시작됐으니까 3월 말이었을 것이고, 우리는 서포에 있는 성모보통학교 6학년 같은 학급에서 함께 공부를 했던 겁니다. 예비 신학생이 모두 11명이었던 것 같은데, 그중에서 루도비코는 운동도 제일 잘하고 노래도 잘 불렀어요. 공부도 잘했지요. 한번은 내 옆의 한 아이가 귀에 부스럼이 났는데, 이게 나한테 옮더니 루도비코와 사감신부님에게까지도 옮는 바람에 세 사람이 함께 개신교에서 운영하는 그곳 기독병원에 가서 진료를 하게 됐고, 결국은 한 달인가 얼마 동안 학교를 쉬기까지 했습니다. 이 여파로 나는 성적이 뚝 떨어졌지만, 장대익 학생은 그럭저럭 괜찮은 성적이었습니다. 그때는 중학교에 진학하려면 10 대 1의 경쟁을 뚫어야 할 정도였습니다. 떨어지면 6학년에 재수하는 아이도 더러 있었는데, 공부는 재수생들이 더 잘하는 것 같았어요.

　아무튼 우리도 중학교로 올라가서 정식으로 소신학생이 됐는데, 평양교구는 그때 일부는 서울 동성학교에 보내고, 다른 일부는 덕원에 있는 성베네딕토회 소신학교에 보냈습니다. 우리보다 한 학년 아랫반부터는 모두 덕원으로 보냈지만, 우리 때는 둘로 나뉘었습니다. 그때만 해도 평양에서 덕원까지 직접 가는 기차가 없었으므로, 평양서 서울로 갔다가 다시 원산으로 가는 기차를 타야 했습니다. 장 루도비코는 서울로, 나는 덕원으로 갔습니다. 나중에 대신학교에 올라갈 때는 루도비코도 덕원으로 왔던 기억이 납니다.

　우리는 그 당시 13년을 공부해서 신품을 받았습니다. 소신학교는 중학교 과정이 5년이었고, 고등학교 과정이 2년, 모두 7년을 공부했고, 대신학교에 올라가면 철학과 2년, 신학과 4년 동안 사제 수업을 받았습니다. 소신학교 7년, 대신학교 6년, 이렇게 해서 13년이 걸리는 거지요. 장 신부는 철학과에 다닐 때 징병에 끌려간 것 같고, 나도 만 20세가 됐으므로 집에서 대기하고 있었으나 소집장이 나오지 않아 면할 수 있었습니다. 신체검사에서 장 신부는 갑종, 나는 을종을 받아서 그렇게 됐던 것 같습니다. 그만큼 장 신부는 건강했는데, 하느님께서 그를 먼저 불러가셨습니다.

6·25전쟁 때는 장 신부가 먼저 서울에 내려왔습니다. 부제였던 나는 덕원신학교가 공산당에 몰수되는 바람에 평양으로 돌아와서 장선홍, 라우렌시오 부제, 지학순 다니엘 신학생들과 함께 1950년 1월 북한을 탈출해서 서울에 왔습니다. 이미 서울 성신대학聖神大學에는 장대익, 김진하, 이병만, 정세은 등 평양교구 신학생 네 사람이 재학하고 있었고, 뒤늦게 탈북한 우리도 혜화동 신학교에 편입학했습니다. 전쟁이 발발하기 직전이던 1950년 3월 19일, 장선홍 부제와 내가 서울 명동성당에서 사제서품을 받았습니다. 나는 명동성당 보좌신부로 발령을 받았고 장 신부는 성가기숙사 사감으로 갔습니다. 장선홍 신부의 친조카이기도 한 장대익 신부는 부제품을 받기 전에 '총급장'을 하고 있었는데, 요즘 말로 총학생회장이었던 셈입니다. 그 이전 총급장은 김수환 추기경이었다고 하지요. 아무튼, 3월에 부제품을 받은 장대익 부제는 그해 1950년 11월 21일 전쟁 중에 9·28 수복으로 서울을 되찾은 명동성당에서 감격스럽게 사제직에 올랐지요.

그해 10월부터 국군과 유엔군이 38선을 넘어서 북한으로 진격

할 때 강현홍 신부와 장선홍 신부는 국방부 정훈국 소속으로 최일선 부대를 따라 평양 탈환 선발대로 평양에 입성했고, 나도 뒤따라 평양에 가서 평양교구 성직자들의 행방을 탐문하고 교회를 복구하는 일에 동참했던 기억이 납니다. 장대익 신부도 11월에 서품을 받자마자 진남포본당, 바로 내 출신 본당으로 발령을 받고 성탄 직후 평양까지 가봤지만, 중공군의 개입으로 임지인 진남포성당에는 접근조차 하지 못한 채 남하해야 했습니다. 며칠 후 1951년 1월 4일 서울을 비우고 다시 피난길에 오른 것이 저 유명한 1·4후퇴였고, 이로부터 1953년 7월 휴전협정이 조인될 때까지 전쟁이 계속됐습니다. 그 후로는 나도 장 신부도 출신 교구인 평양교구에 갈 수가 없었지요.

소신학교 예비 신학생이던 그 시절 그날부터 알고 지낸 장대익 루도비코. 언제나 활달하고, 주위를 놀라게 할 만큼 엉뚱한 데가 있었던 그는 이제 유명을 달리하고 있고, 나도 언젠가는 주님 대전에 나아갈 것이며, 거기서 첫 친구인 장 신부를 만나게 될 것입니다.

친구여! 주님 안에서 영원한 안식 누리시게. 아멘.

신부님, 감사합니다

2012년
장대익 루도비코 신부 추모집
《인간의 길 사제의 길》기고문
염수정 안드레아 추기경(서울대교구장)

저는 장대익 루도비코 신부님을 후암동성당에서 처음 뵈었습니다. 저희 집안은 저희 대까지 6대째 내려오는 오랜 구교우로서, 경기도 안성에서 오래 머물렀고, 안성 노루목에서 서울 효자동으로 이주해온 것이 1954년 제가 열두 살 때였습니다. 그때 맏형(루카)은 대학생이었고, 둘째 형(요한)은 동성고등학교에 다니고 있었으며, 저는 안성군 삼죽면의 삼죽초등학교 4학년을 마치고 서울 청운초등학교로 전학해 왔습니다. 1956년에 동성중학교에 입학했고, 그 후 후암동으로 이사 가면서 1959년 고등학교에 진학할 때 당시 성신고등학교, 즉 소신학교에 입학해 신학생이 됐습니다.

장대익 루도비코 신부님은 메리놀 외방전교 수녀회의 메리 가별 수녀와 함께 한국의 신용협동조합운동을 시작하였고, 소공동 소재 옛 경향신문사 건물에서 가톨릭 중앙신용협동조합을 1960년 6월 26일 창립하였는데, 선친(염한진 갈리스도, 1908~1983)께서는 창립 임원으로 활동하셨습니다.

장 신부님이 서울 대신학교 교수로 계시다가 후암동성당으로 부임해 오신 것이 1963년 1월이었는데, 그 이전 김영식 신부님이 계실 때부터 아버님은 후암동 신축 성당 기성회 임원으로서 토지 매입 등에 관여하셨던 모양입니다. 장 신부님은 저희 형제들의 성소에 대해서 깊은 관심을 가지시고 돌봐주셨습니다. 신부님은 1963년 1월 5일 부임해 오셔서 1965년 10월부터 1967년 6월까지 1년 9개월 동안 남미 브라질에 가톨릭 농업 이민 지도신부로 파견되셨고, 같은 해 12월에 재차 출국하셨다가 곧 돌아오셨습니다. 제가 대신학교에 진학해 군 복무를 마치고 만기 제대한 것이 1966년입니다. 사제직에 오른 건 1970년 12월 8일이었고, 장 신부님이 후암동성당 주임으로 계실 때였습니다. 그리고 제 아래로 넷째 야고보와 막내 요셉이 차례로 신학교로 진학해 사제의 길로 들어설 수 있었습니다. 아우들이 부모님을 따라 평일 미사에 참례하던 중 본당 신부님의 권유로 복사를 서기 시작한 것이 계기가 돼서 성소를 확인하게 된 것이고, 여기에는 저희 어머님(백 수산나, 1908~1995)의 원의와 기도의 힘이 컸다고 말씀드리고 싶습니다.

저희 어머님은 아주 평범하게 사셨지만, 역시 구교우 집안인 무주 구천동의 수원 백씨 백한성 알로이시오(1899~1971) 대법관의 누이셨습니다. 할머니(박 막달레나)와는 특별한 관계를 맺으셨던 모양입니다. 저와 제 두 아우들을 임신하셨을 때 할머니께서 어머니에게 임신을 축하해주셨다고 합니다. 저희 형제들이 태어난 다음부터는 할머니께서 "너희 대 파주 염씨 신앙 6대째에서 사제가 나와야 한다"고 하시면서 "아들이 태어나면 사제로, 딸이 태어나면 수녀로 주님과 성모님께 바칠 것을 약속하고 매일 기도해야 한다"고 권유하셨다고 합니다. 그래서 우리 어머님이 그런 지향으로 임신할 때부터 하느님께 봉헌하며 우리 삼 형제를 위해 열심히 기도하셨고, 나중에 막내까지 사제직에 올랐을 때야 이런 사실을 말씀해주셨습니다.

사제성소에 대해서 깊이 생각하게 해주는 이 대목에서 저는 한 생을 올곧게 사제로 사시다가 하느님 품에 안기신 장대익 루도비코 신부님에게 경의를 표하면서, 성인들의 통공 안에서 신부님과 대화를 나누고 싶습니다.

"신부님, 감사합니다. 저희도 신부님이 가신 길을 따라가겠습니다. 사제의 길을 충실히 걷겠습니다. 도와주십시오. 하느님께 빌어주십시오. 아멘."

신용협동조합운동은 서민 대중을 위한 것

1960년 6월 26일
〈가톨릭시보〉
신용협동조합을 최초로 신문에 소개한
장대익 신부의 기고

신용협동조합이 앞으로 해나갈 일에 앞서 우선 먼저 말하고 싶은 것은 이 신용협동조합이 어찌하여 필요한가 하는 문제다.

첫째, 우리 사회는 대출업자나 대출을 받는 사람 상호 법적 보호가 모호하기 때문에 일반 서민은 대출 혜택을 받기가 곤란하다.

둘째로, (특히 은행에서) 대출을 받을 경우 여러 가지 까다로운 수속 절차와 비용이 많이 든다.

셋째로, 무산대중 대부분이 금융에 관한 지식 부족으로 인해서 경제생활에 많은 손실을 초래하고 있다.

넷째로, 농촌의 예를 든다면 통신연락 관계의 곤란으로 경제생활의 향상을 도모하지 못하고 있다.

다섯째로, 때때로 일반 사회에서는 불필요한 여러 가지 사무 절차로 인해서 일반 대중이 소기의 목적을 이루기 어렵다.

여섯째로, 각종 고리대금업자로 인해 일반 서민 대중이 금융의 혜택을 받지 못하고 있다. 이 신용협동조합은 만인이 다 같이 평등하고 자유스럽게 행복을 누리는 가운데서 더 잘 살기 위해 현재의 결함 많은 경제체계를 개조하고 진정한 사회봉사와 민주주의에 입각한 새로운 경제 질서를 수립하는 것이므로 조직 방법이 완전히 원리원칙에 부합되어야 한다.

원래 경제 발전 과정에는 기적이나 비약이 있을 수 없다. 따라서 '쿠데타'나 전쟁의 위력을 가지고도 그 자체로서 변화하는 길을 막거나 변경하기는 어려운 일이다. 신협을 조직하는 데 있어 어떤 권력의 압력 밑에서나, 어떤 자본가의 조건 있는 원조를 받아서나, 또는 관청의 어떤 간섭이 있는 가운데서는 진정한 협동주의 원리에 입각한 신협은 설립될 수 없다. 숙달된 선배들과 함께 우선 열성과 지식을 구비한 발기인을 중심으로 규합하여 자주적인 입장에서 민주주의 방식에 의거하여 조직해야 한다.

신용협동조합 조직에 있어 그 중요한 몇 가지 원칙을 보면 다음과 같다.

1) 국민 개인의 자유와 존엄성을 존중하며, 민주주의 원칙 아래 개인 재산의 권리와 의무를 가르친다.

2) 경제·사회개혁은 신용협동조합을 통하여 교도사업으로 실행한다.

3) 민간 경제·사회의 교도사업은 반드시 경제생활 지도에서부터 시작한다.

4) 신용협동조합운동의 앞날은 신협조직운동을 통해서 단체 상부상조에 의거한다.

5) 이와 같은 계획을 통해서 일반 시민의 풍부한 사회·경제생

활을 갖도록 한다.

앞으로 신용협동조합을 통하여 성공적인 발전을 거두려면 다음이 필요하다.

○ 확고한 신용협동조합 신념을 가지고 그 목적을 이해해야 하고,

○ 지도자가 될 수 있는 인사를 발견하면 그 사람의 영향력이 미칠 수 있는 구역이나 지방에서 대표적 역할을 맡게 하여 협동조합 원리와 신협 운영의 기초 지식을 습득케 하도록 하고,

○ 일반 사회에 신용협동조합에 대한 대중교육을 실시해야 하고,

○ 조합원 모집운동, 조합원 상호 공동유대를 긴밀하게 해야 할 것이며,

○ 신용협동조합운동은 서서히 확실하게 해야 할 것이다.

특히 한국 사회에서는 광복 이후 급작스러운 자유경쟁의 도입으로 도처에서 말기에 가까운 자본주의의 악영향을 엿볼 수 있다. 이런 현실에서는 어떠한 곳에서든, 어떠한 형태의 협동조합이든 설립이 요청된다. 더구나 소도시와 농촌의 궁핍 상태는 풀어야 할 시급한 문제다. 그곳에 진정한 협동조합을 시급히 설립함으로써 그들을 가난에서 구출하지 않으면 안 될 것이다. 따라서 뜻있는 자는 있는 힘을 다하여야 하겠다.

○ 신용협동조합의 유래

서기 1948년 독일에서 프란츠 슐체델리치, 프리드리히 빌헬름 헨리 라이파이젠이라는 분들이 신용협동조합을 창안하였는데, 처음에는 그 지방민들의 궁핍 상태를 구출하기 위하여 발족하였다. 그 후 캐나다를 제외한 미국에서 자력갱생과 상부상조를 원칙으로 한 신용협동조합이 발족하였다. 알퐁스 데자르댕Alphonse Desjardins이 1900년에 미국 뉴햄프셔New Hampshire에서 신용협동조합을 조직하였고, 그 후에 에드워드 파이린Edward A. Filene(1860~1937)*, 클라우드 오처드Claude Orchard, 로이 버진그렌Roy F. Bergengren 등에 의하여 크게 발전하게 되었다.

○ 신용협동조합이란 무엇인가?

상호 관련성이 있고 서로 잘 알 수 있는 사람들이 자원自願해 단합하여 스스로 조직하고 운영하는 조직이다. 조합원들의 균등한 복리 증진을 도모하기 위하여 간편하고 규칙적인 저축의 장려와, 정당한 목적에 사용할 돈이 필요한 조합원에게 저리로 융자를 받게 하는 협동경제체제에 상응하게 금융과 여신제도의 민주화를 지향하는 조직인 것이다.

---

* 미국신협운동의 후견자로 CUNA를 설립하고 초대 회장이 된 그는 미국신협운동의 공신력 제고에 힘써 각 주州별로 신협법을 제정하고 신협을 조직하여 미국신협운동 확산에 기여했다.

○ 신용협동조합의 필요성

첫째, 재산의 분포 상태가 고르지 못한 사회에서는 대체로 극빈자와 실업자가 많고, 고리대금업이 성행하므로 사회 상황이 불안정하며, 이는 모든 사회악이 발생하는 원인이 되므로 이런 것을 방지하기 위하여 필요하고,

둘째, 빈곤한 소시민, 근로대중, 빈농가, 가난한 어부들의 대부분은 보통 융자를 얻기 곤란한데, 바로 그들에게 간편하게 금융의 혜택을 주기 위하여 필요하며,

셋째, 자립정신과 상호 봉사정신을 높이며, 쉽게 저축하게 함으로써 저축심을 배양하는 데 필요하고,

넷째, 재산의 축적을 증가시키되 그 소유권을 널리 분산케 하고, 많은 사람에게 직장을 주어 황금만능주의 및 배금사상을 제거하기 위하여 필요하다.

○ 신용협동조합에서 취급하는 업무

첫째, 각 조합원은 그 환경이 허락하는 대로 액수의 많고 적음을 막론하고 규칙적으로 저축을 한다.

둘째, 돈이 필요한 조합원은 융자를 받으며, 간편한 방법으로 상환케 하는 여신 업무와,

셋째, 신협 운영에 직접 참여함으로써 금전의 관리법과 취급 방법을 습득케 한다.

넷째, 그 밖에 여러 가지 보험 업무를 취급하여 조합원들의 장래에 대한 불안을 해소케 하는 업무 등이다.

미국에 있는 CUNA에서는 산하 모든 조합원의 대출금보험과 저축보험 등 그 밖의 여러 가지 보험을 취급하고 있는데 보험금액이 소액인 것이 두드러진 특징의 하나다.

신용협동조합 권장

1960년 6월 16일
가톨릭중앙신협 창립총회 축사
〈가톨릭시보〉기록
노기남(1902~1984) 대주교(전 서울대교구장)

이 세상에 사는 동안 육신을 가진 자로서 경제를 무시하고 살 수는 없다. 그래서 우리는 경제적인 윤택을 획득하기 위하여 필사적으로 노력하지 않으면 안 된다. 이 점이 오늘날 우리 현실에 당면한 커다란 난관이다. 내가 협동조합에 대해서 뜻있는 몇 분과 상의하면서 가톨릭 정신에 입각하여 한 조직체를 가지는 것이 가능하지 않을까 생각한 끝에 오늘 이렇게 여러분과 한자리에 앉게 되었다.

우리가 신협을 통해서 내 자신의 불편을 어느 정도 없애고, 또 어려운 이웃 사람을 도와줄 수만 있다면 얼마나 좋은 일인가. 더 나아가 이 일은 오늘날 자본주의국가의 경제적 결함을 없애는 데도 도움이 될 것이다.

여러분은 생명을 가진 씨앗처럼 훌륭한 일꾼이 되기 바란다.

장대익 신부
장례미사 강론

2008년 5월 14일 강론
장대익 루도비코 신부 추모집
《인간의 길 사제의 길》수록
정진석 니콜라오 추기경(전 서울대교구장)

친애하는 형제자매 여러분!

오늘 우리는 존경하는 장대익 루도비코 신부님과 마지막 하직 인사를 나누기 위해 고별미사에 참여하고 있습니다. 장 신부님은 엊그제 오전, 주님의 부르심을 받고 주님의 품 안에 편안하게 잠드셨습니다.

58년 동안의 사제 생활을 통해서 신부님이 사랑하는 한국 교회와 후배 사제들에게 남기신 영향과 업적은 깊고 크다고 생각합니다.

장 신부님은 우리가 잘 아는 대로 후배 사제들과 신학생들에게는 마치 아버지같이 다정다감한 분이셨습니다. 항상 소탈하시고 어린이처럼 해맑은 신부님의 모습을 더 이상 볼 수 없다는 것이 우리의 마음을 슬프고 안타깝게 합니다.

장대익 신부님께서는 2년 전 로마까지 오셔서 저의 추기경 서

임식에 참석하셨고, 마치 자신의 일과 같이, 어린아이처럼 기뻐하셨습니다. 그때의 모습이 지금도 기억에 생생합니다. 저는 장 신부님을 생각할 때 어디에도 얽매이지 않는 자유인의 모습과 어린아이 같은 순박한 모습을 제일 먼저 떠올리게 됩니다.

우리 모두가 잘 알듯이 장 신부님은 별명이 '도깨비'입니다. 신부님은 소신학교 때부터 이름난 개구쟁이였지만 의리가 있고, 부당하다고 생각하는 일이 있으면 참지 못하고 불같이 나서는 성격이라 동료 사제나 후배 신부들이 도깨비라 불렀다고 합니다.

장 신부님의 사제로서의 일생은 우리 근현대사의 고통과 수난을 모두 담고 있습니다. 또한 그간의 사목 활동에서 잘 나타나듯이 장 신부님은 시대를 초월하는 자유로운 사고방식으로 미래를 내다보는 선구자였습니다.

장 신부님은 1923년 1월 10일 평안북도 신의주 근처인 함원면 감초리에서 출생하셨습니다. 부모님은 신부님이 공립보통학교 6학년 때 중국 국경을 드나들며 장사를 하시다가 베이징 근처에서 강도를 만나 한날한시에 돌아가셨다고 합니다. 장 신부님이 받은 상처는 어린 시절에 감당하기에는 너무 컸을 것이라 생각합니다.

1943년 원산에 있던 덕원신학교에 입학했지만, 일본군에 징집되는 바람에 모든 학업을 중단하고 학도병으로 전쟁에 나가게 됐습니다. 그때 폭격을 받아 천신만고 끝에 살아났는데, 죽음이 항상 내 가까이 있음을 일깨워준 큰 경험이었다고 신부님은 자주 이야기하셨습니다. 전쟁 때인 1950년 11월 21일 사제서품을 받으시고, 1951년 전쟁의 비극이 그대로 드러나는 거제도 포로수용소에서 사목 활동을 하셨습니다.

　전쟁이 끝난 후 장 신부님은 3년 동안의 외국 유학 생활을 마치고 한국 땅에서 신용협동조합운동을 처음으로 시작하셨습니다. 신부님은 당시에 우리나라 국민이 너무 가난한데, 신협운동이 바로 이 가난을 물리칠 수 있을 것이라는 확신을 갖고 있었습니다. 당시에 신협운동은 전국에 급속도로 확산했고, 덕분에 신협은 서민을 위한 금융기관으로 뿌리를 내릴 수 있었습니다.

　그 후 신부님은 브라질 이민단 지도신부로 활약하셨습니다. 브라질에서 처음 이민을 떠난 신자들을 돌보는 일에 최선을 다하셨습니다.

　장 신부님은 약력에서 보여주듯이 아주 다양한 분야에서, 아주 다양한 장소에서 사목 활동을 하셨습니다.

　본당 주임사제로 사목하시면서는 거의 대부분의 시간을 성전 건립을 위해 공사판에서 노동자들과 함께 보냈습니다. 그래서 장 신부님은 스스로를 '노동자 신부'라고 부르시곤 했습니다. 장 신부님은 현직에서 물러나신 다음에도 인근 본당의 사목을 도우시면서 부지런하고 쉼 없는 사목 활동을 하셨습니다.

　이제 평생 동안 열심히 사제의 길을 충실하게 달려오신 장 신부님께서 주님 안에서 편안한 안식과 평화를 누리시기를 기원합니다. 인간적으로 볼 때 그 무엇으로도 죽음의 허무와 슬픔을 대신할 수는 없습니다. 참으로 비정하고 냉정한 것은 죽음의 현실입니다. 우리도 이렇게 사는 세상을 떠나야 할 때가 있다는 것을 생각할 때 인생은 참으로 덧없고 허망합니다.

"죽음아, 네 승리는 어디 갔느냐? 죽음아, 네 독침은 어디 있느냐?"

사도 바오로의 이 말씀은 우리의 죽음이 이미 예수 그리스도의 죽음과 부활로 정복되었다는 믿음의 말씀입니다. 그래서 부활을 믿는 신앙인에게는 죽음이 죽음이 아니라 새로운 삶으로 옮아가는 것입니다. 이것이 바로 우리의 부활 신앙입니다. 한평생 자신보다는 교회와 신자를 돌보고 사랑하며 사셨던 장 신부님께서도 이 부활의 신앙을 갖고 주님께 가셨습니다.

장 신부님은 2001년에 쓰신 회고록에서 다음과 같은 말씀을 남기셨습니다.

"내가 80 평생을 정리하면서 가장 안타까운 일을 한 가지 꼽으라면 첫 사목지인 평양교구의 진남포본당에 들어가지 못하고 먼발치에서 돌아서야 했다는 점입니다. 통일의 그날까지 내가 살 수 있다면 진남포본당에서 여생을 보냈으면 하는 것이 나의 마지막 소망입니다. 예수님을 따라 살기 위해 목자의 길을 선택했기에 나의 주어진 소명을 잘 마무리하고 이 세상을 떠나고 싶은 마음이 간절합니다."

비록 신부님의 소원처럼 통일을 못 보고 세상을 떠나셨지만 신부님은 자신의 사제직에 최선을 다하셨습니다. 장 신부님의 기도가 하루빨리 이루어져 우리나라가 통일되어 북한 땅에도 복음이 전파되는 날이 오기를 기원합니다. 다시 한 번 장대익 신부님의 명복을 빌면서, 신부님이 믿고 바라던 대로 하느님의 나라에서 영원한 안식과 평화를 누리시기를 기도합니다.

장대익 신부 연혁

날짜	연혁
1923.1.10	평안북도 신의주 출생
1941	서울 동성상업고등학교 졸업
1943	덕원신학교 입학(추후 일본군 징집으로 학업 중단)
1947	덕원신학교 복학
1948	서울 성신대학교(현 가톨릭대학교) 졸업
1950.11.21	사제서품
1951~1952	거제도 유엔 포로수용소 종군사제로 사목
1953.9~1957	충북 음성군 장호원(감곡)본당 보좌신부로 사목
1957.9.1	캐나다 노바스코샤 성 프란치스코 하비에르 대학에서 신용협동조합운동 전공
1958~1959	미국 뉴욕 포드햄 대학 대학원에서 사회학 전공
1960.5.14	협동경제연구회 가톨릭중앙신용협동조합 발기인 회의
1960.5.28	협동경제연구회 가톨릭중앙신용협동조합 발기인 대회
1960.6.26	가톨릭중앙신용협동조합 창립(계성여중 음악실)
1962.3.25	답동신협 조직(인천 답동 천주교회 신자 36명, 출자금 6만 환)
1962.4.8	기독교양친회신협 조직
1962.4.22	신당동천주교회신협 조직
1963	후암동본당 주임
1965.11.19	가톨릭 이민단 지도신부로 브라질 파견

날짜	연혁
1971.6	대방동본당 주임
1976.5	상도동본당 주임
1981	종로본당 주임
1987	잠원동본당 주임
1994	수유1동본당 주임
1998.10.9	은퇴
2000.4.20	금경축(서울 명동성당)
2008.5.12	선종(오후 2:13 강남성모병원, 향년 85세)

제3부

강정렬 박사

1923~2009

인간을 인간답게
만들 수 있는 것

지금부터 약 100년 전 평안도의 작은 포구에서 한 소년의 여정이 시작되었다. 폐 질환을 앓아 숨 쉬는 것조차 고통스러웠던 소년은 방에 누워 천장만 바라보며 꿈을 꾸었다. 전 세계의 가난한 사람들을 구제하고, 좀 더 좋은 세상으로 만들기 위한 사람이 되겠노라고. 그가 걸어온 길은 바로 한국신협의 역사가 되었고, 그의 직함 앞에는 유독 '최초'라는 수식어가 따라다녔다. 한국 최초의 신협인 성가신협 초대 이사장, 신협연합회 초대 회장, 아시아신협연합회 초대 사무총장, 아시아인 최초의 세계신협협의회 아시아 담당관 강정렬. 1991년 은퇴할 때까지 31년 동안 그는 세계를 향한 개척자였다.

강정렬 아우구스티노Augustinus[*]는 소달구지를 몰고 가다 땅에 떨

어진 이삭 하나를 보고는 달구지를 세운 채 이삭을 주위 들어 소중히 주머니에 넣던 부지런한 농부의 아들이었다. 아버지 그리고 3명의 누나와 함께 진남포 인근 월지리 공소公所*에서 신앙생활을 처음 시작한 소년은 고향에서 보통학교를, 인근 진남포에서 고등학교를 나와 교원이 되었다.

강정렬의 인생을 바꿔놓은 것은 6·25전쟁이었다. 종교의 자유와 민주주의를 찾아 가족과 토지 등 가진 모든 것을 북한에 둔 채 떠난 그는 1·4후퇴 때 미군 수송선을 타고 군산으로 피난을 왔다. 아내와 아들은 38선이 가로막히기 전에 이미 북한을 탈출했기에 그와 아내는 한동안 서로의 소식도 모른 채 이산가족으로 지냈다.

군산에서 그는 미군 부대의 통역 일을 자원했고, 뒤에 한국에 봉사하러 온 영국 출신 퀘이커Quaker** 교도 의사들이 근무하는 도립병원에서 통역 일을 했다. 그리고 영국 의사들의 추천으로 부산에 가서 가톨릭구제회 한국 총책임자가 되었다. 그는 전쟁의 틈바구니에서 풀씨처럼 온 힘을 다해 남한 땅에 뿌리를 내리려고 노력했다. 그가 진정한 자신의 이상을 찾은 것은, 가톨릭구제회 일을 하면서 미국에서 보내온 신협 관련 자료를 한국어로 번역하는 등 자원봉사자로서 메리 가브리엘라 수녀를 도우면서부터였다. 1960년 가브리엘라 수녀가 우리나라 최초의 신협인 성가신협을 만들 때, 강정렬은 성가신협을 이끄는 이사장이 되었다. 뒤이어 1965년

용. 과거 아오스딩으로 표기, 현재 혼용 사용되고 있음.
* 본당보다 작아 본당 주임신부가 상주하지 않고 순회하는 구역의 천주교 공동체. 천주교 건축물.
** 1650년대 영국인 조지 폭스George Fox가 창설한 기독교 종파.

광안신협의 창립에도 기여했을 뿐 아니라 이사장으로서 신협 운영의 정석도 보여주었다. 그의 성실성과 열정은 신협 조합원들에게도 전파되었다. 특히 그가 손으로 하나하나 기록한 신협 장부는 세계 신협인들에게 감동을 주기에 충분했다. 티끌 모아 태산을 어떻게 이루는지, 그렇게 만들어진 삶의 언덕이 수렁에 빠진 민중의 삶을 어떻게 바꿔놓는지를 영화처럼 감동적으로 보여준 것이다.

강정렬은 우리나라 신협연합회 초대 회장에 이어 ACCU 사무총장으로 근무하면서 개혁의 무대를 아시아로 넓혔다. 그는 인도의 가장 밑바닥에 있는 사람들, 대만의 고산족, 파푸아뉴기니의 정글에 있는 농사꾼, 중국 옌볜延邊에 있는 잊혀진 우리 민족을 만나기도 했다.

건전한 신용협동조합운동을 통한 경제자립과 민주주의를 발전시킨, 실천적 인물로 평가받아 1981년 아시아의 노벨상이라는 막사이사이상을 수상하기도 했다. 그 뒤 그는 다시 한 번 삶의 무대를 넓혔다. 세계신협협의회 아시아 담당관으로 세계 인구의 3분의 1이 몰려 있는 아시아의 발전을 위해 선진국의 관심과 지원을 이끌어낸 것이다.

2009년 8월 22일, 지상에서의 일을 마치고 영원한 안식을 얻기까지 강정렬은 이웃을 위한 사랑과 봉사의 발걸음을 이어갔다. 그가 20년 동안 손에 든 낡은 가방과 손때 묻은 안경이 그 증명이었다. 강정렬은 소박한 이웃의 모습을 하고 있었으나, 인류애로 가득찬 그의 정신은 고귀했다. 그리고 무엇보다 정직했다. 화려한 언변으로 사회 변화를 추구하는 사회운동가는 아니었으나 오직 진실함

하나로 국경을 초월해 서민의 삶을 뿌리부터 바꿔놓았다. 사람들이 더 이상 고리채에 시달리지 않게 했고, 교육을 받을 수 있게 도왔고, 술과 노름을 끊고 직업을 가지고 당당히 사회에 나설 수 있게 해주었다.

'신협운동의 궁극적 목적은 인간을 인간답게 발전시키자는 일종의 인간 개조 운동이자 성인 교육이다. 국민을 부지런히 일하게 하고, 돈을 아껴 저축하게 하고, 서로 믿고 돕는 상부상조의 정신을 길러주는 운동이다.'

그가 평생 동안 추구한 신협의 철학은 '좋은 사람을 만들기 위한 운동'이라는 이 한마디로 요약된다.

이글거리는 8월의 어원이자 로마의 첫 번째 황제 이름에서 유래한 아우구스티노는 헌신을 통해 하느님의 세상을 넓힌 성인이다. 강정렬 아우구스티노. 평안남도에서 태어난 한 소년은 그의 이름 그대로 세상을 변화시키는 세계인으로 살다가 자신의 꿈을 이루고 영원한 고향으로 돌아갔다.

강정렬 박사는 평생 인간을 인간답게 만들기 위해 노력했다.
사진은 1981년 막사이사이상 수상 인터뷰 당시의 모습.

13장

신념과 생활의 일치

용기라는 창과 신념이라는 방패

|

1923년, 강정렬이 평안남도 진남포에서 태어났을 때 이미 대한제국이란 나라는 지도상에서 사라진 뒤였다. 진남포는 정지용의 시 〈향수〉처럼 '넓은 벌 동쪽 끝으로 옛이야기 지줄대는 실개천이 휘돌아 나가고 얼룩백이 황소가 해설피 금빛 게으른 울음을 우는 곳'이었다. 동쪽에서 서쪽으로 흐르는 대동강 하구 북쪽에 자리 잡은 곳으로, 넓은 평야가 펼쳐져 있었다. 강정렬의 부모님은 대대로 마당에는 살구나무가, 시냇가에는 버드나무가 우거진 평화로운 마을에서 농사를 지으며 살았다.

부모님은 내리 딸만 셋을 낳은 뒤 막내로 아들을 얻었지만, 아들이라고 특별히 귀애하지 않았다. 아들딸 차별하지 않고 누나들도 모두 학교에 보낼 정도로 개화한 분들이었다. 강정렬은 아버지와 누나들과 함께 성당에 다녔다. 부모님은 땅에 떨어진 나락 한 알도 귀하게 여기는 근면한 농군으로, 당시 중농 이상의 삶을 사셨다는 것을 짐작할 수 있다.

그러나 전쟁이 다가오자 진남포에 일본 비행장이 생겼고, 하루아침에 부모님의 기름진 밭이 비행장 가운데로 들어가버렸다. 청년이 되었을 무렵, 주변의 많은 젊은이가 징용과 징병으로 끌려갔지만 강정렬은 늑막염으로 병상을 지킨 덕분에 목숨을 지킬 수 있었다. 인생사 새옹지마라는 삶의 비밀을 그는 너무 이른 나이에 알아채버렸다.

아침마다 수업을 시작하기 전에, 결혼식이나 마을 행사 전에 반드시 '황국신민의 서'라는 해괴한 글을 외워 일본 천황에게 충성을 맹세해야 하는 상황에서는 신앙생활을 하는 일조차 많은 용기가 필요했다. 말 한마디 행동 하나 허투루 할 수 없는 살얼음판 시절을 살아가면서도 그와 그의 가족은 용기와 신념을 잃지 않았다.

강정렬의 부모님은 자식 사랑이 지극한 데다 강인한 의지와 신념을 지닌 분들이었다. 어머니는 강한 자의 눈치를 보지 않았다. 여자라고 얕보고 농지거리를 아무렇지도 않게 뱉는 장사꾼 노인을 혼내주기도 하고, 장날 사서 뜬 싱싱한 회를 비행장 건너편 마을에 시집간 딸에게 전해주기 위해 비행장을 가로질러 가다 일본 헌병과 맞서기도 했다. 북한 공산당 고위 군인 앞에서도 주눅 들지 않은 채 총알받이 되지 말고 부모가 계신 고향으로 빨리 돌아가라고 말할 정도로 강단이 있었다. 어머니가 이렇게 언제 어디서든 강인하고 당당한 모습을 보일 수 있었던 것은 인간이라면 가지고 있는 보편적인 정의, 연민, 사랑과 같은 인간성을 믿었기 때문이다. 스스로 잘못된 행동을 하지 않는 한 아무리 위압적인 세상이라 할지라도 자신에게 해를 입히지 않으리라고 생각한 것이다. 또한 나중에 커서 어머니를 함부로 대한 일본군 병사를 죽여버리겠다고 말하는 어린 강정렬에게는 "저들도 부모가 있다. 적이라도 함부로 대하지 마라" 하고 타일렀다.

한편 아버지는 마을 사람들을 위해서 옳다고 생각하는 일에는 물러남이 없었다. 앞장서서 자신의 목소리를 내기보다 우직한 황소처럼 뒤를 받치며 일했다. 평소에는 과묵했지만 아무도 말을 하지 않을 때는 목소리를 내었다. 한번은 공소를 수리하기 위해서 가

진남포성당. 사진 제공: 〈가톨릭신문〉.

져온 건축 자재를 위원장이 자기 집에 가져가서 쌓아둔 적이 있었다. 건축 자재 일부가 그 과정에서 분실되었다. 마을 사람들끼리 분실에 따른 책임 유무를 놓고 옥신각신하느라 공소 수리는 차일피일 미뤄졌다. 그러던 어느 날, 인민위원회에서 공소를 수리하기 위해서 산 자재를 가져다가 인민회관을 짓겠노라고 선언해버렸다. 아무도 반대하지 못하고 눈치만 살피고 있을 때, 강정렬의 아버지가 나섰다. "공소를 짓기 위해서 갖고 온 자재니 공소를 짓는 데 쓰는 게 마땅하오." 그가 나서자 마을 사람들도 부랴부랴 힘을 보탰고, 더 이상 건축 자재의 분실 여부를 따지지 않고 남은 자재로 공소를 수리할 수 있었다.

호랑이는 호랑이를 낳는다는 속담처럼, 강정렬의 누나들도 부모의 성품을 물려받았다. 추근거리는 면장을 혼내줄 정도로 강단이 있었을 뿐 아니라 공산 치하에서도 주눅 들지 않고 올곧은 말을 곧잘 했다. 그것은 강정렬도 마찬가지였다. 공산당은 소련군을 등에 업고 토지개혁을 단행해 공산당원인 소작농들에게 토지를 몰아주었다. 6·25가 터지고 유엔군이 전선을 넘는다는 소식이 전해더니 마침내 용강으로 진군해 왔다. 그러자 이번에는 치안대가 조직되어 미처 도망가지 못한 공산당원을 가두거나 죽이기도 했다. 마을 주민회의가 다시 열리고 토지개혁으로 빼앗겼던 토지 문제가 의제에 올랐다. 본래 주인에게 땅을 돌려주고, 소작료도 그해부터 지주에게 주기로 결론이 났다. 그러나 소작료 액수를 두고 의견이 분분했다. 지주들은 내 땅은 도둑질이나 사기를 친 돈으로 산 게 아니라 내 손으로 피가 나게 일해서 모은 돈으로 산 것인 만큼, 그동안 밀렸던 소작료를 받아야겠다는 입장이었다. 소작인들은 무릎에 얼굴을 파묻고 죽은 듯이 조용히 앉아 있었다. 이때 누군가 강정렬에게 의견을 물었다. 강정렬은 자신도 땅을 빼앗겼던 지주의 한 사람이지만 땅을 빼앗은 자는 소작인이 아니라 김일성이며, 저들도 삼칠제三七制*니 현물세現物稅니 하는 세금을 내느라 죽을 고생을 했으니 다시 저들을 궁지에 몰아넣지 말자고 말했다. 결국 올해의 소작료만 지주에게 주고, 그동안 내지 않은 것은 소급해서 내지 않는 쪽으로 결론이 났다.

위태롭고 어려운 시절에 옳은 소리를 내는 것은 결코 쉬운 일이 아니다. 그러나 강정렬은 그럴수록 자신의 신념을 용기 있게 드러내야 한다는 것을 배웠다. 용기와 신념을 가진 사람의 말은 누구든 귀담아듣게 되어 있었다.

하느님의 사랑을 전하라는 임무

세례명 아우구스티노. 로마 황제 이름에서 유래된 아우구스티노는 하느님의 영역을 넓힌 성인聖人의 이름이기도 했다. 하느님의 세상을 넓히는 것은 세례를 받음으로써 아우구스티노가 된 그에게 주어진 지상에서의 소명이었다.

일본군은 물러갔지만, 북녘땅에 소련 군대가 진주하면서 사회

---

* 거두어들인 곡식의 3할은 지주에게 땅을 빌린 값으로 주고, 소작인이 나머지 7할을 가지던 제도.

전반에 상상할 수 없던 변화가 몰아닥쳤다. 어제까지의 천석꾼이 하루아침에 땅을 몰수당해 무일푼이 되었고, 존경받던 교장 선생님은 반동분자가 되었으며, 경찰과 공무원은 원수가 되었다. 수복 이후 빼앗긴 땅을 도로 찾는 순간 다시 무일푼이 되는 것도 받아들이기 어려웠지만, 무엇보다 종교가 탄압받는 게 가장 공포스러웠다. 미사를 드리던 공소는 문이 닫혔고, 신부들은 어디론가 끌려가서 소식이 없었다. 신부님들이 살아 있을 것이라고는 기대하기 어려웠다. 어딘가에서 순교했으며, 그 순간은 오직 하느님만이 아실 것이라고 믿었다.

그가 강정렬에서 아우구스티노로 다시 태어난 것은 서너 살 무렵부터다. 그의 고향인 진남포는 바닷가 가까운 마을이다 보니 꽤나 많은 사람이 모여 살고 있었다. 한번은 강정렬이 아플 때 옆집에 사는 무당이 신령님께 무명필과 쌀을 제물로 바치면 액운을 면할 수 있다고 했지만, 어머니는 결사적으로 반대했다. 만약 내 아들이 죽는다면 하늘의 뜻이지 잡귀들의 장난 때문은 아니라며 미신과 맞섰다. 그러다 아이가 죽기라도 하면 어떡할 거냐며 집안 어른들이 아들을 빼앗아 굿을 하려 들자 어머니는 아픈 아들을 둘러업고 몸을 숨겨버렸다. 무당의 말을 따르지 않아 외동아들이 죽기라도 한다면 집에서 쫓겨나는 게 불 보듯 뻔했지만 어머니는 자신의 믿음을 굽히지 않았다. 어머니의 행동은 종교적인 이유가 아니라 귀중한 아들을 잡귀나 무당 따위에게 맡기고 싶지 않다는 아들에 대한 사랑에서 나왔다.

그 뒤 강정렬이 살아나자 아버지도 누나들과 어머니가 말한 하느님 덕분이라며 진남포 인근의 월지리 공소에 다니기 시작했다. 강정렬의 아버지는 훗날 대주교가 된 윤공희의 아버지와 친분이 돈독했는데, 늦게 가톨릭에 입교했지만 신앙심만은 깊어서였다. 그러나 정작 무당을 믿지 않음으로써 아들을 살린 어머니는 내 하느님은 만인의 하느님으로 교회당 같은 조그만 집에 계시지 않는다며 한사코 성당에 가기를 거부했다. 살면서 쌓인 남편에 대한 서운함에서였을까? 어쩌면 부부라도 내외를 하던 시대다 보니 그저 함께 무엇인가를 하길 꺼렸는지도 몰랐다.

어쨌든 강정렬은 성당에 다닌 덕분에 넓은 세상과 접하게 되었다. 당시 선교사나 신부들은 서양 문물의 전파자였다. 그들이 갖고 오는 책과 경험이 담긴 이야기는 아시아와 유럽, 아메리카에 대해서 알려주었다. 선교지의 학생들은 그들 덕분에 물리와 화학과 생물학, 세계사, 우주에 대해서도 알게 되었다. 또 강정렬은 신부를 통해 영어를 배울 수 있었다. 그는 일주일에 서너 번씩 저녁나절에 아이들을 유독 좋아했던 번스타인 신부를 찾아갔다. 영어는 그에게 유럽이나 미국 같은 낯선 세상에 대한 동경과 호기심을 키워주었다. 축음기로 바이올린 연주를 듣고 홍차와 과자를 대접받으며 강정렬은 미국과 유럽으로 가는 꿈을 꾸었다.

어머님이 믿는 마음속의 하느님 덕분에 화를 면해서인지 강정렬의 신앙심은 남다른 데가 있었다. 하느님과 함께하는 삶을 살기로 다짐하고 그것을 생활 속에서 실천했으며, 평소 성경을 열심히 읽고 다른 사람들과 토론하기를 즐겼다. 또한, 예수님의 정신을 실천하는 '보다 나은 세계를 위한 운동'이란 단체에서 15년 동안 봉사하기도 했다.

훗날 신협운동에 뛰어든 것에 대해서도 강정렬은 "신협이 예수님의 사랑을 땅에서 실천하는 방법이었기 때문"이라고 밝혔다. 신협운동에 헌신하는 것이 그에게는 신념과 생활이 일치하는 조화로운 삶이었던 셈이다.

민주주의를 찾아서

일생을 통해 강정렬을 지배한 원리는 민주주의였다. 민주주의에 대해서 배우기도 전에 그는 삶을 통해 민주주의에 대해 깨달아버렸다. 인간이라면 마땅히 자유로워야 하고, 자신의 뜻을 존중받아야 한다는 걸 일제강점기와 해방 후 북한 지역에 몰아닥친 공산주의를 겪으면서 저절로 습득했다.

강정렬은 늘 자신의 자리에서 최선을 다하며 하루하루 더 나은 삶을 향해서 노력해갔다. 고등학교를 졸업한 뒤, 공부를 더 하고 싶었던 강정렬은 와세다대학 통신대학 상과를 졸업했다. 그 후 결혼을 해서 해방과 동시에 큰아이를 얻고, 진남포 삼성학교에서 교사로 근무했다. 이때 땅도 몇 마지기 마련했지만 병마가 덮쳐와 아내와 아들과 따로 떨어진 채 본댁에서 요양하고 있었다. 그러다 6·25가 터지자 땅과 직장을 버리고 북한을 탈출했다. 울타리가 되어주던 아버지와 어머니, 누나들과 삼촌, 고향의 친구들과 흙냄새를 뒤로하고, 1·4후퇴를 하는 미군을 따라 홀로 사선을 넘었다.

한편으로 보면 등을 떠밀린 셈이었다. 강정렬은 밤마다 이남방송을 들었으며, 공산당이 듣기에 불온한 말들을 거리낌 없이 내뱉었고, 그들의 사상적 통제를 받아들이지 못했다. 가장 힘든 것은 자유가 없다는 점이었다.

인민대의원 선거를 치를 때, 입후보는 한 명인데, 투표함은 두 개였다. 찬성하면 백색 함, 반대하면 흑색 함에 표를 넣는 흑백투표였다. 흑백 함을 나란히 앞에 둔 채 투표를 하는 건 비밀투표의 원칙에 어긋났다. 그러면서도 어떤 투표함에 표를 넣든 개인의 자유라고 말하고, 후보자는 위대한 영도자가 추천한 사람이라고 강조했다. 이런 투표가 엉터리라는 건 누구든 알았다. 그래서 한 사람이 물었다. "정말로 흑색 함에 넣어도 아무런 문제가 없소?" 아무도 대답을 못 해 정적만 흘렀다. 바로 그 순간, 동네에서 장난꾸러기로 소문난 친구가 일부러 핀잔을 주며 말했다. "지도원 동무 입장 곤란하게 왜 그런 것을 물어보냐. 빨리 가서 잠이나 자자고!" 그 친구는 그날 밤 강정렬의 방문을 두드리면서 이렇게 말했다. 자신은 오늘 밤에 월남할 것이니 몸이 낫거든 하루빨리 남으로 내려오라고.

강정렬은 또 다른 선거에서 흑색 함에 표를 넣은 적이 있었다. 그 이후 강정렬은 노동당 당세포黨細胞* 책임자에게 시달렸다. 그 때문에 할머니, 아버지, 어머니 등 집안사람들도 덩달아 괴롭힘을 당했다. 당세포 책임자는 선거일에 강정렬의 어머니에게 강정렬

---

* 당의 기층 조직. 흔히 당원들을 조직하고 지도하는 일을 맡은 사람.

대신 백색 함에다 투표를 하게 함으로써 자신과 강정렬 모두에게
쏟아질 문책을 피해갔다. 다 함께 살기 위해서는 그 길밖에 없었다
는 당세포 책임자의 말을 들으며, 그는 '이 땅에서 선의를 가진 채
살 수 있을까'라고 회의했다. 오랜 갈등 끝에 그가 내린 결론은 남
한행이었다.

법정 스님은 "크게 잃는 자만이 크게 얻는다"고 했다. 그 말처
럼 강정렬은 민주주의란 가치를 얻기 위해서 태어날 때부터 자
신이 가졌던 것, 자신이 일군 모든 것을 잃었고, 그럼으로써 자유
를 얻었다. "이놈의 세상 언젠가는 망할 것이다!" "망해버려야 한
다!"라고 주먹을 쥔 누나나 아버지의 바람도 강정렬이 민주주의
사회에서 사는 것이었다.

강정렬과 그의 가족이 당시 북한에서 느낀 감정은 공포였다. 삶
의 기반을 송두리째 부수어놓았으니 원수를 갚겠다는 적의가 거대
한 격랑처럼 남과 북을 삼켰다. 어떤 전쟁에서든 군인보다 민간인
의 피해가 적지만, 6·25는 정반대였다. 이웃의 적의는 총보다 무
서웠다. 누군가 인민위원회 당세포가 되면 그동안 평화롭던 마을
에도 새로운 적의가 생겨났다. 그의 가족들은 이러한 광기를 잠재
울 것은 민주주의밖에 없다고 믿었다. 그래서 남한으로 내려가라
고 강정렬의 등을 떠민 것이었다. 비록 지금은 헤어지지만 언젠가
세상이 바로잡히면 만날 수 있을 것이라고 생각했다.

미군 수송선으로 군산에 도착한 강정렬은 당장 머물 곳이 없었
다. 머리는 텁수룩하고, 행색은 초라했으며, 얼굴에는 병색이 짙었
다. 항구에서 뻗어 있는 길을 따라 걷던 그는 아내와 스쳐 지나갔

다. 그도 아내도 처음에는 서로를 알아보지 못했다. 서로 알아보았을 때도 차마 반가움을 드러낼 수 없었다. 떨어져 지낸 2년여의 시간 동안 각자 가정을 꾸렸을 수도 있다고 생각해 말도 제대로 붙이지 못했다. 우여곡절 끝에 가족과 재회한 그는 가정을 꾸리기 위해 일자리부터 찾았다. 지나가는 미군 지프를 세워 혹시 통역이 필요하면 써달라고 하자, 차에 있던 미군이 그를 보더니 다음 날부터 미군 부대로 출근하라고 말했다.

가족을 만난 강정렬은 행복했다. 퇴근 후에는 가족이 함께 모여 노래를 부르기도 했다. 그러는 사이 새로운 가족이 생겨났고, 전쟁은 끝이 났다. 군산에서 가정을 이루며 사는 사이 10년이란 세월이 훌쩍 지나갔다.

14장

봉사의 자세

인연을 만드는 삶의 레시피

강정렬이 신협과 첫 인연을 맺은 것은 가브리엘라 수녀가 성가신협을 만들기 위해 준비할 때였다. 가브리엘라 수녀 입장에서 봤을 때 강정렬은 일꾼으로 적임자였다. 영어가 잘 통했고, 가톨릭구제회에서 일하고 있었기에 업무 진행 능력이 뛰어났다. 유머를 즐겨서 사람들과의 유대도 좋았다. 무엇보다 그리스도교인이었으며, 이웃을 돕는 일에 헌신적이었고, 글로벌한 시각도 갖고 있었다. 특이하게 그는 당시 한국인들과 달리 인정에 휩쓸리지 않았다. 이방인의 눈에 비친 그는 전근대적인 한국 땅에서 근대적으로 살아가는 사람이었다. 판단을 할 때는 늘 기준에 따랐고, 그랬기에 늘 합당했다. 신협 관련 일을 할 때는 정관에 미루어 처리했고, 관련 내용이 정관에 없을 때는 회의를 통해 공론화해서 문제를 해결했다.

1962년 협동조합교도봉사회 설립 기념사진.

한마디로 민주적으로 일처리를 할 줄 아는 사람이었다.

가브리엘라 수녀처럼 한국에서 오래 살아서 반쯤은 한국인이 된 사람들도 한국인이 가지고 있는 몇 가지 습성은 받아들이기 어려웠다. 인정에 휩쓸려 일을 처리하는 것과 정확하지 않은 시간관념, 적극적이지 않은 의사소통 때문에 종종 인내심의 한계를 드러낼 때도 있었다. 여기에 더해 감정을 드러내지 않는 순종적 태도는 오해를 만들기에 딱 좋았다. 동양과 서양의 문화나 감정의 온도 차이가 크다 보니 온전한 소통이 어려웠다.

가브리엘라 수녀가 강정렬을 존중한 이유는 의사소통이 잘될 뿐 아니라 정직하기 때문이었다. 극심한 가난은 부패를 낳는다. 입에 풀칠하기 위해서 이것저것 가리지 않고 행하다 보면 자신도 모르는 새 부패에 한쪽 발을 들여놓게 된다. 그러나 강정렬은 판단력과 절제력으로 자신을 양지로 인도했다. 그에게는 감히 가난하고 힘없는 나라의 국민이라는 이유로 얕잡아볼 수 없는 당당함이 있었다. 그의 인품을 이루는 많은 요소, 예컨대 정직, 용기, 신념 등이 그의 가난이나 국적, 인종, 병약함보다 먼저 눈에 띄었다.

당시 한국에서 가장 영향력 있는 민간단체를 들라면 단연 가톨릭구제회였다. 이들은 민간 부문의 정부 예산을 맡을 정도로 전쟁 직전과 직후에 그 영향력이 절대적이었다. 타고난 강정렬의 성품 안에 있는 정직성과 이웃에 대한 사랑이 한국인과 미국인들의 다리 역할을 했음은 물론이다. 강정렬이 1958년부터 가톨릭구제회에서 한국 책임자로 일하게 된 것은, 군산에서 함께 일한 퀘이커 교도 의사들의 추천 덕분이었다. 그들은 자신들의 일을 돕는 강정렬의 인품에 감탄해 가톨릭구제회에 그를 소개했다. 미군 통역관으로 일하던 그가 퀘이커 교도 의사들과 함께 병원에서 일하게 된 것은 당시 군산에 주둔하던 미군 부대 최고 책임자의 소개 덕분이었다. 그리고 가톨릭구제회를 통해서는 다시 가브리엘라 수녀와 인연을 맺게 되었다. 인연이 사슬처럼 끝없이 이어질 수 있었던 건 그의 품성 때문이었다. 그리고 그 하나하나의 인연이 모여서 그의 '신용'을 이루고 있었다.

"모기는 상대방의 피를 빨아 먹으며 산다. 그러면서 상대방이 아파서 '탁' 칠까 두려워 전전긍긍해한다. 파리는 지저분한 곳이라야 먹을 것이 생긴다. 쫓으면 다시 모여든다. 파리는 깨끗

1957년 강정렬과 함께 일한 퀘이커 교도 의사와 간호사들.

한 것을 싫어한다. 그런데 꿀벌은 다르다. 깨끗하고 향기로운
꽃에서 꽃으로 꽃가루를 옮겨주고 그때 꽃들이 기꺼이 제공
하는 꿀을 얻은 벌은 비가 오나 바람이 부나 불평 없이 환경에
맞춰 최선을 다한다. 나는 모기나 파리에 머무르지 않고 벌이
되려고 매일 결심을 새롭게 하며 살아가고 있다."

　자신의 글에서 강정렬은 스스로 어떻게 살아가고 싶은지 밝혔
으며, 이러한 삶의 자세를 다른 사람에게도 널리 퍼뜨리려고 노력
했다. 한번은 가톨릭구제회 소속 운전사 세 사람이 기름값을 높여
청구하는 방법으로 다달이 월급만큼의 돈을 더 가져간 적이 있었
다. 인정 어린 눈길로 보면 먹고살기 힘들어서 한순간 양심을 속인

것이지만 냉정하게 보면 명백한 배임이며 횡령이었다. 당시 불법이나 탈법에 대한 개념이 제대로 서 있지 않아서인지, 운전사들은 '남들이 다 하는 행위'를 했다고 항변했다.

강정렬은 운전사들의 탈법을 증명하려고 비서에게 그들이 주로 다니는 주유소의 기름값을 알아보라고 지시했다. 운전사들은 이제 직장을 잃게 되었다고 생각해 그를 원망했다. 같은 한국 사람끼리 서로의 사정을 잘 알면서 왜 봐주지 않느냐고 되물었으며, 자신들이 잘못했다고 반성하기보다 단지 운이 없어서 잘못 걸렸다고만 생각할 뿐이었다. 한술 더 떠서 '깨끗한 물에는 물고기가 모이지 않는 법'이라며 융통성 없다는 이유로 강정렬을 비난하기까지 했다. 서로 적당히 작당해서 자신들의 이익을 취하려 한 그들의 행위는 '이런들 어떠하며 저런들 어떠하리, 만수산 드렁칡이 얽혀진들 어떠하리, 우리도 이와 같아서 만세를 누리리라' 같은 당시 가치관의 결과물이었다.

그러나 그 순간, 강정렬이 한 일은 비리에 대한 지탄이나 고발이 아니었다. 그는 그만의 방식으로 문제를 해결했다. 쥐꼬리만 한 월급으로는 아이들과 먹고살기 힘들다는 운전사들의 읍소는 틀린 말이 아니었다. 강정렬은 가톨릭구제회 최고 결정권자였던 미국인 주교에게 운전사들이 부양해야 할 가족이 많아 월급만으로는 생활할 수 없으니 그들의 급여에 가족수당을 포함하자고 제안했다. 곧이어 운전사들에게 기름값으로 횡령한 금액만큼의 수당이 지급되었다. 강정렬을 원망하던 운전사들은 그제야 진심으로 자신들의 잘못을 뉘우쳤다.

360

그런데 사무실에 근무하던 직원 가운데 대학을 나온 자신들보다 차량 운전사가 더욱 많은 임금을 받는다며 반발한 사람이 있었다. 강정렬이 영국이나 캐나다 같은 선진국에서는 기술자가 사무직보다 월급을 더 많이 받기도 한다며 설득했지만, 블루칼라가 화이트칼라보다 훨씬 많은 월급을 받는 법이 어디 있냐며 격분해 사표를 낸 사람도 있었다. 3명의 길 잃은 양을 위한 배려를 지켜봐줄 만한 정신적 여유가 그들에겐 없었다.

어쨌든 이 사건을 통해 강정렬의 '인간적인 문제 해결 방식'은 오랫동안 회자되었다. 그는 잘못을 한 번쯤 눈감아주기보다는 아예 문제가 되는 구조를 바꿔 정직하게 살도록 만들어주었다. 운전사라는 자리는 누가 오든 불법을 저지르기 쉬우므로, 불법을 저지를 여지를 없애버린 것이다. 사소한 이익을 탐하다 월급을 많이 받을 수 있는 자리를 날려버릴 어리석은 사람이 어디 있겠는가!

강정렬은 정직하지 못한 행동이 만연한다면, 그 사회의 미래는 없다고 생각했다. 정직함을 지키기 위해서 그는 혼자서라도 투쟁을 해나갔고, 그것이 사회에 전파되기를 무엇보다 바랐다. 강정렬에게는 어떤 뇌물도 통하지 않았다.

언젠가 강정렬의 가족이 부산 광안리로 이사했을 때, 집에 가보니 안방에 못 보던 장롱이 놓여 있었다. 아내는 이사를 하는 와중에 집주인의 심부름이라며 지게꾼들이 다짜고짜 장롱을 들여놓고 가버렸다고 말했다. 누구나 갖고 싶어 하는 고급 포마이카 장롱은 집주인이 세입자에게 주는 선의의 선물이라기엔 너무 컸다.

다음 날 아침 강정렬은 거래하던 인쇄소에서 납품한 봉투의 단가가 계약과 달리 30전錢이나 더 높이 책정되어 계산된 것을 알아차렸다. 거래량이 50만 장이다 보니 최종 금액이 크게 차이가 났다. 거래처 사장에게 전화를 걸어서 이유를 물어보니, 새로운 직원이 대중소 봉투의 가격 차이를 몰라서 실수한 것 같다는 대답이 돌아왔다. 그 말을 들은 강정렬은 포마이카 장롱의 출처를 대충 짐작할 수 있었다. 그러나 돌려준다고 한들 인쇄소 사장이 그 장롱을 도로 받겠는가! 장롱을 도로 받는다는 것은 뇌물임을 인정하는 태도가 아니겠는가! 한 번의 실수로 거래처를 잃는 것도 가혹하지 않은가!

강정렬은 즉시 광안성당 신부님을 찾아가 "장롱 하나 받지 않으시렵니까?"라고 물으며 그간의 사정을 설명했다. 신부님은 "그런 옷장이라면 받겠다"라고 답했다. 사장 입장에선 뇌물을 보낸 게 아니라 필요한 곳에 장롱을 기부한 셈이 되었다.

최고 책임자 자리에 있었던 강정렬은 부정한 일을 겪을 기회가 누구보다 많았다. 그러나 사소하게 보이는 귤 한 박스라도 슬쩍 넘어가는 법이 없었다. 반대로 자신이 공무원들에게 선물하고 싶을 때는, 그들이 선물을 마음 편히 받게끔 가톨릭구제회에다 선물용 예산을 받아서 공식적으로 집행했다. 이런 식으로 강정렬은 자신이 몸담은 조직에서 투명한 조직문화를 만들어갔다.

어느 시대든 어느 사회든 호의가 정도에 넘치면 뇌물이 될 수 있다. 받을 수 있는 호의와 그럴 수 없는 호의를 구분하는 것은 한 개인이 가진 도덕성을 비추는 거울이기도 하다. 그는 그 거울을 낮이든 밤이든 닦고 또 닦았다.

나사렛의 집

|

신협운동을 처음 접하게 되었을 때, 강정렬은 그 운동에 적극적으
로 뛰어들게 되리라고 예상했을까? 그것이 자기 삶의 방향을 바꿔
놓으리라고 생각했을까? 평안남도 진남포 출신인 강정렬은 1·4
후퇴 때 군산으로 내려와 헤어진 아내와 장남을 만나 가정을 일군
다음 이번에는 부산으로 내려왔다. 부산에서 1960년 신협운동에
뛰어든 뒤 1973년 서울로 향했고, 다시 10년 뒤인 1983년에 신협
이라는 동아줄 하나만 잡고 미국으로 향했다.

강정렬의 인생에서 가장 중요한 만남은 단연코 가브리엘라 수
녀와의 만남이었다. 신협운동은 그의 신념과 일치했다. 가브리엘
라 수녀가 가진 열정의 크기만큼 그도 열정을 가지고 있었다. 그랬
기에 두 사람이 오래도록 소통할 수 있었을 것이다. 또한 강정렬은
청렴함을 앞세워 우리나라에서 가장 규모가 큰 외국 구호조직을
이끌고 있었고, 가브리엘라 수녀는 그런 그를 존중했다.

강정렬 또한 다른 사람이 보지 못하는 가브리엘라 수녀의 모습
을 보았을 것이다. 빠른 결단력과 추진력을 가진 가브리엘라 수녀
는 여유롭고 느긋한 일반적인 수녀의 모습과는 달랐다. 까탈스럽
고 고집이 세고 엄격하다는 평판으로는 가브리엘라 수녀의 실제
모습을 다 드러내지 못했다. 일을 하다 보면 전투적이다 못해 예민

한 부분이 두드러졌다.

강정렬은 1960년 3월부터 성가신협 발족을 위한 자원봉사자가 되었다. 가브리엘라 수녀가 신협에 대해 기본적인 설명만 했을 뿐인데도 관심을 가지고 함께 일하겠노라고 선선히 승낙했다. 신협운동에 헌신하기로 마음먹은 이유는, 신협의 정신으로 새로운 나라를 만들 수 있겠다는 희망을 읽어서였다. 이것이야말로 신협운동 초기 지도자들에게 공통적으로 나타나는 점이다. 그들은 한 사람 한 사람 부정한 사회와 싸워 희망을 일궈내고 싶어 했다. 일제강점기와 6·25를 거치면서 대부분의 국민은 절대빈곤을 경험했다. 절대빈곤이 무너뜨린 것은 물질적 풍요로움이 아니었다. 그보다 더 철저히 부서진 것은 눈에 보이지 않는 인간의 내면이었다. 이웃이 굶어 죽더라도 내 호주머니에 돈이 들어가면 그만이고, 권력에 줄을 대어 이익을 극대화하고, 눈앞의 이익을 놓치지 않고자 아귀다툼을 벌이는 사회. 이런 사회에서는 어떤 희망도 찾을 수 없었다. 단순히 사람을 부자로 만들어주는 비법만 제시했다면 강정렬은 신협과 가브리엘라 수녀를 따르지 않았을 것이다.

가브리엘라 수녀가 신협운동을 벌이는 본거지인 나사렛의 집은 기역 자 모양의 함석집이었다. 앞문은 끼워서 넣는 빈지문*이었고, 빈지문을 열면 유리를 끼운 미닫이 나무문이 나왔다. 강정렬은 낮은 가건물에다 양철지붕을 인 그 집을 세상을 구하는 거점으로 생각했다. 그리고 그곳에서 CUNA의 정관, 조직의 철학, 활동 방법

---

* 한 짝씩 끼웠다 떼었다 하게 만든 문.

늘그막의 메리 가브리엘라 수녀를 찾은 강정렬.

나사렛의 집(추후 성가신협).

등이 담긴 소책자들을 번역하면서, 강습을 위한 준비 작업을 해나갔다. 본업인 가톨릭구제회의 일, 생활비를 벌기 위해 하는 영어강습 외에도 가톨릭 부산교구 소 알로이시오Aloysius Schwartz(한국명 소재건, 1930~1992)* 신부 도와주기, 가톨릭 자원봉사모임 등을 이끄느라 늘 시간이 빠듯했지만 가브리엘라 수녀를 도와 강습 준비를 마쳤다. 그렇게 일하고 집에 돌아가면 에너지가 소진되어 마루에 그냥 누워버리곤 했다.

그리고 드디어 강습이 시작되었다. 가톨릭구제회, 성분도병원, 메리놀병원의 직원들이 예비 조합원으로 참석해서 가브리엘라 수녀의 강의를 들었다. 강의와 토론, 간간이 끼어드는 레크리에이션 등으로 구성된 강습은 7주나 진행되었다. 한 번이라도 빠지면 조합원 자격이 주어지지 않기에 모두들 황사 바람이 부는데도 정확한 시간에 와서 착석해 있었다.

1960년 5월 1일, 마지막 강습을 끝낸 사람들은 새로 탄생하는 협동조합의 이름을 정하고, 임원진 투표를 실시했다. 여신위원장에는 강정렬이 형으로 부르던 김익균이, 감사위원장에는 최인수가, 회계에는 당시 동아대학교에 재학 중인 전형서가 당선되었다. 강정렬은 성가신협 초대 이사장, 우리나라 최초의 신협 이사장이 되었다. 석 달여의 준비 과정을 거쳐 마침내 성가신용협동조합이 탄생한 것이다.

당장 그 주부터 전형서는 조합장부 보따리를 들고 학교로 하숙

---

* 마리아 수녀회 및 그리스도 수도회 창설. 한국 및 필리핀 등지의 자선, 교육사업 진행.

1968년 장수 지방 임원강습회.

방으로 조합사무실로 왔다 갔다 했다. 일주일에 한 번 저축을 하
는 때가 되면 예의 보따리를 들고 조합사무실로 왔고, 그것을 하숙
집에 갖고 갔다가 도둑이 들까 염려해 보따리째 들고 학교로 갔다.
임진왜란이나 병자호란이 일어났을 때 사관들이 실록을 옮기는 것
과 같은 열정이었다고 해도 과언이 아니었다.

　임원들에게는 불문율이 하나 있었다. 누구나 대출을 원했던지
라 대출을 해주고 안 해주고를 정하는 임원이 대출 대상으로 자신
을 정할 수는 없었다. 공정함과 정직함을 최대의 가치로 생각하다
보니, 아무리 힘든 일이 있어도 저축만 하고 대출은 양보했다. 강
정렬 자신도 6명이나 되는 자녀를 두었지만 임원으로 있는 동안
은 대출을 받지 않았다. 조합원들의 대출은 대부분 자녀 입학금이

나 고등학교와 대학 등록금이었다. 이 사실만 보더라도 임원들이 얼마나 허리띠를 졸라매고 사는지 알 수 있었다. 또 다른 불문율은 어떤 경비도 조합에 청구하지 않는다는 것이다. 조합을 위한 모임에 가면서도 버스를 타고 가거나 자전거를 타고 갔다. 강정렬은 회의가 있는 날은 가톨릭구제회에서 나사렛의 집으로 바로 가는 터라 저녁을 먹지 못했다. 그런데도 식사비 한 번, 회식비 한 번 청구하지 않았다.

강정렬은 그것이 봉사하는 자의 자세라고 생각했다. '털어서 먼지 안 나는 사람 없다'는 자조적인 속담도 임원들 앞에서는 무색했다. 그랬기 때문에 '신용'이란 신협의 가치가 좀 더 빨리 대중 속에 정착됐을지 몰랐다. 강정렬을 비롯한 임원들은 성가신협이 한국 신협의 첫 운영 사례이며, 이곳의 운영 규칙이 뒤에 생길 신협들의 모범 혹은 판례가 될 것이라는 사실을 늘 염두에 두었다. 특히 임원들은 어떤 이익도 구하지 않고 오직 조합원을 위해서 봉사하는 마음으로 귀찮고 어려운 일들을 도맡아 했다. 그래서인지 조합원들도 임원들을 존경했다. 당연히 임원들이 하는 말에는 권위가 따랐다.

강정렬은 그 외에도 박희섭, 이상호 등과 나사렛의 집에서 회의를 하고 헤어질 때면, 세상을 다 구할 수 있을 듯한 열기를 느꼈다. 강습 준비를 위해 세 시간의 모임을 끝낸 뒤 향하는 곳은 시장에서 가장 싼 음식을 파는 곳이었다. 대개는 끝도 없이 쭉 이어져 있는 고래고기 좌판이었다. 행선지는 시장통 구석에서 국솥 하나 걸어놓고 뜨끈뜨끈한 국물을 주는 천막집이었다. 모두 직장에서 바로 오느라 대개 저녁을 굶었다. 싼 집 중에서도 가장 싼 집. 그곳에서 고래고기와 시래기와 선지가 듬성듬성 들어간 해장국으로 간단히 요기하고, 술 한잔을 나누고 헤어질 때면 노래가 절로 나왔다. 쓰레기 냄새, 오물 냄새가 뒤섞인 가난한 시장의 냄새, 피난민들의 사투리와 여기저기서 들리는 싸움 소리, 구걸하는 소리도 '절망적'으로 보이지 않았다. 저들에게 가장 필요한 '종잣돈'이라는 구체적인 희망을 줄 수 있다는 자신감에 평소보다 목소리가 더 커졌다. 가난은 한갓 남루에 지나지 않는다는 탈속적인 자세로 고단한 그들의 삶을 속일 수는 없었다. 가난은 바로 눈앞에서 가족의 삶을 위협했다. 강정렬은 삶의 방식을 바꿈으로써 가장 현실적인 방법으로 가난을 물리치려 노력했다. 그에겐 인간의 역사가 시작된 이

1961년 제14차 신용조합의 날.

래 세상에서 가장 오래되고 어려운 가난이란 숙제를 풀어간다는
자부심이 있었다.

직접 사람들을 만나서 교육하는 박희섭과 이상호에게 가브리
엘라 수녀가 기다리고 있는 나사렛의 집은 자신의 모든 신명을
바쳐서 일을 하는 일터였고, 성가신협 이사장으로 무급 봉사를
하고 있는 강정렬에게는 숨은 기쁨을 가져다주는 곳이었다. 무엇
보다 세 사람에게 이곳은 세상을 다 구제할 듯한 열정을 타오르
게 하는 곳이기도 했다. 나라를 구해보겠다는 패기로 술 한잔 나
눠 마시고 헤어질 때면, 게딱지 같은 판잣집이 얽혀 있는 길도 아
름답게 보였다.

설득의 귀재

|

많은 사람이 강정렬에 대해 이렇게 이야기했다.

"말 참 잘한다."

"부드럽고 위트 있는 그의 말을 듣다 보면 이끌리게 된다."

신협 확산에 지대한 공헌을 한 사람을 꼽으라면 이상호, 박희섭
같은 협동조합교도봉사회 강사다. 이상호가 신협을 선택하기 전에
강정렬과 잠깐 만났다. 그때 이상호는 가브리엘라 수녀의 제안을
받아들이느냐 마느냐 하는 문제로 망설이고 있었다.

"군사정권 초기의 탈법적 병무 행정 덕분에 다른 많은 젊은이

들과 마찬가지로 잠깐 쉬고 있었다. 그러나 즉시 복직을 시킨다는 정부 방침에 따라 농업은행(현 농협중앙회) 또는 중소기업은행으로의 복직 발령을 기다리고 있던 시기였다. 휴직 기간이 몇 개월 되지 않았고 1개월 이내에 복직을 하게 되었으므로 다른 직장을 구할 필요가 없었다. 아내도 안정된 직장을 버리고 부산으로 내려간다는 데 반대했다."

이런 이상호의 상황을 가브리엘라 수녀는 누구보다 잘 알고 있었다. 가브리엘라 수녀는 가톨릭구제회 미국인 책임자 도너휴와 한국인 책임자 강정렬을 서울로 보내 이상호를 만나보게 했다. 성가신협과 초량성당의 신자들이 주축이 된 성우신협을 출범시킨 가브리엘라 수녀는 신협 교육을 맡아줄 사람이 없어서 더 이상 확장을 하지 못한 채 내부 교육만 하고 있었다. 가장 필요한 사람을 꼽으라면 단연 신협 교육을 맡아줄 성실한 일꾼이었다.

가브리엘라 수녀는 강정렬에게 이상호를 설득해달라는 부탁을 따로 하지 않았다. 가브리엘라 수녀는 강정렬이 신협에서는 당신 같은 사람이 꼭 필요하다는 입바른 이야기를 할 인물이 아니라는 사실을 누구보다 잘 알고 있었다. 그렇지만 강정렬은 가브리엘라 수녀가 왜 그를 만나보라고 하는지 알았다.

명동의 한 다방에서 만난 이들은 인사를 한 뒤 잠깐 침묵을 지켰다. 이윽고 강정렬은 부드럽지만 힘 있는 목소리로 자신이 몸담고 있는 성가신협에 관해 이야기했다. 어떻게 만들어졌으며, 어떤 교육을 하고, 어떻게 교육 자료를 만들며, 신협이 우리 사회에 왜

1992년 성가신협을 찾은 강정렬 박사.

필요한지에 관해서였다. 그야말로 '있는 그대로'를 말했다.

이상호는 강정렬이 전해주는 이야기를 가만히 듣고만 있었다. 성가신협 이사장을 맡고 있다고 해서 자신에게 이익이 되는 것은 하나도 없다, 월급은커녕 교통비나 점심값이 나오는 것도 아니고 오히려 차비와 밥값 같은 돈이 들어간다, 반대로 그의 시간과 노력을 고스란히 바쳐야 하는 일이기도 하다고 강정렬은 말했다. 하지만 강정렬의 말에서는 신념과 의지와 열정 같은, 말로 설명할 수 없는 것들이 전해졌다.

이상호는 자신에게 필요한 곳이 '열정을 다해서 일할 수 있는 곳'이라는 걸 확인하게 되었다. 사실 그런 곳을 간절히 찾고 있었다. 강정렬의 말은 이상호의 마음속 깊은 심연을 건드리고 있었다.

이상호는 심장이 이끄는 대로 움직이는 바람에 많은 희생(?)을 치렀다. 당시 가장 월급이 많다는 농업은행을 그만두고, 두 식구 먹고살기도 빠듯한 월급이 나오는 곳으로 이직했다. 주변에서는 이런 이상호를 이해하지 못했다. 돈이 최고였던 물신의 시대에 열정을 선택한다는 것은 미친 짓으로 보였다.

몇 달 뒤 이상호는 강정렬을 따라 '신협에 미친 사람'이 되었다. 결과적으로 강정렬은 그 미친 본보기를 단 한 번의 만남으로 새로 들어올 후배에게 충분히 보여주었다. 몇 달 뒤 가브리엘라 수녀는 이상호의 선택에 함박웃음으로 답했다. 강정렬을 이상호에게 보내야겠다는 가브리엘라 수녀의 생각은 결과적으로 옳았다.

무전생활

|

'없으면 없는 대로 산다.'

이 말에는 초기 신협 지도자들이 가진 '호기로움'이 담겨 있다. 가난한 나머지 자포자기해서 던지는 말이라고 생각했다면 맥락을 잘못 이해한 것이다. 이 말에는 물질에 지나치게 욕심부리지 않겠다는 다짐과 물질적인 것을 초월해 자유롭게 살겠다는 배짱이 담겨 있다.

삶 속에서 이 말은 다양한 모습으로 드러날 것이다. 천상병 시인처럼 막걸리 한 병을 마실 수 있음을 기뻐하는 천진한 모습으로,

신협의 조합원들처럼 저축을 하기 위해 허리띠를 졸라매면서 소소한 즐거움을 누리는 모습으로도!

"한 번도 가난하다고 생각해본 적 없으며 돈에 욕심을 가져본 적도 없다. 돈은 내게 이솝 우화에 나오는 신 포도에 불과했다. 월급이 모자라 영어회화반을 꾸려보기도 했고, 아내와 부업으로 돼지도 길렀고, 콩나물을 키워보기도 했다. 애들 6명을 키우면서 반찬은 줄여 먹지만 끼니를 거른 적은 없었다. 주어지는 일용할 양식에 감사하며 그날그날 살아온 것이다."

강정렬은 훗날 자신의 삶에 대해서 다음과 같이 회고했다. 평범해 보이는 삶을 그는 사랑했다. 소박하나 정신적으로 누추하지 않은 삶은 그가 오래전부터 만들어온 '신협적 삶의 방식'이기도 했다.

근대화를 향해 질주하는 1960년대와 1970년대를 거치면서, 사람들은 돈이 없으면 불행하다고 생각했다. 전쟁으로 인한 절대적 빈곤을 극복하자 이번에는 상대적 빈곤이 사람들을 덮쳤다. 농촌에서 도시로 인구가 유입되면서 집값은 하루가 다르게 올라갔다. 집 없는 사람들은 남의집살이를 할 수밖에 없었고, 강정렬도 아내와 여섯 자녀와 함께 셋집살이를 해야 했다. 그때 건넌방에 세 든 아가씨와 부엌을 함께 썼는데, 부엌 구석에 땔감으로 쌓아놓은 장작이 자꾸만 없어졌다. 하루는 장작이 없어지는 데 대해 싫은 소리를 했더니 오히려 훔쳐 간 사람이 "그까짓 장작 가지고 그런다"라며 무안을 주었다. 결국 그 집에서 이사를 했지만, 집 없는 설움은 오랫동안 뇌리에서 사라지지 않았다.

한편 서울에서 조금 산다는 사람들은 집마다 먼 친척뻘 되는 이나 동네 처녀들을 데려다 집안일을 시켰다. '식모'라고 불리는 처녀들은 잠자리를 제공받는다는 미명 아래 일반 공장 노동자의 4분의 1에 해당하는 급여를 받았다. 그 쥐꼬리만 한 돈도 주인이 떼어먹지 않으면 다행이었다. 게다가 걸핏하면 도둑으로 몰려 돈을 빼앗기기도 했다. 서울에 있는 세 집 가운데 한 집꼴로 상경한 시골 처녀를 식모로 두었다. 돈을 통한 자기과시는 천박한 대중문화를 만들어냈고, 돈이 되는 일이라면 뭐든지 한다는 풍조는 도덕의 타락을 불렀다. 돈이 돈을 번다, 돈을 물 쓰듯 한다, 돈에 침 뱉는 놈 없다 같은 말이 모두 근대화와 함께 만들어진 속담이었다.

신협 소개 교육을 마치고.

신협의 초기 지도자들은 재미있는 장난을 통해서 이런 세태를 유쾌하게 치받아버렸다. 바로 '없으면 없는 대로 산다'를 배짱 좋게 실행한 것이다. 이름하여 무전생활! 한 달 동안 주머니에 돈을 전혀 넣어 다니지 않기, 즉 한 달 동안 일절 돈을 쓰지 않기가 가능할까? 강정렬은 아침마다 주머니에 출퇴근을 위한 전차표 두 장을 넣고 가방에 도시락을 챙겨서 집을 나섰다. 담배와 술, 커피는 입에 대지 않았다. 좋아하는 영화는 외면하기 힘든 유혹이었지만 눈을 질끈 감고 외면했다. 이런 생활을 한 달 동안 하면서 물질이 정신에 미치는 영향을 관찰했다. 차를 타고 다니지 않고 걷다 보면 몸이 건강해지는 게 느껴졌다. 음료수나 차를 마시지 않고 냉수를 마시는 버릇을 들이니 오히려 정신이 맑아지는 것도 같았다.

이 운동은 처음에는 강정렬이 신협의 정신을 널리 퍼뜨리기 위해 스스로 좀 더 검약한 자세로 살아야겠다는 다짐에서 그야말로 재미로 시작했다. 그에 더해 보너스로 돈에 대한 의미를 다시 한번 되새겨보겠다는 것과 조금 더 많은 돈을 저축하게 되면 좋겠다는 마음뿐이었다.

그런데 이렇게 한 달을 사는 동안 강정렬은 얼마나 많은 불필요한 것들이 자신을 노예처럼 끌고 다녔는지 새삼 깨달음을 얻었다. 물질의 노예가 되지 않기 위해서 돈을 조심스럽게 써야 한다는 건 무전생활을 시작하기 전에는 몰랐던 일이었다. 강정렬이 몇몇 동지들과 시작한 이 무전생활은 점차 다른 사람들에게도 퍼졌다. 다들 재미로 시작했지만 강정렬과 마찬가지로 감동으로 마무리되는 경우가 많았다.

제3부 ——— 강정렬 박사

강정렬은 돈을 대할 때마다 삶 자체가 무전생활인 친구의 말을 되새기곤 했다.

"돈이 수중에 들어오면 그것이 정당하게 나에게 주어진 것인가 기도하며 생각하고, 돈을 쓸 때마다 꼭 써야만 하는가를 기도하며 다시 생각한다."

돈에 대한 두 가지 철학

돈에 대해서 철두철미한 것은 신협 지도자들의 공통점이지만 강정렬의 경우에는 남의 돈을 소중하게 여길 줄 아는 마음과 깨끗함에 특별함이 있었다.

강정렬이 진남포 상업학교에 다닐 때의 일이다. 강정렬은 일본인 자녀들이 주로 다니는 중학교 시험에서 떨어진 뒤에 진남포에 있는 상업학교에 들어갔다. 이름 있는 공립학교에는 입학할 수도 없었고, 사립학교는 기부금이나 인맥을 통해서나 가능했다. 그러나 강정렬은 오기가 생겼다. 작은아버지도 좋은 학교로 옮기려는 강정렬의 계획을 지지해주었다. 본가가 용강 온천 부근의 시골 마을이다 보니 그때 강정렬은 학업을 위해 진남포의 작은아버지 댁에서 기숙하고 있었다. 강정렬과 작은아버지는 평양에 있는 숭인 상업학교 이사를 찾아뵙기로 했다.

"여행은 순전히 저의 일로 가는 것이기 때문에 일체의 경비는 제가 부담하겠습니다."

강정렬은 제법 어른스러운 말을 작은아버지께 드렸다. 작은아버지는 아무런 말씀 없이 앞서서 걷기만 했다. 두 사람은 평양역에 내려서 약속 장소까지 전차로 이동한 뒤에 요기를 하기로 했다. 작은아버지는 길가의 요릿집을 뒤로하고 후미진 곳에 있는 조그만 식당으로 강정렬을 인도했다.

"하야시라이스* 둘."

하야시라이스가 어떤 음식인지 몰랐지만 가격표를 보니 가장 쌌다. 작은아버지는 하야시라이스 접시를 깨끗이 비운 다음 묵묵히 먹고 있던 강정렬에게 말했다.

"네가 쓰고 있는 돈은 네 주머니에서 나가지만 네 돈이 아니야. 오뉴월 뙤약볕 밑에서 땀 흘리며 일해서 보내주시는 아버지 어머니 돈이야. 아껴 써야지. 나도 네 나이 때는 그 사실을 모르고 생각 없이 마구 썼다. 그 뒷감당을 하느라 부모님이 피땀을 흘리면서 얼마나 애를 쓰셨을까?"

"……."

이때 충격을 받은 강정렬은 군것질은 물론 선생님 몰래 가던 영화관 출입도 끊어버렸다. 작은아버지는 그 후에 "내 돈 아끼기는 너무 쉬운 거다. 아무나 다 할 수 있어. 그러나 남의 돈 아낄 줄 아는 사람이 되어야 한다"라는 교훈을 주기도 했다. 남의 돈 아낄 줄

---

* 일본의 대표적인 서양식 중 하나로, 카레라이스와 비슷하다. 원래 이름인 하야시라이스 (ハヤシライス)의 오기인 하이라이스라고 부르는 경우가 많다.

아는 사람이 되어야 한다는 작은아버지의 당부는 세월이 갈수록 더욱 뚜렷이 각인되었고, 그날 이후 강정렬은 작은아버지처럼 가장 값이 싼 음식집을 찾는 사람이 되었다.

나중에 강정렬이 신협 일을 하면서 독립운동가를 만났을 때의 경험도 그에게 큰 교훈을 주었다. 강정렬은 아내 덕분에 문방구를 하면서 신협 일도 맡아 하고 있던 조씨 성을 가진 독립운동가를 만났다. 그는 젊은 시절 약장수로 꾸미고 독립투사들의 밀서와 기금을 전달하느라 상하이와 북간도 지역을 누비고 다녔다고 했다. 그가 만난 청년들 중에는 한순간 돈에 눈이 멀어 양심을 버린 이도 많았고, 아무런 일도 하지 않은 채 무위도식하며 떠도는 이들도 적잖이 있었다. 한국에서 일을 해본 적 없는 젊은이들은 중국에서도 일하지 않았다. 그 대신 독립단원으로 가장해 집집이 다니며 돈을 갈취했다. 우국지사들은 격분했지만 어쩔 도리가 없었다. 그날 그는 심부름하는 사람의 자세에 대해서 강정렬과 대화를 나누었다.

"우리나라를 위해서 무엇인가 하고 있다는 자부심으로 독립투사를 위한 심부름에 나설 수 있었지."

"인간은 돈에 약해. 그래서 만일 무보수로 봉사하는 임원들 중에 보수에 관심 있는 사람이 생기면 큰일이야. 정말 큰일 나지."

나중에 강정렬은 그와 나눈 대화들을 회고록에 꼼꼼히 기록했다. 아마도 봉사하는 사람의 자세에 대해서, 그리고 돈을 대하는 태도에 대해서 경계하는 마음에서 그랬을 것이다. 그리고 이렇게 결론 내렸다.

'어떤 욕심이든 정직하지 못하다. 그 욕심은 결국은 자신의 눈을 멀게 하고, 자신이 몸담은 사회나 조직을 망가뜨리게 된다. 그러므로 봉사하는 사람의 자세는 깨끗해야 한다.'

15장

티끌 모아 태산

새로운 실험

|

가난하다고 해서 꿈마저 꾸지 못하란 법은 없다. 자녀 교육, 주거, 건강. 가장이라면 누구나 겪게 되는 문제를 강정렬은 누구보다 지혜롭게 해결했다. 강정렬은 여섯 자녀를 두었고, 그들 모두 대학 과정까지 마쳤다. 대학원을 졸업하고 유학까지 간 자녀도 둘이나 있었다. 비록 부자는 아니었지만 강정렬은 그 시대에 남들이 꿈도 꾸지 못한 일들을 해냈다. 거기에는 역시 남들이 생각지도 못한 창의적인 비결이 있었다.

강정렬은 장남에게 학비를 빌려준 뒤, 이자를 쳐서 받아 동생들의 학비를 마련했다. 장남은 둘째를, 둘째는 셋째를 책임지는 방식이었다. 이를 통해 자녀들은 독립심을 키웠을 뿐 아니라 건실한 시민의식도 갖게 되었다.

광안신협 창립총회.

강정렬은 장남이 미국 유
학을 준비할 때 한 가지 제
안을 했다.

"내가 유학비를 대어줄
테니 동생 유학비를 네가
다음에 대어주면 안 되겠
니?"

광운대 총장을 지낸 장
남 강준길 박사는, 책임감
이 따르는 일이라 처음부터
부모의 도움을 받지 않겠노
라고 선언해버렸다고 한다.

그 아버지에 그 아들이다.

강정렬의 창의성은 집을 마련하는 데서도 유감없이 발휘되었
다. 그는 광안신협 창립을 준비하면서 한 가지 실험을 했다. 셋방
살이의 설움에서 벗어나기 위해 지인 12명과 함께 주택을 짓기로
한 것이다. 주택협동조합의 형식을 갖추었다기보다 주택협동조합
방식을 받아들여 그 나름대로 응용했다. 땅은 공동으로 마련하고,
자재도 공동으로 샀다. 그 대신 집은 각자 지었다. 그는 집을 짓는
과정에서 품앗이 형식으로 재능 기부를 이끌어냈다.

땅을 마련하는 건 강정렬의 몫이었다. 기금을 마련해 부산 광안
동 산 아래쪽에 땅 1,000평을 확보했다. 설계는 건축 관련 일을 한
적이 있는 다른 사람이 맡았다. 집은 가장 쉽게 지을 수 있는 블록

제3부 —— 강정렬 박사

구조를 선택했고, 모래와 자갈, 시멘트 등은 공동구매를 해서 싸게 샀다. 그런 다음 강정렬은 블록을 만드는 기계를 사서 산에다 설치했다. 12명의 조합원들이 함께 모여 시멘트와 모래를 정해진 비율대로 섞어 시멘트 블록을 만들었다. 건축업자들은 비싼 시멘트를 아끼기 위해 모래를 많이 넣어 시멘트 블록을 만들었지만 이들은 책에 나온 비율을 지켜 단단한 블록을 만들었다. 쉬는 날이면 온 가족이 총동원되어 담과 벽을 쌓아 올렸다. 집은 모양은 물론 크기도 달랐고, 완공하는 기간도 서로 다르고 집에 들어가는 정성도 똑같지 않았다. 어떤 사람은 직접 지붕을 얹었고, 어떤 사람은 남의 손을 빌려서 얹었다.

그로부터 몇 개월 뒤, 각자 가족의 형편에 맞는 집이 그야말로 저 푸른 초원 위에 그림같이 지어졌다. 강정렬도 드디어 셋방살이에서 해방되었다. 수영구 광안성당 맞은편에 자리한 방 4개짜리 집에 입주한 것이다. 학업 때문에 기숙사에 있던 큰아들은 빼고 5명의 자녀와 강정렬 박사 부부, 그리고 장인까지 모여 살기에 모자람이 없었다. 산을 품은 이 집에서 그는 닭과 돼지, 염소를 키우기도 했으며, 아내와 함께 텃밭을 가꾸었다. 당연히 가축을 치면서도 많은 실험을 했다. 산의 맑은 공기는 그의 가슴을 상쾌하게 만들어주었다. 부지런히 텃밭을 가꾸고 가축을 치는 것은 알게 모르게 건강에 많은 도움이 되었다.

예수님의 열두 제자처럼 광안신협 조합원이 될 사람을 포함해 12명의 동지들과 협력하여 집을 짓는 과정에서도 배울 점이 많았다. 강정렬은 이 경험을 통해 주택협동조합을 꾸릴 때 생겨날 문제를 미리 경험할 수 있었다. 집을 짓는 과정에서 드러났듯이 강정렬은 일률적인 방식은 거부했다. 12채의 집들은 개성이라고는 찾아볼 수 없는 획일화된 집이 아니었다. 각자의 살림 규모와 취향, 모두를 만족시키는 다양성이 살아 있었다. 뼛속까지 민주주의를 사랑한 강정렬에게 똑같은 모양으로 지어진 집은 아마도 정신의 감옥이었을 것이다.

티끌 모아 만든 태산

|

광안신협은 1965년 1월 광안성당 교우들과 국방부 피복창 군무원들을 중심으로 설립되었다. 성가신협 창립 때와 마찬가지로 광안신협 창립 때도 창립 멤버들과 조합 구성 등에 관한 교육을 철저히 했다. 교육이 조합원들의 유대감과 책임감을 만들 수 있으며, 정확한 운영이야말로 조직의 투명성을 확보해준다고 생각했기 때문이다. 조직원 간의 공통점이 메리놀병원과 가톨릭구제회 등 성가신협 조합원보다 훨씬 적다 보니 유대감을 키우는 데 더욱 노력해야 했다.

광안리는 당시만 해도 부산 외곽에 있는 어촌으로, 고즈넉하다 못해 외딴곳이었다. 게다가 도심과 달리 지역적으로도 넓게 퍼져 있었다. 메리놀수녀회에서 펴낸 〈한국신용조합운동 발달연구〉에 따르면 1974년 기준으로 부산 지역은 조합원의 출자금이 전국 평균 정도 되는 지역이었다. 이러한 조건만 놓고 보면 부산의 광안신협은 눈에 띄는 것이 거의 없었다.

그러나 숫자가 잡아내지 못한 것이 있었다. 강정렬은 광안신협에 대한 애착이 남달랐다. 갓 스물이 된 장남을 6번 조합원으로 넣어놓았을 정도였다. 그리고 자신이 ACCU 사무총장이 되어 서울로 갈 때까지 광안신협을 이끌었다.

그런데 광안신협이 몇 년 뒤 세계적으로 주목을 받았다. 조합원 수와 출자금 규모 때문이 아니라 '얼마나 많은 조합원이 얼마나 자주 저축을 했는가?'라는 조합에 대한 '충성도'를 기준으로 할 때, 그 결과가 깜짝 놀랄 만했기 때문이다. 광안신협 조합원의 작은 통장과 수기로 작성한 입출금 기록은 광안신협 이사장을 하는 동안 강정렬의 자부심이 되어주었다.

광안신협이 만들어진 지 10년 뒤인 1975년에 강정렬은 다시 광안신협을 방문한다. 마침 그해에 WOCCU 해럴드 회장이 한국을 방문했다. 강정렬은 광안신협의 예를 국제사회에 선보이고 싶어

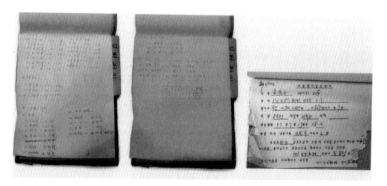

광안신협 창립총회 회의록과 초창기 가입 신청서.

했다. 그가 생각하기에 자신이 이사장에 있을 때부터 광안신협 조합원의 열정과 신용도는 가히 세계 최고 수준이었기 때문이다.

그해 10월 한·중·일 3개국 신협 지도자 방문이 있었다. 이들은 각 신협을 돌아볼 기회를 가졌는데, 그중 일본인 지도자 대표로 온 후지야마 교수가 신협운동에 대해서 강의하러 왔다가 자신의 강의 내용에 대한 완벽한 자료 샘플이 있다는 데 놀랐다. 광안신협의 초기 장부는 다른 신협의 장부처럼 일일이 수기로 기록되어 있었다. 후지야마 교수가 이 장부를 보고 놀란 이유는 출자액의 규모가 아니라 조합원의 참여 횟수 때문이었다. 출자금은 적지만 저축 횟수는 압도적이었다. 그야말로 티끌 모아 태산을 만들 듯 광안신협 조합원들은 아무리 적은 돈이라도 부지런히 저축했다. 이러한 참여 횟수에 중점을 둔 운영 방식은 신협의 가장 이상적인 모델이었다. 많은 돈을 유치하는 게 아니라 적은 돈이라도 열심히 저축해서 삶을 바꿔나가는 것이 신협의 목표이기 때문이다.

강정렬은 광안신협 이사장으로 있을 때, '티끌 모아 태산'이라는 슬로건을 내세워 조합원들의 저축 참여를 독려했다. 절약을 실천해 저축하는 경험담을 소개해 긍정적인 자극을 주었고, 여신 담당 임원들의 헌신을 독려해 조합원들이 조금이나마 편하게 저축할 수 있도록 도왔다. 담당 임원이 여신 업무를 보느라 점심을 거르기도 했다.

또 강정렬은 조합 관련 자료를 공유함으로써 조합의 운영이 투명하다는 믿음을 심어주었다. 판단을 내려야 할 경우에는 민주주의 원칙에 따라 의결했고, 무엇보다 정직을 중요시했다. 한번은 광

제3부 ——— 강정렬 박사

광안신협 현판 앞에서. 가운데가 석정자 광안신협 1호 조합원.

안신협에서 회의를 개최했는데, 정족수가 한두 명 모자란 적이 있었다.

"다시 모이기도 어려운 데다 모자란 인원이 많지도 않으니 그냥 회의를 진행합시다."

"안 됩니다. 우리가 만든 규칙은 우리가 지켜야 합니다."

강정렬은 이같이 말하며 회의를 연기했다. 이처럼 투명하게 관리한 덕분인지 현재 광안신협은 부산에서 가장 규모가 큰 신협으로 성장했다. 광안신협 창립 12년이 되던 해에는 지역 조합으로서는 전국에서 처음으로 자체 건물을 가지게 되었다. 창립 22년이 되던 해인 1987년 5월에는 '새로운 10년을 위한 계획'이 발표되었는데, 놀랍게도 지역민과 함께하는 복지정책에 초점을 맞추었다. 독서실, 예식장, 전산실, 야간금고를 설치하고, 장학회와 유치원, 경로당, 청소년 상담실을 운영하며, 의료보험 제공, 택지 확보 및 건립 분양 등 많은 서비스가 포함되어 있었다.

첫 시작도 중요하지만, 신협 스스로 중요하다고 믿는 가치를 어떻게 지속적으로 구현해가는지가 성공을 좌우한다고 볼 때, 광안신협은 티끌 모아 태산을 만든 예를 잘 보여준다고 할 수 있다.

침묵의 리더십

우리나라에서 신협운동은 특이하게도 자연발생적으로 부산과 서울 두 곳에서 동시에 시작되었다. 특히 부산의 약진이 두드러졌는데, 그것은 1962년 협동조합교도봉사회가 조직되면서부터다. 이들은 신협의 밀알이 되어 부산·경남 지방을 중심으로 활약하면서 신협 조직을 잇달아 만들어냈다. 흩어져 있는 이러한 조합들을 총괄할 연합회를 만드는 것이 점점 가시적으로 다가왔다. 조합의 조직 확장, 조합원의 권익 보호를 위한 법적 근거 마련, 대내외적 과제 해결을 위해서라도 연합회란 존재가 필요했다.

가브리엘라 수녀는 연합회 창립을 주도했다. 연합회는 1964년 4월 26일 혜화동 협동교육연구원에서 열린 총회에서 투표를 통해 강정렬을 초대 회장으로 선출했다. 그런데 다음 날인 27일 열린 이사회에서 문제가 생겼다. 가브리엘라 수녀가 강정렬의 회장

신용협동조합연합회 제1차 발기인회.

선출에 반대 의사를 밝힌 것이다. 이사들이 아무리 설득해도 수녀는 어떤 이유에서인지 완강히 반대했다. 결국 강정렬은 사퇴할 수밖에 없었고, 다시 회장 선거를 치렀다. 박종호가 회장으로 선출되고, 강정렬은 부회장이 되었다. 강정렬뿐 아니라 이상호, 박희섭 등도 있을 수 없는 일이 일어났다고 생각했다. 민주적 절차에 따르던 그간의 모든 운영 규칙이 한꺼번에 무너져버렸다는 느낌이 들었다. 가브리엘라 수녀가 왜 그랬을까? 답을 알 수 없는 커다란 의문만 하나 생겼다. 그리고 그보다 더욱 큰 실망감이 가슴을 짓눌렀다.

연합회가 생긴 뒤 구체적 운영에서도 문제가 생겼다. 연합회 사무실을 협동교육연구원에 두고 운영비를 가브리엘라 수녀에게 의

존하다 보니 흡사 협동교육연구원에 얹혀 있는 듯한 느낌을 받았다. 실제 연합회에서 맡아야 하는 일과 협동교육연구원에서 하던 일은 중복되는 부분도 많아서 더욱 그런 느낌이 강했다. 각 신협을 연합하는 대표성과 연합회의 존재감을 위해서는 가브리엘라 수녀의 영향력에서 벗어나 독립할 필요가 있었다. 그렇다고 그것을 당장 실행할 엄두는 나지 않아서 엉거주춤한 상태였다.

갈등의 골은 더욱 깊어갔다. 한 달 뒤인 5월 28일, 가브리엘라 수녀는 협동교육연구원 연구원장 명의로 한 통의 편지를 보냈다. 수취인은 한국신협연합회 회장과 이사, 감사, 교도위원, 대의원은 물론 전국에 흩어져 있는 조합원이었다. 연합회 운영 개선을 위한 제안서라는 제목 아래, 연합회가 당면한 문제, 연합회 창립총회 결과와 책임, 앞으로의 방향에 대한 질문이 담겨 있었다. 말미에 이 질문에 대한 대안이 없을 때는 본인이 연합회 전무에서 물러나며 신협운동에서도 완전히 손을 떼겠다고 적혀 있었다.

강정렬은 올 것이 왔다는 느낌이 들었다. 사필귀정. 조직과 그에 따른 모든 일이 제대로 돌아가지 않으면 안 된다는 경고음이 머릿속에서 울리는 듯했다. 그야말로 죽기 살기의 심정이었다. 가브리엘라 수녀의 질문에 대한 강정렬의 답은 연합회의 진정한 독립이었다.

분열의 서막이 한 달 전에 이미 울려 퍼졌다면 이제 본막이 올랐다. 한국신협연합회는 자의 반 타의 반 가브리엘라 수녀에게서 벗어나 자립을 결정하고 사무실을 옮겼다. 현금 6,500원과 한글 타자기 한 대가 가진 것의 전부였다. 각 신협에서 연합회 운영자금을 모아야 했지만, 현실적으로 녹록지 않았다. 임대료 부담을 이기지 못해 첫 사무실을 낸 마포에서 석 달 만에 다른 곳으로 옮겼다.

굳은 의지로 시작한 일이지만 연합회의 재정과 인력으로는 전국을 대상으로 조직적인 지도사업을 펼쳐나가기가 현실적으로 불가능했다. 연합회는 협동교육연구원이 담당하던 부산, 경남, 경북, 전남, 전북, 제주 등 조직의 지도와 교육을 담당할 남부교도본부를 설치하기로 결의했다. 다행히 천주교 부산교구장 최재선 주교가 마련해준 돈으로 운영비를 충당할 수 있었다.

연합회는 각종 장부와 회계 서식, 강사 교재 등을 연구원으로부터 인수해 연합회 사업을 용감하게 시작했다. 저축과 대출을 기록하는 기록지 값까지 요구할 정도로 가브리엘라 수녀 또한 완강한 태도를 보였다. 그 덕분에 독립 의지는 더욱 불타올랐다. 반대로 생각하면, 가브리엘라 수녀 입장에서는 연합회가 독립해야 한다면 보다 철저히 하는 게 맞다고 판단했을 것이다.

사정이 이렇다 보니 사재를 털어서 사무실을 마련할 계획까지 세웠을 정도로 연합회를 이끄는 지도자들은 조직을 지키기 위해 필사적이었다. 연합회 자체에서 신협 지도자 양성교육 계획을 세우고 1차 지도자강습회를 부산에서 9월 27일부터 10월 6일까지 실시할 정도로 뚝심 있게 추진했다.

이렇게 빈손으로 출범한 한국신협연합회는 1965년 5월 25일, 마침내 CUNA의 정식 회원으로 등록한다. 연합회는 운영비 때문에 몇 번이나 이사하면서도 남부교도본부의 활약으로 부산, 전남, 전북, 제주 등 지역에서 많은 신용협동조합의 탄생을 이끌어냈다.

1970년 필리핀 바기오Baguio시에 출장을 간 강정렬.

강정렬은 이때 개인적인 희생을 감수하기로 결심했다. 캐나다 안티고니시로 1년간 유학을 갈 기회가 주어졌지만 이를 포기한 것이다. 강정렬은 가톨릭구제회 일을 할 때부터 시간을 쪼개 천주교 부산교구에서 소 알로이시오 신부의 자선회 일을 도와왔다. 소 알로이시오 신부는 호의에 대한 보답으로 1년간 공부할 수 있는 장학금을 주었다. 하지만 강정렬은 2,000달러의 장학금을 연합회에 기금으로 내어놓았다. 유학은 가고 싶었지만 도저히 신협 일에서 손을 뗄 수 없는 형편이었기 때문이다.

훗날 이상호와 박희섭 등은 그의 '유학 포기 사건'을 두고 '희생'이라고 평가하면서, 강정렬이 연합회에 굵직굵직한 일이 생길 때마다 슬그머니 지원함으로써 맏형 역할을 해왔노라고 고마워했다. 강정렬의 입장에서는 연합회의 홀로서기 성공이 당시 그 무엇보다 절실했다. 한국신협연합회의 홀로서기는 외부의 지원과 단위조합의 회비, 개인 기부금 등으로 인해 재정 사정이 나아지면서 점차 자리를 잡아갔다. 1965년 11월에는 태국 방콕에서 열린 제2차 아시아 지역 신협대회에 대표로 곽창렬 전무를 보낼 정도로 내부적으로 안정을 찾았다. 한국신협연합회는 세계 각국의 신협 대표 1,000명이 모이는 자리에서 저축생명공제Life Savings*와 대부보증공제Loan Protection** 조기 실시에 대한 문제를 지적하고, 개발도상국에 대한 CUNA 회비 감면 등을 제안했다. 1967년 5월 미국 텍사스Texas에서 열린 CUNA 제33차 정기총회에는 강정렬 자신이 한국 대표로 참석했다.

연합회는 국내에서는 조직교육사업을 활발히 전개했고 국제적으로는 유대 강화와 한국신협운동을 널리 알리는 데 전력을 다했다. 그 결과 내부적으로는 전국에서 새로운 신협 조직이 속속 만들어졌고, 외부적으로는 한국신협운동의 위상을 세계에 알릴 수 있었다. 홀로서기는 완벽하게 성공했다. 이렇게 정신없이 몇 년의 시간이 흐르자, 강정렬은 가브리엘라 수녀가 왜 그토록 혹독하게 몰아쳤는지 이해할 수 있었다. 그건 성장의 과정이기도 했다.

---

* 출자금 납부를 장려하기 위해 조합원이 사망 시 일정한 한도까지 납입 출자금의 2배에 해당하는 공제금을 지급하는 공제로서 조합원이 공제료를 부담하는 단체공제상품.
** 대출받은 조합원의 사망 시 공제금으로 대출금을 변제함으로써 유가족이나 보증인을 보호해주는 단체공제상품.

1961년 아시아 지역 신협 지도자 연수회에 참석한 강정렬.

지도자의 지도력이 빛을 발하는 순간은 위기의 순간이다. 지금 무엇을 하고 어떤 자세를 취할지 결정하는 것은 자신을 위해서도 조직을 위해서도 무척이나 중요하다. 순간순간 영리한 선택을 해야 했다.

강정렬은 회장 자리에서 사퇴한 이후, 몸을 낮춰 연합회의 독립을 지원하고, 부산으로 내려와 광안신협을 조직하고 이끌어갔다. 맏형으로서 분란보다는 화합을, 자신보다는 조직을, 자신의 자존심보다는 가브리엘라 수녀의 자존심을 헤아렸다. 인간적으로 배신감이나 자괴감이 들 수도 있겠지만 모든 것에 침묵했다. 때로는 자신을 고집하기보다 침묵을 선택하는 것이 현명한 판단이었다.

16장

서로를 격려하며

아버지와 아버지

강정렬을 처음 만난 사람이든 수십 년을 알아온 사람이든 그에 대해서 물으면, 으레 "인정이 넘친다"라고 말한다. 인정은 너그러움과 사랑, 배려의 열매다. 어린 시절 강정렬은 아버지의 사랑을 통해 사랑에 다양한 빛깔이 있음을 경험했다. 때로 그것은 아픈 깨달음을 가져오기도 했다.

강정렬이 살던 마을은 도심지가 아니다 보니 벽시계가 있는 집이 귀했다. 농사짓는 대부분의 사람들은 벽시계가 필요하지도 않았겠지만, 보통학교라 불리던 초등학교에 다니는 학생들은 시간에 맞춰 학교에 가야 해서 난처한 일이 종종 일어났다. 동네에서 시계라고는 작은아버지 댁에 있는 벽시계가 전부인 시절이라 모두들 앞산 위에 뜨는 해의 높이나 배꼽시계에 의지해 시간을 어림했다. 그러다 보니 동네 아이들은 가끔 본의 아니게 지각을 하곤 했다. 그날도 아이들은 흐린 하늘 때문에 시간을 제대로 어림하지 못했다. 우산을 쓰고 흙탕물을 튀기며 학교에 가던 중, 아이들은 해가 중천에 떠 있는 것을 발견했다. 모두 맥이 탁 풀렸을 때 대장 격인 6학년 학생이 학교에 가지 말고 산으로 올라가자고 외쳤다. 느지막이 학교에 가봐야 군복을 입고 허리에 칼을 찬 선생님으로부터 심한 벌을 받을 게 뻔했다. 가장 어린 강정렬을 비롯해 아이들이 대장의 말을 따랐음은 물론이다. 그런데 하필 그 순간 옆 마을에 사는 면장이 출근하다 산으로 달아나는 아이들을 보고 이상하게 생각해 다가왔다. 대장이 다시 꾀를 내어 넷 중 한 명이 아픈 척하고, 셋이 양옆과 뒤에서 꾀병 난 아이를 부축해 집으로 가자고 제안했다. 그 덕분에 면장을 비롯한 마을 어른들을 감쪽같이 속일 수 있었다.

그런데 강정렬은 아버지를 차마 속이지 못했다. 아버지는 진땀을 흘리며 우물쭈물 상황을 설명하는 아들의 머리에 손을 대고는, "너도 어디가 아픈 모양이구나"라며 방에 가서 쉬라고 하고는 꾀병을 부린 아이의 집으로 갔다. 강정렬은 시키는 대로 방에 가서 이불로 눈을 가렸다. 그러고는 소리를 죽여 울었다. 조금도 의심할 줄 모르는 아버지를 속였다는 자책감에 눈물이 저절로 나왔다.

또 한 번의 아픈 깨달음은 매를 맞은 날 다가왔다. 아버지에게 매를 맞은 것은 그 이후에는 없었다. 매를 맞은 죄목은 뜻밖이었다. 동네 청년들이 돈내기 화투를 하는 데 가서 구경한 죄! 구경하는 것도 재미있는데 실제로 한다면 얼마나 재미(?)있겠는가!

그 후 강정렬은 무엇이든 돈을 걸고 하는 것은 멀리하는 버릇이 생겼다.

"투전은 도둑질보다 더 나쁘다. 가까운 친구의 돈을 빼앗기 때문이다."

아버지께서 한 말씀을 그는 오랫동안 기억하면서 포커나 화투판이 펼쳐진 자리는 피했다. 그리고 한 걸음 더 나아가 평생 절제를 실천했으며, 자신이 아버지가 되었을 때도 자녀들에게 절제를 강조했다.

절제의 첫째 요건은 계획성 있는 소비였다. 필요한 것을 미리 계획하고 그것에 맞춰 소비하게 했다. 계획하지 않은 소비는 인정하지 않았다. 계획은 전적으로 자녀가 담당했다. 강정렬은 자녀들에게 돈을 덜 써야 한다고 말하지 않았다. 꼭 필요한 데는 쓰되 다만 불필요한 곳에는 쓰지 말라고 했다. 용돈을 기록하는 가계부를 적게 하고, 가계부를 적어야만 다음 달 용돈을 주었다.

둘째, 20살이 넘으면 돈을 빌려주고, 다음에 이자까지 더해서 갚게 했다. 이 방법이야말로 자녀들의 독립심을 키워줄 뿐 아니라 여섯이나 되는 자녀들의 학비를 감당하는 비결이었다.

셋째, 원하는 것은 스스로 꾸준히 저축하여 사게 했다. 우선은 모아야 무엇인가 할 수 있다는 것을 그는 어릴 때부터 가르친 셈이다.

넷째, 돈과 물자는 필요한 곳에 썼다. 적으면 적은 대로 많으면 많은 대로 나눠 쓰고 나눠 가지게 했다. 강정렬은 1970년대 초반, 귤 한 박스를 선물 받아 옆에 있는 보육원 아이들과 반씩 나눠 먹었다. 그다음부터 아이들은 무엇인가 먹을 것이 생기면 그것을 갖고 보육원부터 먼저 찾았다.

강정렬이 말하는 절제란 낭비하지 않는 것이 아니었다. 자신의 삶을 꼭 필요한 것들로만 채우게 하는 지혜인 동시에, 이웃과의 나눔을 가능하게 해주는 힘이었다. 장년이 된 강정렬은 "무조건 나를 그대로 믿고 계시는 아버지, 이북에 계신 아버지와 하늘에 계신 아버지 모두를 속이지 않기 위해서 그날그날 살고 있다"고 고백한다.

"사랑은 참고 기다립니다. 사랑은 친절합니다. 사랑은 시기하지 않고 뽐내지 않으며 교만하지 않습니다. 사랑은 무례하지 않고 자기 이익을 추구하지 않으며 성을 내지 않고 앙심을 품지 않습니다. 사랑은 불의에 기뻐하지 않고 진실을 두고 함께

1970년 제27차 신협 지도자강습회.

기뻐합니다."

어린 시절 아버지와의 추억은 성경 말씀처럼 그에게 사랑에 대해서 평생 동안 묵상하게 했다.

부자가 천국에 들어가는 법

|

신협은 가톨릭이란 토양에서 출발했지만 개신교, 불교 등 각종 종파를 뛰어넘어 전파되었다. 목사 한 분이 강정렬에게 신용협동조합에 대해 강의해줄 것을 요청했다. 그는 미사를 드리고 교회로 달려가서 자신에게 마이크가 넘어오기만을 기다렸다.

"사람의 한평생은 짧습니다. 재물은 죄의 근원이므로 보화를 천국에 쌓아야 합니다."

설교를 듣고 있자니 난감해졌다. 신용협동조합은 죽은 다음에 맞이할 천국을 위해서가 아니라 지금 당장 발을 디디고 사는 곳에서 좀 더 잘 살아보자고 벌이는 운동이다. 그런데 목사님은 부자가 천국에 들어가기란 낙타가 바늘귀를 통과하는 것처럼 불가능하므로 가난을 참고 견디며 기도하며 살아가자고 설교했다. 목사님 다음으로 강대상에 올라 목사님 말씀을 정면으로 부정할 수도 없는 노릇 아니겠는가.

이때 심각한 것을 재미있게, 큰 문제를 작은 문제로, 복잡한 것을 쉽고 정확하게 말하는 연설가로서의 면모가 유감없이 드러났다. 강정렬은 마치 여름성경학교 학생들을 앞에 앉혀놓은 듯 짧고 간결한 질문을 주고받았다.

"여러분이 믿는 분은 누구십니까?"

"하느님 아버지입니다."

"아버지가 자녀에게 나쁜 것을 주십니까?"

"아니요, 좋은 것만 주십니다."

"하느님께서는 자녀가 가난에 허덕이는 것을 좋아하실까요?"

"아니요."

"그러면 잘 사는 것이 하느님께 효도하는 것 아닐까요?"

제일 앞줄에서 "아멘" 하는 고함이 터져 나왔다. 그러자 강정렬은 교인들도 아는 오병이어의 기적이 사실은 이웃 사랑에 대한 기적이며, 그게 바로 지금 우리에게 필요한 것이라고 말했다.

"그곳에 모인 5,000명 중에는 빵을 가져온 사람들이 많이 있었습니다. 다만 주위에 먹을 것이 없는 사람들 앞에서 너도나도 없는 척한 것입니다. 이런 사실을 아시는 예수님은 지금 모자라는 것은 빵이 아니라 형제들과 나눠 먹는 사랑의 정신이라고 생각하셨습니다. 보자기를 덮은 광주리를 돌리면서 자신이 먹을 한 사람분만 꺼내라고 말씀하셨습니다. 자신이 먹을 것을 충분히 가져온 사람은 그것을 광주리 안에 넣어주었을 것이고, 아침을 든든하게 먹은 사람은 사양했을 것이므로 광주리 안의 빵은 사라지기보다는 오히려 넘쳐났을 것입니다."

2,000년 전의 일이지만, 이것이 모두 배불리 먹고도 빵이 남은

기적의 진실 아닐까? 이웃에 대한 사랑이 있었기에 가능한 기적 말이다.

"같은 교회에 다니는 교인 중에서 아픈 아이의 치료비가 없어서 울고 있을 때 다른 사람은 은행에 맡겨놓은 이자를 헤아리고 있을지도 모르는 일입니다. 신용협동조합이란 교인들이 은행을 만들어 서로 아껴서 저축하고, 같은 교인들이 필요할 때 장기저리로 빌려 쓰게 하는 사랑의 은행입니다."

강정렬이 이야기를 마칠 무렵에는 교인들 대부분이 신협 조직을 찬성했다. 돈이 나쁜 게 아니라 사랑의 원리로 사용되지 않을 때 나쁜 것이라는 사실을 확실히 알게 되었기 때문이다.

양심의 눈을 뜨게 하는 법

|

강정렬의 가족은 1970년대 신협의 눈부신 성장과 발맞추어 신협 가족이 되었다. 아내는 아내대로 정릉신협 이사장으로, 큰아들은 다니던 학교에서 학생신협운동에 뛰어들어 신협 가족으로 거듭난 것이다. 가족은 서로 각자의 고민을 털어놓고 격려하며 어려움을 이겨나갔다.

그런데 하필이면 자신의 아내가 이사장으로 봉사하고 있는 신협에서 고약한 일이 일어났다. 악성 채무였다. 처음에는 아내의 얼굴에 그늘이 지더니, 밤에 자다 깨기를 거듭했고, 급기야 불면증까지 찾아왔다. 그때까지만 해도 강정렬은 악성 채무를 받아내는 데 자신이 있었다. 사정이 어려운 건 알지만 같은 조합원에게 손해를 입힐 수는 없지 않겠냐며, 양심에 호소하면 대부분 돈을 갚았다. 자신의 경험담을 아내에게 들려주자, 아내는 이번 일은 사안이 복잡하다며 고개를 내저었다.

만나서 타이르기, 집으로 찾아가서 설득하기를 거듭하다 보면, 나중에는 믿음의 형제들 사이에 금이 가고, 주일에 미사나 예배에 불참하는 일이 생겼다. 그러다 보면 돈 때문에 교회에 분란을 만든 것 같아서, 돈을 받아야 하는 쪽이 오히려 죄인이 되는 것이다.

처음에 돈을 빌릴 때는 상환 기간 10개월, 매달 원금의 10분의 1과 상환 잔액에 2부 이자를 붙여서 갚겠다는 약속을 했다. 그러나 어떤 사람들은 한두 달이 지나는 사이 연체이자는커녕 원금도 갚지 않고, 저축은 더더욱 하지 않았다. 그런데 그런 사람 중에서 최악의 경우는 돈이 있으면서도 안 갚는 경우였다.

어떻게 보면 조합원의 연체는 불가피한 일이었다. 모든 사람이 다 약속을 지키지는 않기 때문이다. 하물며 예수님의 열두 제자 중에도 유다와 같은 사람이 있는데, 인간 중에서 유다와 같은 사람이 왜 없겠는가.

돈은 불행하게도 늘 탐욕을 가르친다. 설령 다른 도덕적 흠결이 없는 사람이라 할지라도 작은 이익에 집착할 때가 있다. 설령 그로 인해 다른 사람이 더 큰 손해를 본다고 할지라도 슬쩍 양심의 눈을 감는다. 하던 사업이 안 되어 야반도주하더라도 다른 사람을 보내 신협의 돈을 갚는 사람이 있는 반면, 돈이 있더라도 빌린 돈을 안 갚는 사람이 있었다. 그것도 같은 교회 내부에서, 지도자 위치에

1961년 제14차 신용조합의 날.

있는 사람이 그렇다면 다수의 조합원이 피해를 입는 건 피할 수 없었다. 피해액의 규모를 떠나서 이것은 용서할 수 없는 죄였다.

　신협의 사명은 "약속에 무관심한 사람을 약속을 지킬 줄 아는 사람으로 바꾸는 것"이다. 빚을 제날짜에 갚지 않는 사람은 대부분은 "잊어버렸다"라는 핑계를 댔다. 그때 누가 좀 강하게 말했으면 갚았을 것이란 변명을 하기도 했다. 그렇다면 일정한 간격을 두고 계속 상기해주면 잊지 않을까? 그렇지도 않았다. 독촉을 하면 다음 주나 다음 달로 미루는 것이 보통인데, 그렇다고 그때 갚는다는 확실한 계획이 있는 것도 아니었다. 단지 미룰 뿐이었다. 약속을 지키지 않는 사람에게 약속을 지키게 하는 것은 굉장히 어려운 일이었다.

인간을 인간답게 만들 수 있는 것

강정렬이 아내에게 들려주고 싶었던 비법은 기억을 되새기게 하는 방법이었다. 그는 이럴 경우 모든 독촉 절차를 정관에 나와 있는 방법대로 했다. 정관에는 모든 신협 거래가 문서로 이루어진다는 사실이 명문화되어 있었다. 그는 이 방법에 따라, 상환 기간 연기 신청서를 쓰게 했다. 두 번 세 번 연체가 이뤄질 때마다 신청서를 쓰게 한 것이다. 연체자의 말을 그대로 믿고 다섯 번이건 열 번이건 찾아가서 자기 손으로 약속을 파기하고 또 갱신하도록 했다. 약속 불이행을 얼마나 자주 했는지 스스로 기록으로 남기면 외면하기 어려워진다. 이렇게 함으로써 강정렬은 연체를 줄이는 데 성공했지만 사람이 하는 모든 일이 그러하듯 100퍼센트는 아니었다.

바로 그 연체 건으로 교회에서 심각한 문제가 생겼다면서 아내가 그에게 도움을 요청했다. 신협에서 빚 독촉을 너무 심하게 해서 상환이 늦은 신자들이 교회에 오기를 주저한다는 소문이 돌았다는 것이다.

"교회 목사님이 신협을 괘씸하게 여겨서 폐쇄해버리겠다고 했답니다."

그러다 보니 어떤 사람들은 연체자들을 동정하며 신협을 나무라기까지 했다. 임원의 임무는 조합원들의 재산을 잘 관리하는 것이며, 절대로 선심이나 우유부단한 관리로 선의의 조합원들에게 재산상의 피해를 주어서는 안 된다. 이것 또한 신협의 원칙이었다. 임원들이 비록 무보수 봉사의 명예직이긴 하지만 만약에 잘못을 저질러 조합원들에게 재산상의 피해를 입혔다면 신협법에 따라서 처벌받게 되어 있었다. 잘해도 상은 없지만 잘못하면 욕을 먹는 자리가 임원이었다.

결국 강정렬은 아내와 함께 목사를 찾아갔다. 문제 해결을 위해서 최대한 지혜를 짜내어 적극적으로 나서지 않을 수 없었다.

"3년 동안 한 푼도 빚을 갚지 않았습니다. 하지만 그분께서 매일 새벽기도에 나오시는데, 그분 말이 빚 독촉이 너무 심하면 교회를 그만두겠다고 하는 바람에 임원들이 난처해합니다."

강정렬은 사실 그대로 가감 없이 말했다. 이어서 신협, 교회 당사자, 그리고 가운데 끼어 있는 신협 임원 누구 하나 다치지 않는 솔로몬의 해법은 없을지 목사님께 여쭈었다.

"성경에서 소송을 하지 말라는 뜻은 누구의 옳고 그름을 판가름하기 위해서 법정에서 싸우지 말라는 뜻입니다. 그러나 형제들에게 입힌 재산상의 피해 보상은 주저 혹은 거부할 경우 당연히 국법에 호소할 수 있습니다. 형제들에 대한 책임을 다하라고 권한다고 해서 교회를 그만둘 사람이라면 우린들 어찌하겠소?"

완곡하게 말했지만, 형제들에게 손해를 끼치는 사람에게는 손해배상을 물을 수도 있고, 그 과정에서 그가 교회를 안 나와도 그만이라는 뜻이었다. 솔로몬의 판결은 내려졌다. 2명의 고질적인 연체자가 상환하기 시작하자 나머지 한 사람도 태도를 바꾸었다.

이 같은 공론화가 바로 강정렬의 문제 해결 방식이었다. 어떤 경우에도 자신이 먼저 판결을 내리거나 생각을 더하지 않았다. 사실을 있는 그대로 판단해 판결을 내려줄 만한 사람들에게 호소하거나 묻는 방식을 취할 뿐이었다.

아무도 십자가를 지우지 않는다

|

신용협동조합 임원들이 무료로 봉사를 할 수 있을까? 1970년대와 1980년대의 눈부신 경제성장은 시간과 노력을 돈으로 환산했다. 그렇다면 요새 세상에 아무런 보수 없이 조합 일에 열중할 사람이 있을까? 신협 내부인의 입장에서는 무료봉사가 의미 있겠지만 외부인의 눈으로 보면 이해하기 힘든 구석이 있었다.

이에 대해서 강정렬은 자본주의를 내세우는 물질 만능의 서구 사회에조차 무보수 대중 봉사가 널리 퍼져 있는데, 인정 많은 동양 사회에서 그렇게 못할 이유가 무엇이냐고 되물었다. 이웃 사랑에 불타는 개척자들이 시작한 대만의 신협운동도 30년 후에는 완전히 영리적 은행업으로 변질되었고, 가가와 도요히코 목사 등에 의해 시작된 일본의 신협운동도 영리적 금융업으로 변질되었다. 이와 달리 19세기에 시작된 캐나다나 미국의 신협운동은 임원의 무보수 원칙을 지킨 채 발전하고 있었다. 그러므로 20년쯤 된 한국의 신협운동이 무보수로 운영되는 걸 의아하게 생각하는 것 자체가 '의식의 빈약'에서 오는 것이라고 강정렬은 반박했다.

이윤을 동기로 움직이는 경제 제도는 결국 보다 많은 이익을 추구하기 위해 인간을 희생하는 과오를 범한다. 인간의 행복을 위해서는 이윤이 아닌 봉사가 중심이 된 경제가 절대적으로 필요하다. 신협 임원들은 자신이나 가족을 위한 영리적 사업에 열중하는 한편, 신협에 무보수로 참여해 이윤 동기 경제 제도에서 소외된 서민들의 경제사회적 문제 해결을 돕는다. 따라서 한국신협의 무보수

젊어 못 보고 늙기 시작하는 조합들. 1970년 10월 20일자 〈신협회보〉 기고.

봉사제도는 일시적인 이상주의자의 착상에서 나온 게 아니라 협동
조합 경제체제의 본질에 속한 것이다. 신협이 계속 발전하면서 본
래의 소명을 다하느냐, 일본이나 대만의 전철을 밟느냐 하는 문제
는 임원들의 조합 참여 동기에 따라 결정되기 쉬웠다. 임원들이야
말로 정책 결정자이며 운영자이므로 그 기준에 따라 거대한 조직
이 움직이는 기적이 만들어지는 것이다. 적어도 강정렬은 그렇게
믿고 싶어 했다.

　그런데 시간이 지나면서 이러한 전통이 위기를 맞게 되었다. 신
용협동조합 이사장직에 오래 머물러 있는 사람들이 "자신은 감투
에 관심이 없는데 조합원들이 자꾸만 이사장을 하라고 한다" "후

계자를 양성하려고 애를 쓰는데 인재난이다" 같은 말을 건넬 때면 원칙주의자인 강정렬로서는 난감했다. 신협과 사적인 이해관계를 가진 이사장일수록 이런 경향이 더욱 심했다. 신협 이사장의 자격 유무는 조합의 주인인 조합원의 자유로운 의사에 따라 결정되지 어떤 개인이 이러고저러고 할 문제가 아니라는 이유였다. "이사장님이 그 자리에 있어주어야지"라는 말은 판단을 흐리게 할 뿐이며, 올바른 생각을 가진 조합원이라면 "임기 중에 조합 일에 최선을 다해주십시오. 후계자는 조합원들이 알아서 뽑도록 하겠습니다"라고 해야 한다는 것이다.

당연히 이사장뿐 아니라 이사에게 주는 수당에 대해서도 부정적이었다. 알고 보니 한 번 회의할 때마다 교통비로 얼마, 실비로 얼마를 합친 금액을 일정하게 지급하기로 결정했는데 지난달에 이사회를 주 2회씩 8번이나 가졌다는 것이다.

신협 임원들은 무보수 봉사직이라서 보수를 받는 게 당시 법으로 금지되어 있었다. 사례금이니 수당이니 기밀비니 교육활동비니, 이름이야 어찌 붙이든 일정한 액수의 고정 지급은 위법이었다. 오로지 조합 운영과 직접 관계되는 회의 혹은 기타 활동에 대한 실비만 조합에서 지출해야 했다.

강정렬은 이사들에게 회의 때마다 지불하는 돈이 이사장에게는 해당되지 않는 게 옳지 않다며 자기편을 들어달라는 동료를 볼 때 마음이 착잡할 수밖에 없었다. 저 사람이 예전에 자신과 한자리에 모여 토론하면서 무보수 봉사야말로 신협의 생명이라고 말한 사람일까 하고 자문하게 되었다. 시대가 변하면 지도자들의 사고방식도 바뀌어야 할까? 강정렬은 아무도 당신에게 십자가를 지라고 권하지 않았다는 말로 변화해가는 시대에 브레이크를 걸었다.

참 선한 이웃

같은 생각과 열정을 가진 사람을 만나는 건 행복한 일이다. 강정렬은 선한 이웃인 키다리 아저씨들과의 만남을 매우 값지게 여겼다. 사람은 어느 곳에 있든 꽃보다 아름다울 수 있다. 그의 오랜 인연 중 한 사람은 아데나워Konrad Adenauer 재단의 앨버트 슈미트Albert Schmidt다.

1964년 한국신협연합회가 조직되어 운영이 점차 안정화되기 시작하자 고민이 하나 생겼다. 연합회가 생기기 전에는 신협이 가장 필요한 지역인 농촌에 관심을 가질 수 있었다. 그러나 예산을 포함한 모든 연합회의 사업계획이 회원조합대표자 총회에서 결정되자 양상이 달라졌다. 조직 구성과 관리의 효율성에만 관심이 가다 보니 정작 신협 조직이 필요하지만 효율성 면에서 떨어지는 농촌에는 관심이 덜 가게 된 것이다.

농촌은 도시와 비교했을 때 인력과 경비는 더 들어가고, 반대로 성장은 느렸다. 그러나 보다 약한 자를 우선으로 돕는 신협의 철학에 비추어 농촌조합 조직에 더 힘을 기울여야 하는 건 너무나 당연한 일이었다. 농촌 사업과 일반 도시에서의 사업은 같을 수가 없었다. 그렇다면 둘을 분리해서 접근하는 게 옳다는 생각이 들었다.

강정렬을 포함한 몇몇 지도자들은 우선 이런 사정을 외국 원조 기관에 알리고 도움을 요청해보기로 했다. 이전에 농사재해보험제도가 없는 상황에서 농촌 신협 조합원들에게 닥치는 천재지변은 신협 조직에도 결정타가 되곤 했기 때문이다.

강정렬은 독일 미제레오르 재단을 찾아갔다. 미제레오르 재단에서 지원해주는 돈으로 농촌조합원들을 위한 회전자금을 마련하고, 냉해나 수해로 피해를 입을 때 장기저리 혹은 무이자로 우선 대출해주기로 했다.

그러나 연합회의 적자 운영이 발목을 잡았다. 내부 차입이라는 구실로 이 자금이 연합회 운영비로 흘러 들어가 정작 농촌조합원을 위해 써야 할 때 돈이 없는 경우가 대부분이었다.

강정렬은 다시 한 번 키다리 아저씨들인 부자 재단을 찾아갔다. 아데나워 재단 주한 책임자인 슈미트는 농촌 살리기 사업의 필요성과 위급성에 강정렬과 생각을 같이했다. 어디까지를 농촌조합으로 볼 것이냐에 대해서도 정리했다. 조합원의 60퍼센트 이상이 농업에 종사하는 신협은 농촌 신협으로 인정하는 등 운영 요강을 만들어 협의했다. 슈미트는 아데나워 재단의 위원직에서 물러난 뒤에도 이 지원금이 다른 목적으로 사용되지는 않는지 몇 번이나 확인했다.

강정렬은 이 사업을 통해 사람과 교육이 중요하다는 깨달음을 얻었다. 농업 발전을 위한 후원도 단순 후원이냐, 농부가 스스로 신용협동조합을 만들어 후원금을 사용하느냐에 따라 결과가 달랐다.

어느 봄날, 강정렬은 농업 발전을 위해서 3,000달러를 후원받은

적이 있었다. 후원금은 농업
인 공동체 200개에 분배되었
는데, 결과는 빚밖에 남지 않
았다. 더 좋은 경운기를 사거
나 비료를 사는 데도 충분하
지 않았다. 그러나 신협이 설
립된 지역에서는 정부에 어
떤 빚도 지지 않은 채 각 조
합원에게 영농자금 150달러
를 대출할 수 있었다. 이런
일은 농촌 신협에서 아주 흔
하게 벌어졌다. 자본의 유통
과 올바른 투자는 외부로부

성가신협에서 김정배 전 신협연합회장과 함께.

터 유입되는 돈보다 훨씬 더 극적으로 농부의 삶을 변화시켰다. 그
런 이유로 이후에는 농부에게 직접적으로 긴급한 도움을 주기보다
신협 지도자나 조합원을 교육하는 데 자금이 사용되었다.

강정렬과 슈미트의 인연은 실패와 성공 사이를 오가며 20년 가
까이 지속되었다. 1983년경 강정렬이 김포공항에서 슈미트를 만
났을 때, 그는 곧 중국으로 들어갈 터이니 함께 그곳에서 신협운동
을 하자고 제안했다. 하지만 아쉽게도 강정렬이 키다리 아저씨인
슈미트를 본 것은 그때가 마지막이었다. 착한 키다리 아저씨는 지
상에 드높은 인간 정신의 발자취를 남기고 하늘나라로 떠났다.

동과 서의 차이

|

신용협동조합에도 감사위원회가 있다. 총회에서 선출된 3인으로 구성되며 감사는 3개월에 한 번씩 조합 운영을 감사해 그 결과를 이사회와 총회에 보고하는 의무를 지닌다. 신협이 돈을 다루는 조직으로 금융사고 없이 성공적으로 유지되는 건 엄격한 감사제도 때문인지도 모른다.

그러나 초창기에는 신용을 바탕으로 운영되는 신협에서 감사제도가 왜 필요하냐는 질문을 하는 사람도 있었다. 감사 문화가 없는 사회에서 살다 보니 생긴 의문이었다. 당연히 감사에 대한 지식이나 기준도 미흡할 수밖에 없었다. 감사위원을 대상으로 하는 국제 연수에 참여했을 때, 강정렬은 문화적 충격을 받았다.

교수는 다음과 같이 질문했다. 어떤 신협 회계원의 아들이 교통사고를 당해 갑자기 입원하게 되었다. 수술 계약금으로 500달러가 필요한데 가진 돈이 없다. 마침 조합에 돈이 있어서 일시적으로 융통하고 다시 채워놓았다. 이 사실을 아무도 모르고 있었으나 우연히 감사에서 드러났다. 이런 경우 감사로서 그 회계원의 책임 규명을 위해 어떤 건의를 할 것이냐는 물음이었다.

회계원을 바꿔야 한다고 주장한 사람들은 미국과 캐나다, 유럽에서 온 참가자들이었다. 반대로 아시아에서 온 참가자들은 반대 입장을 취했다.

"공금을 아무도 모르게 지출하는 건 엄연한 부정이므로 인사 조치해야 합니다."

"공금을 유용했다고 하나 하룻밤이며, 아들의 입원을 위한 것이었으니 부정이랄 것도 없습니다."

두 입장이 평행선을 달렸다.

"본래 회계 문제는 사소한 부주의에서 시작됩니다. 사람마다 돈을 다루는 버릇이 다릅니다. 문제가 된 회계원은 500달러를 이용한 사실을 아무도 모르게 하려 했습니다. 이사장이나 임원 중 한 사람에게라도 이 사실을 미리 말했다면 사태는 좀 달라졌을 겁니다."

동양인들의 인정 어린 인간관계는 세상을 살 맛 나게 해준다. 그러나 조직으로 움직이는 현대사회에서는 혼란을 초래하기도 한다는 게 교수의 조언이었다. 강정렬은 이 세미나를 통해서 서구의 합리주의와 동양의 인정주의가 가진 차이를 확실히 볼 수 있었다.

'혼자만의 생각은 아무리 옳은 판단이라 하더라도 틀릴 수 있다. 그렇기 때문에 원칙과 법칙이 필요하다.'

매뉴얼에 따라 움직이면 융통성이 없어 보이지만 매뉴얼이 융통성 있게 잘 짜인다면 인정에 의해서 움직일 때 생기는 혼란을 막을 수 있었다. 강정렬은 원칙 강조가 조직뿐 아니라 사람을 지키기 위해서도 필요하다는 사실을 절감했다. 가브리엘라 수녀가 원칙을 강조한 데 대해서 지독하다고 평가하는 사람도 더러 있었지만 그것 또한 동서양의 차이였던 것이다.

이기심만 버리면 된다

ACCU가 설립되고 소속이 바뀌면서 강정렬 자신과 가족에게 생긴 변화가 있었다. 10년간의 부산 살이를 접고 서울로 이사한 것이다.* 정릉에 집을 마련하고, 사무실까지 출퇴근했다. 10년 이상을 몸담아온 가톨릭구제회를 그만두고 ACCU 사무총장으로 가면서 강정렬은 새로운 계약서를 썼다. 상근 고용계약서에 적시된 강정렬의 근무시간은 하루 7시간 반, 주5일 근무였다. 그러나 어떤 의미에선지 토요일은 자진해서 오전 근무를 하겠다고 계약서에 포함했다. 시간외 근무수당은 없애는 대신 그만한 시간을 원하는 때에 쉴 수 있게 했다. 저녁에 좀 늦게까지 일했으면 아침에 조금 늦게 나오는 식이었다. 그러다 보니 출퇴근 시간이 불규칙해졌다. 가끔 저녁 늦게 혹은 토요일 오후에도 일하면서 그 시간만큼은 무보수로 봉사한다고 생각했다.

그러나 출퇴근 시간을 몇 달간 정확히 기록해보니, 그것이 착각이었음이 드러났다. 첫 달부터 간신히 의무 근무시간을 채웠을 뿐이었다. 그런데도 스스로 계약한 근무시간을 초과해서 몇 시간이라도 봉사했다고 착각한 자신이 부끄러워졌다.

'의무를 게을리하면서 봉사활동을 한다는 건 생각할 수도 없

---

* 1971년 4월 24일 서울 협동교육연구원에서 결성된 ACCU는 본부를 서울에 두고 있었으나 1983년 강정렬 사무총장이 WOCCU 아시아 담당관으로 가게 됨에 따라 태국 방콕으로 본부를 이전했다.

는 일이다.'

강정렬은 마음속 깊이 반
성하면서 신협운동에 처음
뛰어들었을 때를 떠올렸다.
구국운동을 하는 마음으로
시작한 일이었다. 지금도 당
시와 다르지 않고, 다만 지역
만 좀 넓어졌을 뿐이었다. 강
정렬은 그때처럼 스스로를
리더로 내세우지 않았다. 권
위를 주장하지 않았고, 능력
을 과시하지도 않았다. 무엇
보다 자신의 유익을 버렸다.

1970년 협동조합 및 노동조합 아시아 지역 지도자
세미나.

뉴델리New Delhi에서 열린 지역사회개발사업 연수회에 참가했을
때의 일이다. 아시아 각국의 지역사회개발기관에 있는 사람 30여
명이 모였다. 연수원 숙소가 준비되지 않아 첫날 밤은 모두 호텔에
서 잤다. 스리랑카를 거쳐온 박용덕을 만나 전해 들은 연수원 숙소
의 참상은 그야말로 끔찍했다. 서울의 공중목욕탕에 있는 한증탕보
다 더 찌더라는 것. 박용덕의 앞가슴은 심한 땀띠로 벌게져 있었다.

섭씨 43도에 에어컨도 없는 상태에서 수업이 진행되었다. 오전
수업이 끝날 무렵, 캐나다에서 온 연수 지도자가 숙소가 준비되었
으니 건강이 안 좋은 사람만 호텔에 남고 모두들 숙소로 옮기자고

제안했다. 숙소를 옮기는 인원은 절반밖에 되지 않았다. 강정렬은 사색이 되어 제발 살려달라는 표정으로 고개를 흔드는 박용덕 때문에 숙소를 옮기지는 않았지만 다음 날 아침 마음이 편하지 않아서 호텔에서 나와 연수원 숙소로 옮겼다.

직접 본 숙소 사정은 그야말로 고개를 좌우로 흔들 만했다. 방바닥에는 먼지가 쌓여 있고, 목욕탕과 세면대도 없는 데다 특히 에어컨이 없다 보니 손닿는 곳마다 뜨거웠다. 밤새 모기와 싸우다 새벽녘에야 겨우 잠에 들 정도로 숨이 턱턱 막혔다. 다음 날 아침에 보니 강의를 맡은 맥도널드 박사는 얼굴이 모기에 쏘였는지 온통 울퉁불퉁했고, 기운이 없어 보였다.

자유토론 시간이 되어 현대사회 분석에 들어갔을 때, 인도 남부에서 활동한다는 활동가가 토지개혁 문제를 거론했다. 농민을 구하는 길을 토지개혁뿐이며, 그것을 반대하는 세력은 집권층과 교회라고 공격했다. 민중의 힘을 규합해 토지개혁을 쟁취해야 한다고 말하면서 마르크스를 제외한 개혁주의자들의 말을 광범위하게 인용했다. 필리핀에서 왔다는 젊은 친구 역시 부유층을 공격했다. 부유층 가정에서는 자동차를 한 대씩 갖고 있으나 농민들은 맨발이라고 했다. 방글라데시에서 온 젊은이도 이에 동조해, 결국 토론은 세 젊은이를 위한 시간이 되어버렸다. 그들은 가진 자들을 성토했고, 몇몇 성직자가 그들에게 반론을 폈으나 역부족이었다.

"부자가 되기를 원하지 않소?"

"나는 관심 없소."

쉬는 시간에 필리핀 젊은이에게 물었지만 돌아온 답은 냉랭했다. 점심시간에 다시 이야기하려고 찾았지만, 그들은 점심을 먹으러 호텔로 돌아간 뒤였다.

다시 밤이 오자, 연수원에서 자는 사람들 모두 옥상으로 잠자리를 옮겼다. 열기에 달아오른 시멘트 건물 안에서 자는 대신 노숙을 택한 것이다. 기타를 치면서 노래를 부르는 정겨운 분위기였다. 그러나 마르크스주의자인 3명의 젊은이 중 2명은 호텔에 있었다.

강정렬은 민중과 함께하겠다고 말하는 사람들의 허구성을 지적하지만, 절대로 직접적으로 공격하지 않았다. 가난한 형제를 위해서 일하기는 쉬우나 그들과 함께하기는 힘들다는 걸 알기 때문이었다. 자신의 유익을 모두 포기하는 건 누구에게나 쉽지 않았다.

강정렬은 늘 균형을 유지했다. 이성적으로는 호텔에서 바로 나와 연수원 숙소로 가는 게 옳지만 땀띠가 난 후배를 위해서 하루쯤은 그의 소원을 들어주었다. 그러나 다음 날부터는 당장 양심에 따라 숙소로 가서 공동체와 함께하는 삶에 동참했다. 남에게 엄격하지 않되 묵묵히 자신의 신념을 지키는 사람, 젊은이들처럼 말이 앞서는 대신 실천부터 하는 사람, 그는 그런 사람이 되고 싶었다. 강정렬은 '민중을 위한다'는 말이 권력이 될 때 어떤 일이 일어나는지 잘 알고 있었다. 그런 비극은 원치 않았다. 강정렬은 대다수의 사람이 가진 선의와 이성에 동참하는 삶, 균형과 절제가 바탕이 된 민주적 삶이 더욱 실천하기 어렵다는 것을 이미 알고 있었다.

17장

삶의 전환점에서

비판보다 작은 실천이 먼저

|

가난한 동남아의 나라에서는 '개혁'이 어떤 식으로 일어나야 하는
가? 1962년 태국 방콕에서 농촌 지도자 연수회가 열렸을 때였다.
아시아 전역에서 백여 명이 모여 한 달간 공부를 했다. 이 세미나
는 가톨릭교회의 수도 단체인 예수회 산하 아시아 경제사회발전추
진기구Socio Economic Life in Asia, SELA가 아시아 각국의 신용협동조합을
조직하고 육성하기 위한 지도자를 양성할 목적으로 열었다. 우리
나라에서는 4명이 참가했고, 대부분의 나라에서 3~5명씩 참가했
다. 참가한 사람들의 면면을 보면 3분의 1 정도는 사제이며, 나머
지는 노동운동이나 사회운동을 하는 사람들이었다.

전체 토의 시간에 파푸아뉴기니에서 온 젊은이가 눈에 띄게 많
은 발언을 했다. 그는 지역사회개발이라는 미명 아래 전통문화가

붕괴해간다고 말을 꺼냈다. "파푸아뉴기니에서는 마을 사람들의 물질적, 정신적 삶의 원천이던 울창한 산림이 하루아침에 파괴되고, 어떤 곳에서는 마을 사람들이 강제이주를 당하기도 했습니다. 자본가들이 파푸아뉴기니를 자본 증식 목적으로 이용했기 때문입니다."

그러자 강정렬은 "외국 자본이 어떤 나라에 들어가는 것은 그 나라의 정부가 불러들였기 때문이며, 그런 정부를 가진 책임은 그 나라 국민 전체에 있습니다" 하고 말했다. 책임 전가와 비판은 작은 실천을 따라가지 못한다고 조언한 것이다. 그러면서 "국민이 옳은 지도자를 내세우고 그를 받들어 함께 노력하는 훈련이 되기 전에는 헌법을 바꾸고 지도자를 열 번 바꾸어도 변화는 기대할 수 없습니다. 대중에게 질서 있고 평화스럽게 지도자를 택해서 함께 일해나갈 수 있도록 훈련하는 일은 화려하지도 않고 시간도 오래 걸리지만, 이 방법이 가장 확실할 겁니다"라며 신용협동조합운동을 소개했다.

그날 저녁 파푸아뉴기니에서 온 청년이 자신은 파푸아뉴기니 학생운동 지도자라고 소개한 뒤, 강정렬에게 마르크스의 《자본론》과 《마오쩌둥 어록》을 읽어보았냐고 물었다. 읽지 않았다고 대답하자, 청년은 회심의 미소를 지으며 꼭 읽어보라고 권했다. 강정렬은 필요하다면 나도 《마오쩌둥 어록》보다 좋은 책을 쓸 수 있다고 응수하며 "좋은 말로 책을 쓰는 건 어려운 일이 아닙니다. 실제 그들이 무엇을 했는지 그 결과가 중요합니다"라고 말했다. 청년이 다시 마오쩌둥을 어떻게 생각하느냐고 묻자 강정렬은 "마오쩌둥은 성인군자든가 아니면 권모술수에 능한 야심가입니다. 만약 민심이 그를 원해서 수십 년 동안 권좌에 두는 것이라면 성인군자이고, 그 반대라면 후자입니다. 어떻게 인간이 현실적으로 30년간이나 가장 위대한 지도자일 수 있지요?"

청년은 강정렬의 대답 겸 질문에 아무 말도 못 하고 침묵한 채 방을 떠났다.

몇 달 뒤 강정렬은 청년으로부터 편지 한 통을 받았다. 신용협동조합을 소개한 책을 보내달라는 것이었다. 민중을 위해 헌신하는 사람은 현실을 비판하는 데서 멈추지 않고 작은 실천이라도 해나가야 한다는 데 청년도 동의한 것이다.

이 세미나에 참가한 수강생들 가운데는 자신들의 나라로 돌아가서 신협운동을 시작한 경우가 많았다. 강정렬은 이 세미나에서 태국, 홍콩, 일본, 인도네시아 신협운동가들과 교분을 쌓았다. 이 세미나는 막 시작한 신협운동에 불을 댕겼다.

강정렬은 모든 인민을 잘 살게 해준다는 공산주의를 믿지 않았다. 그보다는 개인의 노력에 선한 도움을 줄 수 있는 자발적 기구를 더욱 믿었다. 동남아 어디를 가든 냉전시대는 삶 깊숙한 곳에 침투해 있었다. 분단 중인 우리나라는 말할 것도 없거니와 베트남과 캄보디아의 공산화 역시 그에게 비판하는 사람을 조심하라는 깨달음을 주었다. 그는 거창한 이론보다는 늘 묵묵히 일하는 것을 미덕으로 삼았다. 무엇보다 평안남도 진남포 출신인 자신이 몇 년간의 압박에도 굴하지 않고 북한을 탈출한 경험이 있지 않은가.

강정렬은 동남아 출장을 다니면서 베트남 공산화로 시작된 보트피플Boat People의 참상을 목도했다. 1971년부터 시작된 베트남인들의 탈출에 1975년부터는 캄보디아인들의 탈출이 더해져 바다는 위험한 피난처이자 거대한 무덤으로 변했다.

미군이 캄보디아에서 철수했지만 정부군과 프놈펜Pnompenh 시민들은 크게 걱정하지 않았다. 혁명군과 함께 개혁을 해나가면 된다고 생각했다. 그러나 혁명군인 크메르루주Khmer Rouge는 도시민들을 다시 농촌으로 돌려보낸다는 미명 아래 도시에서 쫓아냈다. 사회주의식 집단농장을 만들어 강제로 노동을 하게 했고, 공무원이나 군인, 경찰, 교사는 물론 글자를 아는 사람들까지 죽여버렸다. 비판할 수 있는 고등교육을 받은 캄보디아 국민은 사실상 모두 학살당했다. 크메르루주 반군은 미군에 불만을 가진 농촌 출신 젊은 이들로, 제대로 교육을 받지 못한 문맹자가 대부분이었다. 그들 중에는 중국의 홍위병들처럼 10대 초반의 아이들도 있었다. 1975년부터 시작된 이들에 의한 개혁으로 700만 명의 캄보디아인들 중 150만 명이 학살을 당하는 킬링필드Killing Fields가 펼쳐졌다.

강정렬은 세계 곳곳에서 벌어지는 참상을 보며 국제협력활동에 더욱 매진하게 되었다. 진정한 진보는 선한 의지를 가진 한 사람한 사람이 모여 이루어가지 않던가.

아시아로 나가다

|

삶의 전환점인 40대 중반. 뱃살이 껴 게을러질 나이에 강정렬은

새로운 도전을 받게 되었다. 신협운동은 유럽에 이어 북미에서 시작되었고, 아시아에도 우리나라보다 수십 년씩 먼저 씨앗이 뿌려진 곳이 많았다. 신협의 성장을 위해선 서로 협력을 주고받으며 연대하는 일이 필요했다. 강정렬은 1969년부터 WOCCU의 극동 주재 대표로 이러한 협력에 앞장서는 자리로 가게 되었다. 보다 넓은 세상에서 그를 기다리는 것은 더욱 가난하고 비참한 사람들이었다.

우리나라의 신협은 1971년도를 계기로 다시 한 번 도약했다. 한국신협은 제4차 아시아 지역 신협 지도자 대회를 준비하면서 ACCU 설립까지 함께 준비하고 있었다. 필리핀이나 인도, 스리랑

1971년 아시아 지역 신용협동조합연합회 조직. 1971년 4월 30일자 〈신협회보〉.

제3부 ─── 강정렬 박사

카 같은 나라들에 비해 우리나라는 늦게 신협의 씨앗이 뿌려졌다. 물론 필리핀이나 인도, 스리랑카 등 열강의 지배를 받던 나라들에 신용조합이란 민중의 삶의 질 향상이 아닌 열강의 효율적인 지배와 관련된 경우가 많았고, 그래서 진정한 협동조합이라고 하기는 어려웠다. 어쨌든 이들 나라는 1960년대를 기점으로 신용협동조합운동을 펼치기 위해서 개발훈련을 받았다. 그리하여 1963년 중국과 대만, 1964년 홍콩, 1965년 일본과 태국에서 최초의 신용협동조합이 설립되었다. 그리고 1966년 베트남, 1970년 인도네시아가 그 뒤를 이었다. 그러나 우리나라는 초기 지도자들의 헌신적인 노력으로 10여 년 만에 어느새 아시아 1등으로 성장해 있었다. 꼴찌가 첫째가 된 기적이 일어난 것이다.

4월 18일부터 28일까지 협동교육연구원에서 열린 세미나에 총 10개국에서 온 40명 남짓한 지도자들이 참석했다. 대만, 일본, 홍콩, 필리핀, 베트남, 태국, 말레이시아, 인도네시아, 인도에서 온 회원국 지도자들과 WOCCU 회장 대리 해럴드 브라튼Harold Braten, 임원인 베일리A. A. Baily, 극동 주재 대표 강정렬, 싱가포르와 오스트레일리아, 캐나다, 서독의 대표들이었다.

참가자들은 아시아 각국의 신협 현황과 당면 문제 등을 논의하면서, 국가 간 교류를 원활히 하기 위한 아시아신협연합회 신설을 강력히 주장했다. 베일리는 '아시아신협연합회 설립이 왜 필요한가'라는 주제로 강연을 해 연합회 설립에 힘을 실어주었다. 아시아인의 삶의 문제를 해결하기 위해서는 신협 간의 경험과 학습을 공유할 플랫폼이 필요했다.

제4차 아시아 신협 지도자 대회에서 ACCU 설립을 향한 뜻이 모아졌다.

아시아 지역 신용협동조합연합회 조직 준비를 하는 모습.

이를 위해 대회 마지막 날인 1971년 4월 24일, 준비위원회는 전문 9장 50조의 정관을 채택하고, 이사진을 구성해 ACCU를 창립했다. 당시 전국적인 연합회가 구성되어 있는 한국, 일본, 대만, 필리핀, 홍콩이 정회원으로 이사국이 되었고, 태국, 베트남, 말레이시아, 인도네시아는 준회원으로 참여했다. 회장에는 앤드루 소 홍콩신협연합회 전무가, 부회장에는 이상호 한국신협연합회 회장이, 총무이사에는 필리핀의 아그바야니 필리핀신협연합회 회장이, 사무총장에는 강정렬이 선출되었다.

ACCU는 서울 협동교육연구원에서 취임식 및 회의를 했다. WOCCU 승인을 거침으로써 강정렬은 ACCU를 대표해 세계신협의 지도 속으로 걸어 들어갔다.

ACCU는 1971년부터 1980년까지는 아시아 국가에 신협의 철학과 원칙을 도입하는 데 중점을 두었다. 매년 신협의 발기인 교육을 조직하고 아시아 국가에 신협운동을 확산했다. ACCU 창립 멤버인 일본, 홍콩, 한국, 필리핀, 대만 외에 방글라데시, 인도네시아, 파푸아뉴기니, 태국, 말레이시아, 네팔, 인도, 스리랑카 등이 새로이 연합회를 이루어 ACCU의 정식 멤버가 되었다. 가브리엘라 수녀를 도와 이상호, 박희섭 등이 한 번 교육을 갈 때마다 허리띠 두 칸이 줄어들 정도로 고생한 것처럼, 이번에는 강정렬이 아시아 구석구석을 다니면서 교육을 하느라 진땀을 뺐다. 숨이 막힐 정도로 높은 습도와 40도 가까이 되는 온도, 수많은 모기와 벌레들, 거친 밥과 잠자리. 강정렬은 이 모든 어려움을 이기고 늘 소금기 밴 바지와 셔츠로 귀환하곤 했다.

ACCU 사무실이 위치한 신협연합회 건물.

평화로운 곳에서 미래를 준비하는 것도 어려웠지만 전쟁의 공포에 떠는 세상을 눈앞에 직접 마주하면서 미래를 준비하는 일은 더욱 어려웠다. 1970년부터 남중국해에서는 보트피플의 탈출이 시작되었다. 그리고 이것이 이후 이어질 대탈주의 서막에 불과하리라는 것을 강정렬은 잘 알고 있었다. 인도차이나반도의 전쟁은 끝났지만 복수와 살육은 끝이 나지 않았기 때문이다. 베트남의 공산 정권이 캄보디아를 지배하면서 캄보디아에도 베트남과 같은 일이 반복되었다. '어떻게 살 것인가'라는 문제가 더욱 절박하게 다가왔다.

강정렬이 10년 동안 아시아 각국을 누빈 끝에 신협연합회들이 생겨나자 ACCU의 정책은 1981년부터 1992년까지 리더십 개발로 바뀌었다. 리더 양성을 목표로 신협 관리와 현장 조치 교육, 이에 대한 집중적 리더십 과정을 제공한 것이다. 교육을 받은 리더들은 서로 연대하고 조직 간에 협력하며, 국가 간 인턴십 프로그램을 통해 함께 배우고 자원을 공유하려는 열정을 보여줄 것이었다. 세상은 또 이렇게 한 번 더 진보하고 있었다.

트레이드 마크

|

신협의 상징은 자발적 가난과 검소한 삶이다. 자존심이 강하기 때문에 그만큼 아낄 수 있지 않겠는가. 강정렬은 덜 벌어 덜 쓰며 '지조를 지키는 삶'을 지향했다. 이런 그의 삶을 드러내는 트레이드 마크가 된 것은 '낡은 가방'이다.

따지고 보면 1960~1970년대 한국에서는 거의 모든 사람이 가난했다. 양말을 기워 신는 일, 닳아버린 양복바지 밑단을 수선해 입는 일은 일상적이었다. 되돌아보면 가슴 따뜻해지는 1960년대식 풍경이기도 했다. 그런데 집마다 자동차를 사던 1980년대에도 여전히 신협 간부들의 집에서는 이런 풍경이 일상이었다.

신협 초창기에 그들은 누군가를 만날 때도 다방이 아닌 다방 입구에서 만나 이동했다. 식사를 하더라도 가장 고급스러운 메뉴가 설렁탕 정도였다. 일반인이 보기에는 아마도 지독한 구두쇠로 보였을 것이다.

그러나 이들에게 봉사정신과 검소함은 종교와도 같았다. '겉모양은 중요하지 않다' '아껴 쓰고 고쳐 쓰자'라는 계명을 이들은 삶에서 지키고 있었다. 강정렬과 이상호의 낡은 서류가방 이야기는 두고두고 후임들에게 회자되어, 그들의 정신을 드러내는 상징이 되었다. 이상호의 가방은 호텔 청소부가 쓰레기인 줄 알고 버렸다가 다시 찾았지만, 강정렬의 가방은 사무실 청소부가 버리는 바람에 다시 찾지 못했다.

강정렬은 WOCCU 기획위원회 회의가 3일간 시카고Chicago에서 열린다고 통고받았다. 그는 다음 날 비자를 받기 위해서 여권을 가방에 넣어두고 사무실을 나섰다. 그런데 당시 명절이 있어 지내다 보니 며칠이 지난 후에야 비자 생각이 났다. 부랴부랴 여권이 들어 있는 자그마한 서류가방을 찾았는데 보이지 않았다. 늘 사무실 책상 곁에 놓아두는데 아무리 찾아도 행방이 묘연했다. 그 안에 있는 것은 외무부를 쫓아다니며 갖은 고생 끝에 만든 복수여권이었다. 가방의 행방을 수소문해보니, 청소부가 하도 낡아서 버리는 것인 줄 알고 사흘 전에 버렸다는 대답이 돌아왔다. 여권 때문이라도 가방을 찾아야 해서 쓰레기처리장으로 향했다. 그곳에 가서 찾아보았지만 허사였다. 이 일을 두고 얼마나 낡았으면 쓰레기로 알고 버렸을까 하며 비꼬는 축도 있고, 청소부를 나무라는 축도 있었다.

그 가방은 강정렬이 10년 전에 홍콩 면세점에서 가죽 가방인 줄 알고 산 인조피혁 가방이었다. 그는 그 가방을 10년 동안 꿰매고 기워서 쓴 것이다. 어떤 면에서는 그렇게 낡아도 쓸 수 있다는 것이 자랑스럽기도 했다. 그게 강정렬이 그 가방을 계속 쓴 이유였다. 혹여 주변에서 가방을 하나 사라고 하면, 낡은 것을 소중히 여기는 마음씨가 얼마나 소중한지 한바탕 연설을 하기에도 좋았다. 낡은 가방은 그가 가진 자부심의 일부였던 셈이다.

잃어버린 가방 덕분에 그는 바빠졌다. 출국을 위해 외무부, 재무부, 치안국의 아는 연줄을 다 동원해 여권을 재발급했다.

나중에 도착한 매디슨Madison시 WOCCU 본부에서 강정렬은 상사인 베일리에게 비행기를 타기까지의 악몽 같은 며칠에 대해 이야기했다. 사건의 발단이 된 낡은 가방 이야기도 덧붙였다. 베일리

제3부 —— 강정렬 박사

는 껄껄 웃으며 여권 재발급을 위해 들어간 비용과 좋은 가방을 하나 살 수 있는 비용을 경비로 처리하라고 지시했다.

이때를 두고 강정렬은 이렇게 회고했다.

"낡은 성경책 같은 여권이 얄팍한 새것으로 바뀌고 새 가방도 하나 생겼으니 전화위복이라면 전화위복이다. 그러나 낡은 물건을 선뜻 버리지 못하는 내 병은 고쳐질 것 같지 않다."

병치고는 너무나 아름다운 병이 아닐 수 없었다.

대만 고산족을 살리기 위해

|

1971년 말, 강정렬은 ACCU 사무총장의 자격으로 대만으로 가서 위빈于斌(1901~1978)* 추기경을 만났다. 위빈 추기경은 하얼빈이 있는 헤이룽장黑龍江성 출신으로 우리나라 독립운동을 돕기도 했다. 위빈 추기경은 1954년부터 대만에 있으면서 가톨릭 수호자 역할을 하고 있었다. 14세 때 세례를 받고, 1928년에는 사제서품을 받은 뒤 이탈리아로 유학을 갔으며, 1936년 난징南京주교로 임명받아 귀국한 이듬해 중일전쟁이 발발하자 항일전쟁비용 모금운동을

---

* 중일전쟁 시기 중국 가톨릭교회의 대표적인 지도자. 한국인과 임시정부를 항일전쟁의 동지로 인식, 한국독립운동과 관련된 일이나 행사 등에 적극 참여하면서 여러 방면으로 지원했다.

벌이기도 했다. 1940년경에 김구를 비롯한 충칭重慶 임시정부 관계자들을 만나면서부터는 조선독립운동의 조력자가 되었다. 1940년 9월, 한국광복군 총사령부 성립 전례식에서 '정의와 공정함이라는 하느님의 진리로 무장한 광복군이 최종 승리할 것'이라며 광복군의 앞날을 축복해주었을 뿐 아니라 같은 해 11월에는 가톨릭 신문 〈익세보益世報〉를 통해 "350만 중국 가톨릭 신도들은 한국 광복운동에 협조하라"라는 총동원령을 내려주었다. 장제스의 두터운 신임을 받은 위빈 추기경은 만주에 항일유격대를 파견하라고 장제스에게 요구하기도 했고, 김구 주석을 비롯한 임시정부 관계자와 장제스의 만남을 주선하기도 했으며, 임시정부가 국제사회의 승인을 얻는 일에도 적극 나서주었다.

1971년 제4차 아시아 지역 신협 지도자 대회.

제3부 ―― 강정렬 박사

그런 그가 이제 대만의 신협운동을 이끄는 주체가 되어 있었다. 신협의 시작은 언제 어느 곳에서나 약자의 편에 선 이웃을 사랑하는 선한 지도자들에 의해서 시작된다. 대만도 예외는 아니었던 셈이다.

전 세계에서 가장 영향력 있는 사람이 흔히들 유대인이라고 하지만 적어도 아시아에서는 화교華僑다. 화교의 돈이 들어간 곳은 언제나 빈익빈 부익부의 양극화된 세계가 만들어졌다. 화교는 소농의 땅을 잠식해 들어가 토지세와 임대료를 올려놓는다. 대만에서는 화교 때문에 소수민족인 산지족이 고리채의 고통을 겪고 있었다. 산지인 혹은 삼림인은 수십 개 남방계 원주민 부족을 합쳐 부르는 말이다. 전통을 지키며 농사를 짓는 사람들이기에 자신들의 땅에서 쫓겨나면 생존이 불가능했다. 위빈 추기경을 비롯한 종교계 지도자들은 대만 정부의 양해를 얻어서 산지족을 화교인 대만 주민들로부터 보호하기 위해서 신협운동을 벌이고 있었다.

산지인으로 불리는 남방계 원주민들은 조상으로부터 물려받은 광활한 산림을 갖고 있었다. 그러나 장사에 능한 화교들이 고리대금업으로 이들 산지인들의 땅을 조금씩 점유하기 시작했다. 정부에서 법을 제정해 화교가 땅을 소유하지 못하게 하자 이들은 우회전략을 썼다. 우선 산지인들에게 술, 담배, 기타 사치품을 외상으로 팔고, 그에 대한 대가로 땅의 이용권을 요구하는 식이었다. 강정렬은 대만 지인으로부터 산지인 부부가 대나무와 버섯을 채취해 얻은 수입을 가지고 평지에 내려가서 술집에서 며칠이고 묵은 뒤, 돈이 다 떨어지면 손을 마주 잡고 맥없이 집으로 돌아온다는 얘기를 들었다. 화교는 산지인들에게 고리채를 놓은 다음 그들 소유의 대나무밭을 30년 또는 40년, 50년씩 관리하는 권리를 획득하기도 했다. 강정렬은 대만의 산지인 이야기를 들으면서, 130여 년 전 라이파이젠이 기록한 유대 상인들의 이야기와 똑같다는 걸 깨달았다. 고리채를 해결하고 술과 담배, 노름을 끊어내는 운동이 당장 필요해 보였다.

'어떻게 산지인을 화교의 착취로부터 보호할 것인가?'

적어도 산지인에게 신용협동조합을 소개한 것은 성공적이었다. 몇몇 산지인 출신 지도자들의 헌신적인 활동으로 대만에 약 200개의 신협이 조직되어 있었다. 강정렬은 산지인들과 접촉해 좀 더 많은 이야기를 듣고 싶었다. 그러나 강정렬이 산지인들과 소통하는 데는 어려움이 따랐다. 산지인들은 중국어를 몰랐다. '아무리 산지인들이 남방계라고 해도 중국에 사니까 베이징어나 광둥어, 객가어, 대만어 중 하나는 알겠지' 하고 생각했지만 강정렬의 예상은 보기 좋게 빗나갔다. 상대방이 하는 중국어를 못 알아들으니 소통이 되지 않았다. 오히려 일본어가 의사소통에 좀 더 도움이 될 정도였다.

강정렬은 폐쇄적인 그들의 문화에 관심을 가졌다. 알면 이해할 수 있기 때문이다. 산지인들은 일본 식민지 시대든 현재든, 정부에 대한 관심이 매우 적었다. 공산화된 중국에 대해서도 관심을 가지지 않았다. 대만 내 화교에 대해 공포감을 가지고 있을 뿐이었다. 산지인들은 대륙계가 아닌 화교도 공산당으로 생각했다.

아시아에서 1970년대는 정치적 격변기였다. 냉전 시대의 파편이 계속해서 아시아로 튀는 중이었다. 대만의 정치적 상황도 녹록지 않았다. 국외에서 활동하는 많은 대만 독립주의자들이 속속 대만으로 모여들었다. 이들은 마오쩌둥 정부보다 장제스 정부가 낫다고 생각했다. 장제스 정권에 비판적이며 방관적인 태도를 취하던 지식층도 우선 대만을 중국 대륙으로부터 지키며, 그러기 위해서 장제스 정권과 타협한다는 태도를 취하고 있었다. 만일 대만이 마오쩌둥 손에 넘어간다면 그것은 대만의 종말이라고 생각했다.

강정렬은 타이베이臺北에 머물면서 위빈 추기경의 초대를 받았다. 추기경과 점심을 함께 먹으며 산지인과 현시대가 필요로 하는 지도자에 대해서 이야기했다. 이외에도 위빈 추기경이 궁금해하는 한국에서의 신협운동을 비롯해서, 민주주의와 정치 등 다양한 주제로 대화했다.

"이제 우리 세계는 지도자가 없어요. 위대한 세계적 지도자가. 모두 눈앞의 이익에 사로잡혀 인류가 어느 방향으로 진보해야 하는지 같은 큰 문제를 못 풀어요."

강정렬도 그 생각에 동의했다. 지도자가 확고한 신념과 비전을 대중에게 제시하고 사명감을 주면 사소한 경제적 득실을 초월해서 협력하는 법이다.

"하루빨리 자유진영에서 그런 지도자가 나타나면 좋겠습니다!"

이런 바람을 품은 채 강정렬은 대만을 떠나 홍콩으로 이동했다.

12월 30일, 한 해가 또 저물고 있었다. 새해에는 정치적 구심점은 없더라도 신협을 통해 서민들의 삶이 하나로 연대하고 나가기를 바라면서!

자유중국(대만)에 다녀와서

강 정 렬

대만에서의 신용협동조합운동이 대만원주민 주로 고사족을 대륙계중국인대만주민들의 경제적 착취로부터 보호하는 방책으로 우빈추기경을 비롯한 종교계인사들이 대만정부의 양해를 얻어 진행하고 있다는 것을 전번에 말하였다. 산지인(山地人)으로 불리우는 이들 남방계 원주민들은 조상으로부터 물려받은 광활한 산림(山林)을 갖고 있었다. 그러나 장사에 능한 중국계(平地人)주민들이 주로 고리대금업으로 이들 산지인들이 땅을 조금조금 점유하기 시작하였다. 정부는 법으로 산지인의 땅은 평지인이 소유하지 못하게 하였다. 그러나 평지인들은 다른 방법을 쓴다. 우선 산지인들에게 술, 담배, 기타 사치품을 외상으로 판다. 한 산지인 친구가 필자에게 말하기를 대나무, 버섯등으로 얻은 수입이 생기면 산지인부부가 평지에 내려가서 술집에 뭣날이고 목을면서 술을 계속 마시다가 돈이 떨어진후에야 부부가 손을 마주잡고 뚜벅뚜벅 맥없이 돌아온다는 것이다. 평지인들은 한겨름 더 나가서 고리체를 이들에게 놓고 조금 못 갚으면 그들소유의 대나무밭을 삼년 또는 사오십년 관리하는 권리를 획득하여 자기소유못지않게 소출을 내먹는다. 이같은 현상은 130여년전에 리이화이센이 기록한 당시 독일농민을 착취하든 도서출신 유대인상인들에 관한 이야기와 꼭 같다. 지금 대만에 약 200개의 조합(조합원 총수 16,386명 자산총액 NT$ 24,040,960(약 2억5천만원)은 거의가 다 이 산지인들간에 조직된 것이다. 그 성과는 매우 성공적으로 곳곳에서 기적같이 변화가 이러나고 있다. 필자가 만난 몇및 산지인출신인 신용협동조합 지도원들은 그야말로 헌신적인 활동을 하고 있었다. 산림인이란 수십개 남방계원주민부족들의 총칭으로 그들사이의 공통언어는 일본어이다. 그들은 중국어를 잘 모르며 안다고해도 복경어, 관동어, 학가어, 대만어 과는 하나일 것으로 상대방이 자기가 아는 중국어를 모르면 역시 통하지 않는다. 이것은 중국계 대만주민사이에서도 마찬가지다. 필자가 서투른 한국한문이 중국어로 말을 걸어도 자기는 복경말(국어, 관어, 만다린등으로 부른다)을 잘 모른다고 하며 "你什麼地方了?"하고 묻는다. 즉 어느 지방에서 왔느냐 하며 역시 중국인으로 생각한다. "我韓國來"하면 도리어 이상하게 생각한다. 산지인들은 일본식민지시대나 지금이나 정부 국가에 대한 관심은 매우 적다. 중공에 대해서도 그들의 대만내의 중국계주민들에 대한 피해의식의 작용으로 공포감을 가지고있다. 피난민인 대독계가 아닌 중국계원주민들도 모택동보다는 장개석정부가 낫다고 생각하고 있는 듯이 보였다. 국외에서 활동하는 많은 대만독립주의자들이 속속 대만으로 돌아오고 있으며 장개석정권에 비판적이며 방관적인 태도를 취하든 지식층들도 우선 대만을 중국대륙으로부터 지키며 장개석과 타협으로 민주화계획을 하나하나 해결해 나간다는 태도를 위하고 있는듯이 느꼈다. 한 지식층은 필자에게 이런 말을 했다. "우리는 장개석을 싫어한다. 그러나 모택동보다는 장개석을 위한다. 우리는 대만주민들의 경제생활향상을 위한 그들의 노력을 무시하지않는다. 그것보다도 장개석과는 대화의 희망이 있으며 어느정도 성과를 거두고 있다. 그러나 만일 대만이 모택동손에 들어가면 그것은 대만의 끝장이다." 매일같이 신문은 해외 중국인학자나 기술자들의 귀국에 보도하고 있다. 물론 일개 외국에서의 방문객으로 피상적이기는하나 외부에서의 생각과는 달리 그들은 대만의 경제적번영을 즐기며 또 느끼며 그것을 자랑으로 생각하고 있는듯이 보였다.

대북에서 우빈추기경의 초대를 받아 점심을 같이 하며 약 두시간 담소할 기회를 가졌다. "현재 우리 세계는 지도자가 없어요. 위대한 세계적인 지도자가……. 모두 눈앞에 이익 민족과 국가의 이권에만 사로잡혀서, 우리인류가 어데로 갈 것인가라는 큰 문제를 못써요. 역사를 보아도 인류는 현명해요 지도자가 확고한 신념과 Vision을 대중에게 제시하고 사명감을 주면 사소한 경제적특실을 초월해서 협력하는 법이오 하루빨리 자유진영에서 그런한 지도자가 나와야 겠는데……" 하며, 장너머 먼산을 바라보았다. 그는 계속해서, "한국은 나의 가장 좋아하는 나라요." 당신나라 사람들은 의리와 원칙이 있어요. 개인이 진 한 나라이건 의리와 원칙을 버리면 결국 멸망의 주구화할 뿐이요." 그는 우리 한국에서의 정부당국과 신용협동조합 지도자들의 협력을 극구 칭찬하며 우리나라에서 신용협동조합법이 통과되면 자기가 직접 장충통에게 건의하여 대만정부내에 자들을 한국에 파견해서 한국에서 신용협동조합운동을 본따도록 하겠다고 말하였다.

12월 30일 필자는 대북비행장을 떠나 홍콩으로 향해 이륙했다. 신이여, 인류문화를 밝히는 동양의 예지의 촛불이 깜박이고 있는 이나라 신이여 온 인류를 위하여 이나라를 보호하여 주십시요. 멀어지는 산천을 내려다보며, 정성껏 빌었다.

〈우빈추기경과 담소의 한때〉

자유중국(대만)에 다녀와서. 1972년 1월 31일자 〈신협회보〉 기고.

신협 회식의 방식

|

한국식 인정이냐 합리성이냐? 강정렬은 혈혈단신 월남해, 남한에서 살아남기 위해 많은 고생을 하면서 익힌 나름의 철학 때문인지, 아니면 일찍 배운 영어를 활용해 외국인들과 접하다 보니 습득한 것인지 몰라도, 서양식 합리주의의 신봉자였다. 신협의 교도위원들도 강정렬과 비슷한 걸 보면 가브리엘라 수녀의 영향을 받았을 수도 있다.

강정렬은 허세를 멀리했다. 평생을 통해 한국식 한턱을 단 한 번도 내지 않았다.

1970년대 초 강정렬이 신협 서울지구평의회 회장이 된 날, 대의원들은 진담 반 농담 반으로 이렇게 말했다.

"회장이 되었으니 한턱 쓰시오."

따지고 보면 신협의 사정을 잘 모르고 한 말이었다. 무보수 봉사가 원칙인데 어떻게 한턱까지 쓰겠는가! 강정렬은 속으로 이렇게 생각했다.

'턱이란 좋은 일이 있을 때 남에게 베푸는 음식 대접이란 뜻이다. 그런데 턱도 없다 혹은 턱없다는 이치에 닿지 않거나 혹은 분수에 맞지 않다는 뜻이다. 그러니 한턱낸다는 건 평소와 다르게 분수에 넘치게 음식을 낸다는 의미다. 한턱을 내어 오래 탄식을 하느냐, 아니면 단칼에 거절하고 마음 편하게 사느냐?'

고민할 것도 없었다.

"대단히 미안하지만 내 형편으로는 식사 대접을 못 하겠네. 알

다시피 여섯이나 되는 아이들을 키우느라 나도 아내도 부업까지 하고 있거든."

그는 아무렇지도 않게 말하고는, 그길로 집으로 와버렸다.

분명히 뒤에서 쩨쩨하다는 소리도 나왔겠지만, 한턱 쓰고 나서 집에 가서 적자를 걱정하는 것보다 이렇게 하는 게 마음 편했다.

신협문화에 한턱은 처음부터 없었다. 자원봉사를 하면서 식사비를 각자 부담했던 협동조합교도봉사회의 전통이 이어져 있었다. 그러다 보니 처음부터 비싼 곳으로 가지 않거나 비싼 것을 주문하지 않았다. 대개 자기가 먹은 값보다 돈을 조금 더 내면, 돈을 가지고 오지 않은 한두 사람의 경비를 충당했다. 그러고도 약간 남는 것으로 소주나 한 병 더 마시고 헤어지는 게 전형적인 신협 지도자들의 회식 방식이었다.

이런 태도는 언제 어디서든 마찬가지였다. 나라 밖이라고 해도 달라지지 않았다.

ACCU에서 태국으로 출장을 갔을 때도 이 버릇이 튀어나와버렸다. 태국신협연합회 이사회를 마치고 식사하러 간 자리였다. 보기에 어마어마하게 호화로운 식당으로 이사들이 밀려들어갈 때부터 강정렬은 '음식값'에 대한 불안함이 앞섰다. 맛있게 먹기는 했지만, 마음 한구석에 남아 있던 불안함이 식사가 끝날 무렵 튀어나오고 말았다. 태국신협연합회의 적자 재정을 너무나 잘 알았기에 한 말이기도 했다.

"실례의 말씀이 될지 모르지만 오늘 식사 경비는 어떻게 하기로 되어 있습니까?"

사무총장이 당황해하자 동행했던 한 신부가 말을 가로챘다.

"나도 속으로 걱정했다네. 예산에는 없는 것으로 아는데, 어쩌자고 이렇게 비싼 곳으로 들어왔는가?"

강정렬은 이때 한국신협의 회식 방식을 말해주었다. 어쨌든 먹어보자는 풍조가 개인과 단체를 망친다는 것을 지적한 셈이다. 당연히 회식자리가 즐겁게 끝나지는 않았다. 당황한 사람들도 있었다.

강정렬이 자신의 저녁식사 값으로 약간의 돈을 테이블 위에 내놓자 다른 사람들도 테이블에 돈을 올려놓았다. 강정렬은 식사비를 내고 남는 돈은 이사회 회의 경비로 건네고 기분 좋게 식당을 나섰다. 내 돈이 아니더라도 함부로 쓰는 것은 옳지 않다는 태도, 정도에 넘치는 호의는 받지 않는다는 태도, 이것이 바로 그가 가진 합리성의 일단이었다.

혼돈의 아시아를 넘어서

|

1972년 WOCCU 연차총회에 참석한 강정렬은 세계 65개국 신협 대의원 앞에서 다음과 같이 연설했다.

"유럽의 부자 나라들은 아프리카 원조에 전념하고 있고, 미국은 유럽과 남미 여러 나라의 원조에 여념이 없어 보입니다. 이렇게 선진국의 관심 대상에서 제외된 듯 보이는 아시아에 사실은 문제가 더 많습니다. 제가 말하고 있는 이 시각에도 수만 명의 피난민이 캄보디아에서 태국 국경을 넘고 있으며, 수를 헤아릴 수 없는 베트남 피난민이 바다에서 표류하고 있습니다. 말로는 인류애니 자유를 찾아서 탈출하는 동포들을 동정한다느니 하면서 떠들고 있지만, 이들을 진정으로 반겨 맞아줄 나라는 거의 없습니다."

일부러 듣는 사람들을 불편하게 하려고 한 말은 아니었다. 있는 그대로 사실을 이야기했을 뿐이었다. 세계 인구의 3분의 1이 살고 있는 아시아가 안고 있는 문제는 너무나 크고 많았다. 아시아 신협 지도자들은 이런 환경에서 악전고투 중이었다.

강정렬의 발언이 있고 나서 잘했다고 칭찬하는 사람도 있는 반면, 이제는 미국 사람들도 도와달라는 말을 듣는 데 질렸다고 질책하는 사람도 있었다. 그러나 분명한 것은 사람들의 입에 강정렬의 말이 오르내리면서 보트피플 문제를 외면하지 못하게 되었다는 사실이었다. 문제는 공론화할 때 해결 가능성이 많아진다는 것을 그는 다시 한 번 확인했다.

강정렬은 보트피플의 삶이 어떠한지 너무나 잘 알고 있었다. 그 또한 1·4후퇴 때 차갑게 얼어붙은 바다를 지치고 남한으로 내려온 사람이기 때문이다. 미군 수송선은 한 사람이라도 더 태우기 위해서 갖고 있던 무기마저 바다에 버렸다. 칼바람 치는 바다에서 누군가 그에게 손을 내밀어주었기에 그도 살 수 있었다.

5월 21일부터 27일까지 열린 회의를 마치고 돌아오는 길에 강정렬은 인도네시아와 태국, 홍콩, 일본에 들러서 각각 3일간 신협 세미나를 도와주고 돌아왔다. 인도네시아에 오니 캄보디아며 베트남 피난민에 관한 기사로 떠들썩했다. 숫제 섬 하나에 통째로 6만여 명을 수용할 수 있는 시설을 마련하기 위해 유엔과 교섭 중이라고 했다.

그러나 태국에 오니 상황은 더욱 나빠져 있었다. 캄보디아에서 살길을 찾아서 넘어온 난민을 태국 정부가 다시 캄보디아로 송환한다는 말이 들렸다. 이 피난민들은 정부군에게 이탈자로 낙인찍혀 죽임을 당하거나 갇힐 가능성이 높았다. 베트콩 정부의 조정을 받는 캄보디아 괴뢰정부가 그들을 용서하지 않을 게 뻔했다. 자신도 한때 북한에서 낙인찍힌 반동분자였으므로 그들이 겪을 공포를 짐작할 수 있었다.

캄보디아의 론놀Lón Nol 정권과 베트남의 티우Thieu 정권을 규탄하며 미군의 월남전을 비방하던 인도주의자들에 대해서 그는 비판적 시각을 갖고 있었다.

'이런 일이 올 줄 몰랐던가? 입바른 말들만 하더니 피난민들이 설 땅은 어떻게 찾아줄 것인가?'

그러나 그 문제에 대해서 그들은 침묵하고 있었다. 강정렬은 그럴수록 고난에 빠진 사람을 진실로 살게 하는 힘은 목소리 큰 사람의 비판이나 강대국의 입김이 아니라 '연대' 혹은 '사랑'이라는 걸 확신했다. 강정렬은 진정한 문제 해결 방식은 민주주의라고 보았다. 한마디로 그는 민주주의 신봉자였다고 해도 과언이 아니다. 정치인들은 보통 관에서 시작해서 체제가 갖춰지면 민간으로 넘긴다는 생각이 많은데, 그것은 "자라나는 민주주의 체제를 폭압으로 탈취한 자칭 구국 인사들이 항상 사용하는 구실"이라고 강하게 비판했다.

강정렬은 이론의 허구성, 권력 쟁취를 위해서 수단과 방법을 가리지 않는 권력욕의 민낯을 거부했다. 부부유별처럼 관과 민은 유별해야 하며, 이것이 사회에서 하나의 원칙으로 자리 잡아야 한다고 생각했다. 그 밖에도 현실 정치에 대해 할 말은 많았지만 강정렬은 정치에 관심을 두지 않고 오직 신협운동에만 매진했다. 신협운동이 혼돈의 아시아를 살리는 가장 강력한 힘이라고 생각해서였다.

18장

진정한 신협의 정신

관계의 고속도로망

|

신협이 특정한 프로젝트를 완수하기 위해 추진위원회를 만들어 힘을 모으는 모습은 낯설지 않다. 신협법을 만들 때와 회관 건립을 할 때가 대표적으로, 가브리엘라 수녀의 조직관리 능력이 드러난 지점이기도 하다. 복잡한 일일수록 역할 구분을 함으로써 개개인에게 책임감 있게 일을 추진해가도록 했으며, 최종 관리자 입장에서는 각 분과위원회에서 어느 정도 일이 진행되는지만 알면 전체 진행 상황을 체크할 수 있었다. 주먹구구식 운영을 지양함으로써 관리를 편하게 했고, 책임 소재도 분명히 했다. 이러한 조직력은 1960년대와 1970년대에 웬만한 정부 부처보다 더 효율적으로 일하고 있다는 인상을 주기에 충분했다.

강정렬은 이럴 때 늘 후방을 지원하며 국제 담당을 맡았다. 국제 담당이 하는 일은 ACCU, WOCCU, CUNA 등 각 나라의 연합회, 경우에 따라서는 각 나라의 구제단체 등과 협의해서 사업을 진행하는 것이었다. 자문을 구하기도 하고, 협조를 요청하기도 하고, 함께 추진하기도 하고, 후원금을 요청하기도 하고, 보고를 하기도 하는 등 업무의 폭이 넓었다. 진행하는 과정에서 새로운 일이 끊임없이 생겨나기도 하고, 적재적소에서 알맞은 판단을 내리는 결단력도 요구됐다. 오랜 경험이 없으면 불가능한 일로, 그가 아니면 하기 힘든 일이었다.

뒤집어보면, 강정렬이 ACCU와 WOCCU 일을 할 때 그만큼 한국신협 입장에서는 일을 하기가 수월했다는 뜻이 된다. 말이 잘 통하는 사람, 누구보다 일의 내용을 잘 아는 사람과 협력했기 때문이다.

한국신협 역사상 가장 중요한 프로젝트이면서, 가장 역학관계가 복잡하며, WOCCU와 가장 긴밀한 협력이 필요했던 일을 들라면 단연 신협법 제정이었다.

1972년 8월 1일 밤 11시 3분. 제7대 임시국회 회기 마지막 날 본회의에서 신용협동조합법안 의결이 선포되어 10년 가까이 끌어오던 신협법이 드디어 제정됐다. 전문 97조, 부칙 2조로 된 법은 그동안의 파란과는 달리 만장일치로 통과되었다. 강정렬뿐 아니라 이상호 등 입법을 위해 노력해온 지도자들은 벅찬 감동에 잠을 이루지 못했다. 신협법 입법 추진에서 제정 공포까지 무려 10년이 걸린 대장정이었다. 그동안 이상호는 보이는 손으로, 강정렬은 보이지 않는 손으로 활약했다.

그 시작은 '법을 가져야 한다'는 가브리엘라 수녀의 신념이었다. 신협법은 말 그대로 신협의 헌법으로서, 신협의 본질을 함축하고 있을 뿐 아니라, 운영 방향에서 변하지 않는 기준이 되어주는 것이다. 정부의 간섭 같은 외부 영향력을 최소화하고, 독립적 운영을 보장받기 위해서는 반드시 법이 있어야 했다.

법의 성격, 목적, 의도는 너무나 분명했다. 가브리엘라 수녀는 신협법 추진에 누구보다 적극적이었다. 기회가 닿는 한 정치권과 은행권 등에 영향력 있는 사람들에게 신협법 입법이 왜 필요한지

신용협동조합법안 통과. 1972년 8월 10일자 〈신협회보〉 기사.

역설했을 뿐 아니라, 입법 추진을 위한 조직을 만들기 위해 노력했다. 그리고 이 노력은 1964년 9월 23일, 신협법 입법 추진을 위해 세 번째로 열린 이사회가 입법추진위원회를 구성하는 것으로 가시화되었다.

추진위원회는 정부에 입법을 건의하며 주무부처였던 재무부 담당관에게 이를 설명했다. 그러나 군사정부는 이 건의를 쉽게 받아들이지 않았다. 어떤 이유에선지 4년 동안 검토만 했다. 그러는 사이 가브리엘라 수녀는 병 치료를 위해 미국으로 떠났다.

당시 신협과 정부는 신협법을 두고 동상이몽을 하고 있었다. 입법에 반대하는 입장도 신협 내부에 존재했다. 정부가 법으로 신협을 쥐고 흔들 것이 뻔한데 굳이 지금 호랑이 굴로 걸어 들어가야 하는지 묻는 쪽과, 정부가 지금 입법에 브레이크를 걸고 있으니 조금 더 지켜보자고 하는 쪽 등 생각과 판단이 여러 갈래로 나뉘었다. 그러나 모두들 단 한 순간도 포기하지 않고 신협법 입법을 위해 끈질기게 노력했다. 그러던 차에 신협연합회장으로 이상호가 선임되자, 1968년 4차 총회에서 145명의 대의원 중 참석자 99명의 이름으로 6개 항목의 건의문을 채택하는 등 본격적인 신협법 입법활동을 추진했다. 법의 내용을 작성하기 위해서 WOCCU의 도움을 받기도 했다. 신용협동조합법에 의한 제도화, 대내외적인 공신력 강화, 조합원 자산의 안전 관리, 신용조합의 저변 확대, 정부와 국민 간의 상호 신뢰 및 협력적 활동 편의 보장, 국제기구와의 제휴, 국제협력활동 편의 보장 등이 내용에 포함되었다.

이상호는 이 건의문을 행정부, 국회, 정당, 국제개발처, 미국

AID 같은 여러 관계기관에 보내 설득했다. 그러나 입법 반대의 벽은 완강했다. 그리하여 말로 설명할 수 없을 정도의 우여곡절을 겪은 끝에야 국회 본회의를 통과하게 된 것이다.

강정렬은 신협법 제정을 위한 WOCCU와 ACCU의 역할에 관해서 그룹토론을 하는 등 다양한 지원을 했고, 각각의 상황에 맞는 지원책을 마련해놓았다. 한국신협법이라고 하지만, 그것은 세계 신협의 울타리 안에 있었기 때문이다. 어떤 일을 하든 보이지 않는 접점이 허공에서 거미줄을 짜듯 보이지 않게 관계의 그물을 짜갔다. 각각의 거미줄은 한 지점과 한 지점을 가장 빠르게 연결하며, 장애물을 제거하고, 소통하는 역할을 했다. 강정렬은 ACCU에서나 WOCCU에서나 그 접점 역할을 하는 데 충실했다.

여유의 상징

성가신협 초기 이사장을 비롯한 임원들은 책임감 때문에 대출을 하지 않았다. 대출을 하고 싶어 하는 사람이 많은 데다, 일정한 저축률 대비 대출비율을 유지하기 위해서 일부러 하지 않은 것이다. 또한 임원들이 저축에 솔선수범해야 한다는 책임감도 있었다. 무엇보다 배밭을 지나면서 갓끈 고쳐 매지 않으려는 마음도 작용했다. 혹시나 있을지 모를 특혜 시비를 일찌감치 차단한 것이다. 그러나 신협운동이 시작된 지 20년이 지나면서부터는 그럴 필요가 없어졌다. 살인적인 고리채가 사회에서 사라지는 바람에 임원들에게 특별히 도덕성을 요구할 이유가 자연스레 사라졌다.

강정렬도 컬러텔레비전을 사기 위해 신협에서 30만 원을 빌리기로 했다. 상환 기간은 24개월로 했다. 우리나라에서 1980년 12월 1일 시범적으로 하루에 3시간씩 컬러 방송을 하기 시작하면서부터 갑자기 눈앞에 풍요로운 세상이 펼쳐졌다. 실제로 컬러텔레비전은 1974년부터 생산되어 1970년대 후반에 접어들자 수출 효자 상품이 되었지만, 그간 박정희 대통령은 어떤 이유에선지 컬러텔레비전 방송은 못 하게 막았다. 컬러텔레비전을 수출하는 나라에 정작 컬러텔레비전 방송이 없는 아이러니! "흑백텔레비전도 없는 사람이 많은데 컬러텔레비전이 나오면 없는 사람은 더 비참해진다" "소비를 조장하고 국민 계층 간 위화감을 조성한다"는 대통령의 말에 아무도 이의를 제기하지 못했다. 박정희 대통령에게는 서구와 일본에서 밀려들 퇴폐문화를 막으려는 선량한 의도가 있었다는 쪽과 총천연색으로 외국 문물이 소개될 경우 정권에 불만을 갖게 될 확률이 더 높아지기 때문이라고 비판적으로 바라보는 쪽도 있었다.

어찌 되었건 국내에서는 팔지 않는 컬러텔레비전 수출을 두고 미국과 무역 분쟁이 일어났다. 미국이 연간 수입 물량을 줄이자 수출길이 막히기 시작했다. 1980년 4월 이한빈 경제부총리는 삼성전자 공장에 수출하지 못한 컬러텔레비전이 산더미같이 쌓여 있는 걸 보고서 컬러텔레비전 방송을 허락하는 쪽으로 정책 전환을 시도했다. 그러나 박정희 대통령의 컬러텔레비전 불가론을 이어받은 최규하 대통령이 이를 백지화해버렸다.

우여곡절 끝에 컬러텔레비전 방송이 나오자, 이 프로그램은 컬러로 봐야 한다는 강력한 주장이 집집에서 터져 나오기 시작했다. 강정렬도 자녀들 등쌀에 못 이겨 몇 달 생활비를 아껴 컬러텔레비전을 사려고 했지만 둘째 딸이 덜컥 병에 걸려 병원에 한 달간 입원하는 바람에 그 꿈은 날아가버렸다. 그러자 자녀들이 그동안 모은 10만 원을 텔레비전 사는 데 보태라고 내놓았다. 어쩔 수 없이 모자란 돈은 대출을 받아야 했다. 컬러텔레비전 때문에 대출을 받는다니! 그동안 살아온 강정렬 자신의 모습과는 사뭇 달랐다. 없으면 없는 대로 빚 안 지고 산다는 게 그의 철학이었건만 어느덧 그도 이제 한 발 물러나 삶을 즐길 정도가 된 것이다.

이쪽도 저쪽도 아닌 중립지대

신협의 주인은 분명 조합원이다. 신협은 자치운동이며, 이것이 신협운동의 본질이었다. 가브리엘라 수녀는 이 원칙을 엄격하게 지키려고 노력했다. 뒤이어 그 바통이 신협의 초기 지도자들이라고 할 수 있는 강정렬과 이상호, 박희섭 등에게 넘어갔다.

소박하게 시작한 신협은 점점 조직이 커졌다. 아시아 1위 자리에 오르고 나서부터는 가끔 거드름을 피우는 임원들도 생겨났다. 자리를 권력이라고 생각한 것이다. 안타깝지만 이런 일은 성직자에게도 일어났다.

"이사장이란 자가 하도 마음에 안 들어 바꿨더니 글쎄 이번에는

1995년 자카르타 포럼에서.

한술 더 뜨잖아."

평소 잘 알고 지내던 신부님이 이런 넋두리를 하자 강정렬이 물었다.

"신부님과 신협은 어떤 관계에 있나요?"

"나? 나는 지도신부를 맡고 있어요."

강정렬은 1967년 코디국제연구소에서 들은 강의 내용을 신부님께 전하기로 했다. 신부님께 감히 충고할 수는 없었고, 그렇다고 성격상 그냥 넘어갈 수도 없어서였다. 에둘러 말하면서 신부님이 자신이 직접적으로 꼬집지 않은 깊숙한 부분까지 이해하기만을 바랐다.

이야기는 다음과 같다.

제3부 ──── 강정렬 박사

한 마을 성당에 신협이 조직되었는데, 성당 신부님이 밤낮을 가리지 않고 신협 일에 열중했다. '역시 신부가 있어야 사람들이 믿는다'는 생각을 하며, 무럭무럭 자라나는 신협을 보며 흐뭇해했다. 그러던 어느 날, 주교로부터 다른 마을로 전근 가라는 명령이 전달되었다. 신부님은 사정을 말하며 이곳에 그대로 있게 해달라고 호소했다. 그러는 와중에 신협의 회계, 대출 심사까지 혼자 하고 있던 신부님은 과로로 그만 입원하고 말았다. 당연하게도 신협의 상황은 나빠졌다. 저축이 줄어들고 반대로 대출과 연체는 늘어갔다. 임원들은 신부님이 없자 속수무책으로 발만 동동 구르다, 결국 신협 사무실 문을 닫고 말았다. 소식을 전달하는 임원들의 침통한 표정과 달리 신부님의 얼굴은 해맑았다.

그런데 이웃 마을에서 일어난 일은 이와 반대였다. 이곳 신부님은 총회나 임원회의에는 꼬박꼬박 참석했지만 청하지 않는 한 발언을 삼갔다. 지도신부라는 이름으로 불리는 것도 사양했으며, 간간이 임원회가 끝나면 막걸리나 맥주를 살 뿐이었다. 신협의 수입이 어느 정도 생기자 성당 건물 사용료를 조합에서 받았고, 조합원의 의사에 따라 그 지역 비신자도 조합원으로 받아들였다. 처음부터 끝까지 모든 판단을 조합에 맡긴 것이다. 그러다 전근 명령을 받았을 때, 신부님은 이렇게 선언했다. "나는 아무것도 한 것이 없습니다. 다른 곳에 가더라도 또 신협운동을 할 것입니다."

여기까지 이어진 강정렬의 이야기를 말없이 들은 신부님은 "좀 알 것 같다"는 말을 남기고 떠났다. 그리고 들려온 후일담은 이야기에 나온 두 번째 신부와 닮아 있었다.

물론 강정렬은 그보다 조금 더 고약한 경우도 경험했다.

한번은 신협 전무로 일하는 친구가 찾아와 이번에 선거가 있는데 협조해달라고 부탁한 적이 있었다. 자기가 밀고 있는 입후보자와 대결하는 후보는 승산이 없으니 자진 사퇴를 권해달라는 것이었다. 만약에 자기 쪽 후보가 낙선한다면 영원히 신협을 떠나게 될 것이니, 그 책임이 원로 지도자 격인 반대 후보에게도 있음을 알려달라고 했다.

강정렬은 "선거 결과에 대한 책임은 투표한 사람들이 지는 것이 상식"이라는 말만 한 채 더 이상 대꾸하지 않았다. 그로부터 얼마 뒤 전무가 다시 찾아와서 풀죽은 표정으로 그를 나무랐다. 알고 보니 자신이 밀던 후보가 자진 사퇴한 것이었다.

"신협운동은 사람들이 자유롭게 하는 운동이다. 자유롭게 생각하고 자유롭게 판단해서 행동하고 이에 대한 책임도 지는 것"이라는 원칙에서 강정렬은 한 발짝도 물러나지 않았다.

'우리 사회에는 싸움에서는 이기고 인간적으로는 실패하는 예가 너무 많다. 나는 인간들의 얕은 간계를 넘어 훨씬 깊숙한 곳에 조용히 흐르고 있는 불변의 공동선, 사회 정의의 심연을 믿는다.'

강정렬은 오직 마음속으로 이렇게 생각할 뿐이었다.

그는 지도자의 임무란 대중으로 하여금 그들의 생각과 행동이 공동선의 심연에 연결되도록 도와주는 것이라고 믿었다. 엄격하게 중립을 지키는 게 자신에게 주어진 임무이며, 그 임무를 다할 때 민주적인 신협 전통과 정신이 지켜진다고 생각한 것이다.

진정한 진보를 위하여

|

1981년 라몬 막사이사이 센터에서 강정렬에게 연락이 왔다. 강정렬이 막사이사이상 수상자로 선정되었다는 소식이었다. "협력을 통해 경제적, 인간적으로 신용협동조합을 발전시킨 것" "신용협동조합의 실제적인 민주적인 행보로 인류애를 실천한 것"이 선정 이유였다. 실제로 강정렬로 인해 소소한 예금과 공유자본이 모든 면에서 진보했으며, 자본과 노력을 모으는 일을 함으로써 한 걸음 나아간 사회가 만들어졌다.

노벨평화상을 받은 무함마드 유누스Muhammad Yunus(1940~)*가 방글라데시에서 영세민에게 소액 대출을 제공하기 위한 일환으로 만든 그라민은행Grameen Bank의 시조는 어떻게 보면 신협이었다. 신협은 아무도 돈을 빌려주지 않는 가난한 사람들에게 신용을 만들게 하고, 그 신용을 담보로 돈을 빌려주었다.

자본과 노력을 모으는 비밀은 무엇일까? 그것은 이러한 절망적인 상태에서 벗어나려는 자발성이다. 그렇다면 자발성은 어떻게

---

* 방글라데시의 은행가·경제학자·사회운동가. 빈민들에게 무담보 소액대출 운동을 하며 그라민은행을 설립, 빈곤 퇴치에 앞장선 공로로 2006년 노벨평화상을 수상.

키울 수 있을까? 마음 깊은 곳에서 우러난 열망으로 티끌 모아 태산을 이루려는 실천에서 나온다. 이 자본을 누가 관리하고 또 누가 사용할까? 조합원이 관리하고 조합원이 사용한다. 규제가 많은 고액 대출보다 소액 대출에는 훨씬 쉽게 접근할 수 있다. 그러므로 소소한 예금이라고 해서 만만하게 보면 안 되는 것이다.

누구나 쉽게 이해할 수 있는 이런 간단한 질문과 대답만 봐도 초기 신협의 정신을 바로 알 수 있다. 라몬 막사이사이 센터에서는 강정렬에게 상을 주기 전에 나이 지긋한 2명의 여성을 보내 그를 인터뷰했다. 강정렬은 그들이 누구인지 몰랐고, 그저 묻는 대로 대답을 했다.

재미있는 사실은 이렇게 티끌 모아 태산을 이루도록 하는 조직이 우리나라뿐 아니라 동양의 여러 나라에 예부터 있었다는 점이다. 우리나라의 계처럼 다른 나라에도 우리와 비슷한 형태가 있었다. 오랜 전통을 가진 서로 돕는 조직이 조직적, 근대적으로 만들어진 것이 신용협동조합인 셈이다.

강정렬은 신협운동을 해오면서 민간 사회운동의 성패가 관과 올바른 관계를 세우는 데 달려 있음을 깊이 통감하곤 했다. 하지만 그보다 더 중요한 것은 민간의 자발적 사회운동이라고 믿었다. 국민의 의식 개혁은 시대를 초월해 일어나야 하며, 이미 신협을 통해서 일어나지 않았는가! 강정렬은 그 사실이 우리나라에서 이미 검증되었다고 믿었다. 헌신적인 한국의 지도자들 덕분에 1981년에 이를 무렵에는 국내에만 1,500개 조합이 결성되어 있었다.

WOCCU 아시아 주재원이던 강정렬은 신협운동 확대를 위해

막사이사이상 수상을 알리는 1981년 8월 16일자(위)와 8월 23일자 〈가톨릭신문〉 기사.
사진 제공: 〈가톨릭신문〉.

지도자 교육에 주력할 것을 강조했다. 헌신적인 지도자들이 신용협동조합을 널리 퍼뜨리면, 그와 동시에 풀뿌리 민주주의와 풀뿌리 경제로 사회 변화가 일어나고, 그러면 가난한 서민의 삶도 나아질 수 있기 때문이었다. '신용협동조합운동은 인간개발운동'이라는 것이 그의 지론이었다.

보다 많은 티끌을 모아 더 큰 산을 쌓아 올리기 위해서 강정렬이 다음으로 계획한 건 무엇이었을까? 막사이사이상을 받고 난 다음 인터뷰에서 그는 한결같이 이야기했다.

"앞으로 각국 신협 지도자들과의 교량 역할뿐 아니라 우리나라를 비롯한 태국, 대만, 필리핀에 있는 4개의 신협연수원을 최대한 활용해 신협 지도자 교육에 더욱 주력할 것입니다."

자신이 바라는 진정한 아시아의 진보를 위한 발걸음을 떼겠다고 선언한 것이다.

막사이사이상은 필리핀 대통령 라몬 막사이사이를 기념해 아시아 발전에 기여한 사람에게 주는 상이다. 미국 록펠러 재단에서 50만 달러를 기금으로 마련해 1957년 4월부터 제정된 국제적인 상으로, 그간 달라이라마와 테레사 수녀 등이 수상했고, 우리나라에서는 이태영과 장기려(1911~1995)*에 이어 강정렬이 뒤를 이은 것이다. 정부 봉사, 공공 봉사, 국제협력 증진, 지역사회 지도, 언론문화 6개 부문에서 상을 주는데, 단 한 명만 상을 받을 때도 있을 정

---

* 대한민국의 외과의사. 부산복음병원 원장. 부산청십자병원 명예원장. '한국의 슈바이처'로 불리며, 1995년 85세를 일기로 타계할 때까지 한평생 봉사하는 의사상을 실천한 의료인. 청십자의료보험협동조합 발기인.

막사이사이상 수상 결정서 전문. 1981년 9월 1일 〈신협회보〉 기사.

도로 자격에 걸맞은 사람이 없으면 아예 주지 않기도 했다. 재미
있는 사실은 1966년 농촌운동가로 가나안농군학교를 일군 김용기
(1909~1988)[**] 장로, 1979년 부산청십자병원의 장기려 박사 등 역
대 막사이사이상 수상자들도 신협인이었으며, 이후 수상한 제정구
(1944~1999)[***], 김임순(1925~)[****]도 마찬가지였다는 점이다. 신
협운동은 다른 사회운동과 함께 발을 맞춰가면서 사회 진보에 앞장

[**] 대한민국의 개신교 농촌운동가. 호는 '일가一家'. 1962년 가나안 농군학교를 설립, 많은 농촌 일꾼
을 길러내는 요람으로 만듦.

[***] 대한민국의 정치가이자 빈민·사회운동가. 경남 고성군 출생으로 판자촌에서 빈민운동과 노동운동
을 했으며 주로 빈민 권익 운동에 종사. 복음신협 초대 이사장 역임.

[****] 사회복지법인 거제도 애광원 설립자. 애광원은 1952년 6·25전쟁 당시 전쟁고아들을 돌보는 움막에
서 출발. 장애인 생활시설 '애광원', 중증장애인 시설 '민들레집', 특수학교 '거제애광학교', 보호작
업장 '애빈', 그룹홈 '성빈마을', 옥수어린이집 등을 운영. 거제 양친회신협 이사(1977~1992) 역임.

선 셈이다.

강정렬이 수상 소감에서 "숨어서 일한 동료와 한국의 신협운동에 주어진 것"이라고 밝힌 바와 같이, 막사이사이상 수상은 한국신협의 성장과 그에 따른 활발한 국제협력활동의 합작품이었다. 1972년부터 1981년까지는 한국신협사를 통해 국제 활동이 가장 활발한 때였다. 그 마중물이 강정렬의 막사이사이상 수상이었음은 두말할 필요도 없다.

물론 가장 중요한 동력은 강정렬이라는 한 개인의 헌신이었다. 해외에 갈 기회가 없었던 1970년대인지라 많은 신협 사람들이 해외 출장이 잦은 강정렬을 부러워했다. 그러나 이상호 신협중앙회 회장은 그를 부러워하는 사람들에게 "강정렬은 충분히 고생하고 있다"라고 단호하게 말했다. 자신이 지하 갱도에서 신협 교육을 하거나 새벽부터 세 번의 교육을 내리 강행한 것처럼, 강정렬도 정글이든 오지든 가리지 않고 다니면서 강행군한다는 사실을 잘 알고 있어서였다. 강정렬이 다닌 나라들은 대만이나 홍콩처럼 발전된 곳도 있었지만, 대부분은 인도와 스리랑카, 파푸아뉴기니, 필리핀 등 빈곤한 나라였다. 아시아의 절대빈곤 현장에는 늘 그가 있었다. 그는 그곳에다 한국신협의 성공 신화를 옮겨 붙이고 있었다.

강정렬은 평안남도의 작은 마을 출신이지만 어릴 적 소망대로 세계인으로 성장했다. 한 장소에서 가톨릭, 개신교, 이슬람교 신자들이 시간을 따로 해서 기도했으면 좋겠다고 생각할 정도로 자유로운 사상을 가지고 있었다. 그는 정치적, 종교적 편협함에서 탈피했으며, 무엇보다 가난한 민중에 대한 사랑을 가지고 있었다. 인도

제3부 ——— 강정렬 박사

1981년 막사이사이상을 받는 강정렬.

의 델리Delhi 공항에 내렸을 때 약삭빠른 택시기사의 꾐에 빠져 애초에 가려던 목적지 반대쪽에서 몇 배나 비싼 택시요금과 숙박료를 지불했지만 그들을 원망하지 않았다. 오히려 인도 사람들이 자신들을 책망하지 않는 강정렬의 모습을 보고 미안해했을 정도였다. 영어는 물론 일본어와 간단한 중국어를 익힌 그의 언어적 열정도 일을 하는 데 한몫했다. 그에게는 가치평가를 하지 않은 채 열린 마음으로 현지인을 받아들이고, 그들의 당면 문제를 논리성, 창의성을 발휘해 해결해나가는 능력이 있었다.

열악한 상황에서 어려운 문제를 쉽게 해결해내면 일 자체가 쉬워 보인다. 그러나 그것은 결코 일이 쉬워서가 아니라 강정렬에게 타고난 재능이 있었기 때문이다. 그는 유머러스하고 편안한 모습으로 어려운 문제일수록 쉽게 설명하는 데 탁월했다. 브뤼셀Brussels 최고의 카페를 두고 사람들이 스타벅스를 찾는 이유는 불확실성을 피하고 싶어서다. 강정렬이 제시하면 불확실한 것도 확신으로 바뀌었다. 막사이사이상의 마무리도 훈훈했다. 그는 받은 상금의 절반을 필리핀 사람들을 위해 기부함으로써 자신의 헌신에 느낌표를 찍었다. 나머지 절반은 신협의 확산에 가장 중요한 부분인 조합원 교육을 위해서 기부했다.

도전받을 용기

|

신은 다시 한 번 강정렬을 넓은 무대로 보낸다. 강정렬은 이 도전도 두려워하지 않았다. 그는 1983년 WOCCU로 자리를 옮기면서 본부가 있는 미국의 매디슨시로 이사를 하게 되었다. 매디슨시는 위스콘신Wisconsin주의 주도이며, 인구 중 대학생의 비율이 많은 교육 도시다. 오대호五大湖, Great Lakes[*] 연안이라 날씨는 쾌청하고 풍경도 그림같이 아름답다. 강정렬은 직장을 옮긴 것이 아닌데도 소속이 바뀌었으며, 이사와 동시에 이민을 하게 되었다. 1970년부터 미국으로 떠난 많은 한국인이 그곳에서 어려움을 겪고 있었다. 강정렬은 미국으로 가면서 그들을 위해서 신협운동을 할 수도 있겠

---

* 미국과 캐나다의 국경 지역에 서로 잇닿아 있는 슈피리어호, 미시간호, 휴런호, 이리호, 온타리오호 등 5개의 호수.

다고 생각했다. 미국 시민이 되면 두고 온 고향인 북한에 갈 수도 있었다. 당시 미국 이민을 택한 사람들 중에는 이렇게 해서라도 북녘에 가서 일가친척을 만나고 싶다는 사람들이 있었다. 원래 강정렬은 아주 사소한 일까지 기록으로 남겼지만 미국행에 대해서는 아무런 언급이 없었다. 어쩌면 미국행이 너무나 자연스러웠기 때문인지도 모른다. 이유야 어찌 되었든 신협의 정년이 65세였으므로, 그는 정년을 몇 년 앞두고 마지막으로 헌신할 기회라고 생각하고 미국행을 택했다.

강정렬의 미국행 불씨는 1980년대 초에 WOCCU의 사무총장 베일리가 현직에서 물러난 뒤 캐나다의 알 샤보뉴가 사무총장으로 취임하고 WOCCU의 정책이 바뀌면서부터 지펴졌다. WOCCU에

1983년 강정렬은 ACCU를 떠나 WOCCU로 자리를 옮겼다.

서는 ACCU가 있으니 더 이상 아시아 지역에 직원을 파견하지 않기로 했다. 만약 강정렬 사무총장이 원한다면 미국 본부에서 근무하도록 하겠다는 단서도 달았다. 당시 ACCU 회장을 맡고 있던 이상호는 난감하지 않을 수 없었다. 협상 끝에 ACCU가 조직을 강화해 급여를 준비할 수 있는 몇 년간은 강정렬의 급여를 WOCCU에서 지급하겠다는 결정을 받아냈다.

한편 강정렬의 입장에선 아시아 지역을 관할하는 데 힘을 보탤 것이냐, 아니면 WOCCU로 가느냐의 갈림길에 서게 된 셈이었다. 이상호를 비롯한 한국신협 관계자들은 강정렬에게 계속 한국에 남아줄 것을 요청했지만 그는 미국행을 선택했다.

신협 임원들은 무보수로 일하는 것을 원칙으로 지켜왔다. 보수를 받는 사람은 강정렬뿐이었다. 임원이 아니라 직원인 데다, 아시아 전역을 직접 발로 뛰며 일을 추진해야 하는 특수성이 인정되었기 때문이다. 그가 직원이 된 데는 이상호의 도움이 컸다. WOCCU 측에서 한국신협연합회 회장이던 이상호에게 아시아 주재원을 한 명 추천해달라고 편지를 보냈을 때, 이상호는 강정렬을 추천했다. 강정렬은 당시 아시아의 다른 경쟁자들을 물리치고 WOCCU의 아시아 지역 주재원이 되었다. 그가 신협 일을 하면서 월급을 받게 된 것도 ACCU 주재원이 된 1969년도부터다. 1960년부터 10년간은 그도 신협을 위해서 무보수로 봉사했다.

1983년, 강정렬은 인생의 후반기인 환갑의 나이에 미국으로 건너가는 용기를 발휘했다. 하느님은 아우구스티노의 꿈 중에서 아직 덜 이루어주신 것이 있는 모양이었다. 50년도 더 전에 평안남

제3부 ─── 강정렬 박사

도의 한 시골 마을에서 방에 누운 채 가쁜 숨을 쉬던 소년은 낮은 천장을 보면서 비행기를 타고 날아다니며 일하는 꿈을 꾸었다. 그는 다음에 세계를 위해 꼭 쓰임 받는 사람이 되겠다고 소망했다. 한쪽 폐가 이미 석회화되어 숨을 쉬기 불편했지만 그의 꿈은 원대했다. 그리고 일생 동안 희망을 잃어버리지 않았기에 한쪽 폐만으로도 기온이 40도에 가까운 남아시아를 누비는 불굴의 의지를 가진 사람이 되어 있었다. 전쟁의 물결에 폐허로 내몰린 사람들에게 의지를 전해주었으며, 가진 것 없는 사람들에게 우물이나 염소 두 마리 같은 실낱같은 삶의 희망을 전해주었다.

미국행을 준비하면서 강정렬은 은퇴 후의 설계를 미루었다. 다시 한 번 도전의 시간에 최선을 다하고 싶었기 때문이다. 그리고 마침내 그동안 갈고닦은 자신의 경험을 나눌 수 있는 최고의 기관에 입성했다.

WOCCU는 전 세계 118개 나라 8만 5,400개 조합 2억 7,400만 이상의 조합원(2018년 기준)이 함께하고 있는 글로벌 금융협동조합 조직의 정점이다. WOCCU는 자신의 조직을 이용해 AID, 유엔, 세계은행 같은 글로벌 파트너와 함께 금융정책, 지원을 제공하는 세계 금융시장을 지원한다. 모든 사람이 신뢰할 수 있으며 지속 가능한 금융 서비스를 이용할 수 있어야 한다는 신념을 가진 이 단체는 유엔보다 강력하게 전 세계를 잇고 있었다.

강정렬은 바로 이곳 미국 본부에서 근무를 이어갔다. 이전에 하던 것과 일의 본질은 같지만, 절차상으로는 큰 변화가 있었다. 그는 아시아를 위해서 많은 일을 기획했다. 마음 같아서는 직접 현장으로 달려가고 싶었다. 그의 후임으로 온 ACCU 솜치 사무총장은 가끔씩 강정렬이 월권을 한다고 항의하곤 했다. 그렇게 상대의 일에 참견한다는 느낌이 들 정도로 강정렬은 꼼꼼하고 섬세하게 일에 몰두했다. 그도 그럴 것이 아시아의 사정을 그만큼 잘 아는 사람은 드물었다. 환갑을 넘겼어도 그의 열정에는 변함이 없었다. 그는 농담처럼 말하곤 했다. "늘 바쁘게 할 일하다 보니 늙는 줄도 몰랐다"라고.

낡은 가방 안에 든 좋은 생각들

WOCCU에서 강정렬이 하는 일 중 하나는 각종 공공사업을 기획하고 그 사업을 후원하게끔 여러 재단을 찾아다니며 설득해서 재원을 마련하는 것이었다. 여기에는 ACCU에 있으면서 사무총장으로 아시아 전역을 누빈 경험이 도움이 되었다. 그는 한국에서 했던 것처럼 신용협동조합 정신이 멀리 퍼져나갈 수 있도록 했다. 다만 일본, 대만, 홍콩, 베트남, 태국, 말레이시아, 파키스탄, 방글라데시, 인도네시아, 인도, 네팔, 필리핀, 파푸아뉴기니, 스리랑카, 싱가포르 어디를 가든 사무실이 아닌 현지인 속에 있었다. 민박을 하느라 사기를 당하거나 택시기사에게 바가지를 쓰는 경우도 있었지만, 그렇더라도 이 '불편한' 원칙은 끝까지 고수했다. 현지 지도자들과 함께 짧게는 며칠, 길게는 몇 주씩 머물며 신협 조직을 어떻게 만들고 어떻게 관리하는지, 어떤 일을 먼저 할지, 어디서 재원

제3부 —— 강정렬 박사

을 얻어올지 등을 의논하고 해결해나갔다.

강정렬은 자신의 경험 하나하나를 소중하게 여기며 그러모았다. 그와 같은 활동가에게 경험만 한 자산이 어디 있겠는가. 그는 자신의 경험을 주변 사람들에게 들려주기를 좋아했다.

"파푸아뉴기니에 가니까 완전히 원시 공산사회야. 사람들이 아침에 일어나면 가장 먼저 하는 게 다른 집에 뭐가 없는지 둘러보는 거야. 오전에 낚시를 하거나 정글에서 바나나라도 따면 없는 집에다 가져다놓아. 그런 일을 모든 마을 사람들이 해. 그러다 보니 마을 사람들이 모두 똑같은 걸 갖고 있게 돼. 이런 곳에는 신협이 필요가 없어."

"그래도 뭔가 필요한 게 있지 않겠어요. 신협은 한 번도 가져본 적 없으니까 가질 수도 있지 않겠어요?"

경험을 통해 얻은 정확한 동태는 창의적인 생각을 제공하고, 정확한 판단을 하고, 조합원을 고무시키고, 그 결과를 아시아 전역에 증명함으로써 좋은 생각과 행동을 퍼뜨려나가는 출발점이 되었다. 시간이 걸리는 일이었지만 강정렬은 결국 파푸아뉴기니에도 신협의 씨앗을 뿌렸다. 물론 그러려면 자기 집안사람이면 무엇이든 해도 눈감아준다는 악습의 벽을 넘어서야 했다.

생각이 다른 사람을 이해시키면서 그들과 우호적인 관계를 만들어가는 것은 즐거운 일이었다. 강정렬이 지닌 창의력의 원천은 농담을 좋아하고 사람들과 대화하기를 좋아하는 품성에 있었다. 그것은 또한 신협 지도자들과 조합원들에게 가르치는 중요 원칙 가운데 하나이기도 했다.

'모든 사람은 중요하다. 모든 사람은 스스로 운명을 개척할 힘을 가진다. 교육은 가장 중요하다. 자조와 자립과 협동정신은 사회 발전의 기본이다. 빈부격차를 줄이기 위해서 힘쓰고 정신적 물질적 행복을 모두 성취할 수 있도록 도와야 한다.' 그러기 위해서 항상 그들 곁에 있어야 한다는 것이다.

강정렬이 재정 지원 요청서로 꽉 찬 가방을 들고 지원을 해줄 만한 재단을 찾아가면, 대개는 기꺼이 지원하겠다는 답변을 듣곤 했다. 그의 유능함은 조리 있는 말솜씨에 있는 게 아니라 그들에게 필요한 것이 무엇이며, 어떤 도움이 필요한지 절실하게 전달하는 데 있었다. 그는 디테일에 강했고, 그것이 가리키는 방향이 무엇인지 추론해내는 능력도 좋았다.

그러던 강정렬에게 누군가 WOCCU는 재정의 어떤 부분을 부

1985년 6월 5일 ACCU DSA를 수상하는 강정렬.

제3부 ―― 강정렬 박사

담하는지 물은 적 있었다. 그때 강정렬은 다른 재단이나 정부로부터 재정 지원 문제에 관한 지원금을 받는 것 말고 조직 스스로 다른 조직을 돕는 방법을 고민하기 시작했다.

'WOCCU가 자신들의 사업 기금을 마련할 방법을 찾아봐야 하지 않을까?' '상부상조하는 조직체임을 알려주기 위해서라도, 혹은 자조하는 강인한 원칙을 성실히 이행하고 있다는 걸 알려주기 위해서라도 기금을 만들어야 하지 않을까?'

강정렬은 자신의 생각을 WOCCU 이사들이 참석한 자리에서 공론화할 계획을 세웠다. 그리고 그 계획은 1972년 3월 16일, 캐나다 핼리팩스에서 열린 캐나다협동조합연합회 정기총회에서 드러났다. 그는 그 순간 세상을 움직였다. 서류가 가득 담긴 낡은 가방을 든 그는 희망의 전도사였다.

10센트의 기적

|

강정렬은 사회운동가일까? 그 스스로는 오직 신협운동만 한다고 생각하지만, 사실 그는 아시아를 변혁하는 데 큰 역할을 했다.

평소 강정렬은 사회운동을 부르짖는 사람들, 가진 자와 가지지 못한 자의 갈등을 부추기는 사람들의 진의를 늘 의심하곤 했다. 그들에게는 그들 자신을 희생할 '진정성'이 없기 때문이었다. 오히려 이웃을 위해 자신을 헌신하는, 소박한 자신의 동료들이 세상을 바꾸는 사람들이라고 믿었다. 소박한 동료들은 국민을 위한다거나 나라를 위한다고 말하지 않았다. 인간이라면 본원적으로 가지고 있는 '연민'이나 '사랑' 같은 인간성에 기대어, 보다 나은 사회로 가는 길을 만들기 위해서 함께 노력했을 뿐이었다. 강정렬은 이러한 '진정성'이야말로 사회를 더 나은 방향으로 변화시킨다고 믿었으며, 한 사람의 힘 있는 지도자보다 힘없는 많은 대중이 그 변화를 이끈다고 생각했다. 대중의 자발성에 기댄 운동이야말로 진정으로 사회를 개혁할 수 있다고 본 것이다.

아시아 지역 주재 대표로서 그의 첫 발자국은 작은 나눔을 실천하는 운동으로 이어졌다. 1972년 3월 16일, 캐나다 핼리팩스에서 열린 캐나다신협연합회 정기총회에서 그는 모두가 함께 잘 사는 방안에 대해서 한 가지 작은 제안을 했다.

"……다수의 아시아 국가에서 신협은 국민의 경제뿐 아니라 생활 면에서 새로운 비전을 제시하고, 능동적인 참여의식을 고취하고 있음을 보아왔습니다. …… 신협은 분명히 자조, 자립 운동으로, 스스로 성장해야 하는 것입니다. 하지만 발전 초기에는 외부의 기술적 지원과 지도가 절실히 요구됩니다……."

20분 동안 청중을 집중시킨 감동적인 강연의 요지는 부유한 북미 신협 조합원들이 연배당금의 1퍼센트를 아시아의 가난한 나라에 신협운동이 자라날 수 있게 지원해주자는 것이었다. 티끌 모아 태산. 강연의 요지는 캐나다 일간지에 4단짜리 기사로 나올 만큼

제3부 ——— 강정렬 박사

전 세계 신협운동의 발전은 우리의 힘으로

이광은 지난 3월 16일 카나다 할리파스에서 개최되었던 신용협동조합세계협의회(WOCCU)이사들이 참석한 카나다신용협동조합연합회 정기총회에서 현지 세계협의회 아시아지역 주최회보로서 아시아지역 신협 연합회의주년 강정렬씨가 행한 연설문초안을 번역한 것이다.

강정렬씨의 연설이 끝난후 카나다의 메일스타(The Mail Star) 크로니클 해럴드 (The Chronicle Herald)에 4만언자와 대서특필 게재되는데 데릭친들에게 깊이 감명을 주었다.

북미의 3천만 조합원 년배당금 1% 회사로
개발도상국 운동전개에 적극참여 기대

총회에서 연설하는 강정렬 대표

큰 반향을 불러일으켰다.

캐나다신협연합회는 1973년도에 해외 신협운동을 위해 조합원 1인당 10센트씩을 WOCCU에 기증하기로 결의했다. 당시 조합원 수가 580만 명이니 기증액은 58만 달러에 달했다. 여기에 캐나다의 노바스코샤신협연합회도 같은 목적으로 10만 달러를 모으기로 약속했다.

아시아에서도 의미 있는 자각이 뒤따랐다. 이는 선한 사마리아인이 이웃의 곤경을 외면하지 않는 것 이상으로, 아시아 민중의 민주주의에 대한 자각을 요구하는 형태로 나타났다.

강정렬은 베트남의 대표적인 지식인이던 투안Nguyen Van Thuan (1928~2002)* 주교의 이야기를 통해 많은 공감을 끌어냈다. 투안 주교가 생각하는 아시아의 정세는 두 가지였다. 몇몇 예외는 있을 수 있겠지만 아시아 개발도상국은 소수의 지도자 손에 권력이 독점되는 구조이거나 반대로 방임형 자유주의였다. 전자는 독재국가 형태로 대중의 복지를 위하기보다 권력에 의해 부정부패가 자행된다. 후자의 경우에는 소수의 지식층과 부유층에 부가 편중되어 가난한 대중의 분노가 쌓이고, 이것이 불평등한 사회를 개혁해줄 공산주의자나 군부 지도자를 원하는 아이러니한 상황을 불러온다고 보았다.

"아시아에서 민주주의 국가를 세운다는 것은 쉬운 일이 아닐

---

* 베트남 공산화 이후 반혁명죄로 체포돼 13년간 감옥에서 고초를 겪으면서도 불굴의 신앙을 지킨 베트남 출신의 추기경.

뿐더러 항상 모험이 따릅니다. 특히 저개발국에선 더욱 그러합니다. 아시아에서 공산주의자가 아닌 지도자들은 간단히 다음과 같은 딜레마에 빠집니다. 급속한 발전을 꾀하려면 시민들의 자유를 구속할 수밖에 없으며, 전체를 위해서 개인의 권리를 희생하도록 요구하지 않을 수 없다는 것입니다. 이와 같은 강력한 행동은 정부 권한을 강화하지 않고는 불가능합니다. 강력한 정부가 장기간 계속되면 대중이 정부에 대해 불평하기 시작합니다. 이렇게 되면 정부는 더욱 그 권한을 강화합니다. 필연적으로 정부는 권력을 남용해 국민에게 압력을 가하게 되며, 이러한 권력 행사가 장기간에 이르면 한때 민주주의적이던 지도층이 독재주의적 지도자로 변하게 됩니다. 정부는 모든 개혁사업을 강력히 추진하기 위해, 더욱 권한을 강화하는 전체주의적 제도 확립을 꾀하기에 이릅니다. 이렇게 되면 필연적으로 언젠가는 무력 혁명을 맞이하게 됩니다. 이와 반대로 지도층이 자유, 개인의 권력, 민권 등에 중점을 두는 경우가 있습니다. 그 경우에는 우왕좌왕하다 부패에 빠집니다."

만약 민중이 신협을 통해 보다 나은 미래를 하나씩 만들어간다면 어떻게 될까? 정치적 혼란과 빈부 격차가 줄어들고, 작은 희망이라도 품을 수 있지 않을까?

ACCU 사무총장이 된 강정렬은 신협의 확산이야말로 아시아를 점진적으로 개혁해나가는 길이라 생각했다. 투안 주교를 포함한 신협 지도자들도 같은 생각을 했다. 그들 또한 '10센트'와 같은 돈이 필요했다.

초기 신협운동에 필요한 외부적 지원은 미국신협운동의 역사에서도 마찬가지로 발견된다. 미국신협연합회에 비약적인 발전을 가져온 것은 백만 달러에 달하는 에드워드 파이린의 기부와 노력이었다.

강정렬의 외침은 전 세계 신협인들에게 아시아를 위해서 "1달러나 조합원에게 배당되는 돈의 1퍼센트를 기부할 수 있는 파이린은 없는가"라는 메아리를 만들어냈다.

한 줄기 해란강은 천년 두고 흐른다

북한, 우리의 반쪽. 강정렬은 북한을 생각할 때마다 두고 온 고향과 부모님이 떠올랐다. 언젠가 중국에서 신협운동을 해보자던 슈미트도 떠올랐다. 부모님은 이미 하늘나라로 가셨을 거라 생각하며, 언젠가 하늘나라에서 다시 만나고 싶다는 소망을 품었다. 북한에 갈 수 없는 강정렬은 북한과 가까이 있는 곳, 일제강점기에 우리 민족이 많이 이주한 동북삼성(랴오닝遼寧성, 지린吉林성, 헤이룽장성)이 고향처럼 느껴졌다.

강정렬은 지금은 중국의 땅인 이곳 동북삼성에 신협의 씨앗을 뿌리기 위해 1989년 1월부터 옌지延吉 농학원 신언봉 교수와 접촉했다. 간도로 불리던 지린성, 북간도로 불리던 헤이룽장성은 특히 조국을 떠나온 애국지사들이 끈질긴 독립운동을 펼친 곳이다. 일제강점기 말에 방황하는 조선의 젊은이들에게 희망의 불빛을 던져준 동경의 땅이기도 했다. 시인 윤동주의 고향이기도 하고, 신사참배를 거부하던 크리스천들의 마을이 있는 곳이기도 했다. 북로군정서北路軍政署, 서로군정서西路軍政署 같은 무장단체들이 독립전쟁을 이끌던 곳이었으며, 고조선인들, 발해와 고구려인들이 말달리던 곳이기도 했다. 그러나 지금은 아무나 갈 수 없는 공산국가의 땅이었다. 그 땅을 밟는 소회는 남다를 수밖에 없었다. 지금은 이곳도 자본주의 수혈이라는 큰 변화를 앞두고 있었다. 이한웅(1934~)*신협중앙회장은 중국의 변화를 앞두고 자본주의적 금융체계를 먼저 접한 사람들이 체제가 변하더라도 훨씬 잘 적응할 수 있을 것이라며, 동북삼성의 빗장을 열 기회를 찾고 있었다. 동북삼성에 주목한 이유는 그곳에 사는 조선족이 북한과 혈연, 지연으로 이어져 있고, 일제강점기에 독립운동과 농업이주 등으로 대거 이동해 간 우리 동포들의 본거지이기 때문이었다. 신협운동을 통해 동북삼성 동포들끼리 서로를 먼저 살리고, 북한에도 도움의 손길을 내밀어준다면 한민족끼리 더 잘 살게 되는 계기가 마련될 터였다.

'자나 깨나 조국의 독립만을 생각하던 우국지사들의 피를 이어받은 이곳 동포들을 만나 가슴을 터놓고 이야기하자. 우선 일본의 학정虐政 못지않은 공산 치하에서 고생해온 그들을 위로하고 희망

---

* 신협중앙회장(1992~1998), 중국동포사회 도서 보내기 운동 전개(1991), 중국 옌볜조선족자치주 신협 조직 지원(1995~).

1990년 중국 옌벤을 방문해 신협운동의 씨앗을 뿌렸다.

을 갖도록 격려하자. 그러면서 상부상조로 우리 고장을 자유롭고 풍요로운 곳으로 만들어가는 신용협동조합운동을 소개하면 쉽게 이해하고 호응해오리라.'

강정렬은 뜨거운 마음으로 옌지로 갔다. 물론 고향 소식을 한 줄기 얻었으면 하는 희망도 가지고 있었다.

그러나 하루 이틀 지나는 동안 그의 기대는 실망으로 바뀌었다. 그들은 정작 김구 선생 등 선조들의 항일운동에 대해서는 전혀 모르고 있었다. 그들이 아는 것은 오직 날조된 김일성의 항일운동이었다.

"일송정 푸른 솔은 늙어 늙어 갔어도 한줄기 해란강海蘭江은 천 년 두고 흐른다. 지난날 강가에서 말달리던 선구자. 지금은 어느 곳에 거친 꿈을……."

저녁식사 자리에서 함께 간 이경국(1939~)* 사무총장이 울분을 토하며 선구자를 부르자 분위기가 더욱 가라앉았다. 강정렬은 양쪽을 다독이며 분위기를 부드럽게 했다. 식사를 함께한 당의 고위 간부 중 한 사람은 남한에서 방문한 사람들 때문에 조국의 역사를 조금이나마 알게 되었다고 실토할 정도였으니! 그들에게는 동북공정東北工程 사업으로 우리의 고대사가 중국에 편입되는 것도 관심 밖의 일이었다.

처음에는 이런 일이 극복할 수 없는 벽처럼 느껴졌다. 그러나 만남을 거듭하다 보니, 극복할 수 없는 벽이란 없어 보였다. 이후 신언봉 교수를 한국에 초청해 이경국 사무총장 등과 함께 신협 설립에 관한 여러 가지 이야기를 나누는 한편, 옌볜 지역에 밝은 전철 제주신협 이사장과 함께 옌볜신협 설립을 앞두고 여러 준비를 했다. 당장 같은 해 6월에 옌볜 지역 조선족 동포 연동호, 오홍호, 김병욱, 전철산, 연대성 등 5명을 대전의 신협연수원에 초청해 교육을 실시했다. 1991년 11월에도 강정렬과 이경국 사무총장은 옌볜 및 하얼빈 지역의 조선족 실태 파악차 중국에 다녀왔다. 마침내 사회주의 나라인 중국에서 1994년 11월 18일, 옌볜민정국으로부터 신용호조협회 설립 인가가 나와 옌볜신용호조협회 창립총회를 열 수 있게 되었다. 중국과의 교류에 큰 물꼬가 터진 것이다.

이에 따라 신협중앙회 이한웅 회장은 옌볜신용호조협회 창립총

---

* 신협중앙회 부회장(1985~1987), 신협중앙회 사무총장(1987~1995). 1970년대 강원 지역 광산신협 설립 지도.

회에 참석하기 위해 손광보 연수원 교수를 포함한 5명의 신협 임직원들과 함께 옌볜 땅을 밟았다. 지린성에서 신협을 지도하고 육성하는 데 각별한 관심을 가지고 있던 이한웅 회장은 신협연합회와 단위조합 간 자매결연을 하는 등 옌볜 지역을 지원하는 방안을 강구했다. 이러한 노력은 1995년 10월 5일 옌지와 룽징龍井 등지에 신용호조협회가 창립되는 데 결정적으로 기여했다. 이한웅 회장은 신용호조협회 지도자 초청 연수 및 국내 신협 견학 기회를 마련하고, 신용호조협회 현지 지도를 위해 직원 2명을 파견하기도 했다. 물질적인 지원보다는 의식의 변화를 유도하기 위한 교육에 집중한 것이다.

1960년 처음으로 신협을 한국 땅에 뿌리내릴 때 미국이 우리

1991년 중국신협 설립을 위한 세미나에 참석했다.

나라에 한 것처럼 이제는 우리나라가 다른 나라에 지원을 하고 있었다. 신협이 뿌리를 내릴 수 있게 도와준 해외 구제단체들과 WOCCU 등은 그들의 선의를 뿌린 만큼 거둘 것이라고 한 번이라도 생각해보았을까?

신협이 이루어내는 성과에 옌볜조선족자치주 부주석도 놀라워했다. 공직 생활 40여 년 동안 옌지시 공원에 200명이 넘는 사람들이 자발적으로 모인 것은 처음이라고 했다. 강정렬 또한 가장 민주적인 절차로 운영되는 신협이 공산주의 땅에서도 싹틀 수 있음을 확인하게 되어 놀랍기는 마찬가지였다. 더불어 그간 4차례의 중국 방문을 통해 평안남도 사람과 평안북도 사람 등 동포들을 만난 것만으로도 가슴이 벅찼다. 정말로 피는 물보다 진했다. 지원이 필요한 곳에 적절한 지원을 함으로써 사랑이 번져가는 모습을 보는 건 재정 지원 요청서를 들고 다니던 때는 경험해보지 못한 감동이었다.

고목의 역할

|

강정렬에게 은퇴란 없었다. 누군가 신협에 대해서 이야기하라고 불러준다면 뛰어가서 이야기해줄 것이란 게 은퇴 후의 계획이라면 계획이었다. 보수를 받느냐 연금을 받느냐의 차이일 뿐 일에는 차이가 없다는 뜻이다. 지역사회를 위한 다양한 봉사를 하면서 은퇴한 지 10년 가까이 되었지만 한국신협의 중진급 임원과 실무자를

만나는 등 교류가 끊어지지 않았다.

그런데 IMF를 맞은 한국에서 신협의 위기론이 나오자 그는 원칙론을 내세웠다. 1990년대 외부 투자로 인한 막대한 손실을 입는 등 운영상의 문제는 모두 신협운동의 원칙을 지키지 않은 결과라는 것이 멀리서 한국신협을 바라보는 선배 신협인의 생각이었다. 그는 신협 경영의 원칙을 강조하면서 이럴 때 신협의 법전을 펼치라고 제안했다. 신협연수원에서 편집한 《신용협동조합론》은 그에게 법전과 같았다.

"신협의 이념과 이상을 구현하기 위해서 명문화한 것이 운영 원칙인 만큼, 운영을 원칙에 입각해서 한다면 문제가 없을 것입니다. 이렇게 말하면 현실을 모르는 원론주의자라고 할까요? 이 원칙은 장구한 신협운동의 실패, 성공의 경험에서 얻은 성공의 비결이며 그 내용은 신협 정관으로 신협법에 상세히 반영되어 명문화되어 있습니다. 민주기구인 신협을 민주적으로 운영하려면 일반 조합원으로서 임원으로서 직원으로서 권리 행사와 의무 실천에 관한 지속적인 교육과 훈련이 요구됩니다. 신협의 성패가 임직원을 포함한 조합원 교육의 여하에 달렸다고 하는 이유가 바로 여기에 있습니다. 따라서 오늘날 한국신협운동 위기의 원인은 신협법, 정부, IMF 등 외부에 있는 게 아니라 현행 신협의 정관, 제 규정, 법에 명문화되어 있는 신협 운영 원칙을 지키지 않은 데 있습니다."

강정렬은 쓴소리를 아끼지 않았다. 이런 쓴소리를 할 수 있는 사람들은 아마도 은퇴한 원로들밖에 없을 것이라고 생각했는지도 모른다.

강정렬의 흥망성쇠론에 따르면 사회운동 또한 전성기에 들어서면 위험에 빠지게 된다. 이때 필요한 것이 분명한 원칙이다. 원칙대로 움직일 때는 자체 정화가 일어나지만, 반대의 경우에는 쇠락의 길로 떨어지게 된다. 한국신협이 정화와 쇠락의 갈림길에 서 있다는 게 강정렬의 진단이었다.

그는 임원 무보수 원칙을 고수할 것을 거듭 주장했다. 신협 조직이 커진 지금 임원 무보수 원칙이 현실에 맞지 않는다며 이를 수정해야 한다고 끊임없이 주장한 쪽이 있었다. 그러나 이 원칙이 지켜져야 하는 이유는 명백했다. 임원 무보수 원칙은 세계신협 운영 원칙과 한국신협법에도 명시되어 있고, 임원들 모두 선서 때 이 원칙을 지키겠다고 조합원 앞에서 서약한다. 캐나다와 미국신협의 경우 회의비 명목으로 임원들의 여비와 숙박비가 나갈 뿐이며, 또한 이사회 회의실은 있어도 이사장 전용 사무실은 없다. 주마다 차이는 있으나 신협 임원 후보는 자기 직업을 가진 자, 자기 생활비가 완전히 보장되는 자에 한하며, 3년을 소급해 신용거래 실적에 하자가 없어야 한다. 정기적으로 연수회에 참가할 의무가 있으며, 두 번 이상 불참할 경우 임원직에서 해임되고 다른 이사들이 자리를 보충하게 된다.

강정렬이 임원에게 보수를 주는 데 반대한 이유는 보수를 받기 시작하면 재선을 위한 정치를 안 할 수 없고, 직원들의 인사관리 같은 조합 운영을 재선 목적에 이용하기 쉽기 때문이었다. 직원들 간에도 파벌이 형성될 뿐 아니라 그 틈에 사고가 발생할 확률도 높았다. 운영 경비가 증가하면 조합 수입 증대 중심으로 운영을 하게 되고, 수익 위주의 외부 투자, 비조합원과의 거래 같은 신협 운영 원칙과 위배되는 일이 발생한다. 이런 위기가 모두 임원들의 보수 문제와 직결되어 있다는 것이었다.

초창기 임원들은 자기 조합원에서 대출을 받는 것조차 다른 조합원을 위해 사양할 정도로 도덕적 원칙을 지켰다. 그러다 보니 조합원들은 임원을 존경했고, 심지어 계가 깨져 파산해 행방을 감추더라도 조합 대출금은 다른 사람을 시켜 갚을 정도였다. 지금의 신협에는 이런 원칙을 제대로 지키는 것이 필요했다.

강정렬의 쓴소리 덕분인지 자정 운동이 일어나 몇몇 임원들이 받았던 수당을 조합에 반납하기도 하는 등 신협의 원형복귀운동이 일어났다는 소식도 들렸다. 그러자 강정렬은 조합 교육 프로그램에 보태라며 1,000달러를 보냈다. 필요할 때 꼭 나타나서 자기 몫의 일을 하는 것은 은퇴 후에도 마찬가지였던 셈이다.

이루지 못할지라도 준비해야 하는 것

|

강정렬은 평생 고향을, 부모님을, 남겨진 가족들을 그리워했다. 남쪽과 북쪽이 금강산 관광사업으로 왕래할 때 피난민 출신 친구가 이렇게 선언한 적이 있었다.

"나는 진짜로 통일이 되기 전까지는 북한에 안 갈 거다."

그의 말에 강정렬은 한마디도 보태지 못했다. 자신이 진실로 바라는 것도 진정한 통일이었기 때문이다.

피는 물보다 진하다는 말을 증명하듯, 강정렬은 1980년대 중반 울란바토르Ulaanbaatar에서 우연히 만난 북한 외교관의 그림을 다 팔게끔 기업을 연결해주기도 했다. 옌볜을 드나들 때면 자신도 모르게 북한 쪽을 바라보며 감회에 젖는 때도 많았다. 그의 아내 또한 평생을 저녁 기도 시간마다 돌아가신 부모님 영전에 사죄하며, 하느님께 "우리 아버지 어머니를 당신 품에 꼭 안아주십시오"라고 간청했다. 고향을 떠나온 두 사람의 슬픔과 그리움은 일생 동안 이어졌다. 물론 강정렬은 마음만 먹으면 북한에 갈 수도 있었지만 끝내 가지 않았다. 그가 원하는 방식이 아니기 때문이다. 그 대신 〈통일을 눈앞에 둔 신협인들의 각오〉라는 글에서 통일을 준비하는 마음과 방법에 대해서 남겨놓았다. 이것은 한 신협 선배의 유서이기도 하고, 미래를 위한 청사진이기도 했다.

이 글에서 강정렬은 통일이 갑자기 닥치든 우리가 바라는 알맞은 때에 오든, 신협인들은 이에 대한 준비와 각오를 하자고 말한다. 또 한 걸음 더 나아가 공산주의 사회에 신협의 씨앗을 뿌릴 미래의 신협인을 위해 토양이 될 공산사회에 대해 몇 가지 분석을 해준다. 경험에서 우러난 방법론을 제시할 수도 있겠지만 그것은 자신의 몫이 아니라고 생각한 듯하다.

"폴란드나 동독처럼 사회주의 체제가 완전히 무너진 뒤 자유

민주주의 체제에서 신협운동을 하게 된다면, 여전히 전체주의적이고 획일적이어서 다소 곤란을 겪겠지만 곧 말이 통하게 될 것입니다. 헝가리나 몽골처럼 자유화 작업이 기존 공산주의 지도자들에 의해서 이뤄지는 경우에는 공산주의의 그늘이 여전히 남아 있을 것이기에 신협운동이 여러 가지 어려움을 겪게 될 것입니다. …… 중국처럼 자유화나 시장경제 도입 목적을 사회주의 체제의 생존 강화에 두는 경우에는 신협을 기존 국립은행 산하에 둘 가능성이 엿보입니다.

남북통일이 어떤 방향으로 이뤄지느냐에 따라서 신협운동에 관한 전망은 달라질 테지만, 어떤 식으로든 통일이 되는 그날이 가까워오기 때문에 지금부터라도 통일 이후를 준비해야 합니다. 첫째, 재정사고의 주원인이 민주적 운영 실패에 있는 만큼 전국 신협기구를 보다 건실하게 민주적으로 운영하며, 둘째로 저축을 늘려서 단위조합의 재무 구조를 강화해야 합니다. 만약 북한 각 지방에서 선발된 신협 교육 지망생들을 적어도 한 조합에서 한두 명가량 3~6개월간 교육과 훈련을 시켜 되돌려 보내려면 그만한 재정 확충이 필요하기 때문입니다."

1991년 구소련이 붕괴되면서 공산주의는 아시아의 몇 개국을 제외하고는 유럽에서는 종말을 고한다. 그보다 한 해 앞선 1990년에 일어난 독일의 통일을 보면서, 강정렬은 언젠가는 통일이 될 것이라고 예상했다. 거대한 소비에트연방의 지도자가 어느 날 갑자기 대통령직을 사임하고, 핵무기 발사 시스템을 포함한 모든 권력

제3부 —— 강정렬 박사

을 러시아 대통령에게 승계해 평범한 야인으로 돌아가는 것을 상상이나 했겠는가. 베를린 장벽이 시민들 손에 무너지는 것 또한 상상이나 했겠는가.

어느 날 갑자기 세상은 바뀌었다. 그는 그런 기적을 보며, 또 다른 기적이 언젠가는 일어날 것이라고 믿었다.

북한은 김일성 사후 우리나라의 1960~1970년대 모습을 하고 있었다. 경제가 발전하기는커녕 점점 뒤처지고 있고, 국제사회에서는 더욱 고립되어 가는 중이었다. 그런 모습을 보면서 강정렬은 북한에 남아 있을 수많은 어머니와 아버지를 생각했을까? 그는 신협인이라면 통일을 준비하라고 간곡하게 주문했다. 어쩌면 조합원 간의 유대감과, 약자를 보호하고 자립을 돕는 신협 원래의 정신이야말로 공산주의를 녹일 '햇볕'으로 생각했기 때문이 아닐까?

평생 신협인으로 산 강정렬은 1991년 은퇴한 뒤에도 10년 가까이 자신의 소망처럼 신협 관련 일을 계속했다. 미국에 있는 한국인들을 위해서 신협운동을 펼쳤고, 신협과 관련된 여러 가지 강연과 조언을 계속했다. 아마도 고향인 북한에 가서 신협 관련 봉사를 하는 일을 꿈꾸었는지도 모른다. 강정렬이 준비는 했으나 이루고 가지는 못한 일은 그의 고향에 신협을 세우는 일이었다. 반세기를 신협과 함께 살아온 그가 할 수 있는 가장 자신다운 삶의 마무리였을 것이다.

하늘로 돌아갈 날짜를 세어보다

|

강정렬은 은퇴 후에도 좋은 신협 선배이자 선량한 이웃이며, 사랑이 많은 아버지이자 너그러운 사회 구성원으로 살아가기를 소망했다. 그리고 그것이 가장 큰 행복이자 성공이라고 여겼다. 자신이 정한 기준에서 벗어나지 않은 절제된 삶은 그에게 생의 마지막 순간을 자녀들과 함께 행복하게 보낼 수 있게 해주었다. 그러한 행복은 그가 일생 동안 치열한 투쟁을 통해서 얻어낸 것이었다. 젊어서부터 그를 괴롭힌 늑막염으로 그의 한쪽 폐는 기능을 하지 못했다. 그는 다른 사람들에게 "폐에게 쉬라고 했다"고 농담하곤 했다.

그래서인지 강정렬은 늘 조심하고 절제했다. 담배는 피우지 않았고, 술은 가끔 친구들과 즐겁게 한두 잔 하는 데 그쳤다. 늘 걷기 같은 간단한 운동을 즐겼으며, 항상 이웃을 위해 봉사함으로써 사랑이 무엇인지 발견해갔다.

욕심부리지 않기, 예수님처럼 살아가기, 매사에 감사하기, 봉사하기, 만약 어느 날 갑자기 하느님이 데려간다면 순종하기. 2009년 8월 22일 86세의 나이로 강정렬은 자신이 원한 그 모든 일을 다 행하고 이 땅을 떠났다.

60년 전
아버지의 모습을
추모하며

2020년 3월
강준길 전 광운대 총장

60년 전 아버지께서는 초창기 신협운동의 일환으로 조합원 교육에 열심이셨다. 조합의 구성과 기술적 방법 등 여러 분야에 대해 전문가들과 하나의 팀워크를 이뤄 실시한 교육이었다. 교육 과정에서 기억에 남는 건 다양한 조합원들에게 큰 목소리로 강의를 하시던 모습과, 신협의 필요성과 유용성에 대해 자신감 있게 설명하시는 모습이었다.

교육 담당 강사들은 직장에서 퇴근한 뒤에 조합원들을 위해 기꺼이 시간을 내어 열성을 다해 교육을 제공하신 분들이다. 이들은 늦은 시간까지 조합원들과 토론을 하시곤 했다. 어느 날 아버지께서 저녁 늦게 교육을 끝낸 강사들을 집으로 모셔와 막걸리와 간단한 안주를 곁들여 그날의 성과를 이야기하시던 기억도 난다. 모두 신이 나서, 마치 친한 동창생처럼 신협의 조합원 교육 성과에 대해 말씀하셨다. 교육 도중 나온 조합원들의 질문과 관심에 놀라워하셨으며, 교육의 성과가 조합원들의 미래에 도움이 될 거라는 확신을 가지신 듯했다. 교육하는 시간이 즐거운 시간인 듯 헤어질 때도 그 날의 성과에 대해 다시 한 번 서로 흐뭇해하면서 인사를 나누셨다.

신협에 헌신하시는 분들은 그 일이 본인의 직업도 아니며, 시간이 넉넉한 것도, 살림이 넉넉한 것도 아니었다. 그런데도 시간과 열성을 다해 신협 조합원 교육에 참여하셨다. 이분들은 마치 사명감을 갖고 있는 종교인처럼 끊임없이 신협을 이야기했다. 신협운동이 우리나라가 가난을 극복할 수 있는 방향이라고 확신하신 듯했다.

60년 전, 1960년대의 우리나라는 요즘처럼 고속도로도 없었다. 석탄 증기 기관차가 운행하고 있었으며, 서울·부산 간 전화통화는 교환수에게 장거리 전화를 신청한 뒤 30분에서 3시간 정도가 지나야 통화가 되었다. 1960년대 초 1인당 GDP는 약 1,000달러 수준이었다. 1인당 GDP 3만 달러 시대에 60년 전을 되돌아보면, 대한민국이 쉼 없이 달려왔음을 알 수 있다.

당시 아버지께서는 부산에 있는 미국의 종교단체에서 일하셨고, 교회, 무료 급식소 등 구호단체와 병원, 목사님, 신부님, 수녀님 등과 서로 협조하셨다. 그리고 가브리엘라 수녀님을 통해 신협 이론과 설립 과정에 대해 배우면서, 신협운동이 우리나라 국민에게 꼭 필요한 운동이라는 신념으로, 뜻을 같이하는 여러 전문인들과 함께 신협운동을 위한 팀을 구성하신 것 같다.

아버지께서는 신협을 '계'와 자주 비교하며, 서로 돕는 상부상조 문화는 오래전부터 있어왔다고 주장하셨다. 계의 사전적 의미는, "계는 한국의 전통 협동조직이다"라는 것이다. 즉 "구성원 내의 복지까지 해결하는 본능적인 자본주의 공동체의 실현 수단"인데, 이는 바로 신협의 기본적 모습이기도 하다.

아버지께서는 평소 "조합원이 만든 규칙은 반드시 지켜야 한다"고 강조하셨다. 신협을 운영할 때, 스스로 만든 규칙을 깨뜨리는 말들, 예를 들면 "우리끼리인데" "다 아는 사이인데" "적당히" "이번 한 번만" 따위의 말은 뿌리쳐야 한다고 여러 번 강조하셨다.

한번은 신협 총회에서 정족수가 몇 명 모자란 적 있었다. 그 상태에서 회의를 진행하려 하자 아버지께서 이의를 제기하셨다. "오늘의 '적당히'는 미래의 큰 '적당히'가 되어, 단체가 망가지는 원인이 됩니다"라고 설득하고, 회의를 다음으로 연기하셨다. 그 용기를 칭찬하는 소리가 들리는 한편, 불만의 소리도 들려왔음은 물론이다.

"가난은 가난한 사람 스스로가 협동하여 이겨낼 수 있다."

아버지께서는 이 말을 즐겨 하셨다.

교육 도중 한 사람이 "우리는 남의 도움을 바라지 말자!" "만일 정부에서 도와준다고 해도 우리는 그 도움을 배격하고 우리 스스로 돕는 자세를 갖자!"라고 발언한 일이 있었다. 이 말이 경찰에게 반정부 활동으로 접수되어, 말을 한 당사자가 오랜 기간 조사를 받아야 했다. 그러나 조사를 받던 그는 오히려 담당 수사관에게 신협에 대해 설명할 기회가 되었노라고 즐거워했다고 한다.

언젠가는 아버지께서 한국의 경제개발에 대한 유엔의 보고서에, 한국의 경제 발전은 국내의 신협운동이 일부분 기여하였다고 나온 기록을 보았다면서 기뻐하셨다.

또 해외 저개발국가에 신협을 소개하는 데 열성을 보이셨고, 실로 눈부신 성과를 이루셨다. 해외 출장 중 부친께서는 교회의 숙박소, 일반 가정집 같은 평범한 곳에 묵으면서 그 나라 수준에 맞게 신협을 소개하는 방법을 모색하셨다. 선진국 입장에서 그들의 방법으로 가난한 나라를 돕는 것은 맞지 않다고 생각하셨기 때문이다.

부친께서는 가끔 "사랑이 있는 곳에 신께서도 함께하신다"라고 하셨는데, 자못 귀하게 기억되는 말씀이다. 아마 신협에 대한 자랑도 포함하신 듯하다.

언젠가는 종교적으로 성경 말씀에 대한 주장이 서로 다른 분들의 갈등을 듣고 함께 의견을 나누시는데, "성경 말씀에 대한 해석이 서로에게 갈등을 주게 되면 지금의 주장이 잘못된 것이고, 그 말씀이 서로에게 행복하다면 올바른 해석입니다"라고 하셨다. 그 말씀이 자주 떠오른다.

60년 동안 평범한 조합원의 힘이 모여 굳건한 모습을 한 오늘의 신협이 되었다. 이에 그간 신협 발전에 기여한 여러 분들께 존경과 감사의 말씀을 드린다.

미래에도 신협중앙회를 비롯한 모든 조합원의 믿음과 협동이 함께하는 대한민국의 신협은 영원할 것이다.

보통 사람은 아니다

1984년
강정렬 수상집《있는 그대로》기고문
이삼열(1926~2015) 연세대 의과대학 명예교수

1960년대 말쯤이었을까. 하루는 신협이사회 일로 모여서 장시간 회의를 계속하였다. 부족한 재정을 놓고 갑론을박, 좀처럼 매듭이 지어지지 않았다. 당시 신협은 입법 추진 등 여러 가지 문제로 알게 모르게 많은 돈이 필요한 때였다. 그러나 누구 하나 자기 주머니를 털어 넣을 용단은 못 내리고 있었다. 그런데 잠시 정회 후 회의가 속개되었을 때 이런 보고가 들어왔다. 강정렬 씨가 일금 50만 원(나는 그렇게 기억하고 있다)을 희사하였다는 것이다. 그 당시 강정렬 씨는 이미 연합회 이사도 직원도 아니고, 국제기구 ACCU의 사무국장으로 있을 때였다. 이윽고 방청석에 조용히 앉아 있던 그가 이렇게 말했다.

"이번에 공짜 돈 좀 생겼기에 연합회에 내놓기로 한 것뿐이오. 나야 그 돈 없이도 ACCU에서 주는 것으로 생활은 되니까 말이오."

일순 회의장은 숙연해졌다. 그 당시 50만 원이라면 적은 돈이 아니었다. 그때나 지금이나 그가 기분 나는 대로 돈을 호탕하게 쓸 수 있는 재력가가 아님은 누구나 다 아는 바였다. 그 돈이 공짜 돈일 리도 없었다. 설사 공짜 돈이라 한들 살림에 보태고 싶은 유혹이 없을 리 없었다. 그것을 미련 없이 흔쾌히 던질 수 있는 사람이라면 이미 보통 사람은 아니었다. 나는 지금도 강정렬 씨에 대하여 아는 바가 많지 않다. 그러나 내가 아는 그는 바로 그런 사람이다.

얼마 전 막사이사이상이 그에게 주어졌다고 들었을 때 나는 무척이나 기뻤다. 그리고 그에게 축하를 보내는 동시에 막사이사이상 재단 측에도 축하를 보내고 싶었다. 사람을 잘 본 것이다. 과연 권위 있는 상이라고 다시 한 번 그 상을 우러러보게 되었다. 들리는 소문에는 그런 줄도 모르고 필리핀에서 일부러 심사하러 나온 사람의 면회 신청을 사절할 뻔했다고 한다. 늘 일에 쫓기는 그로서는 있음직한 일이다. 그는 그런 사람인 것이다.

수녀님이 불쌍해서

1994년
메리 가브리엘라 수녀 추모문집
《꺼지지 않는 불꽃을 위하여》기고문
강정렬

1960년 초여름 어느 날이었다. 저녁 7시에 성가조합 임원회의를 하게 되었다. 장소는 늘 그랬듯이 대청동 메리놀수녀원에 있는 가별 수녀 사무실이었다. 일을 마치고 집에 돌아와 우물쭈물하다 보니 벌써 회의 시간이 가까워왔다. 밖을 내다보니 갑자기 하늘이 어두워지며 비바람이 휘몰아치기 시작했다. 천둥 번개가 요란하더니 비바람이 몰아쳤다. 회의를 생각하며 우비를 입고 장화를 신었다.

"뭘 좀 잡수시고 가셔야."

아내가 호소하듯 말했다.

집을 나서니 길이 온통 물바다가 된 데다 휘몰아치는 비바람에 앞이 영 보이지 않았다. 획하고 우산이 날아가버렸다. 결국 단념하고 집으로 되돌아와버렸다. '이 같은 날씨에 아무도 못 올 것이다' 하고 스스로 달래며 마른 옷으로 갈아입고 벌렁 방바닥에 누웠다.

눈을 감고 회의장을 떠올렸다. 그때 가별 수녀의 모습이 떠올랐다. 아무도 없는 사무실에서 혼자 우리를 기다리는 수녀님 얼굴이 생생하게 보이는 듯했다. 텅 빈 방에 혼자서 왔다 갔다 하면서……

나는 벌떡 일어났다.

"여보, 이 날씨에 아무도 못 올 터인데."

아내의 목소리가 귀를 스쳐 갔다. 나는 묵묵히 다시 비옷과 장화로 단단히 무장하고 용사처럼 집을 나섰다. 우르릉 쾅쾅 집어삼킬 것 같은 천둥번개도, 냇물이 된 한길도 이번에는 나를 되돌려보내지 못했다. 그저 대청동을 향해 한 걸음 한 걸음 비바람을 밀며 발을 옮겼다.

수녀원 구내에 들어서니 수녀님 사무실에 불이 켜져 있고, 인기척이 느껴졌다. 달려가 문을 여니 최인수 회장, 전비리버 회계가 이미 와 있었다.

'야, 단단한 사람들이로구나' 하는 생각이 들었다. 나 혼자일 줄 알았는데 김익균 회장, 김정배 이사 등 흠뻑 젖은 모습으로 전원이 나타났다. 무엇인가 이겼다는 분위기로 회의는 유난히 활기에 찼다. 수녀님은 마냥 즐거운 듯이 가끔 혼잣말처럼 "I really respect your leaders"(나는 진정으로 여러분 지도자들을 존경합니다)를 되풀이했다.

회의를 마치고 밖에 나오니 하늘은 언제 그랬냐는 듯이 맑고 별들이 총총했다. 그대로 허전하게 헤어질 수는 없다는 분위기였다. 누가 말을 꺼낸 것도 아닌데 모두 싸구려 통술집으로 비집고 들어섰다. 술잔이 오갔다. 한 잔만 하고 헤어지자는 말은 이미 잊힌 지

제3부 ——— 강정렬 박사

오래가 되었다. 빈속에 소주가 들어가니 목소리가 높아갔다.

각자 대한민국을 혼자서 구할 듯이 열변을 토했다. 만사는 신협운동으로만 해결할 수 있다는 투였다. 최인수 회장은 싱글싱글 웃으시며 회계 담당인 전비리버 옆에 앉아서 여전히 장부를 뒤적거리고 있었다. 목소리가 몸집에 비해서 유난히 큰 김정배 이사가 "그런데 말이야. 나는 아무도 못 올 줄 알고 말이야. 아예 자리에 들었는데 말이야. 아, 가별 수녀님이 텅 빈 방에서 혼자 꾸벅꾸벅 기다리고 있을 생각을 하니, 수녀님이 불쌍해 보이잖아. 아, 그러니 그대로 있을 수가 있어야지…… 하하" 하고 말했다.

나도 그랬다는 듯이 모두가 고개를 끄덕이며, "자, 그런 뜻에서 또 한 잔만 더" 하며 경쾌하게 웃었다. 누군가가 "오늘은 이만하고 가지"라고 하자, 천천히 모두 자리에서 일어나 문으로 걸어갔다. 밖으로 나오니 시원한 바람이 얼굴을 스쳐 갔다. 누가 시작했는지 노래가 흘러나왔다.

청청하늘에 별들이 빛나고
우리의 모임에는 희망이 빛나네

밝게 갠 밤하늘 가득히 노래는 퍼져나갔다.

우리 모두를
명예롭게 한 사람

1984년
강정렬 수상집《있는 그대로》기고문
박도세 유스티노 신부(Justin Paul Bartoszek,
전 예수고난회 한국지부장,
전 보다 나은 세계를 위한 운동 본부장)

강정렬 선생이 처음으로 나의 세계로 들어왔을 때 그것은 여러 가지 의미에서 진정으로 '보다 나은 세계'였다. 우리가 첫 번째로 만난 것은 1966년 7월, '보다 나은 세계를 위한 운동'이라는 국제기구가 지원하는 '크리스천 공동체 묵상회' 석상에서였다. 같은 기구가 한국에서 여는 첫 번째 프로그램이었기 때문에 많은 주교님과 교회 지도자, 그리고 수도회의 지부장들이 참석했는데, 다른 모든 그룹에서도 그러한 바와 같이 당시 강 선생은 단연 '돋보였다'.

키가 크긴 하지만 강 선생이 다른 사람들의 주목을 끄는 건 신체적인 외모 때문이 아니라 그의 사람됨, 즉 강 선생을 이루고 있는 활기찬 정신과 신념 때문이다. 그 첫 회합에서 그는 유머와 열성과, 글자 그대로 그의 온 삶을 갖고 적극적으로 참여했는데, 후일 나는 그것이 바로 강 선생의 생활 태도라는 점을 알게 되었다. 또한 강 아우구스티노는 나중에 자기의 사회 인식 기반으로서, 그리고 많은 사회개발계획에의 능동적 참여를 통해 추구하는 바는 바로 그러한 기독교 정신, 즉 영성靈性의 공동체적 측면에 기초한 생활 태도라는 점을 시인했다.

강 선생과 나는 그 운동에서 10여 년간 함께 일했다. 그동안 강 선생의 생활에서 보다 명료하게 드러난 끊임없는 영적 성장과 심화는 그의 가정생활이나 직장생활과 '떨어져서' 진행된 것이 아니었다. 오히려 강 선생의 많은 활동은 각기 하나의 날실과 씨실로 함께 짜여 그것을 보는 모든 사람을 감탄하게 만든 하나의 아름다운 천을 형성했던 것이다.

이와 같이 강 선생은 '보다 나은 세계를 위한 운동'에 많은 기여를 했고, 동시에 이 운동은 강 선생을 위해 많은 기여를 했던 것이다. 이는 아마도 강 아우구스티노가 원래부터 믿음의 인간이었고, 앞으로도 항상 그리할 것이기 때문일 터다. 그는 그의 동료 인간을 믿는 사람이며 동료 인간과 더불어 상호이해와 삶에 대한 사랑 속에서 성장해가기를 열렬히 원하는 사람이다. 그리고 거기에는 그의 참된 기독교적 인격이 깔려 있다.

집에서 가족들과 함께 지내든 식장에서 일하든, 전 세계를 돌아다니며 사람들과 만나온 내가 그를 알아온 15년 동안, 강 선생은 언제나 놀랄 만한 정신과 생활의 일치 속에서 거듭 성장해왔다. 나는 나 자신이 이러한 영적 성장의 친밀한 한 부분이라는 점을 매우 자랑스럽게 생각한다.

강 선생이 최근 명예로운 막사이사이상을 수상했을 때, 나는 그에게 "그 상을 받음으로써 당신은 우리 모두를 영예롭게 했다"고 말했다. 그 상을 수상하게 되면서부터 신문, 방송을 통해 널리 그의 공적이 알려졌지만 그러한 떠들썩한 보도 속에서도 그의 태도는 평상시의 규범적이고, 인간적이고, 겸손하고, 자연스러운 모습을 견지했다. 그는 우리의 찬사에 대해 자기 자신의 삶으로 응답하고 있다. 그의 이러한 삶은 듣는 자 모두에게 맑은 음성으로 이렇게 소리친다. "서로의 삶을 충만하게 하고자 하는 희망을 갖고 살아가는 속에서, 우리는 당연히 모든 영예를 서로 나누고 하느님께 드리는 것 아니겠습니까?"라고.

아우구스티노 씨, 고맙소. 우리는 당신의 목소리를 듣고 있소. 지금까지와 같은 신념을 지닌 당신의 메시지를 계속 전하시오. 우리 역시 자신의 삶 속에서 그 메시지를 조금이나마 나은 형태로 메아리치게 할 수 있기를 기도하고 있소.

초창기
'신협의 노래(1)'
아리랑 곡

강정렬 작사

아리랑 아리랑 아라리요
손에 손을 잡고 넘는 희망의 고개
비 오는 날에는 우산이 있고
우리의 살림에는 신협이 있네
아리랑 아리랑 아라리요
손에 손을 잡고 넘는 희망의 고개
삽시다 부지런히 그리고 바르게
우리 서로 도우면 하늘도 돕네
아리랑 아리랑 아라리요
손에 손을 잡고 넘는 희망의 고개
청청하늘엔 별들이 빛나고
우리의 모임에는 희망이 빛나네
아리랑 아리랑 아라리요
손에 손을 잡고 넘는 희망의 고개

강정렬 박사 연혁

날짜	연혁
1923.10.8	평안남도 용강군 회운 월지리 출생
1933	평안남도 용강군 서화 공립 보통학교 졸업
1937	평안남도 광덕 고등과 졸업
1941	진남포 공립 남 상업학교 졸업
1941~1943	일본 와세다대학 통신대학 상과 졸업
1958~1969	가톨릭구제회 서울사무소 사무총장
1960.5.1	성가신협 초대 이사장 취임
1962.9.7	신협 경상남도평의회 부산 창립, 초대 지부장 취임
1964.4.20	한국신협연합회 창립발기인
1964.4.26~1964.4.27	신협연합회 초대 회장 취임
1965	대한민국 보건사회부로부터 사회공로상 수상
1966.4.24~1967.4.22	신협연합회 제5대 회장 취임
1967~1968	미국 위스콘신 주립대학, 캐나다 노바스코샤 성 프란치스코 하비에르 대학에서 신용협동조합에 관한 연수 수료
1969~1984	미국 위스콘신주 매디슨에서 CUNA 극동지역 주재원 근무
1971.4.24~1983	ACCU 초대 사무총장 취임
1972.8.1	신협법 제정 추진위원 활약
1981.8.31	라몬 막사이사이상 수상

날짜	연혁
1983~	위스콘신주 매디슨에서 WOCCU 보통사무소 기구 개발기술원으로 활동
1984.12	캐나다 성 프란치스코 하비에르 대학 명예 법학박사 학위 수여
1985.6.5	ACCU DSA(Distinguished Service Award) 수상
1989	WOCCU 아시아 담당관 역임
1990	중국 옌벤조선족자치주 옌벤신협 소개 및 조직 지원
1991.10	은퇴
1997	WOCCU DSA(Distinguished Service Award) 수상
2009.8.22	선종(미국 위스콘신주 매디슨, 향년 86세)

희망을 눈뜨게 하라

한국신협운동 선구자 평전

1판 1쇄 발행 2020년 5월 1일
1판 2쇄 발행 2020년 5월 4일

지은이 신협중앙회
발행인 임채청

펴낸곳 동아일보사 | **등록** 1968.11.9(1-75) | **주소** 서울특별시 서대문구 충정로 29 (03737)
편집 02-361-0949 | **팩스** 02-361-1041
인쇄 재능인쇄

ISBN 979-11-87194-80-4 03990